NPC



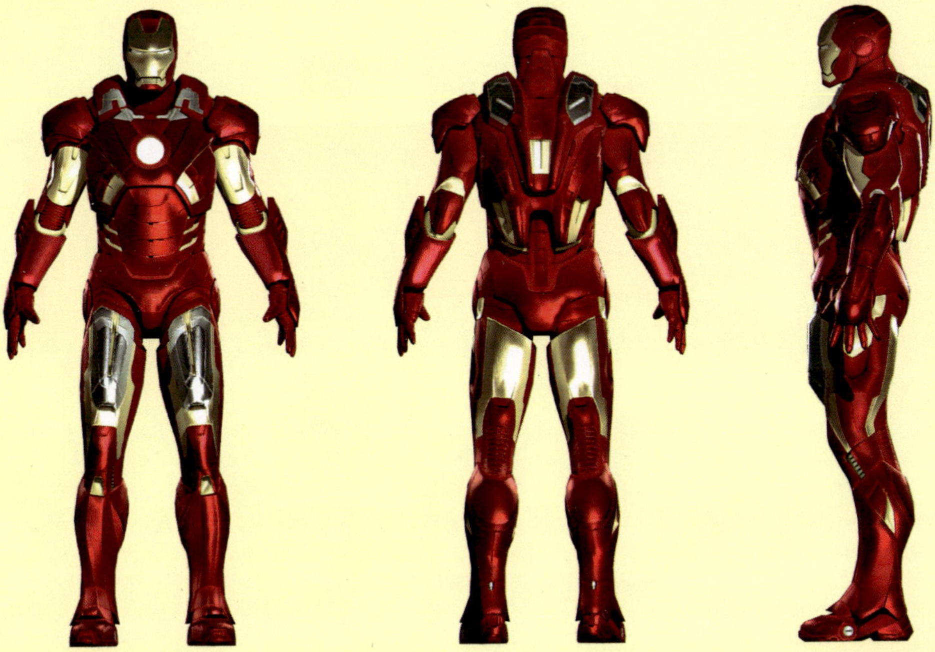

钢铁侠次世代模型

怪物

鸣人

武器

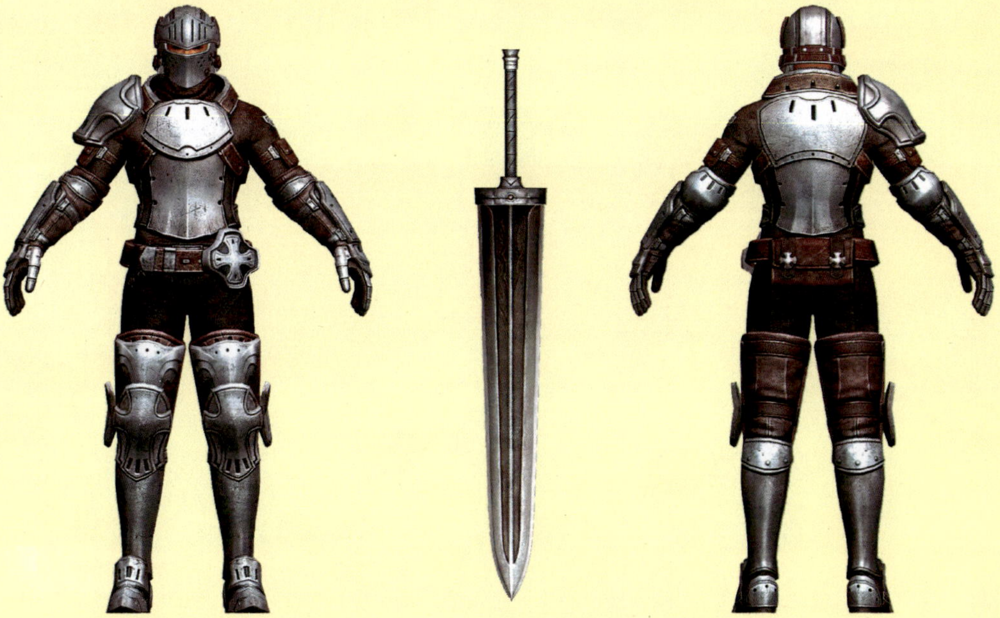

游戏主角

坐骑

# 网络游戏角色设计与制作实战

李瑞森　王星儒　鲍艳宇　编著

電子工業出版社
Publishing House of Electronics Industry
北京 • BEIJING

## 内 容 简 介

本书是一本讲解 3D 网络游戏角色制作的专业教材，全书整体框架分为概论、基础知识讲解及实例制作三大部分。概论主要对当今游戏行业的发展、游戏项目团队的构架、产品整体研发制作流程，以及游戏设计师的学习规划和职业发展进行讲解；基础知识部分主要讲解 3D 角色的设计制作流程、人体的基本比例和结构知识，以及 3ds Max 软件的基本建模操作；实例制作部分通过各种典型的网络游戏角色制作项目案例，让读者系统掌握 3D 游戏角色的基本制作流程和方法技巧。

本书既可作为初学者入门 3D 游戏美术制作的基础教材，也可作为高校动漫游戏设计专业或培训机构的教学用书。



**图书在版编目（CIP）数据**

网络游戏角色设计与制作实战 / 李瑞森，王星儒，鲍艳宇编著. —北京：电子工业出版社，2016.3
ISBN 978-7-121-28254-6

Ⅰ. ①网…　Ⅱ. ①李…　②王…　③鲍…　Ⅲ. ①计算机网络－游戏－角色－造型设计－教材　Ⅳ. ①G899

中国版本图书馆 CIP 数据核字（2016）第 042556 号

策划编辑：张　迪
责任编辑：张　迪
印　　刷：北京虎彩文化传播有限公司
装　　订：北京虎彩文化传播有限公司
出版发行：电子工业出版社
　　　　　北京市海淀区万寿路 173 信箱　邮编 100036
开　　本：787×1 092　1/16　印张：19　字数：497 千字　插页：2
版　　次：2016 年 3 月第 1 版
印　　次：2021 年 1 月第 9 次印刷
定　　价：59.00 元（含光盘 1 张）

凡所购买电子工业出版社图书有缺损问题，请向购买书店调换。若书店售缺，请与本社发行部联系，联系及邮购电话：（010）88254888。

质量投诉请发邮件至 zlts@phei.com.cn，盗版侵权举报请发邮件至 dbqq@phei.com.cn。

服务热线：（010）88258888。

# FOREWORD 前言

电子游戏是现代科技的产物，进入21世纪后由于其独特的艺术魅力成为新时代继电影和电视之后的“第九艺术”。与其他艺术门类相比，电子游戏最大的特色就是给用户带来了前所未有的虚拟现实感官体验，它比绘画更加立体，比影像更加真实，再配以音乐声效的辅助，让人仿佛置身一个完全真实的虚拟世界当中。

当今游戏产业经过几十年的发展，在全球已经形成了一个巨大的消费娱乐市场，而且其市场仍然处于不饱和状态，未来发展潜力巨大。中国游戏业相对美国和日本起步较晚，但随着国家和政府的大力倡导和支持，其发展速度十分迅猛，市场产值逐年翻倍提升，游戏业如今已成为中国重要的文化发展产业，其未来前景十分广阔。

游戏角色是构成游戏作品的重要内容，也是行业初学者入门的必学课题。本书选取了3D网络游戏角色制作作为讲解内容，书中既有对于一线游戏行业及职业的讲解，也有对3D制作软件和角色制作的基础知识讲解，更有大量实例制作的章节帮助读者在理论指导下通过实际项目案例进行系统专业的学习。本书既可作为初学者入门3D游戏美术制作的基础教材，也可作为高校动漫游戏设计专业或培训机构的教学用书。

本书以“一线实战”作为核心主旨，专门讲解当前一线游戏制作公司对于实际研发项目的行业设计标准和专业制作技巧，以实例制作为主要的讲解方式。在内容上，本书按照循序渐进、由浅入深的原则，从基础知识的讲解到简单实例的制作，再到复杂实例的制作，每个实例章节又包括制作前分析、实际制作与完成后总结等几个部分，同时配以大量形象具体的制作截图，让读者的学习过程变得更加容易、直观与便捷。

为了帮助大家更好地学习，在随书光盘中包含了所有实例制作的项目源文件，并附有大量范例图片和贴图资料以供学习参考，书中在章节最后还插入了二维码，扫描可以观看更多制作讲解的视频课程，同时读者还可以扫描下方二维码访问作者博客进行学习交流。另外，参加本书编写的还有李英明、王志刚、刘承辉、段政、张忠芬、王娜、王斐凯、李洪琪和李瑞婷。

编者个人水平有限，书中疏漏之处难免，请广大读者提出宝贵意见。

CONTENTS 目录

CHAPTER

# 1

# 游戏美术设计概论

## 1.1 游戏美术的概念与风格

游戏美术是指在游戏研发制作中所用到的所有图像视觉元素的统称。通俗地说，凡是游戏中所能看到的一切画面都属于游戏美术的范畴，其中包括场景、角色、植物、动物、特效、界面等。在游戏制作公司的研发团队中，根据不同的职能，又分为原画设定、三维制作、动画制作、关卡地图编辑、界面设计等不同岗位的美术设计师。

游戏产品通过画面效果传递视觉表达，正是因为不同风格的画面表现，才产生了如今各具特色的动漫游戏产品，这其中起到决定作用的就是产品的美术风格。游戏项目在立项后，除了策划和技术问题外，还必须决定使用何种美术形式和风格来表现画面效果，这需要项目组各部门共同讨论决定。

游戏作品的美术风格要跟其主体规划相符，这需要参考策划部门的意见，如果游戏策划中项目描述是一款中国古代背景的游戏，那么就不能将美术风格设计为西式或者现代风格。另外，美术部门对于所选定的游戏风格及画面表现效果还要在技术范畴之内，这需要与程序部门协调沟通，如果想象太过于天马行空，而现有技术水平却无法实现，那么这样的方案也是行不通的。下面简单介绍下游戏美术风格与分类。

首先，从游戏题材上分为幻想风格、写实风格及 Q 版风格。例如，日本 FALCOM 公司的《英雄传说》系列就属于幻想风格的游戏，游戏中的场景和建筑都要根据游戏世界观的设定进行艺术的想象和加工处理（见图 1-1）。

图 1-1 《英雄传说》的游戏角色设定

著名战争类游戏《使命召唤》则属于写实风格的游戏，其中的游戏中的美术元素要参考现实生活中人们的环境，甚至要复制现实中的城市、街道和建筑来制作，而日本《最终幻想》系列游戏就是介于幻想和写实之间的一种独立风格。

Q 版风格是指将游戏中的建筑、角色和道具等美术元素的比例进行卡通艺术化的夸张处理，如Q版的角色都是4头身、3头身甚至2头身的比例（见图1-2），Q版建筑通常为倒三角形或者倒梯形的设计。如今大多数的网络游戏都被设计为Q版风格，如《石器时代》、《泡泡堂》、《跑跑卡丁车》等，其卡通可爱的特点能够迅速吸引众多玩家，风靡市场。

图1-2 Q版游戏角色

其次，从游戏的画面类型来分，游戏画面通常分为像素、2D、2.5D和3D四种风格。像素风格是指游戏画面中由像素图像单元拼接而成的游戏场景，像FC平台游戏基本都属于像素画面风格，如《超级马里奥》。

2D风格是指采用平视或者俯视画面的游戏，其实3D游戏以外的所有游戏画面效果都可以统称为2D画面，在3D技术出现以前的游戏都属于2D游戏。为了区分，这里我们所说的2D风格游戏是指较像素画面有大幅度提升的精细2D图像效果的游戏。

2.5D风格又称为仿3D，是指玩家视角与游戏场景成一定角度的固定画面，通常为倾斜45°视角。2.5D风格也是如今较为常用的游戏画面效果，很多2D类的单机游戏或者网络游戏都采用这种画面效果，如《剑侠情缘》、《大话西游》等。

3D风格是指由三维软件制作出可以随意改变游戏视角的游戏画面效果，这也是当今主流的游戏画面风格。现在绝大部分的Java手机游戏都是像素画面，智能手机和网页游戏基本都是2D或者2.5D，大型的MMO客户端网络游戏通常为3D或者2.5D。

随着科技的进步和技术的提升，游戏从最初的单机发展为网络游戏，画面效果也从像素图像发展为如今全三维的视觉效果，但这种发展并不是遵循淘汰制的发展规律，即使在当下3D技术大行其道的网络游戏时代，像素和2D画面类型的游戏仍然占有一定的市场份额，例如，韩国NEOPLE公司研发的著名网游《地下城与勇士（DNF）》就是像素化的2D网游（见图1-3），国内在线人数最多的网游排行前十中有一半都是2D或者2.5D画面的游戏。

另外，从游戏世界观背景来区分，又把游戏美术风格分为西式、中式和日韩风格。西式风格就是以西方欧美国家为背景设计的游戏画面美术风格，这里所说的背景不仅指环境场景的风格，它还包括游戏所设定年代、世界观等游戏文化方面的范畴。中式风格就是指以中国传统文化为背景所设计的游戏画面美术风格，这也是国内大多数游戏所常用的画面风格。日韩风格是一个笼统的概念，主要指日本和韩国游戏公司所制作的游戏画面美术风格，它们多以幻想题材设定游戏的世界观，并且善于将西方风格与东方文化相结合，所创作出的游戏都带有明显标志特色，我们将这种游戏画面风格定义为日韩风格。育碧公司的著名次时代动作单机游戏《刺客信条》和暴雪公司的《魔兽争霸》都属于西式风格，中国台湾大宇公司著名的“双剑”系列——《仙剑奇侠传》和《轩辕剑》属于中式风格（见图 1-4），韩国 EyedentityGames 公司的 3D 动作网游《龙之谷》则属于日韩风格的范畴。

图 1-3 《DNF》的游戏画面

图 1-4 《仙剑奇侠传》的中国风画面

## 1.2 游戏美术技术的发展

游戏美术行业是依托于计算机图像技术发展起来的领域，而计算机图像技术是电脑游戏技术的核心内容，决定计算机图像技术发展的主要因素则是计算机硬件技术的发展。电脑游戏从诞生之初到今天，计算机图像技术基本经历了像素图像时代、精细二维图像时代与三维图像时代三大发展阶段。与此同时，游戏美术制作技术则遵循这个规律，同样经历了程序绘图时代、软件绘图时代与游戏引擎时代三个对应的阶段。下面我们就来简单讲述游戏美术技术的发展。

**1. 像素图像时代**

在电脑游戏发展之初，由于受计算机硬件的限制，电脑图像技术只能用像素显示图形画面。所谓的“像素”，就是用来计算数码影像的一种单位，如同摄影的相片一样，数码影像也具有连续性的浓淡阶调，我们若把影像放大数倍，会发现这些连续色调其实是由许多色彩相近的小方点组成的，这些小方点就是构成影像的最小单位“像素”。而“Pixel”（像素）这个英文单词就是由 Picture（图像）和 Element（元素）这两个单词的字母所组成的。

因为计算机分辨率的限制，当时的像素画面在今天看来或许更像一种意向图形，因为以如今的审美视觉来看这些画面实在很难分辨出它们的外观，更多的只是用这些像素图形来象征一种事物。一系列经典的游戏作品在这个时代中诞生，其中有著名的《创世纪》系列和《巫术》系列（见图 1-5），有国内第一批电脑玩家的启蒙经典《警察捉小偷》、《掘金块》、《吃豆子》，有经典动作游戏《波斯王子》的前身《决战富士山》，甚至后来名震江湖的大宇公司蔡明宏“蔡魔头”（台湾大宇公司轩辕剑系列的创始人），他也于 1987 年在苹果机的平台上制作了自己的第一个游戏——《屠龙战记》，这是最早一批的中文 RPG 之一。

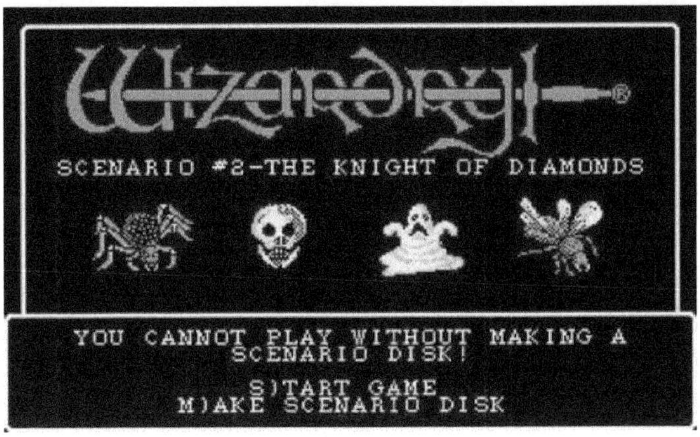


图 1-5 《巫术》的游戏开启画面

由于技术上的诸多限制，这一时代游戏的显著特点就是在保留完整的游戏核心玩法的前提下，尽量简化其他一切美术元素。游戏美术在这一时期处于程序绘图阶段，所谓的程序绘图时代，大概就是从电脑游戏诞生之初到 MS-DOS 发展到中后期这个时间段。之所以定义为程序绘图，就是因为最初的电脑游戏图形图像技术落后，加上游戏内容的限制，游戏图像绘制工作都是由程序员担任的，游戏中所有的图像均为程序代码生成的低分辨率像素图像，而电脑游戏整个制作行业在当时还是一种只属于程序员的行业。

随着电脑硬件的发展和图像分辨率的提升，这时的游戏图像画面相对之前有了显著的提高，像素图形再也不是大面积色块的意向图形，这时的像素有了更加精细的表现，尽管用当今的眼光我们仍然很难接受这样的图形画面，但在当时看来，一个电脑游戏的辉煌时代正在悄然而来。

硬件和图像的提升带来的是创意的更好呈现，游戏研发者可以把更多的精力放在游戏规则和游戏内容的实现上面去，也正是在这个时代，不同类型的电脑游戏纷纷出现，并确立了电脑游戏的基本类型，如 ACT（动作游戏）、RPG（角色扮演游戏）、AVG（冒险游戏）、SLG（策略游戏）、RTS（即时战略）等，这些概念和类型定义到今天为止也仍在使用。而这些游戏类型的经典代表作品也都是在这个时代产生的，像 AVG 的典型代表作《猴岛小英雄》、《鬼屋魔影》系列、《神秘岛》系列；ACT 的经典作品《波斯王子》、《决战富士山》、《雷曼》；SLG 的著名游戏《三国志》系列、席德梅尔的《文明》系列；RTS 的开始之作 Blizzard 暴雪公司的《魔兽争霸》（见图 1-6）系列及后来的 Westwood 公司的《C&C》系列。

图 1-6 经典即时战略游戏《魔兽争霸》

随着种种的升级与变化，这时的电脑游戏制作流程和技术要求也有了进一步的发展，电脑游戏不再是最初仅仅遵循一个简单的规则去控制像素色块的单纯游戏。随着技术的整体提升，电脑游戏制作要求更为复杂的内容设定，在规则与对象之外甚至需要剧本，这也要求整个游戏需要更多的图像内容来完善其完整性，在程序员不堪重负的同时便衍生出了一个全新的职业角色——游戏美术师。

对于游戏美术师的定义，通俗地说，凡是电脑游戏中所能看到的一切图像元素都属于游戏美术师的工作范畴，其中包括了地形、建筑、植物、人物、动物、动画、特效、界面等的制作。随着游戏美术工作量的不断增大，游戏美术又逐渐细分为原画设定、场景制作、角色制作、动画制作、特效制作等不同的工作岗位。在 1995 年以前，虽然游戏美术有了如此多的分工，但总的来说，游戏美术仍旧是处理像素图像这样单一的工作，只不过随着图像分辨率的提升，像素图像的精细度变得越来越高。

### 2. 2D 图像时代

1995 年，微软公司代号 Chicago 的 Windows 95 操作系统问世，这在当时的个人电脑发展史上具有跨时代的意义。在 Windows 95 诞生之后，越来越多的 DOS 游戏陆续推出了 Windows 版本，越来越多的主流电脑游戏公司也相继停止了 DOS 平台下游戏的研发，转而大张旗鼓全力投入对于 Windows 平台下的图像技术和游戏开发。在这个转折时期的代表游戏就是 Blizzard 暴雪公司的《Diablo》（暗黑破坏神）系列，精细的图像、绝美的场景、华丽的游戏特效，这都归功于 Blizzard 对于微软公司 DirectX API（Application Programming Interface，应用程序接口）技术的应用。

就在这样一场电脑图像继续迅猛发展的大背景中，像素图像技术也在日益进化升级，随着电脑图像分辨率的提升，电脑游戏从最初 DOS 时期极限的 480×320 分辨率，到后来 Windows 时期标准化的 640×480，再到后来的 800×600、1024×768 等高精细图像。游戏的画面日趋华丽丰富，同时更多的图像特效技术加入到游戏当中，这时的像素图像已经精细到肉眼很难分辨其图像边缘的像素化细节，最初的大面积像素色块的游戏图像被现在华丽精细的二维游戏图像所取代，从这时开始，游戏画面进入了 2D 图像时代。

RPG 游戏更在这时呈现出了前所未有的百家争鸣，欧美三大 RPG《创世纪》系列、《巫术》系列和《魔法门》系列给当时的人们带来了在电脑上体味《AD&D》（龙与地下城）的乐趣，并因此大受玩家的好评。而这一系列经典 RPG 从 AppleII 上抽身而出，转战 PC 平台后，更是受到各大游戏媒体和全世界玩家们一致的交口称赞。广阔而自由的世界，传说中的英雄，丰富多彩的冒险旅程，忠心耿耿的伙伴，邪恶的敌人和残忍的怪物，还适时地加上一段令人神往的英雄救美的情节，正是这些元素和极强的带入感把大批玩家拉入了 RPG 那引人入胜的情节中，伴随着故事的主人公一起冒险。

这一时代的中文 RPG 也引领了国内游戏制作业的发展，从早先“蔡魔头”的《屠龙战记》开始，到 1995 年的《轩辕剑——枫之舞》和《仙剑奇侠传》（见图 1-7）为止，国产中文 RPG 历经了一个前所未有的发展高峰。从早先对《AD&D》规则的生硬模仿，到后来以中国传统武侠文化为依托，创造了一个个只属于中国人的绚丽神话世界，吸引了大量中文地区的玩家投入其中。而其中的佼佼者《仙剑奇侠传》则通过动听的音乐、中国传统文化的的深厚内涵、极富个性的人物和琼瑶式的剧情，在玩家们心中留下了一个极其完美的中文 RPG 的印象，到达了中文 RPG 历史上一个至今也没有被超越的高峰，成为了中文游戏里的一个神话。

图 1-7 《仙剑奇侠传》被国内玩家奉为经典

这时的游戏制作不再是仅靠程序员就能完成的工作了，游戏美术工作量日益庞大，游戏美术的工作分工日益细化，原画设定、场景制作、角色制作、动画制作、特效制作等专业游戏美术岗位相继出现，并成为游戏图像开发不可或缺的重要职业。游戏图像从先前的程序绘图时代进入到了软件绘图时代，游戏美术师需要借助专业的二维图像绘制软件，同时利用自己深厚的艺术修养和美术功底来完成游戏图像的绘制工作，真正意义上的游戏美术场景设计师也由此出现，这也是最早的游戏二维场景美术设计师，以 Coreldraw 为代表的像素图像绘制软件和后来发展成为主流的综合型绘图软件 Photoshop，都逐渐成为主流的游戏图像制作软件。

### 3. 3D 图像时代

1995 年，Windows95 诞生并在之后短短的时间里大放异彩，Windows95 并没有太多的独创功能，但却把当时流行的功能全部完美地结合在了一起，让用户对 PC 的学习和使用变得非常直观、便捷。PC 功能的扩充伴随的就是 PC 的普及，而普及最大的障碍就是通俗易懂的学习方式和使用方式，Windows 的出现改变了枯燥、单调的形象，而成为了好像画图板一样的图形操作界面，这是 Windows 最大的功劳。正当人们还沉浸在图形操作系统带给计算机操作如此方便快捷的时候，或许谁都没有想到，在短短的一年之后，另一个公司的一款产品将彻底改变计算机图形图像的历史，而对于电脑游戏发展史，这更是具有里程碑式的意义，也正是因为它的出现，使得游戏画面进入了全新的 3D 图像时代。

1996 年，全世界的电脑游戏玩家目睹了一个奇迹的诞生，一家名不见经传的美国小公司一夜之间成了全世界狂热游戏爱好者顶礼膜拜的偶像。这个图形硬件的生产商和 id 公司携手，在电脑业界掀起了一场前所未有的技术革命风暴，把电脑世界拉入了疯狂的 3D 时代，这就是令今天很多老玩家至今难以忘怀的 3dfx。3dfx 创造的 Voodoo，作为 PC 历史上最经典的一款 3D 加速显卡（见图 1-8），从它诞生伊始就吸引了全世界的目光。

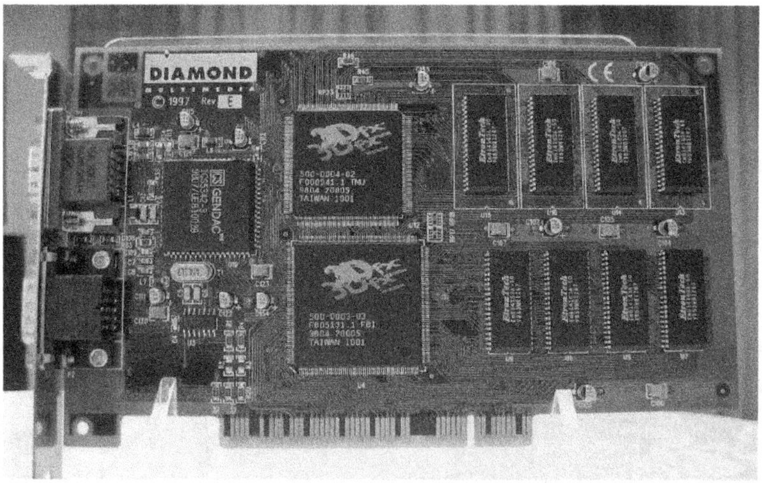


图 1-8　Voodoo3D 加速显卡

拥有 6MB EDO RAM 显存的 Voodoo 尽管只是一块 3D 图形子卡，但它所创造出来的美丽却掠走了不可思议的 85%市场份额，吸引了无数的电脑玩家和游戏生产商死心塌地的为它服务。Voodoo 的独特之处在于它对 3D 游戏的加速并没有阻碍 2D 性能。当一个相匹配的程序运行的时候，从第二个显卡中进行简单的转换输出。在业界许多人（包括微软在内），都怀疑人们是否愿意额外花费 500 美元去改善他们在游戏中的体验。在 1996 年的春天，计算机内存价格大跌，并且第一块 Voodoo 芯片以 300 美元的价格火爆市场。Voodoo 芯片组交货的那天是对 PC 游戏前所未有的影响。当天晚上游戏世界从 8bit、15fps 提升到了有 Z- bufferd（z 缓冲）、16bit 颜色、材质过滤。在 1996 年 2 月 3dfx 和 ALLinace 半导体公司联合宣布，在应用程序接口方面开始支持微软的 DirectX。这意味着 3dfx 不仅使用自己的 GLIDE，同时将可以很好地运行 D3D 编写的游戏。

第一款正式支持 Voodoo 显卡的游戏作品就是如今大名鼎鼎的《古墓丽影》，从 1996 年美国 E3 展会上劳拉·克拉馥的迷人曲线吸引了所有玩家的目光开始，绘制这个美丽背影的 Voodoo 3D 图形卡和 3dfx 公司也开始了其传奇的旅途（见图 1-9）。在相继推出 Voodoo2、Banshee 和 Voodoo3 等几个极为经典的产品后，3dfx 站在了 3D 游戏世界的顶峰，所有的 3D 游戏，不管是《极品飞车》、《古墓丽影》，甚至是高傲的《雷神之锤》，无一不对 Voodoo 系列显卡进行优化，全世界都被 Voodoo 的魅力深深吸引。

图 1-9 《古墓丽影》中劳拉角色的发展

在 Microsoft 推出 Windows95 的同时，3D 化的发展也开始了。当时每个主流图形芯片公司都有自己的 API，如 3dfx 的 Glide、PowerVR 的 PowerSGL、ATI 的 3DCIF 等，这混乱的竞争局面让软硬件的开发效率大为降低，Microsoft 对此极为担忧。Microsoft 很清楚业界需要一个通用的标准，并且最终一定会有一个通用标准，如果不是 Microsoft 来做，也会有别人来做。因此，Microsoft 决定开发一套通用的业界标准。

对 3D 游戏的发展影响最大的公司是成立于 1990 年的 id Software 公司，这家公司在 1992 年推出了历史上第一部 FPS（第一人称射击）游戏——《德军总部 3D》（见图 1-10）。这部历史上的第一部 FPS 游戏并不是真正的 3D 游戏，《德军总部 3D》用 2D 贴图、缩放和旋转来营造一个 3D 环境。限于当时的 PC 技术只能如此，虽然站在今天的角度来看，这款游戏自然觉得粗糙，但就是这个粗糙的游戏带动了 PC 显卡技术的革新和发展。

图 1-10 《德军总部》系列不同年代画面的发展

1996 年 6 月，真正意义上的 3D 游戏诞生了，id 公司制作的《QUAKE》是 PC 游戏进入 3D 时代的一个重要标志。在《QUAKE》里，所有的背景、人物、物品等图形都是由数量不等的多边形构成的，这是一个真正的 3D 虚拟世界。《QUAKE》出色的 3D 图形在很大程度上是得益于 3dfx 公司的 Voodoo 加速子卡，这让游戏的速度更为流畅，画面也更加绚丽，同时也让 Voodoo 加速子卡成为了《QUAKE》梦寐以求的升级目标。除了 3D 的画面外，《QUAKE》在联网功能方面也得到了很大的加强，由过去的 4 人对战增加到 16 人对战。添加的 TCP/IP 等网络协议让玩家有机会和世界各地的玩家一起在 Intelnet 上共同对战。与此同时，id 公司还组织了各种奖金丰厚的比赛，也正是 id Software 和《QUAKE》开创了当今电子竞技运动的先河。

《Quake》（雷神之锤）系列作为 3D 游戏史上最伟大的游戏系列之一，其创造者——游戏编程大师——约翰 •卡马克，对游戏引擎技术的发展做出了前无古人的卓越贡献，从《QuakeI》到《QuakeII》，到后来风靡世界的《QuakeIII》，每一次的更新换代都把游戏引擎技术推向了一个新的极致。在《QuakeII》还在独霸市场的时候，一家后起之秀 Epic 公司携带着它们自己的《Unreal》（虚幻）问世，或许谁都没有想到这款用游戏名字命名的游戏引擎在日后的引擎大战中发展成了一股强大的力量，Unreal 引擎在推出后的两年之内就有 18 款游戏与 Epic 公司签订了许可协议，这还不包括 Epic 公司自己开发的《虚幻》资料片《重返纳帕利》，其中比较近的几部作品，如第三人称动作游戏《北欧神符》（Rune）、角色扮演游戏《杀出重围》（Deus Ex），以及最终也没有上市的第一人称射击游戏《永远的毁灭公爵》（Duke Nukem Forever），这些游戏都曾经或将要获得不少好评。Unreal 引擎的应用范围不限于游戏制作，还涵盖了教育、建筑等其他领域，Digital Design 公司曾与联合国教科文组织的世界文化遗产分部合作采用 Unreal 引擎制作过巴黎圣母院的内部虚拟演示，Zen Tao 公司采用 Unreal 引擎为空手道选手制作过武术训练软件，另一家软件开发商 Vito Miliano 公司也采用 Unreal 引擎开发了一套名为“Unrealty”的建筑设计软件，用于房地产的演示。现如今，Unreal 引擎早已经从激烈的竞争中脱颖而出，成为当下主流的游戏引擎之一（见图 1-11）。

图 1-11　如今虚幻引擎已经出到第四代了

从 Voodoo 的开疆扩土到 NVIDIA 称霸天下，再到如今 NVIDIA、ATI、Intel 的三足鼎立，计算机图形图像技术进入了全新的三维时代，而电脑游戏图像技术也翻开了一个全新的篇章，伴随着3D技术的兴起，电脑游戏美术技术经历了程序绘图时代、软件绘图时代，最终迎来了今天的游戏引擎时代。无论是2D游戏还是3D游戏，无论是角色扮演游戏、即时策略游戏、冒险解谜游戏或是动作射击游戏，哪怕是一个只有1MB的小游戏，都有这样一段起控制作用的代码，这段代码我们可以笼统地称为引擎。

当然，或许最初在像素游戏时代，一段简单的程序编码我们可以称它为引擎，但随着计算机游戏技术的发展，经过不断的进化，如今的游戏引擎已经发展为一套由多个子系统共同构成的复杂系统，从建模、动画到光影、粒子特效，从物理系统、碰撞检测到文件管理、网络特性，还有专业的编辑工具和插件，几乎涵盖了开发过程中的所有重要环节，这一切所构成的集合系统才是我们今天真正意义的"游戏引擎"，过去单纯依靠程序、美工的时代已经结束，以游戏引擎为中心的集体合作时代已经到来，这也就是当今游戏技术领域我们所称为的游戏引擎时代。

在2D图像时代，游戏美术师只是负责根据游戏内容的需要，将自己创造的美术作品元素提供给程序设计师，然后由程序设计师将所有元素整合汇集到一起，最后形成完整的电脑游戏作品。随着游戏引擎越来越广泛地引入到游戏制作领域，如今的电脑游戏制作流程和职能分工也逐渐发生着改变，现在要制作一款3D电脑游戏，需要更多的人员和部门进行通力协作，即使是游戏美术的制作，也不再是一个部门就可以独立完成的工作。

在过去，游戏制作的前期准备一般指游戏企划师编撰游戏剧本和完成游戏内容的整体规划，而现在电脑游戏的前期制作除此之外，还包括游戏程序设计团队为整个游戏设计制作具有完整功能的游戏引擎（包括核心程序模组、企划和美工等各部门的应用程序模组、引擎地图编辑器等）。

制作中期，相对于以前改变不大，这段时间一般就是由游戏美术师设计制作游戏所需的各种美术元素，包括游戏场景和角色模型的设计制作、贴图的绘制、角色动作动画的制作、各种粒子和特效效果的制作等。

制作后期，相较以前发生了很大的改变，过去游戏制作的后期主要是程序员完成对游戏元素整合的过程，而现在游戏制作后期不单单是程序设计部门独自的工作，越来越多的工作内容要求游戏美术师加入其中，主要包括利用引擎的应用程序工具将游戏模型导入引擎当中、利用引擎地图编辑器完成对整个游戏场景地图的制作、对引擎内的游戏模型赋予合适的属性并为其添加交互事件和程序脚本、为游戏场景添加各种粒子特效等，而程序员也需要在这个过程中完成对游戏的整体优化。

随着游戏引擎和更多专业设计工具的出现，游戏美术师的职业要求不仅没有降低，反而表现出更多专业化、高端化的特点，这要求游戏美术师不仅要掌握更多的专业技术知识，还要广泛学习与游戏设计有关的相关学科知识，更要扎实磨炼自己的美术基本功。要成为一名合格的游戏美术设计师并非一朝一夕，不可急于求成，但只要找到合适的学习方法，勤于实践和练习，进入游戏制作行业也并非难事。

## 1.3 网络游戏的研发制作流程

随着硬件技术和软件技术的发展，电脑游戏和电子游戏的开发设计变得越来越复杂，游戏的制作再也不是以前仅凭借几个人的力量在简陋的地下室里就能完成的工作，现在的游戏制作领域更加趋于团队化、系统化和复杂化。对于一款游戏的设计开发，尤其是三维游戏，动辄就要几十人的研发团队，通过细致的分工和协调的配合最后才能制作出一款完整的游戏作品。所以，在进入游戏制作行业前，全面地了解游戏制作中的职能分工和制作流程是十分必要的，这不仅有助于提升游戏设计师的全面素质，而且对日后进入游戏制作公司和融入游戏研发团队都起到了至关重要的作用。下面我们就针对游戏公司内部及游戏产品的整体制作流程进行讲解介绍。

### 1.3.1 游戏公司的部门架构

图 1-12 是一般游戏研发公司的职能架构图。从主体来看，公司主要下设管理部、研发部和市场部三大部门，而其中体系最为庞大和复杂的是游戏研发部，这也是游戏公司最为核心的部门。在游戏制作部中，根据不同的技术分工又分为企划部、美术部、程序部、测试部等，而每个部门下还有更加详细的职能划分，下面我们就针对这些职能部门进行详细介绍。

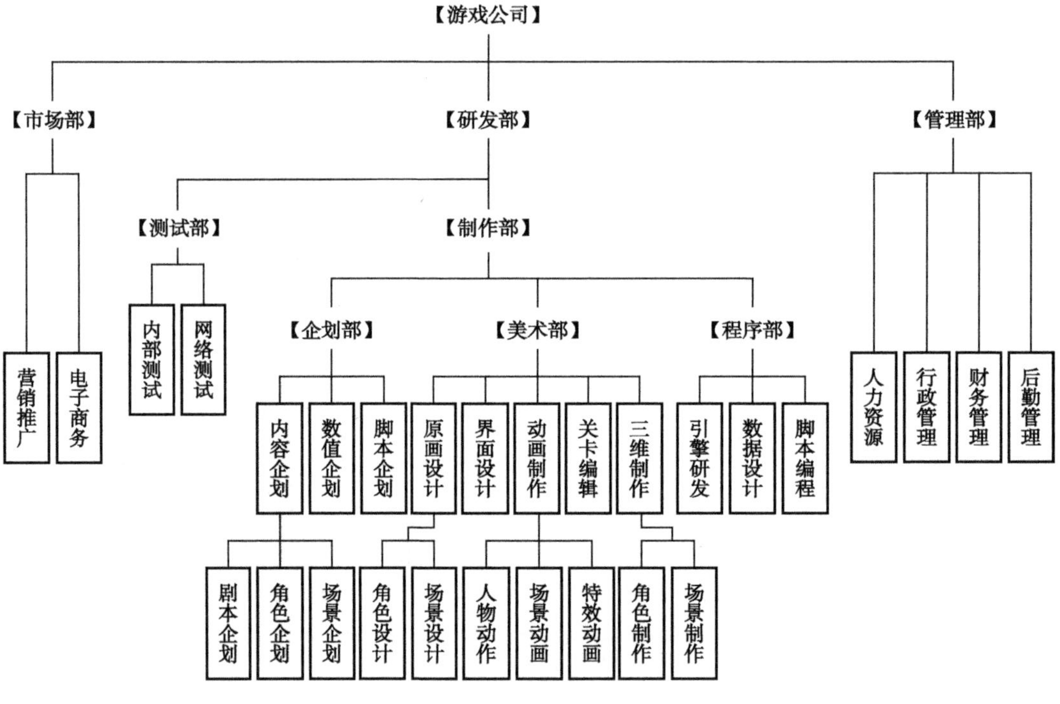


图 1-12 游戏公司职能结构图

#### 1. 管理部门

游戏公司中的管理部门属于公司基础构架的一部分，其职能与其他各类公司中的相同，公司管理部门为公司整体的发展和运行提供了良好的保障。通常来说，公司管理部主要下设行政部、财务部、人力资源部（HR）、后勤部等。其中，行政部门主要围绕公司的整体战略方针和目标展开工作，部署公司的各项行政事务，包括公司企业文化管理、制定各项规章制度、对外联络、对内协调沟通、安排各项会议、管理公司文件文档等；财务部主要负责公司财务部分的整体运行和管理，包括公司财务预算的拟定、财务预算管理、对预算情况进行考核、资金运作、成本控制、员工工资发放等；人力资源部主要依据公司的人事政策，制定并实施有关聘用、定岗、调动、解聘的制度，负责公司员工劳动聘用合同的签订，对新员工进行企业制度培训及企业文化培训，还要负责对员工进行绩效考核等；后勤部主要负责公司各类用品的采购、管理公司的资产及各项后勤的保障工作。

### 2. 研发部门

游戏公司中的研发部门是整个公司的核心部门，从整体来看，主要分为制作部和测试部。其中，制作部门集中了研发团队的主要核心力量，属于游戏制作的主体团队，制作部下设企划部、程序部和美术部三大部门，这种团队架构在业内被称为“Trinity（三位一体）”，或者称作“三驾马车”。

游戏企划部门在游戏制作中负责游戏整体概念与内容的设计和编写，其中包括资源企划、文案企划、关卡企划、系统企划、数值企划、脚本企划、运行企划等职位和工种。游戏程序部门负责解决游戏内的所有技术问题，其中包括游戏引擎的研发、游戏数据库的设计与构架、程序脚本的编写、游戏技术问题的解决等方面。游戏美术部门负责游戏的视觉效果表现，部门中包括角色原画设计师、场景原画设计师、UI 美术设计师、游戏动画师、关卡编辑师、三维角色设计师、三维场景设计师等职位。

除了制作部门外，在游戏研发部门中还包括测试部门。游戏测试与其他程序软件测试一样，测试的目的是为了发现游戏中存在的缺陷和漏洞。游戏测试需要测试人员按照产品行为描述来实施，产品的行为描述除了游戏主体源代码和可执行程序外，还包括书面的规格说明书、需求文档、产品文件，或是用户手册等。

游戏测试工作主要包括内部测试和网络测试，内部测试是游戏公司的专职测试员对游戏进行的测试和检测工作，它伴随在整个游戏的研发过程中，属于全程式智能分工。网络测试是在游戏整体研发最后，通过招募大量网络用户来进行半开放式的测试工作，通常包括 Alpha 测试、Beta 测试、封闭测试和公开测试四个阶段。测试部门虽然没有直接参与游戏的制作，但对于游戏产品整体的完善起到了功不可没的作用，一款成熟的游戏产品往往需要大量的测试人员，反过来说，测试部门工作的细致程度也直接决定了游戏的品质好坏。

### 3. 市场部门

虚拟游戏属于文化、艺术与科技的产物，但在这之前，虚拟游戏首先作为商品而存在，这就决定了游戏离不开商业推广和市场化的销售。所以，在游戏公司中，市场部也是相当重要的公司部门。

市场部门主要负责对游戏产品市场数据的研究、游戏市场化的运作、广告营销推广、电子商务、发行渠道及相关的商业合作。这一系列工作首先要建立在自己公司产品深入了解的基础上，通过自身产品的特色，挖掘游戏的宣传点。其次还需要充分了解游戏的用户群体，抓住消费者的心理、文化层次、消费水平等，针对性地研究宣传推广，只有这样才能做到全面、成功的市场推广。

游戏公司市场部门下通常还设有客户服务部，简称客服部。客服部主要负责解决玩家用户在游戏过程中遇到的各种问题，是游戏公司与用户沟通交流的直接平台，也是对游戏的售后质量起到保证的关键环节。现在越来越多的游戏公司将客服作为游戏运营中的重要环节，只有全心全意为用户做好服务工作，才能让游戏产品获得更多的市场认可和成功。

## 1.3.2 游戏美术的职能划分

### 1. 游戏美术原画师

游戏美术原画师是指在游戏研发阶段负责游戏美术原画设计的人员。在实际游戏美术元素制作前，首先要由美术团队中的原画设计师根据策划的文案描述进行原画设定的工作。原画设定是对游戏整体美术风格的设定和对游戏中所有美术元素的设计绘图，从类型上来分，游戏原画又分为概念类原画设定和制作类原画设定。

概念类游戏原画是指原画设计人员针对游戏策划的文案描述进行整体美术风格和游戏环境基调设计的原画类型（见图 1-13）。游戏原画师会根据策划人员的构思和设想，对游戏中的环境、场景和角色进行创意设计和绘制，概念原画不要求绘制十分精细，但要综合游戏的世界观背景、游戏剧情、环境色彩、光影变化等因素，确定游戏整体的风格和基调。相对于制作类原画的精准设计，概念类原画更加笼统，这也是将其命名为概念原画的原因。

图 1-13　游戏场景概念原画

在概念原画确定之后，游戏基本的美术风格就确立下来了，之后就要进入实际的游戏美术制作阶段，这时就首先需要开始制作类原画的设计和绘制。制作类原画是指对游戏中美术元素的细节进行设计和绘制的原画类型，制作类原画又分为场景原画、角色原画（见图 1-14）和道具原画，分别负责对游戏场景、游戏角色及游戏道具的设定。制作类原画不仅要在整体上表现出清晰的物体结构，更要对设计对象的细节进行详细描述，这样才能便于后期美术制作人员进行实际美术元素的制作。

游戏美术原画师需要有扎实的绘画基础和美术表现能力，要具备很强的手绘功底和美术造型能力，同时能熟练运用二维美术软件对文字描述内容进行充分的美术还原和艺术再创造。其次，游戏美术原画师还必须具备丰富的创作想象力，因为游戏原画与传统的美术绘画创作不同，游戏原画并不是要求对现实事物的客观描绘，它需要在现实元素的基础上进行虚构的创意和设计，所以天马行空的想象力也是游戏美术原画师不可或缺的素质和能力。另外，游戏美术原画师还必须掌握其他相关学科一定的理论知识，例如拿游戏场景原画设计来说，如果要设计一座欧洲中世纪哥特风格的建筑，那么就必须要具备一定的建筑学知识和欧洲历史文化背景知识，对于其他类型的原画设计来说也同样如此。

图 1-14 游戏角色原画设定图

### 2. 二维美术设计师

二维美术设计师是指在游戏美术团队中负责平面美术元素制作的人员，这是游戏美术团队中必不可缺的职位，无论是 2D 游戏项目还是 3D 游戏项目，都必须要有二维美术设计师参与制作。

一切与 2D 美术相关的工作都属于二维美术设计师的工作范畴，所以严格来说，游戏原画师也是二维美术设计师。另外， UI 界面设计师也可以算作二维美术设计师。在游戏二维美术设计中，以上两者都属于设计类的岗位，除此以外，二维美术设计师更多的是负责实际制作类的工作。

通常游戏二维美术设计师要根据策划的描述文案或者游戏原画设定来进行制作，在 2D 游戏项目中，二维美术设计师主要制作游戏中的各种美术元素，包括游戏平面场景、游戏地图、游戏角色形象及游戏中用到的各种 2D 素材。例如，在像素或 2D 类型的游戏中，游戏场景地图是由一定数量的图块（Tile）拼接而成的，其原理类似于铺地板，每一块 Tile 中包含不同的像素图形，通过不同 Tile 自由组合拼接就构成了画面中不同的美术元素。通常来说，平视或俯视 2D 游戏中的 Tile，是矩形的；2.5D 的游戏中，Tile 是菱形的（见图 1-15）。而二维游戏美术师的工作就是负责绘制每一块 Tile，并利用组合制作出各种游戏场景素材。

对于像素或者 2D 游戏中的角色来说，通常我们看到的角色行走、奔跑、攻击等动作都是利用关键帧动画来制作的，需要分别绘制出角色每一帧的姿态图片，然后将所有图片连续播放就实现了角色的运动效果。我们以角色行走为例，不仅要绘制出角色行走的动态，还要分别绘制不同方向行走的姿态，通常包括上、下、左、右、左上、左下、右上、右下等八个方向的姿态。所有动画序列中的每一个关键帧的角色素材图都是需要二维美术设计师来制作的。在 3D 游戏项目中，二维美术设计师主要负责平面地图的绘制、角色平面头像的绘制，以及各种模型贴图绘制（见图 1-16）等。

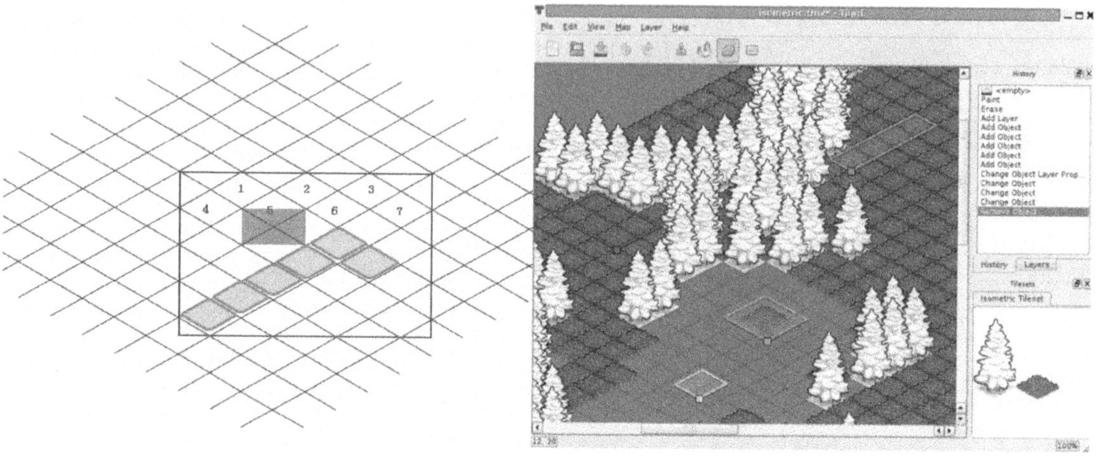


图 1-15　二维游戏场景的制作原理

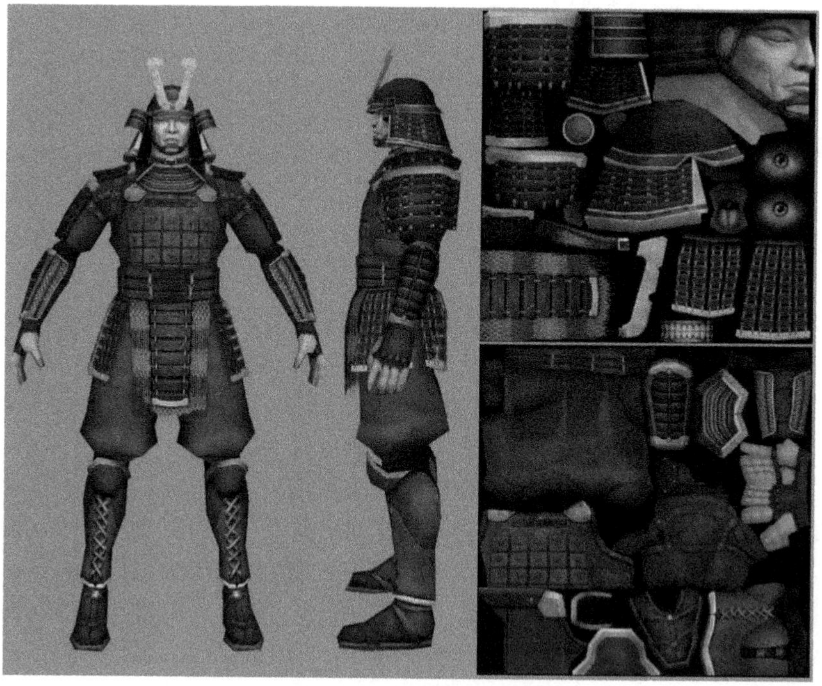

图 1-16　3D 角色模型贴图

另外，游戏 UI 设计也是游戏二维美术设计中必不可少的工作内容。所谓 UI，即 User Interface（用户界面）的简称。UI 设计则是指对软件的人机交互、操作逻辑、界面美观的整体设计。而具体到游戏制作来说，游戏 UI 设计通常是指游戏画面中的各种界面、窗口、图标、角色头像、游戏字体等美术元素的设计和制作（见图 1-17）。好的 UI 设计不仅要让游戏画面变得有个性、有风格、有品味，更要让游戏的操作和人机交互过程变得舒适、简单、自由和流畅。

图 1-17 游戏 UI 设计

### 3. 三维美术设计师

三维美术设计师是指在游戏美术团队中负责 3D 美术元素制作的人员。三维美术设计师是在 3D 游戏出现后才发展出的制作岗位，同时也是 3D 游戏开发团队中的核心制作人员。在三维游戏项目中，三维美术设计师主要负责各种三维模型的制作，以及角色动画的制作。

对于一款三维电脑游戏来说，最主要的工作量就是对三维模型的设计制作，包括三维场景模型、三维角色模型及各种游戏道具模型等。除了在制作的前期需要基础三维模型提供给 Demo 的制作，在中后期更需要大量的三维模型来充实和完善整个游戏主体内容，所以在三维游戏制作领域，有大量的人力资源被要求分配到这个岗位，这些人员就是三维模型师。三维美术设计师要求具备较高的专业技能，不仅要熟练掌握各种复杂的高端三维制作软件，更要有极强的美术塑形能力（见图 1-18）。在国外，专业的游戏三维美术师大多都是美术雕塑系或建筑系出身，除此之外，游戏三维美术设计师还需要具备大量的相关学科知识，如建筑学、物理学、生物学、历史学等。

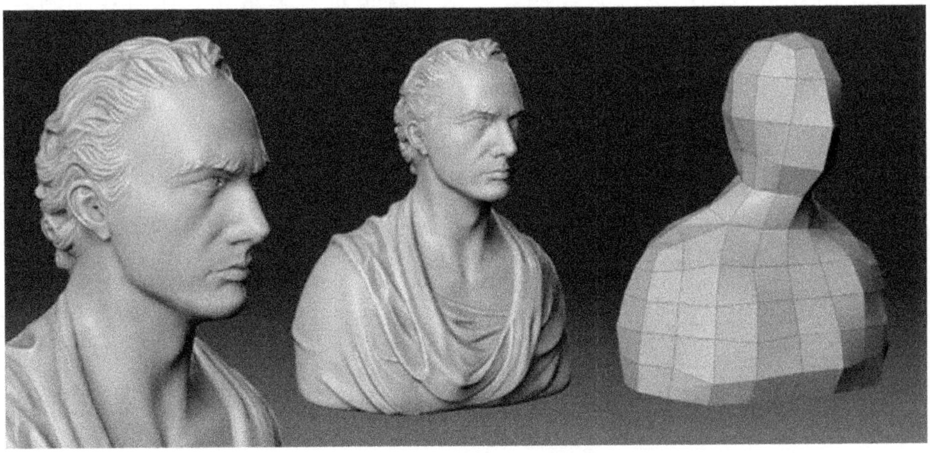

图 1-18 利用 Zbrush 雕刻角色模型

除了三维模型师外，三维美术设计师还包括三维动画师。这里所谓的动画制作并不是指游戏片头动画或过场动画等预渲染动画内容的制作，主要是指游戏中实际应用的动画内容，包括角色动作和场景动画等。角色动作主要指游戏中所有角色（包括主角、NPC、怪物、BOSS 等）

的动作流程，游戏中每一个角色都包含大量已经制作完成的规定套路动作，通过不同动作的衔接组合就形成了一个个具有完整能动性的游戏角色，而玩家控制的主角的动作中还包括大量人机交互内容。三维动画师的工作就是负责每个独立动作的调节和制作，如角色的跑步、走路、挥剑、释放法术等（见图 1-19）。场景动画主要指游戏场景中需要应用的动画内容，如流水、落叶、雾气、火焰等这样的环境氛围动画，还包括场景中指定物体的动画效果，如门的开闭、宝箱的开启、触发机关等。

图 1-19　三维角色动作调节

### 4. 游戏特效美术师

一款游戏产品除了基本的互动娱乐体验外，更加注重整体的声光视觉效果，游戏中的这些光影效果就属于游戏特效的范畴。游戏特效美术师就是负责丰富和制作游戏中的各种光影视觉效果，包括角色技能（见图 1-20）、刀光剑影、场景光效、火焰闪电及其他各种粒子特效等。

图 1-20　游戏中角色华丽的技能特效

游戏特效美术师在游戏美术制作团队中有一定的特殊性，既难将其归类于二维美术设计人员，也难将其归类于三维美术设计人员。因为游戏特效的设计和制作同时涉及二维和三维美术的范畴。另外，在具体制作流程上又与其他美术设计有所区别。

对于三维游戏特效制作来说，首先要利用 3ds Max 等三维制作软件创建出粒子系统，将事先制作的三维特效模型绑定到粒子系统上，然后还要针对粒子系统进行贴图的绘制，贴图通常要制作为带有镂空效果的 Alpha 贴图，有时还要制作贴图的序列帧动画，之后还要将制作完成的素材导入游戏引擎特效编辑器中，对特效进行整合和细节调整。如果是制作角色技能特效，还要根据角色的动作提前设定特效施放的流程，如图 1-21 所示。

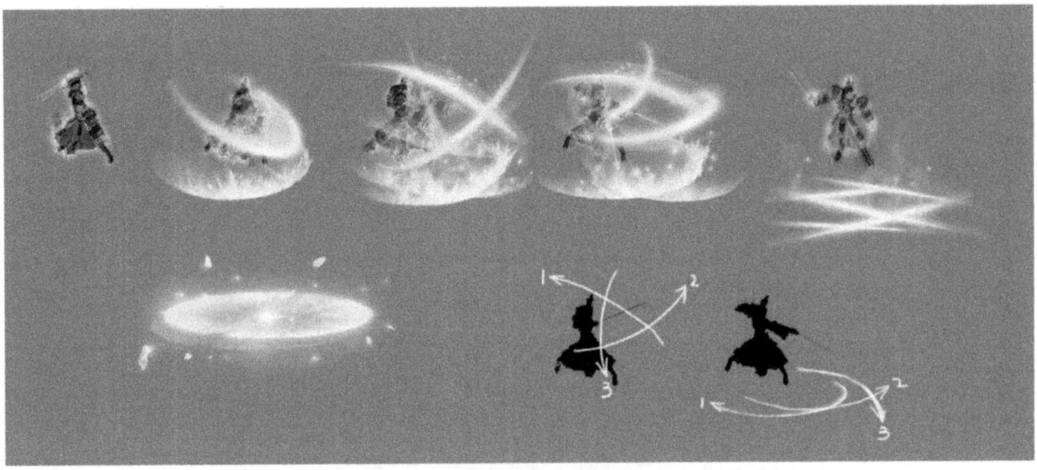


图 1-21 角色技能特效设计思路和流程图

对于游戏特效美术师来说，不仅要掌握三维制作软件的操作技能，还有对三维粒子系统有深入研究，同时还要具备良好的绘画功底和修图能力，另外还要掌握游戏动画的设计和制作。所以，游戏特效美术师是一个具有复杂性和综合性的游戏美术设计岗位，是游戏开发中必不可少的职位，同时入门门槛也比较高，需要从业者具备高水平的专业能力。在一线的游戏研发公司中，游戏特效美术师通常都是具有多年制作经验的资深从业人员，相应所得到的薪水待遇也高于其他游戏美术设计人员。

### 5. 地图编辑美术师

地图编辑美术师是指在游戏美术团队中利用游戏引擎地图编辑器编辑和制作游戏地图场景的美术设计人员，也被称为地编设计师。成熟化的三维游戏商业引擎普及之前，在早期的三维游戏开发中，游戏场景所有美术资源的制作都是在三维软件中完成的，除了场景道具、场景建筑模型以外，甚至包括游戏中的地形山脉都是利用模型来制作的。而一个完整的三维游戏场景包括众多的美术资源，所以用这样的方法来制作的游戏场景模型会产生数量巨大的多边形面数，不仅导入游戏的过程十分烦琐，而且制作过程中三维软件本身就承担了巨大的负载，经常会出现系统崩溃、软件跳出的现象。

随着技术的发展，在进入到游戏引擎时代以后，以上所有的问题都得到了完美的解决，游戏引擎编辑器不仅可以帮助我们制作出地形和山脉的效果，除此之外，水面、天空、大气、光效等很难利用三维软件制作的元素都可以通过游戏引擎来完成。尤其是野外游戏场景的制作，我们只需要用三维软件来制作独立的模型元素，其余 80%的场景工作任务都可以通过游戏引擎地图编辑器来整合和制作，而其中负责这部分工作的美术人员就是地图编辑美术师。

地编设计师利用游戏引擎地图编辑器制作游戏地图场景主要包括以下几方面的内容：

（1）场景地形地表的编辑和制作。

（2）场景模型元素的添加和导入。

（3）游戏场景环境效果的设置，包括日光、大气、天空、水面等方面。

（4）游戏场景灯光效果的添加和设置。

（5）游戏场景特效的添加与设置。

（6）游戏场景物体效果的设置。

其中，大量的工作时间都集中在游戏场景地形地表的编辑制作上，利用游戏引擎编辑器制作场景地形其实分为两大部分——地表和山体，地表是指游戏虚拟三维空间中起伏较小的地面模型，山体则是指起伏较大的山脉模型。地表和山体是对引擎编辑器所创建同一地形的不同区域进行编辑制作的结果，两者是统一的整体，并不独立存在。引擎地图编辑器制作山脉的原理是将地表平面划分为若干分段的网格模型，然后利用笔刷进行控制，实现垂直拉高形成的山体效果或者塌陷形成的盆地效果，然后再通过类似于 Photoshop 的笔刷绘制方法对地表进行贴图材质的绘制，最终实现自然的场景地形效果（见图 1-22）。

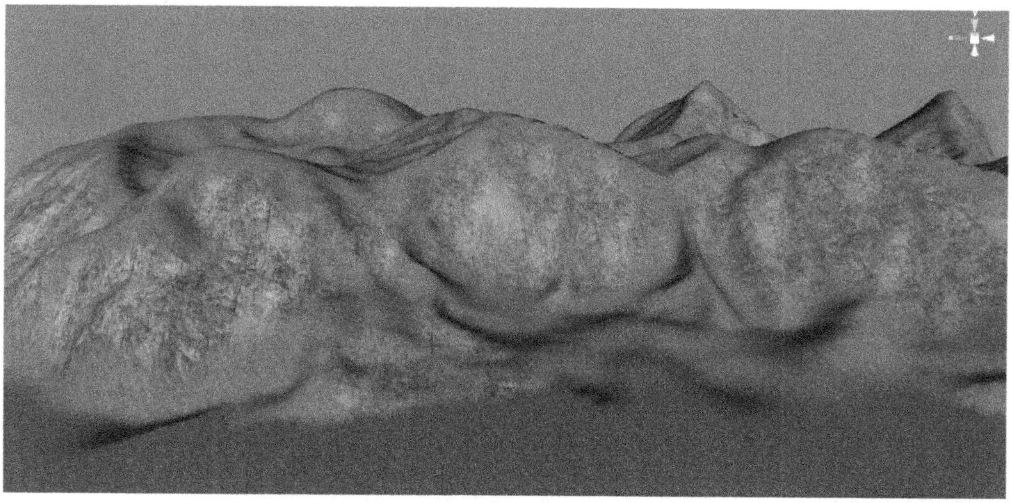

图 1-22　利用引擎地图编辑器制作的地形山体效果

在实际三维游戏项目的制作中，利用游戏引擎编辑器制作游戏场景的第一步就是创建场景地形，场景地形是游戏场景制作和整合的基础，它为三维虚拟化空间搭建出了具象的平台，所有的场景美术元素都要依托于这个平台进行编辑和整合。所以，地图编辑美术师在如今的三维游戏开发中占有了十分重要的地位和作用，而一个出色的地编设计师不仅要掌握三维场景制作的知识和技能，更要对自然环境和地理知识有深入的了解和认识，只有这样才能让自己制作的地图场景更加真实、自然，贴近于游戏需求的效果。

### 1.3.3　游戏项目的制作流程

在三维软硬件技术出现以前，电脑游戏的设计与开发流程相对简单，职能分工也比较单一，如图 1-23 所示。虽然与现在的游戏制作部门相同，都分为企划、美术、程序三大部门，但每个部门中的工种职能并没有再严格细致的划分，在人力资源分配上也比现在的游戏团队要少得多。企划组负责撰写游戏剧本和游戏内容的文字描述，然后交由美术组把文字内容制作成为美术素材，之后美术组把制作完成的美术元素提供给程序组进行最后的整合，同时企划组在后期也需要提供给程序组游戏剧本和对话文字脚本等内容，最后在程序组的整合下才制作出完整的游戏作品。

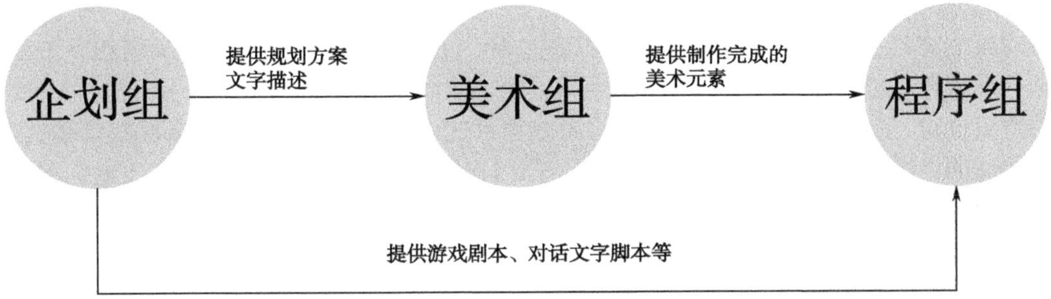


图 1-23　早期的游戏制作流程

在这种制作流程下，企划组和美术组的工作任务基本都属于前期制作，从整个流程的中后期开始几乎都是由程序组独自承担大部分的工作量，所以当时游戏设计的核心技术人员就是程序员，而电脑游戏制作研发也被看作程序员的工作领域，如果把企划、美术、程序的人员配置比例假定为 $a$：$b$：$c$，那么当时一定是 $a<b<c$ 这样一种金字塔式的人员配置结构。

在三维技术出现以后，电脑游戏制作行业发生了巨大改变，特别是在职能分工和制作流程上都与之前有了较大的不同，主要体现在：

（1）职能分工更加明确细致。

（2）对制作人员的技术要求更高、更专一。

（3）整体制作流程更加先进合理。

（4）制作团队之间的配合要求更加默契协调。

特别是在三维游戏引擎技术发明并越来越多的引用到游戏制作领域后，这种行业变化更加明显。企划组、美术组、程序组三个部门的结构主体依然存在，但从工作流程来看，三者早已摆脱了过去单一的线性结构，随着游戏引擎技术的引入，三个部门紧紧围绕着游戏引擎这个核心展开工作，除了三个部门间相互协调配合的工作关系外，三个部门同时都要通过游戏引擎才能完成最终成品游戏的制作开发。可以说当今游戏制作的核心内容就是游戏引擎，只有深入研究出属于自己团队的强大引擎技术，才能在日后的游戏设计研发中顺风顺水、事半功倍。下面详细介绍一下现在一般游戏制作公司普遍的游戏制作流程。

### 1. 立项与策划阶段

立项与策划阶段是整个游戏产品项目开始的第一步，这个阶段大致占了整个项目开发周期 20%的时间。在一个新的游戏项目启动之前，游戏制作人必须要向公司提交一份项目可行性报告书，这份报告在游戏公司管理层集体审核通过后，游戏项目才能正式被确立和启动。游戏项目可行性报告书并不涉及游戏本身的实际研发内容，它更多侧重于商业行为的阐述，主要用来讲解游戏项目的特色、盈利模式、成本投入、资金回报等方面的问题，用来对公司股东或投资者说明对接下来的项目进行投资的意义，这与其他各种商业项目的可行性报告的概念基本相同。

当项目可行性报告通过后，游戏项目开始正式启动，接下来游戏制作人需要与游戏项目的策划总监及制作团队中其他的核心研发人员进行“头脑风暴”会议，为游戏整体的初步概念进行设计和策划，其中包括游戏的世界观背景、视觉画面风格、游戏系统和机制等。通过多次的会议讨论，集中所有人员针对游戏项目提出的各种意见和创意，之后由项目策划总监带领游戏企划团队进行游戏策划文档的设计和撰写。

游戏策划文档不仅是整个游戏项目的内容大纲，同时还涉及游戏设计与制作的各个方面，包括世界观背景、游戏剧情、角色设定、场景设定、游戏系统规划、游戏战斗机制、各种物品道具的数值设定、游戏关卡设计等。如果将游戏项目比作是一个生命体，那么游戏策划文档就是这个生命的灵魂，这也间接说明了游戏策划部门在整个游戏研发团队中的重要地位和作用。图 1-24 是游戏项目研发立项与策划阶段的流程示意图。

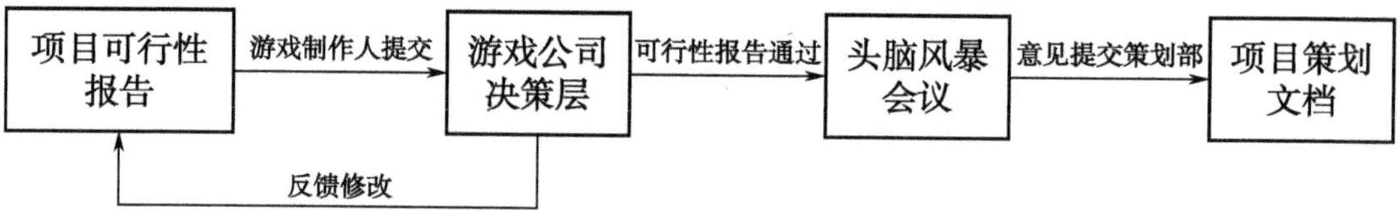


图 1-24　立项与策划阶段流程示意图

### 2. 前期制作阶段

前期制作阶段属于游戏项目的准备和实验阶段，这个阶段大致占了整个项目开发周期10%～20%的时间。在这一阶段中会有少量的制作人员参与项目制作，虽然人员数量较少，但各部门人员配比仍然十分合理，这一阶段也可以看作整体微缩化流程的研发阶段。

这一阶段的目标通常是制作一个游戏 Demo。所谓游戏 Demo，就是指一款游戏的试玩样品。利用紧缩型的游戏团队来制作的 Demo 虽然并不是完整的游戏，它可能仅仅只有一个角色、一个场景或关卡，甚至只有几个怪物，但它的游戏机制和实现流程却与完整游戏基本相同，差别只在于游戏内容的多少。通过游戏 Demo 的制作，可以为后面实际游戏项目研发过程中积累经验，Demo 制作完成后，后续研发就可以复制 Demo 的设计流程，剩下的就是大量游戏元素的制作添加与游戏内容的扩充。

在前期制作阶段需要完成和解决的任务还包括：

1）研发团队的组织与人员安排

这里所说的并不是参与 Demo 制作的人员，而是后续整个实际项目研发团队的人员配置，在前期制作阶段，游戏制作人需要对研发团队进行合理和严谨的规划，为之后进入实质性研发阶段做准备。这其中包括研发团队的初步建设、各部门人员数量的配置、具体员工的职能分配等。

2）制订详尽的项目研发计划

这同样也是由游戏制作人来完成的工作，项目研发计划包括研发团队的配置、项目研发日程规划、项目任务的分配、项目阶段性目标的确定等方面。项目研发计划与项目策划文档相辅相成，从内外两方面规范和保障游戏项目的推进。

3）确定游戏的美术风格

在游戏 Demo 制作的过程中，游戏制作人需要与项目美术总监及游戏美术团队共同研究和发掘符合自身游戏项目的视觉画面路线，确定游戏项目的美术风格基调，要达成这一目标需要反复实验和尝试，甚至在进入实质研发阶段，美术风格仍有可能被改变。

4）固定技术方法

在 Demo 制作过程中，游戏制作人与项目程序总监及程序技术团队一起研究和设计游戏的基础程序构架，包括各种游戏系统和机制的运行与实现，对于三维游戏项目来说也就是游戏引擎的研发设计。

5）游戏素材的积累和游戏元素的制作

游戏前期制作阶段，研发团队需要积累大量的游戏素材，包括照片参考、贴图素材、概念参考等，如我们要制作一款中国风的古代游戏，那么就需要收集大量的年代风格特点的建筑照片、人物服饰照片等。同样，从项目前期制作阶段开始，项目美术制作团队就可以开始大量游戏元素的制作，如基本的建筑模型、角色和怪物模型、各种游戏道具模型等。游戏素材的积累和游戏元素的制作都为后面进入实质性项目研发打下基础，并提供必要的准备。

### 3. 游戏研发阶段

这一阶段属于游戏项目的实质性研发阶段，大致占了整个项目开发周期 50%的时间，这一阶段是游戏研发中最耗时长的阶段，也是整个项目开发周期的核心所在。从这一阶段开始大量的制作人员开始加入游戏研发团队中，在游戏制作人的带领下，企划部、程序部、美术部等研发部门按照先前制定的项目研发计划和项目策划文档开始了有条不紊地制作生产。在项目研发团队中人员配置通常 5%为项目管理人员，25%为项目企划人员，25%为项目程序人员，45%为项目美术人员。实质性的游戏项目研发阶段又可以细分为制作前期、制作中期和制作后期三个时间阶段，具体的研发流程如图 1-25 所示。

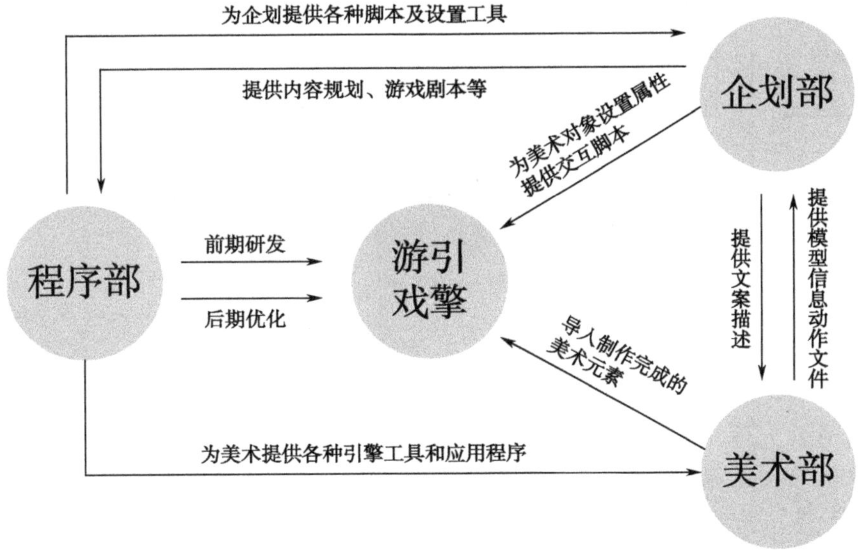


图 1-25 游戏项目实质性研发阶段流程示意图

1）制作前期

企划部、美术部、程序部三个部门同时开工，企划部开始撰写游戏剧本和游戏内容的整体规划。美术部中的游戏原画师开始设定游戏整体的美术风格，三维模型师根据既定的美术风格制作一些基础模型，这些模型大多只是拿来用作前期引擎测试，并不是以后真正游戏中会大量使用的模型，所以制作细节上并没有太多要求。程序部在制作前期的任务最为繁重，因为他们要进行游戏引擎的研发，或者一般来说在整个项目开始以前他们就已经提前进入到了游戏引擎研发阶段，在这段时间里他们不仅要搭建游戏引擎的主体框架，还要开发许多引擎工具以供日后企划部和美术部所用。

2）制作中期

企划部进一步完善游戏剧本，内容企划开始编撰游戏内角色和场景的文字描述文档，包括主角背景设定、不同场景中 NPC 和怪物的文字设定、BOSS 的文字设定、不同场景风格的文字设定等，各种文档要同步传给美术组以供参考使用。

美术部在这个阶段要承担大量的制作工作，游戏原画师在接到企划文档后，要根据企划的文字描述开始设计绘制相应的角色和场景原画设定图，然后把这些图片交给三维制作组来制作大量游戏中需要应用的三维模型。同时三维制作组还要尽量配合动画制作组以完成角色动作、技能动画和场景动画的制作，之后美术组要利用程序组提供的引擎工具把制作完成的各种角色和场景模型导入游戏引擎当中。另外，关卡地图编辑师要利用游戏引擎编辑器开始着手各种场景或者关卡地图的编辑绘制工作，而界面美术师也需要在这个阶段开始游戏整体界面的设计绘制工作。图 1-26 为游戏产品研发中期美术部门的具体分工流程。

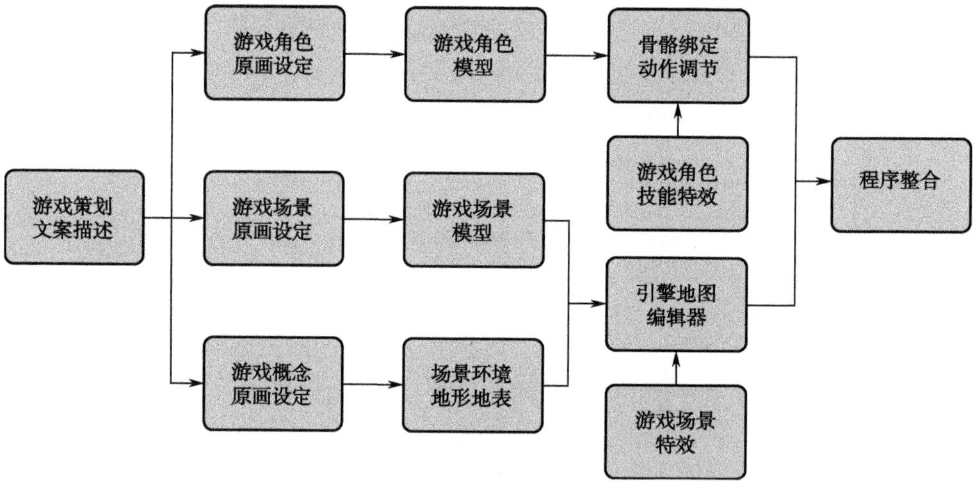


图 1-26　游戏美术部门研发流程

由于已经初步完成了整体引擎的设计研发，程序部在这个阶段工作量相对减轻，继续完善游戏引擎和相关程序的编写，同时针对美术部和企划部反馈的问题进行解决。

3）制作后期

企划部把已经制作完成的角色模型利用程序提供的引擎工具赋予其相应属性，脚本企划同时要配合程序组进行相关脚本的编写，数值企划则要通过不断的演算测试调整角色属性和技能数据，并不断对其中的数值进行平衡化处理。

美术部中的原画组、模型组、动画组的工作则继续延续制作中期的工作任务，要继续完成相关设计、三维模型及动画的制作，同时要配合关卡地图编辑师进一步完善关卡和地图的编辑工作，并加入大量的场景效果和后期粒子特效，界面美术设计师则继续对游戏界面的细节部分做进一步的完善和修改。

程序部在这个阶段要对已经完成的所有游戏内容进行最后的整合，完成大量人机交互内容的设计制作，同时要不断优化游戏引擎，并要配合另外两个部门完成相关工作，最终制作出游戏的初级测试版本。

**4. 游戏测试阶段**

测试阶段是游戏上市发布前的最后阶段，大约占了整个项目开发周期 10%～20%的时间。在游戏测试阶段中，主要寻找和发现游戏运行过程中存在的各种问题和漏洞，这既包括游戏美术元素及程序运行中存在的各种直接性 BUG，也包括因策划问题所导致的游戏系统和机制的漏洞。

事实上，对于游戏产品的测试，并不是只在游戏测试阶段才展开，测试工作伴随在产品研发的全程，研发团队中的内部测试人员随时要对已经完成的游戏内容进行测试工作，内部测试人员每天都会对研发团队中的企划、美术、程序等部门反馈测试问题报告，这样游戏中存在的问题会得到即时的解决，不至于让所有问题都堆积到最后，减少了最后游戏测试阶段的任务压力。

游戏测试阶段的任务更侧重于对游戏整体流程的测试和检验，通常来说，游戏测试阶段分为 Alpha 测试和 Beta 测试两个阶段。当游戏产品的初期版本基本完成后，就可以宣布进入 Alpha 测试阶段了，Alpha 版本的游戏基本上具备了游戏预先规划的所有系统和功能，游戏的情节内容和流程也应该基本到位。Alpha 测试阶段的目标是将以前所有的临时内容全部替换为最终内容，并对整个游戏体验进行最终的调整。随着测试部门问题的反馈和整理，研发团队要及时修改游戏内容，并不断更新游戏的版本序号。

正常来说，处于 Alpha 测试阶段的游戏产品不应该出现大规模的 BUG，如果在这一阶段研发团队还面临大量的问题，说明先前的研发阶段存在重大的漏洞，如果出现这样的问题，游戏产品应该终止测试，转而“回炉”重新进入研发阶段。如果游戏产品 Alpha 测试基本通过后，就可以转入 Beta 测试阶段了。一般处于 Beta 状态的游戏不会再添加大量新内容，此时的工作重点是对游戏产品的进一步整合和完善。相对来说，Beta 测试阶段的时间要比 Alpha 阶段短，之后就可以对外发布游戏产品了。

如果是网络游戏，在封闭测试阶段之后，还要在网络上招募大量的游戏玩家展开游戏内测。在内测阶段，游戏公司邀请玩家对游戏运行性能、游戏设计、游戏平衡性、游戏 BUG 及服务器负载等进行多方面测试，以确保游戏正式上市后能顺利进行。内测结束后即进入公测阶段，内测资料进入公测通常是不保留的，但现在越来越多的游戏公司为了奖励内测玩家，采取公测奖励措施或直接进行不删档内测。对于计时收费的网络游戏而言，公测阶段通常采取免费方式，而对于免费网游，公测即代表游戏正式上市发布。

## 1.4 游戏美术设计入门与学习

要想成为一名出色的动漫游戏美术设计师，并不是一件十分容易的事，需要大量的学习积累及实践经验的积累，同时还需要参阅大量的外延学科领域知识内容。但动漫游戏作为近年来社会上最为热门的专业，受到国家及政府的大力支持，各种国家高校及民办培训机构雨后春笋般地出现，所以对于想要进入动漫游戏制作领域的新人来说，只要怀抱明确的目标和志向，通过合理化的教育培训，掌握正确的学习方法与流程，想要成为动漫游戏美术设计师的梦想也并非遥不可即。

一位立志想要进入动漫游戏设计领域的新人在正式进入一线公司之前，必须通过合理化的教育和培训，将自己个人能力和专业技能进行培养和提升，以达到复合一线公司的用人要求和标准，这就是动漫游戏美术设计师成长之路中的学习阶段。通常来说，我们将这一学习之路分为五大阶段，如图 1-27 所示。

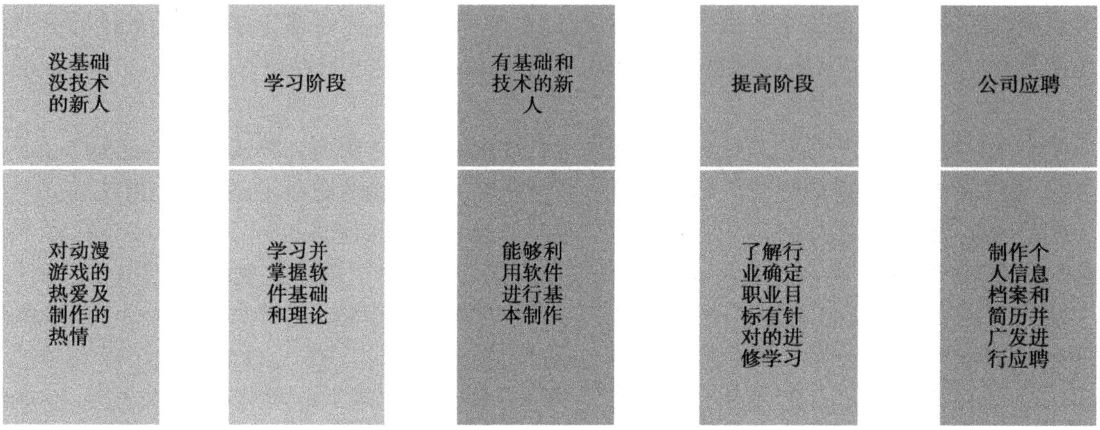


图 1-27　进入动漫游戏制作领域前的学习阶段

首先，第一个阶段是零基础的新人状态，作为一个没有掌握任何软件和制作技术的新人来说，对动漫游戏行业的热爱及对制作的热情就是入门的最好基础。每个动漫游戏美术设计师都是从这一阶段开始起步的，所以接下来为了快速入门，就必须要学习和掌握基本的软件知识和操作技巧，这是新人入门的第一个学习阶段。

对于动漫游戏美术设计来说，其实常用的软件并没有很多，图 1-28 中的 LOGO 基本涵盖了动漫游戏美术设计一般常用的制作软件，其中包括 2D 类制作软件 Photoshop、Painter 和 Deeppaint3D 等和 3D 制作软件 3ds Max、Maya 和 Zbrush 等。下面我们分别了解这些常用软件的用途和功能。

图 1-28　动漫游戏美术常用制作软件

二维美术软件在动漫游戏美术制作中，主要用于原画的绘制和设定、UI 设计，以及模型贴图的绘制等。常用的二维美术软件主要有 Photoshop 和 Painter，Painter 凭借其强大的笔刷功能主要用于原画的绘制，Photoshop 作为通用的标准化二维图形设计软件主要用于 UI 像素图形的绘制和模型贴图的绘制，另外也可以通过 Deeppaint3D 和 BodyPaint3D 等插件绘制三维模型贴图（见图 1-29）。

图 1-29　模型贴图的绘制

三维制作软件主要就是 3ds Max 和 Maya，这两款软件都是 Autodesk 公司旗下的核心三维制作软件产品，三维动画的制作通常使用 Maya，而在国内大多数游戏制作公司主要使用 3ds Max 作为主要的三维模型制作软件，这主要是由游戏引擎技术和程序接口技术所决定的，虽然这两款软件同为 Autodesk 公司旗下的产品，但在功能界面和操作方式上还是有着很大的不同。

近几年随着次时代引擎技术的飞速发展，以法线贴图技术为主流技术的游戏大行其道，同时也成为未来游戏美术制作的主要方向。所谓的法线贴图，就是可以应用到 3D 模型表面的特殊纹理，它可以让平面的贴图变得更加立体、真实。法线贴图作为凹凸纹理的扩展，它包括了每个像素的高度值，内含许多细节的表面信息，能够在平平无奇的物体上创建出许多种特殊的立体外形。你可以把法线贴图想象成与原表面垂直的点，所有点组成另一个不同的表面。对于视觉效果而言，它的效率比原有的表面更高，若在特定位置上应用光源，可以生成精确的光照方向和反射，通过 Zbrush 三维雕刻软件深化模型细节使之成为具有高细节的三维模型，然后通过映射烘焙出法线贴图，并将其贴在低端模型的法线贴图通道上，使之拥有法线贴图的渲染效果，却可以大大降低渲染时需要的面数和计算内容，从而达到优化动画渲染和游戏渲染的效果（见图 1-30）。

当掌握了一定的软件技术后，我们就进入了第三个阶段，在这一阶段中，我们可以利用自己已学的软件技术进行基本的制作，但与实际一线公司的要求还有一定距离，所以这一阶段称为有基础和技术的新人阶段。基本的软件知识和操作能力为下步的学习打下了基础，为了能成功进入一线制作公司，成为一名合格的动漫游戏美术设计师，必须要开始第二个学习阶段，也就是提升学习阶段。

图 1-30　游戏法线贴图技术

在提高阶段学习中，我们必须要全面了解一线的制作行业和领域，确立自己的职业目标并进行有针对性的学习。在前面的内容中已经讲到，无论动漫还是游戏制作公司，它们都有各自的项目流程及职业分工，所以我们不可能掌握全部的技术成为一名“全才”，我们要做的是成为那颗日后专业领域中的“螺丝钉”，在自己的所属领域全面发挥出自己的特长和才干。这也是提升阶段和基础学习阶段最大的区别，基础学习阶段侧重全面基础知识的学习，而提升阶段则侧重专业技能的掌握，相对于前面的基础学习阶段，提升学习是一个漫长的过程，需要每个人脚踏实地地努力和学习，通过点滴积累为日后打下坚实的基础。

当我们完成了提升阶段的学习并积累了足够的个人作品后，我们就可以着手创建个人信息档案与个人简历，简历的文字要简明扼要，能够突出自己的个人专长和技能，并写明明确的就业岗位方向，同时要附有自己代表性的作品，可以是图片也可以是视频和动画等，之后我们就可以通过招聘网站或者各公司主页中发布的 HR 邮箱进行简历和作品的投递。

通过学习阶段的努力成功进入一线的动漫游戏制作公司，这对于动漫游戏美术设计师之路仅仅是新的开始，日后的职业发展才是这条道路的核心和重点，图 1-31 展示了作为一名动漫游戏美术设计师所应具备的基本素质。

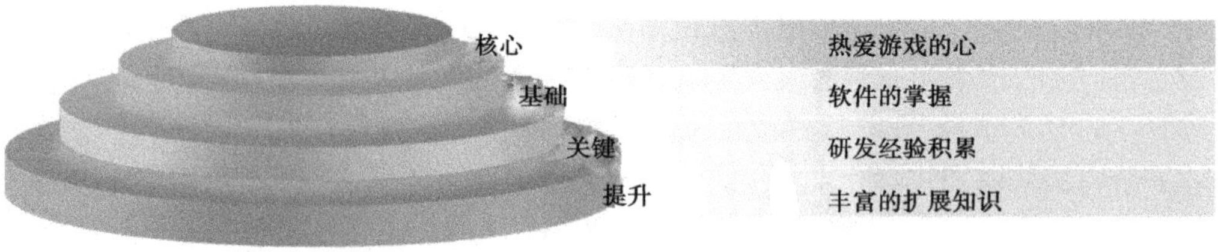


图 1-31　动漫游戏美术设计师的职业素质

俗话说“兴趣是最好的老师”，一名动漫游戏美术设计师首先需要具备的就是对于动漫游戏的热爱之心，这也是作为动漫游戏美术设计师所应具备的核心素质。兴趣和热爱会让我们在这个行业内更加长远地走下去，而不是将其仅视为一种职业，更不能将其看作只是一种谋生的手段。

其次，对于软件的掌握是作为动漫游戏美术设计师的基础。所谓“工欲善其事，必先利其器”，对于动漫游戏制作人员来说，熟练掌握各类制作软件是今后踏入制作领域最基础的条件，只有熟练掌握软件技术，才能将自己的创意和想法淋漓尽致地展现和表达出来。

另外，成功进入一线动漫游戏制作公司后，我们就开始实际项目的制作，这些研发和制作经验的积累是成为一名优秀动漫游戏美术设计师的关键，只有随着经验的积累，我们的个人能力和专业技术才会得到进一步的提升，同时这也是日后在公司中职位晋升的重要资本。

除此以外，丰富的专业外延扩展知识也是提升职业素质和个人能力的重要因素。无论是作为动漫还是游戏美术设计师，仅仅掌握软件和制作技能是不够的，必须还要掌握很多相关学科的知识内容。例如，制作一个唐代的都城，我们就必须了解唐代建筑的风格特点，以及当时的历史人文背景等。所以，大量综合知识的积累也是游戏美术设计师最终走向成功的必要素质和条件。

## 1.5 游戏美术设计师就业前景

国际上随着计算机、网络技术的发展，人们对视觉享受和娱乐的要求越来越高。以数字媒体的基础显示全球最大的娱乐产品输出国美国，每年的动漫游戏作品和衍生产品的产值达 50 亿美元。日本则是通过动画片、卡通书和电子游戏三者商业组合，成为全产量最大的动画大国，年营业额越过 90 亿美元，即便后起之秀的韩国，其动画产业值也仅次于美国和日本，生产量占全球的 30%，是中国的 30 倍，也正是与动画发达国家的差距，为我国的动漫游戏行业发展提供了广阔的空间。

随着经济迅速发展，数码技术广泛应用，消费方式进入读图时代，人们的动画文化需求将进一步释放，影视动画的延生产品市场总值将进一步提高，前景看好。如果经过 5～10 年的时候，影视动画产业在国民生产总值中的比重能够在目前的十万分之一提高到百分之一，那么我国影视动画产业就具有 1000 亿元产值的巨大发展空间。中国的动画产业人才目前还不足 8000 人，而中国目前至少有 5 亿动漫消费者，每年有 1000 亿元的巨大市场空间，国内动漫人才的缺口高达 100 万以上。

中国的游戏业起步并不算晚，从 20 世纪 80 年代中期台湾游戏公司崭露头角到 90 年代国内大陆大量游戏制作公司的出现，中国游戏业也发展了近 30 年的时间。在 2000 年以前，由于市场竞争和软件盗版问题，中国游戏业始终处于旧公司倒闭与新公司崛起的快速新旧更替之中，当时由于行业和技术限制，几个人的团队便可以组在一起开发一款游戏，研发团队中的技术人员也就是中国最早的游戏制作从业者，当游戏公司运作出现问题或者倒闭后，他们便会进入新的游戏公司继续从事游戏研发，所以早期游戏行业中从业人员的流动基本属于“圈内流动”，很少有新人进入这个领域，或者说也很难进入这个领域。

2000 年以后，中国网络游戏开始崛起并迅速发展为游戏业内的主流力量，由于新颖的游戏形式，以及可以完全避免盗版的困扰，国内大多数游戏制作公司开始转型为网络游戏公司，同时也出现了许多大型的专业网络游戏代理公司，如盛大、九城等。由于硬件和技术的发展，网络游戏的研发再不是单凭几人就可以完成的项目，它需要大量专业的游戏制作人员，之前的“圈内流动”模式显然不能满足从业市场的需求，游戏行业第一次降低入门门槛，于是许多相关领域的人士，如建筑设计行业、动漫设计行业及软件编程人员等都纷纷转行进入了这个朝气蓬勃的新兴行业当中。然而，对于许多大学毕业生或者完全没有相关从业经验的人来说，游戏制作行业仍然属于高精尖技术行业，一般很难达到其入门门槛，所以国内游戏行业从业人员开始了另一种形式上的“圈内流动”。

从2004年开始，由于世界动漫及游戏产业发展迅速，国家和政府高度关注和支持国内相关产业，大量民办动漫游戏培训机构如雨后春笋般出现，一些高等院校也陆续开设电脑动画设计和游戏设计类专业，这使得那些怀揣游戏梦想的人无论从传统教育途径还是社会办学，都可以很容易地接触到相关的专业培训，之前的“圈内流动”现象彻底被打破，国内游戏行业的入门门槛放低到了空前的程度。

虽然这几年有大量的“新人”涌入到了游戏行业，但整个行业对于就业人员的需求饱和度不仅没有减少，相反还是处于日益增加的状态，我们先来看一组数据——2009年中国网络游戏市场实际销售额为256.2亿元，年比增长39.4%；2011年，中国网络游戏市场规模为468.5亿元，同比增长34.4%，其中互联网游戏为429.8亿元，同比增长33.0%，移动网游戏为38.7亿元，同比增长51.2%。由于受世界金融危机的影响，全球的互联网和IT行业普遍处于不景气的状态，但中国的游戏产业在这一时期不仅没有受到影响，相反，还显出强劲的增长势头，中国的游戏行业正处于飞速发展的黄金时期，因此对于专业人才的需求一直居高不下。

就拿游戏制作公司来说，游戏研发人员主要包括三部分：企划、程序和美术。在美国，这三种职业所享受的薪资待遇从高到低分别为程序、美术、企划，游戏美术设计师可以拿到的年薪平均为6～8万美元，国内由于地域和公司的不同薪资，差别比较大，但整体来说薪资水平从高到低仍然是程序、美术、企划，对于行业内人员需求的分配比例来说，从高到低依次为美术、程序、企划。所以，综合考虑，游戏美术设计师在游戏制作行业是非常好的就业选择，其职业前景也十分光明。

2010年以前，中国网络游戏市场一直是客户端网游的天下，但近两年网页游戏、手机游戏发展非常快，页游逐渐成为网络游戏的主力，由于智能手机和平板电脑的快速普及，移动游戏同样发展迅速。2011年互联网游戏用户总数突破1.6亿人，同比增长33%。其中，网页游戏用户持续增长，规模为1.45亿人，增长率达24%，移动网下载单机游戏用户超过5100万人，增长率达46%，移动网在线游戏用户数量达1130万人，增长率高达352%，在未来网页游戏和手机游戏行业的人才需求将会不断增加，拥有更加广阔的前景。

面对如此广阔的市场前景，动漫游戏美术设计从业人员可以根据自己的特长和所掌握的专业技能选择适合的就业方向，众多的就业路线和方向大大拓宽了动漫游戏美术设计从业者的就业范围，无论选择哪一条道路，通过自己不断努力，最终都将会在各自的岗位上绽放出绚丽的光芒。

可以通过扫描右方二维码观看《游戏美术设计师之路》视频课程，内容包括游戏美术软件、游戏公司岗位架构、游戏项目研发流程、游戏公司职业晋升体系等。

CHAPTER

# 2 游戏角色设计理论

## 2.1 网络游戏角色设计的特点

任何一门艺术都有区别于其他艺术形态显著的艺术特点，游戏的最大特征就是参与和互动性，尤其对于网络游戏来说，它赋予玩家的参与感远远超出以往任何一门艺术形式，它使玩家跳出了第三方旁观者的身份限制，从而能够真正融入作品当中。游戏作品中的角色作为其主体表现形式，承载了用户的虚拟体验过程，是游戏中的重要组成部分。所以，游戏作品中的角色设计直接关系到作品的质量与高度，成为游戏产品研发中的核心内容。

一个好的游戏角色形象往往会带来不可估量的“明星效应”，如何塑造一个充满魅力、让人印象深刻的角色是每一位动漫游戏制作者思考和追求的重点，角色的好坏直接影响作品的受欢迎程度（见图 2-1）。所以，设计师要绞尽脑汁为自己心中理想的角色们设计出各种造型与细节，包括相貌、服装、道具、发型，甚至神态和姿势，尽量让角色形象丰满且具有真实感和亲和力。

图 2-1　任天堂公司的明星角色马里奥

网络游戏当中的角色从整体来说分为三种类型：主角、NPC 和怪物。主角是指游戏中玩家操作的游戏角色，这既包括自己操作的角色，也包括别的玩家所操作的游戏角色。主角形象在网络游戏设计中占有最为重要的地位，从原画设计到 3D 模型的制作，游戏主角形象都要比其他角色投入更大的精力和更多的制作时间。主角的 2D 原画不仅要设计角色本身的形象，还要将其所有可以穿戴和更换的装备一一进行详细设计和表述，其三维模型也要比其他游戏角色使用更多的多边形去进行建模和制作（见图 2-2）。

NPC 是指游戏中的非玩家角色（不能与玩家发生战斗关系），通常玩家会通过 NPC 来完成某些游戏交互功能，如对话、接任务、买卖等（见图 2-3）。游戏中的怪物是指与玩家对立敌对关系的非玩家角色。通常来说，怪物与玩家之间的关系只有战斗，玩家可以通过与怪物的战斗获得升级经验与奖励等。

图 2-2 网游主角 2D 原画设计图

图 2-3 游戏中玩家与 NPC 之间的对话交互

虽然每一个游戏作品都有自己的风格和特色，但从整体来看，游戏的画面风格可以分为写实类和 Q 版两种形式，所以游戏角色的风格也可以以此进行分类。这两种风格的区别主要体现在角色的比例上，写实类游戏角色是以现实中正常人体比例为标准设计制作的，通常为 8 头身或 9 头身的完美身材比例，而 Q 版角色通常只有 3～6 头身这样的形体比例（见图 2-4）。

虽然游戏作品是虚拟的，但其中的角色却具有一定的客观性，游戏中的角色都是以自身形象客观出现在游戏场景当中的，所以对于游戏角色的设计除了对于其自身形象的设计外，还要考虑角色的故事背景，以及所处的场景等相关信息的设定。设计师需要根据角色策划剧本，通过对文字的反复研究，从中了解游戏的整体性，然后参考各种素材和资料，对文字描述的角色进行草稿绘制，这些设定包括角色的种族、职业、性格与装备等。

通过对人体基本骨骼、肌肉和形体比例的了解，然后以人类为设计参考，衍生出各种不同种族的生物，如精灵、矮人、兽人等。例如，精灵族身材高挑，肤色各异，居住于深山丛林之中，适应夜间作战；矮人族身材粗短，肌肉发达，用重型铠甲武装自己，往往喜欢冲锋陷阵；

兽人族比人类略高，身材强壮，肌肉线条明显，好战嗜血，能使用各种武器，擅长地面作战（见图 2-5）。另外，对于不同种族的生物都有属于自身的种族背景和文化，同时也有不同身份、地位和阶级等区分。

图 2-4 写实和 Q 版风格游戏角色

图 2-5 游戏中不同种族的角色设定

另外，在设计游戏角色时，对于角色道具、服装和装备的设定也是设计的核心内容。在虚拟的游戏里，各种角色不一定是为了保护身体才穿着衣服，服装和装备在一定程度上也能体现出角色所处环境的人文背景。这就使得设计师们在设计角色装备时，不仅要考虑如何搭配，更要想方设法地体现服饰所代表的角色性格、内涵与身份地位，而且还要结合游戏的时代背景来设计，这样才能设计出符合游戏世界观的装备外观。而游戏中 NPC 等非玩家角色的服装和装备也能体现出角色自身的性格特点，如暖色调的服装和装备配色能够让角色显得热情、阳光和正面。相反，冷色调的颜色搭配会让角色显得阴险和狡诈（见图 2-6）。

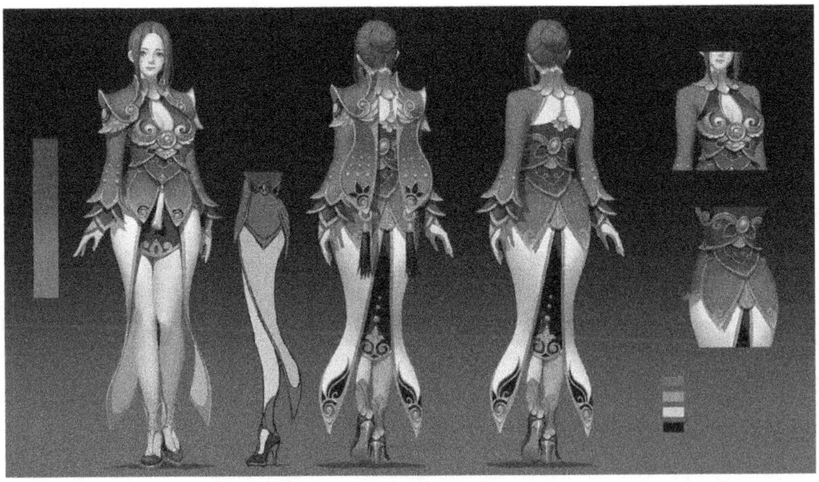

图 2-6 游戏角色服装设计

## 2.2 网游角色设计与制作流程

3D 游戏角色的设计与制作是一个系统的流程，主要分为以下几个步骤：原画设计、模型制作、模型材质和贴图制作、骨骼绑定与动作调节等。进行 3D 角色制作的第一步是需要首先进行原画的设定和绘制，3D 角色原画通常是将策划和创意的文字信息转换为平面图片的过程。图 2-7 为一张角色原画设定图，图中设计的是一位身穿金属铠甲的女性角色，设定图利用正面和背面清晰地描绘了角色的体型、身高、面貌，以及所穿的装备服饰。由于金属铠甲腿部有部分被靴子覆盖，所以在图片左下角还画有完整的腿甲图示，除此以外，图中还有装饰纹样与角色武器的设定。通过这样多方位、立体式的原画设定图，后期的三维制作人员可以很清楚地了解自己要制作的 3D 角色的所有细节，这也是原画设定在整个流程中的作用和意义。

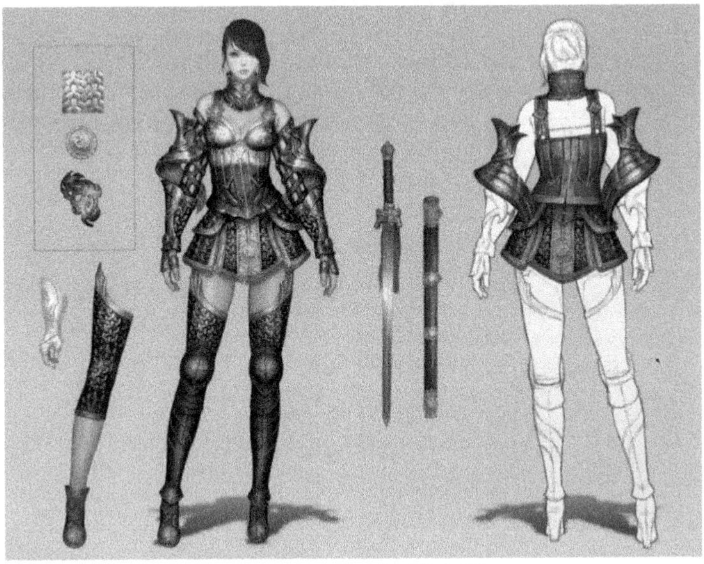

图 2-7 角色原画设定图

角色原画设定完成后，3D 制作人员就要针对原画进行三维模型的制作，3D 游戏角色模型通常利用 3ds Max 软件进行制作。随着游戏制作技术的发展，以法线贴图为主的次世代游戏制作技术已经成为主流，制作法线贴图前我们首先需要制作一个高精度模型，可以直接利用三维软件来进行制作，或者通过 Zbrush 等三维雕刻类软件制作出模型的高精度细节，如图 2-8 所示。

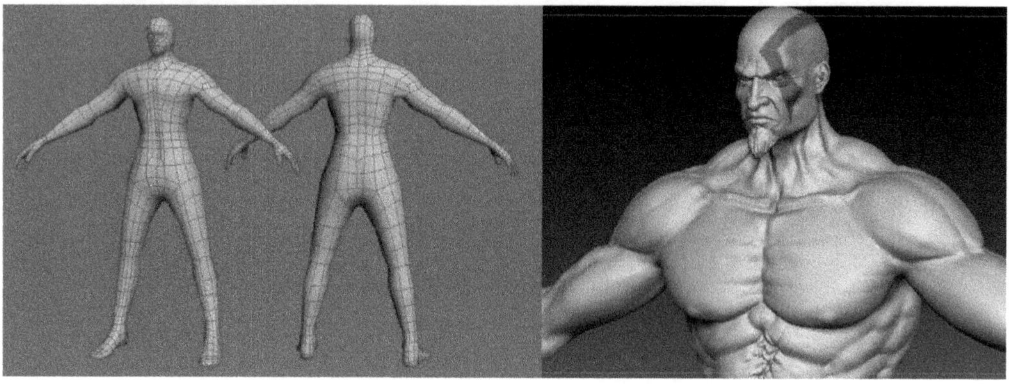

图 2-8　利用 Zbrush 软件雕刻高精度模型

之后我们需要在三维软件中比对高精度模型来制作相应的低精度模型，因为游戏中最终使用的都是低精度和中精度的模型，高精度模型只是为了烘焙和制作法线贴图来增强模型的细节。图 2-9 中是低精度模型添加法线贴图后的效果，下面分别是三维角色模型的法线和高光贴图。

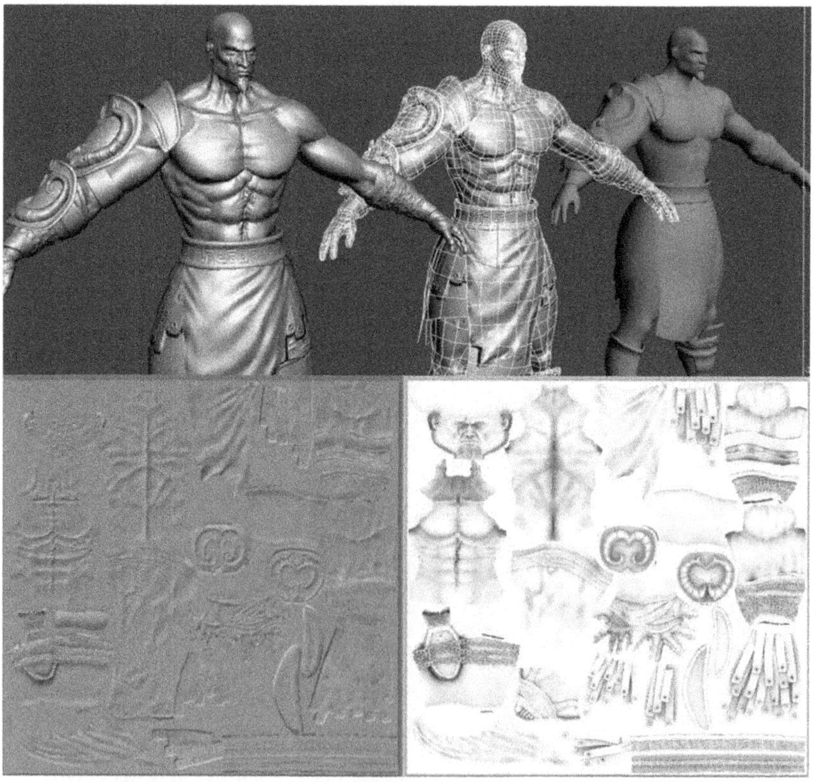

图 2-9　添加法线贴图的模型效果

模型制作完成后，需要将模型的贴图坐标进行分展，保证模型的贴图能够正确显示（见图 2-10），之后就是模型材质的调节和贴图的绘制过程了。对于制作 3D 动画角色模型，我们往往需要对其材质球进行设置，保证不同贴图效果的质感，以实现最后渲染完美的效果。然而，对于 3D 游戏角色模型，无须对其材质球进行复杂设置，只需要为其不同的贴图通道绘制不同的模型贴图，如固有色贴图、高光贴图、法线贴图、自发光贴图与 Alpha 贴图等（见图 2-11）。

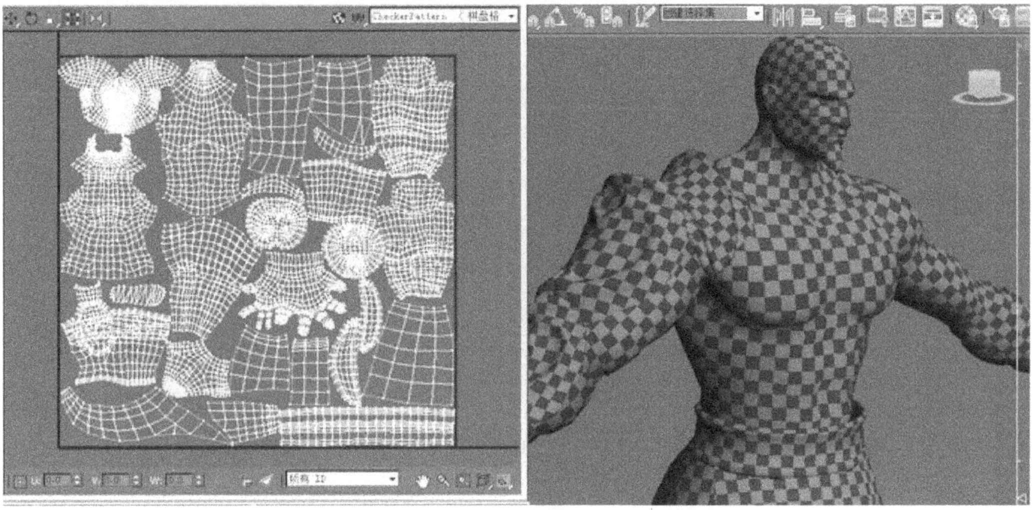

图 2-10　分展模型的 UV 坐标

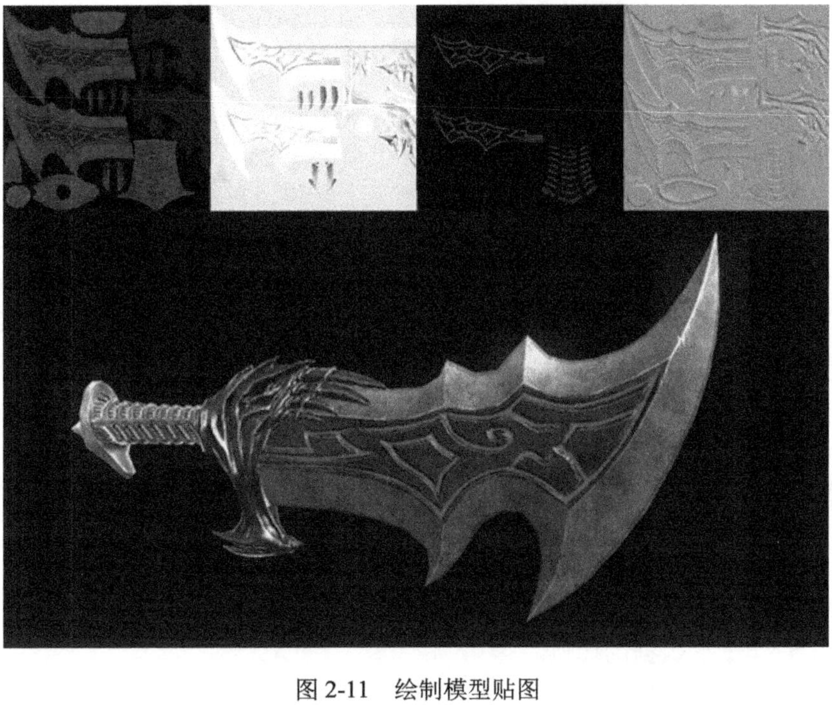

图 2-11　绘制模型贴图

模型和贴图都完成后，我们需要对模型进行骨骼绑定和蒙皮设置，通过三维软件中的骨骼系统对模型实现可控的动画调节（见图 2-12）。骨骼绑定完成后，我们就可以对模型进行动作调节和动画的制作了。最后调节的动作通常需要保存为特定格式的动画文件，然后在游戏引擎中，系统和程序根据角色的不同状态对动作文件进行加载和读取，实现角色的动态过程。

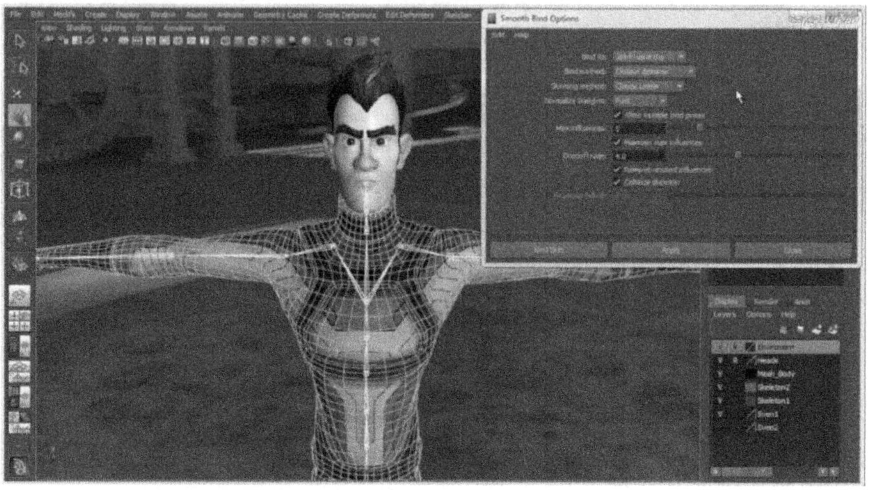

图 2-12　3D 角色骨骼的绑定

## 2.3 人的形体及结构基础知识

对于 3D 角色制作来说，了解生物形体的概念、结构和比例是实际制作前必须要掌握的内容，这就如同美术学院在新生学习素描和色彩课前所学的解剖学一样。想要很好地塑造角色模型，就必须首先掌握和了解生物解剖学的有关知识。当我们在制作角色模型时，如果缺乏解剖学知识的引导，往往会感到无从入手，即使能勉强地塑造出角色的形象，也不会完成理想的作品。在三维美术工作中，解剖学知识的有无和多少从某种意义上来说，对创作起着决定性的作用。

一定的生物解剖学知识可以帮助我们更好地把握角色的模型结构，在实际制作时能够快速、清晰地创建模型框架，从而更加精确地深入细化模型结构。本节将针对人体的形体比例、骨骼和肌肉结构进行讲解，从艺术人体解剖学的角度学习和了解人体的生物学概念和知识，为后面具体的建模打下基础。

### 2.3.1　形体比例

我们在研究生物形体结构前必须要清楚生物整体的比例状况。人体的整体比例关系，现在通用的是以人自身的头高为长度单位来测量人体的各个部位的，也就通常所说的头高比例（以头高为度量单位、对人体及人体各部进行比较，所得出的比例称为头高比例。）。每个人都有自己的长相，高矮胖瘦不尽相同，其比例形态也因人而异。通常我们所说的人体比例是指生长发育正常的男性中青年平均数据的比例。

正常的人体比例约为 7.5 头身比例，完美的人体比例为 8 头身比例。7.5 头身比例的人体从下往上量，足底到膑骨为 2 个头高，再到髂前上棘是 2 个头高，再到锁骨又是 2 个头高，剩下的部分 1.5 头高（见图 2-13）。当然，在实际中不一定是从下往上量，这实际上是一种以小腿为长度的测量方法。基本来说，手臂的长度是 3 个头长，前臂是 1 个头长，上臂是 4/3 个头长，手是 2/3 个头长，肩宽接近 2 个头长，庹长（两臂左右伸直成一条直线的总长度）等于身高，第七颈椎到臀下弧线约 3 个头高，大转子之间 1 个半头高，颈长 1/3 头高。

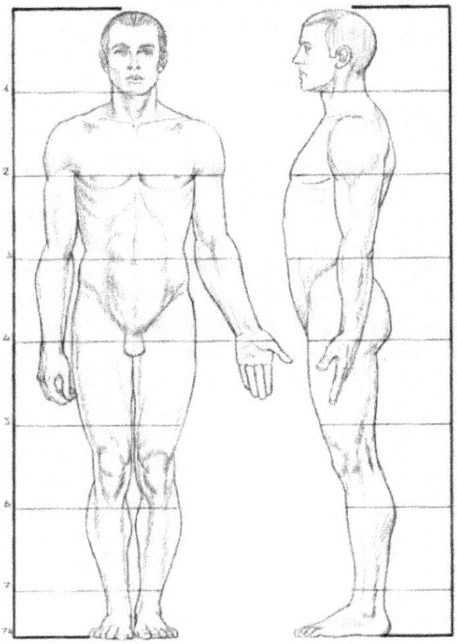

图 2-13 人体 7.5 头身比例图

8 头身人体比例分段如下：头自高、下巴至乳头、乳头至脐孔（上）、脐孔至耻骨联合、耻骨联合至大腿中段、大腿中段至膝关节、膝关节至小腿中段、小腿中段至足底（见图 2-14）。

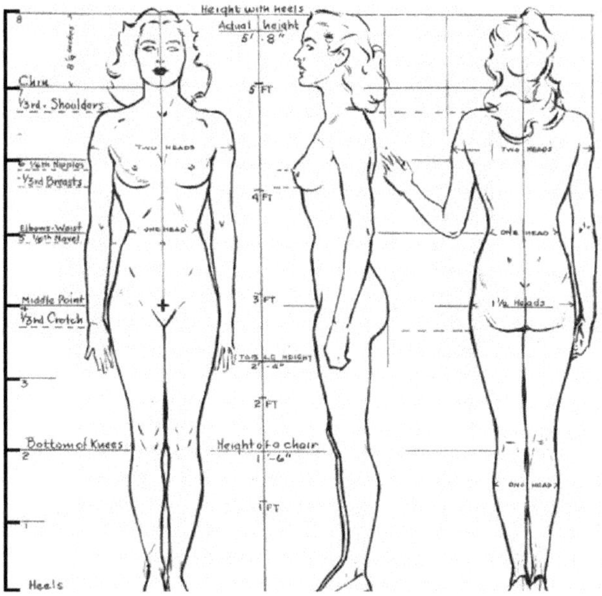


图 2-14 8 头身人体比例图

一般来说，身高比例的不同主要是下肢的不同，头和躯干差别不大，而四肢的长度则相差很远。八个头高的人体，上肢的总长度超过 3 个头长，其比例与 7.5 头高的人一样，仍然是前臂 : 上臂 : 手=3/3 : 4/3 : 2/3，只是不以头为单位来量。身高比为 7 个头长以下的人体，其上肢不足 3 个头长，也不宜以头为单位来量，但其上肢自身的比例也与上述比例相同。8 个头高的人体，肩宽两头（包括三角肌在内），当他平展双臂时，上肢加肩的总长度与身高相等，正好是 8 个头长，这时肩部就没有两个头长了，因为原来肩部的长度和上肢的长度有一段在三角肌上重叠了。其他身高比例的人体也是如此，否则肩的宽度加上上肢的长度就不等于身高了，8 个头长的人体下肢总长度正好是 4 个头长。当然，以上比例只是一般而言，对于不同的个体来说，其各部分的比例有所不同，正因为如此，才有千人千面，千姿百态。下面我们就来了解一下不同个体形体比例的区别。

首先，人体由于性别的差异，在形体比例上存在很大的不同。从骨骼上看，男性骨骼大而方，胸廓较大，盆骨窄而深。女性骨骼小而圆滑，胸廓较小，盆骨大而宽。男女肌肉结构差异不大，只是男性肌肉发达一些，女性脂肪丰厚一些。但是女性无论胖瘦，其体型与男性不一样，典型的女性形体的臀线宽于肩线，髋部脂肪较厚，胸廓较小，因而显得腰部比例向上一些。而男性腰部肌肉相对结实，髋骨相对窄一些，因而腰部最窄处较下一些，从躯干到下肢较直。女性腰部在 1 个头宽左右，而男性大约是 1.5 头宽。女性身材整体形态因髋部大、胸廓小而形成中间大、两半头小的橄榄形。男性躯干到下肢显得平直，胸廓大髋骨窄，肩宽臀窄，整体上呈倒梯形（见图 2-15）。

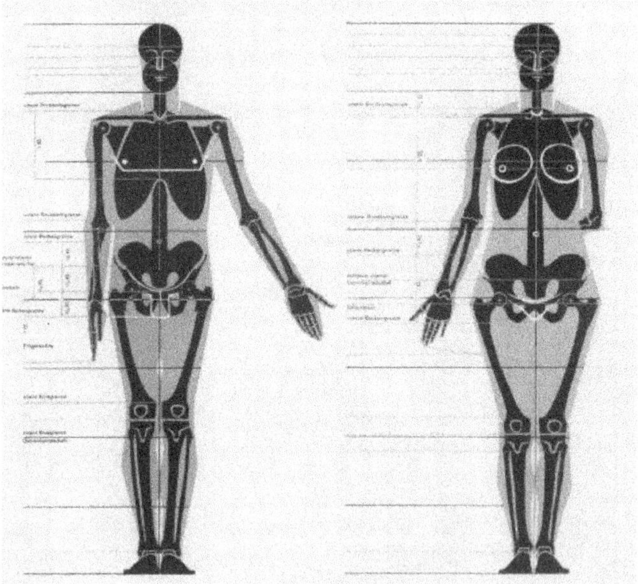

图 2-15　男女人体形体比例差异

其次，不同年龄个体的形体比例也有较大差异。不同年龄的比例划分是个比较模糊的概念，因为有发育的迟早和遗传等因素的影响，各年龄段的身高比例也只能是一个参考数值。以自身头高为原尺来算，1～2 岁个体为 4 个头高，5 岁左右为 5 个头高，20 岁左右为 6 个头高，15 岁左右为 7 个头高，18～20 岁为 7.5～8 个头高。

儿童在各个年龄段的头高也都不一样，新生儿大约 13cm，1 岁时约 16cm，5 岁时约 19cm，10 岁时约 21cm，15 岁时约 22cm。不同年龄的身高，一般是：新生儿约 50cm，1 岁约 65cm，5 岁约 100cm，10 岁约 130cm，15 岁约 160cm。儿童和成人的身高比例，一般是：1 岁以前大约只有成人的 1/3，3 岁是成人的 1/2，5 岁是成人的 4/7，10 岁是成人的 3/4。

成人的身高比，以头部为单位可以找到许多体表标记作为对应点，而儿童以头为单位则难以找到许多相应的体表标记，因此在表现儿童时就应该从对应关系着手。小孩头部较大，这个“大”是相对身体而言的，手足的“大”是相对四肢而言的，如果与头部相比，手足反而显得小。婴幼儿四肢粗短，手足肥厚，小孩四肢短小是相对全身而言的，主要是头部大造成的，如果不看头部，小孩四肢与躯干的比例，同成人相似。小孩除头部以外，身体其他部位的对应关系与成人大致相同。这也就是成人在扮演小孩角色时，只要戴上个胖头面具就惟妙惟肖的诀窍。而老年人由于骨骼之间的间隙质老化萎缩，加之形成驼背，因此身高比青年时要低，往往不足七个半头高（见图 2-16）。

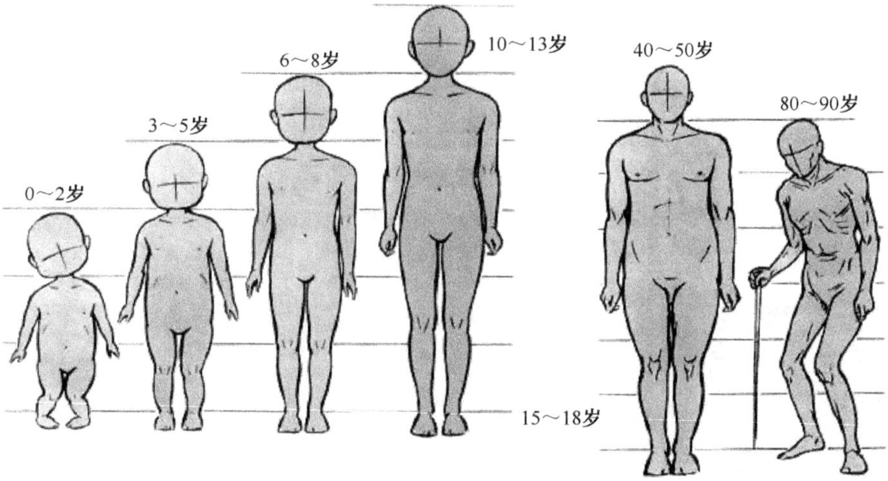


图 2-16 不同年龄的人体形体比例差异

除此之外，不同的种族之间，人体比例也存在差异。人体比例的种族差别主要反映在躯干和四肢的长短上。总体来说：白种人躯干短、上肢短、下肢长；黄种人躯干长、上肢长、下肢短；黑种人躯干短、上肢长、下肢长。人体比例在种族上的差别，女性比男性明显。

### 2.3.2 骨骼结构

骨骼化是生物结构复杂化的基础，骨骼系统是组成脊椎动物内骨骼的坚硬器官，起到运动、支持和保护身体的重要作用。骨骼由各种不同的形状组成，有复杂的内在和外在结构，使骨骼在减轻重量的同时能够保持坚硬。

人体的骨骼具有支撑身体的作用，其中的硬骨组织和软骨组织皆是人体结缔组织的一部分（而硬骨是结缔组织中唯一细胞间质较为坚硬的）。成人有 206 块骨头，而小孩的较多有 213 块，由于如头骨会随年纪增长而愈合，因此成人骨骼个数少一两块或多一两块都是正常的。成人的 206 块骨通过连接形成骨骼，人体骨骼两侧对称，中轴部位为躯干骨，有 51 块，其顶端是颅骨，有 29 块，两侧为上肢骨，有 64 块，下肢骨有 62 块（见图 2-17）。

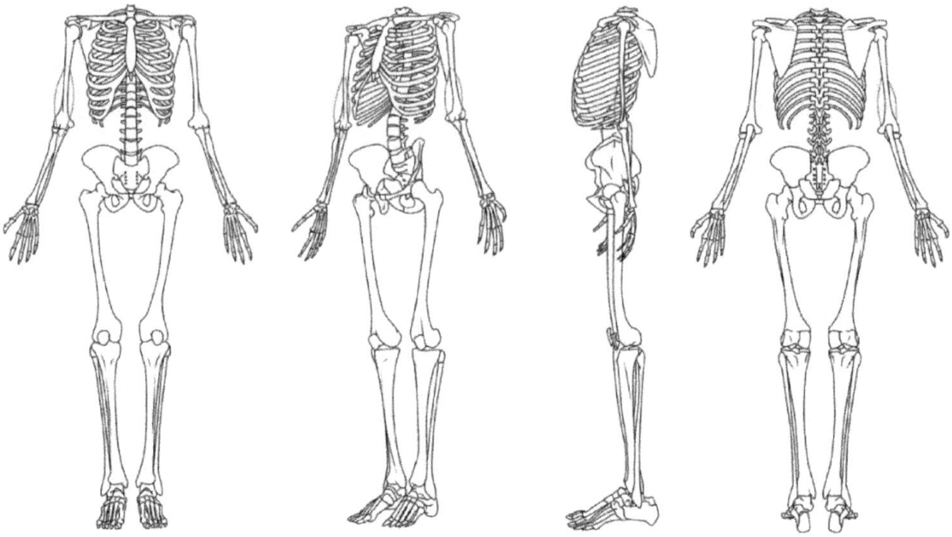

图 2-17　人体的骨骼系统

人体骨骼是构成人类形体的基础，对于三维角色的制作来讲，虽然在建模的过程中我们无须对骨骼进行塑造，但必须清楚人体骨骼的基本形态、结构和分布，所有人体的模型结构都是依照骨骼分布进行塑造的（见图 2-18），即使我们没必要清晰记住每一块骨骼的名称，但必须要对骨骼结构有一个整体的把握，只有这样才能成功塑造出完美的人体角色模型作品。

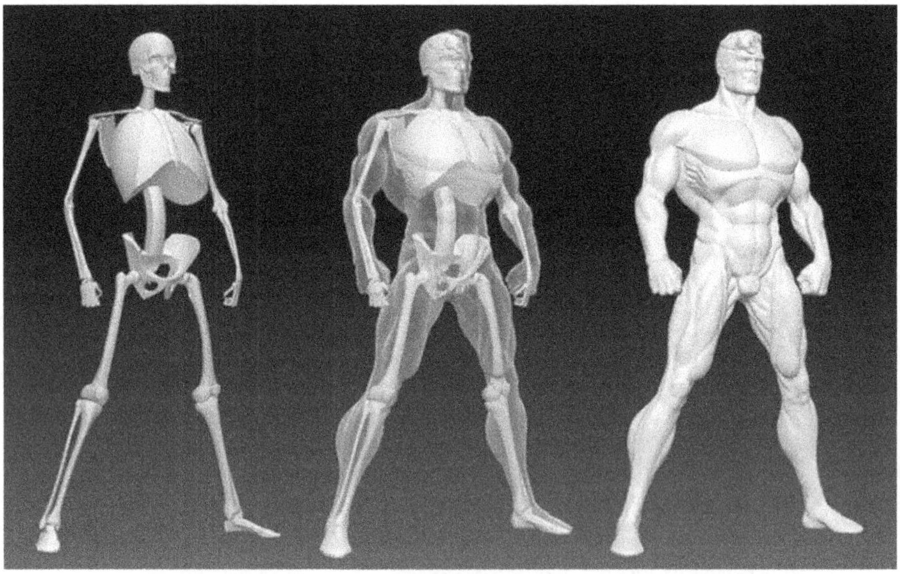

图 2-18　依照骨骼结构进行模型形体塑造

### 2.3.3　人体肌肉结构

人体的运动是由运动系统实现的，运动系统由骨骼、肌肉，以及关节等构成。骨骼构成人体的支架，关节使各部位骨骼联系起来，而最终由肌肉收缩放松实现人体的各种运动。全身肌肉的重量约占人体的 40%（女性约为 35%），人们的坐立行走、说话写字、喜怒哀乐的表情，乃至进行各种各样的工作、劳动、运动等，无一不是肌肉活动的结果。由于人体各部肌肉的功能不同，因此骨骼肌的发达程度也不一样。为了维持身体直立姿势，背部、臀部、大腿前面和小腿后面的肌群特别发达，上、下肢分工不同，肌肉发达程度也有差异，上肢为了便于抓握以进行精细的劳动，上肢肌数量多，细小灵活，下肢起支撑和位移作用，因而下肢肌粗壮有力。

肌肉按形态可分为长肌、短肌、阔肌和轮匝肌 4 类。每块肌肉按组织结构可分为肌质和肌腱两部分。肌质位于肌肉的中央，由肌细胞构成，有收缩功能。肌腱位于两端，是附着部分，由致密结缔组织构成。每块肌肉通常都跨越关节附着在骨面上，或一端附着在骨面上，另一端附着在皮肤。一般将肌肉较固定的一端称为起点，较活动的一端称为止点（见图 2-19）。

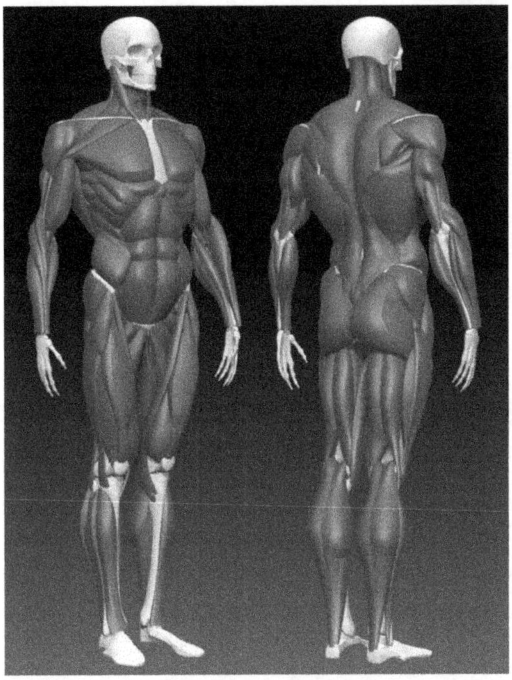

图 2-19 人体肌肉结构

人体全身的肌肉可分为头颈肌、躯干肌和四肢肌。头颈肌可分为头肌和颈肌。头肌可分为表情肌和咀嚼肌。表情肌位于头面部皮下，多起于颅骨，止于面部皮肤。肌肉收缩时可牵动皮肤，产生各种表情。咀嚼肌为运动下颌骨的肌肉，包括浅层的颞肌和咬肌，深层的翼内肌和翼外肌。了解头部肌肉结构对于角色模型头部建模和布线有十分重要的作用（见图 2-20）。

躯干肌包括背肌、胸肌、膈肌和腹肌等。背肌可分为浅层和深层。浅层有斜方肌和背阔肌。深层的肌肉较多，主要有骶棘肌。胸肌主要有胸大肌、胸小肌和肋间肌。膈位于胸腹腔之间，是一扁平阔肌，呈穹窿形凸向胸腔，是主要的呼吸肌，收缩时助吸气，舒张时助呼气。腹肌位于胸廓下部与骨盆上缘之间，参与腹壁的构成。可分为前外侧群和后群。前外侧群包括位于前正中线两侧的腹直肌和外侧的三层扁阔肌，这三层阔肌由浅而深依次为腹外斜肌、腹内斜肌和腹横肌，后群有腰方肌。

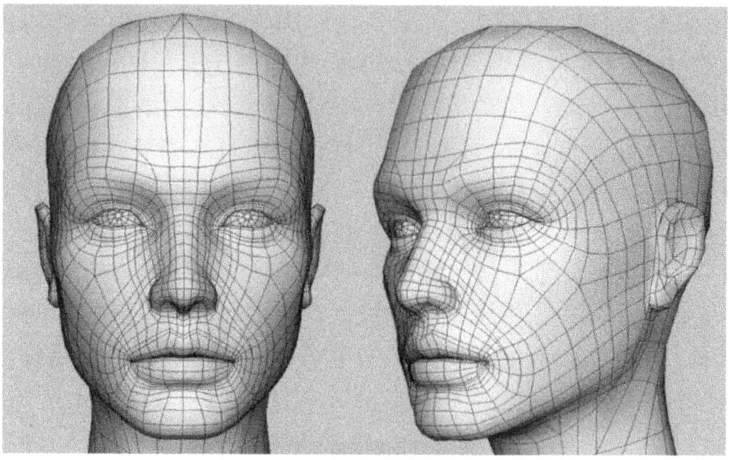

图 2-20 3D 角色头部建模和布线

四肢肌可分为上肢肌和下肢肌。上肢肌结构精细，运动灵巧，包括肩部肌、臂肌、前臂肌和手肌。肩部肌分布于肩关节周围，有保护和运动肩关节的作用，其中较重要的有三角肌。臂肌均为长肌，可分为前后两群，前群为屈肌，有肱二头肌、肱肌和喙肱肌，后群为伸肌，为肱三头肌。前臂肌位于尺骨和桡骨的周围，多为长棱形肌，可分为前后两群，前群为屈肌群，后群为伸肌群。手肌位于手掌，分为外侧群、内侧群和中间群。

下肢肌可分为髋肌、大腿肌、小腿肌和足肌。髋肌起自躯干骨和骨盆，包绕髋关节的四周，止于股骨。按其部位可分为两群，髋内肌位于骨盆内，主要有髂腰肌、梨状肌和闭孔内肌。髋外肌位于骨盆外，主要有臀大肌、臀中肌、臀小肌和闭孔外肌。大腿肌分为前、内、后三群，分别位于股部的前面、内侧面和后面。前群有股四头肌和缝匠肌。内群位于大腿内侧，有耻骨肌、长收肌、短收肌、大收肌和股薄肌等。后群包括外侧的股二头肌和内侧的半腱肌、半膜肌。小腿肌可分为前、外、后三群。足肌可分为背肌与足底肌。

接下来我们通过三维模型图片更加清晰地展示和了解人体各部分的肌肉组织结构（见图 2-21～图 2-37）。

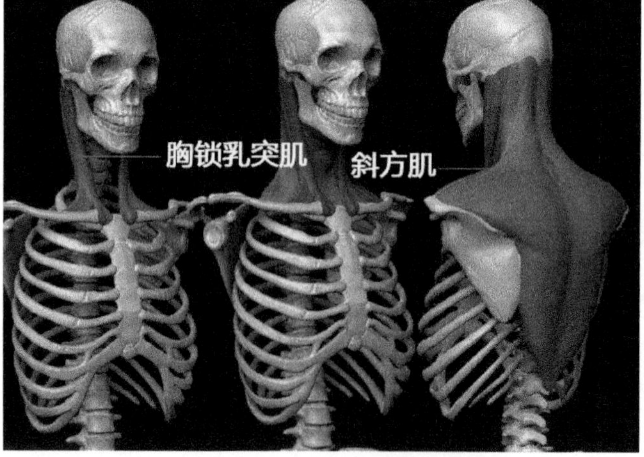


图 2-21 胸锁乳突肌和斜方肌

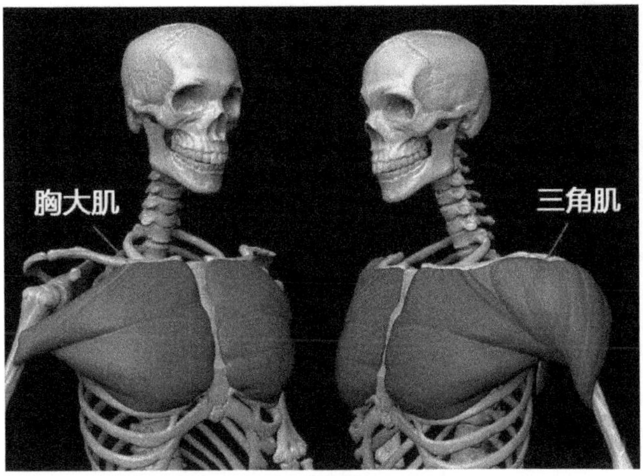


图 2-22 胸大肌和三角肌

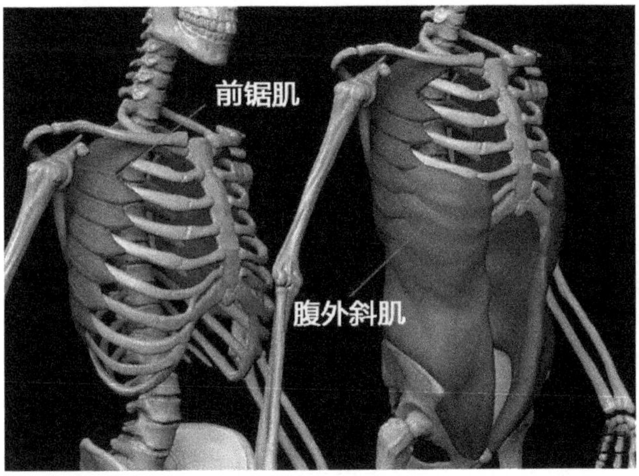


图 2-23 前锯肌和腹外斜肌

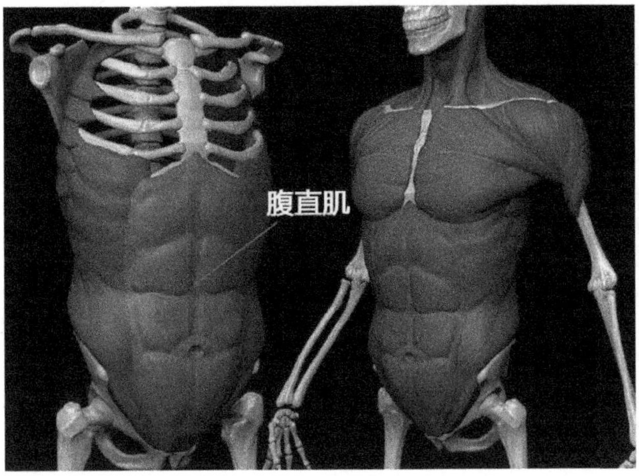


图 2-24 腹直肌

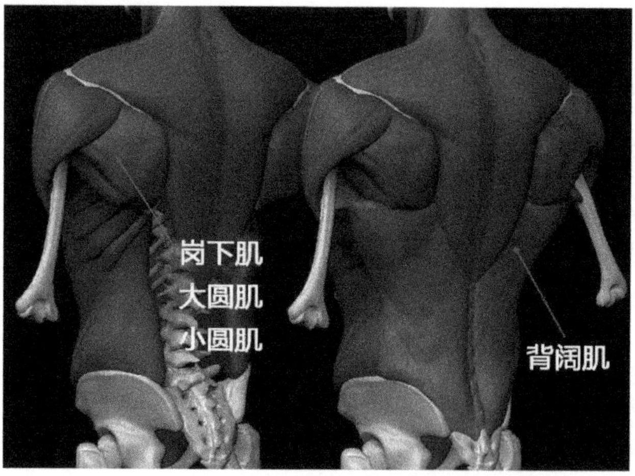


图 2-25　岗下肌、大圆肌、小圆肌和背阔肌

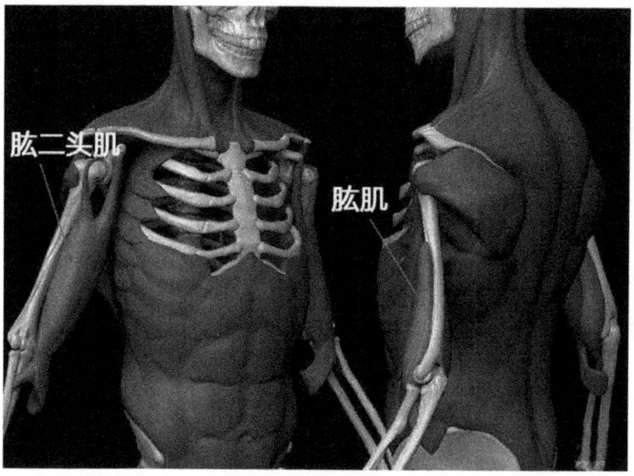


图 2-26　肱二头肌和肱肌

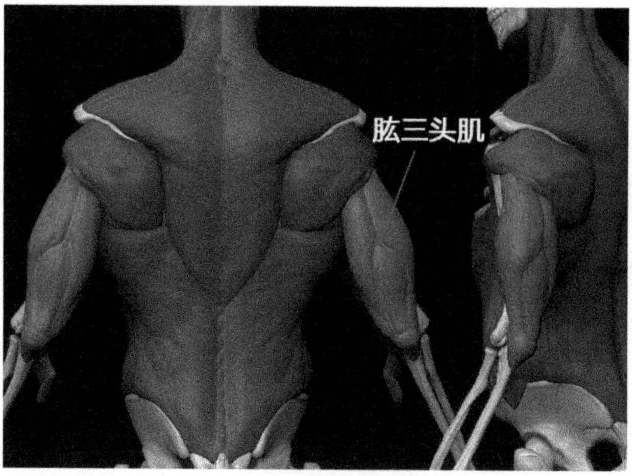


图 2-27　肱三头肌

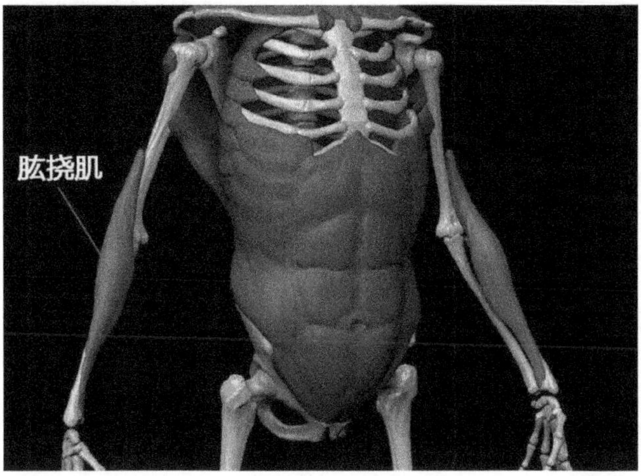


图 2-28 肱挠肌

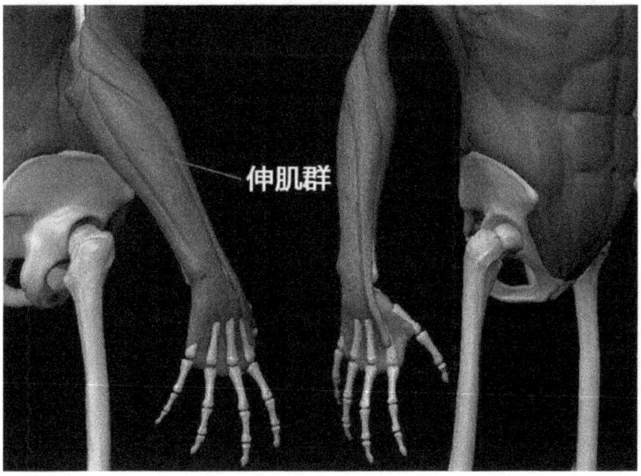


图 2-29 伸肌群

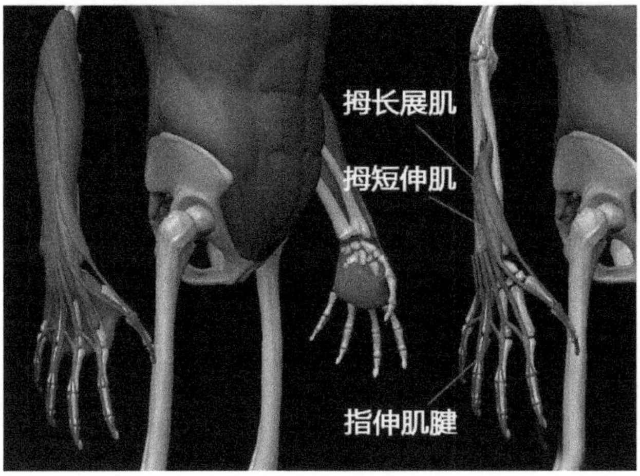


图 2-30 拇长伸肌、拇短伸肌和指伸肌腱

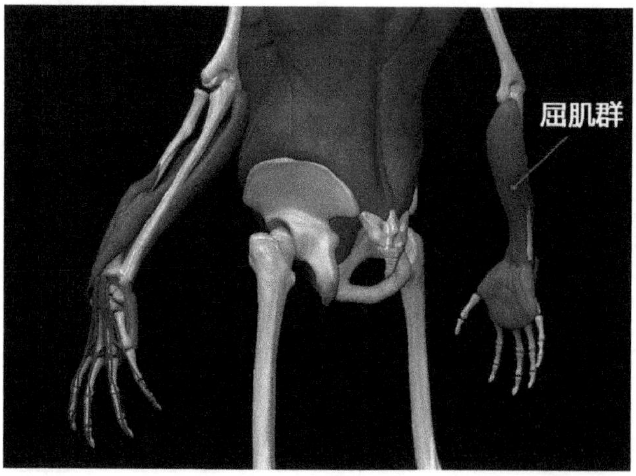


图 2-31　屈肌群

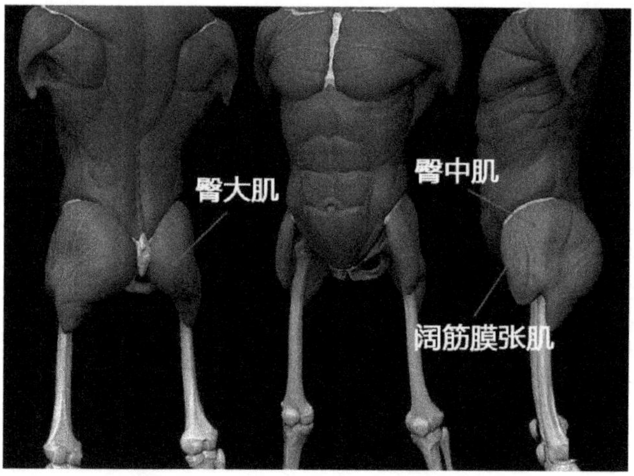


图 2-32　臀大肌、臀中肌和阔筋膜张肌

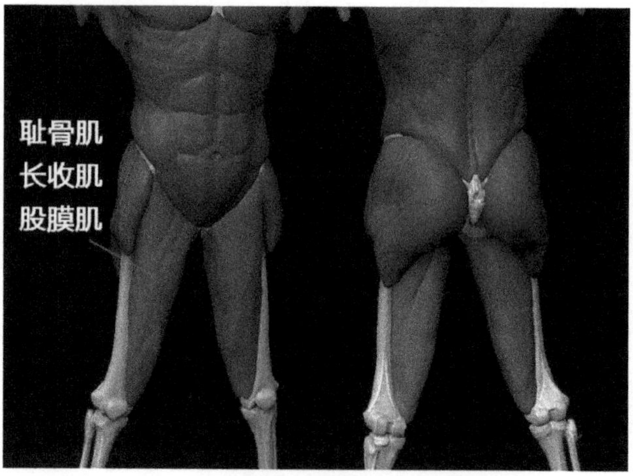


图 2-33　趾骨肌、长收肌和股膜肌

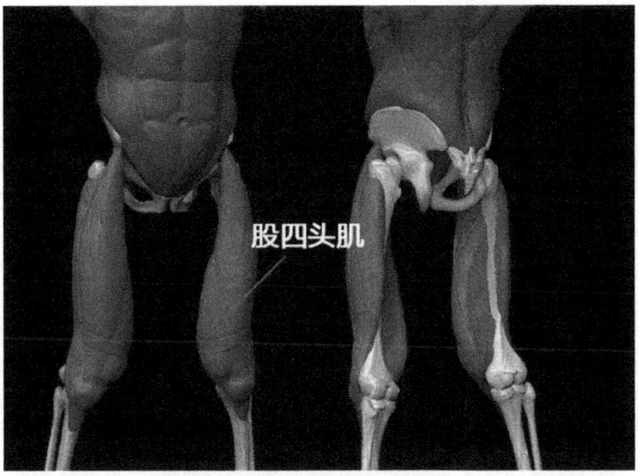


图 2-34　股四头肌

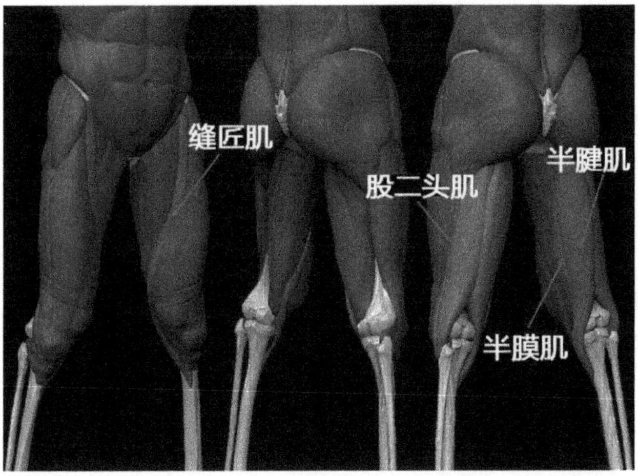


图 2-35　缝匠肌、股二头肌、半腱肌和半膜肌

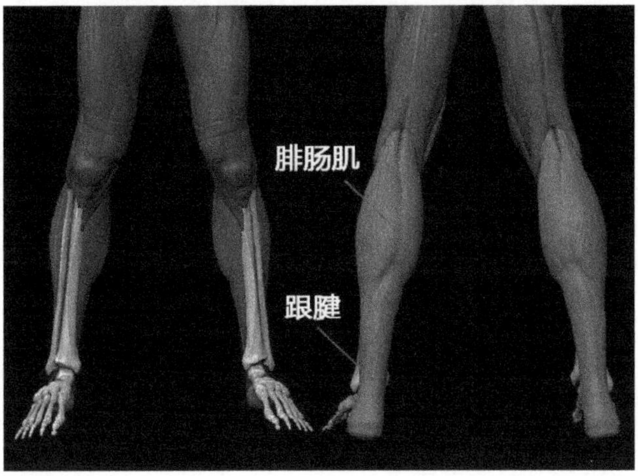


图 2-36　腓肠肌和跟腱

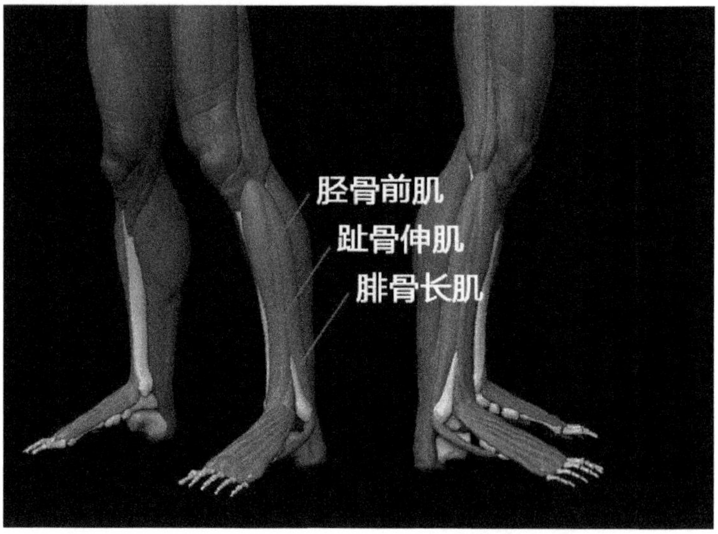


图 2-37　胫骨前肌、趾骨伸肌和腓骨长肌

学习和了解人体的肌肉结构对于三维角色制作来说有着十分重要的意义，因为三维角色的建模就是在创建人体的肌肉结构，其整体模型的布线方法和规律都是按照人体的肌肉分布进行制作的。我们根据人体肌肉的大块分布，首先利用几何体模型对结构进行归纳，创建模型的基本形态，然后再根据具体的肌肉结构进行模型细节的深化和塑造（见图 2-38）。

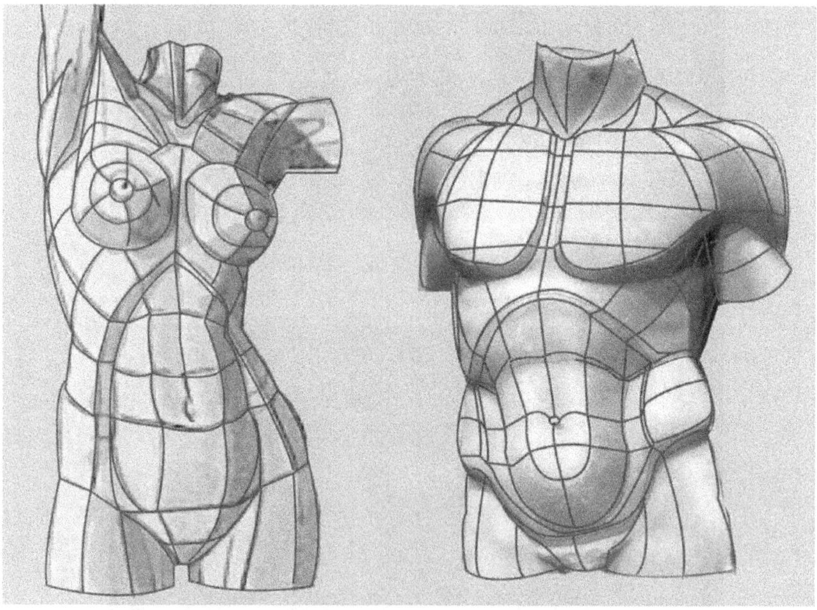

图 2-38　根据肌肉结构进行布线

CHAPTER

# 3

# 3D角色的建模与制作流程

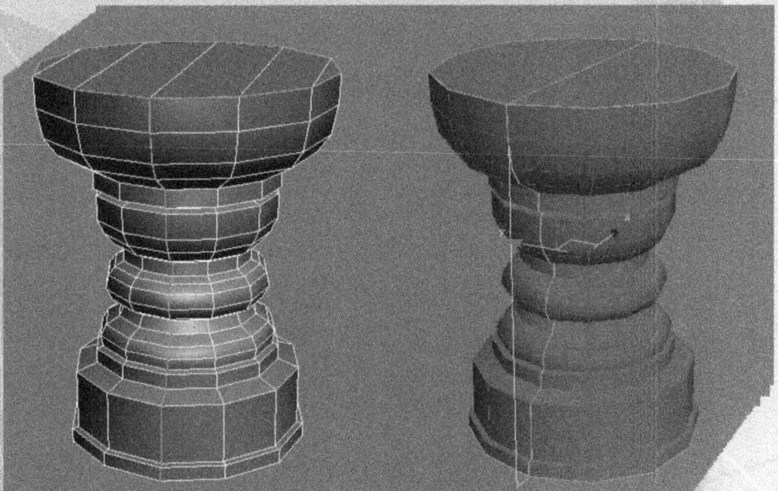

对于 3D 角色制作来说，建模是一切工作开始的基础，只有将模型成功创建出来，后面关于模型贴图、骨骼绑定，以及动画调节等工作才能正常有序进行，所以建模对于 3D 角色的制作有着至关重要的作用。而建模的基础是对于三维制作软件整体的掌握和熟练操作，要想具备出色的建模能力，必须要深入学习三维制作类软件，为日后打下坚实的基础。本章将针对 3ds Max 软件具体讲解建模的基础操作，同时还将全面解析 3D 模型的贴图技术，从模型和贴图两大内容全面掌握 3ds Max 的使用技巧。

## 3.1 3ds Max 角色建模基础

3ds Max 全称为 3D Studio Max，是 Autodesk 公司开发的基于 PC 系统的三维动画渲染和制作软件，其前身是基于 DOS 操作系统的 3D Studio 系列软件，在 Windows NT 出现以前，工业级的 CG 制作都是被 SGI 图形工作站所垄断，3D Studio Max + Windows NT 组合的出现一下子降低了 CG 制作的门槛。

作为最元老级的三维设计软件 3ds Max，和 Maya 一样，都是具有独立完整设计功能的三维制作软件，但由于游戏引擎和程序接口等方面的原因，国内大多数游戏公司选择 3ds Max 作为主要的游戏三维设计与制作软件。从 3ds Max 1.0 开始到经典的 3ds Max 7.0、8.0、9.0，再到最新的 3ds Max 2015，每一代的更新都在强化旧有的系统和不断增加强大的新功能。2005 年，Autodesk 公司正式宣布收购 Maya 软件开发商 Alias，之后 Autodesk 公司在 3ds Max 软件的研发上也吸收了 Maya 软件的众多优点，力求让 3ds Max 成为世界上最为专业和强大的三维设计制作软件，如在 3ds Max 2011 版本加入的岩板材质就是借鉴了 Maya 的节点式材质系统的特点。

### 3.1.1 3ds Max 软件界面讲解

将 3ds Max 软件安装完成后，单击图标启动软件，展开的窗口就是 3ds Max 的操作主界面，3ds Max 的界面从整体来看，主要分为菜单栏、快捷按钮区、快捷工具菜单、工具命令面板区、动画与视图操作区，以及视图区 6 大部分（见图 3-1）。

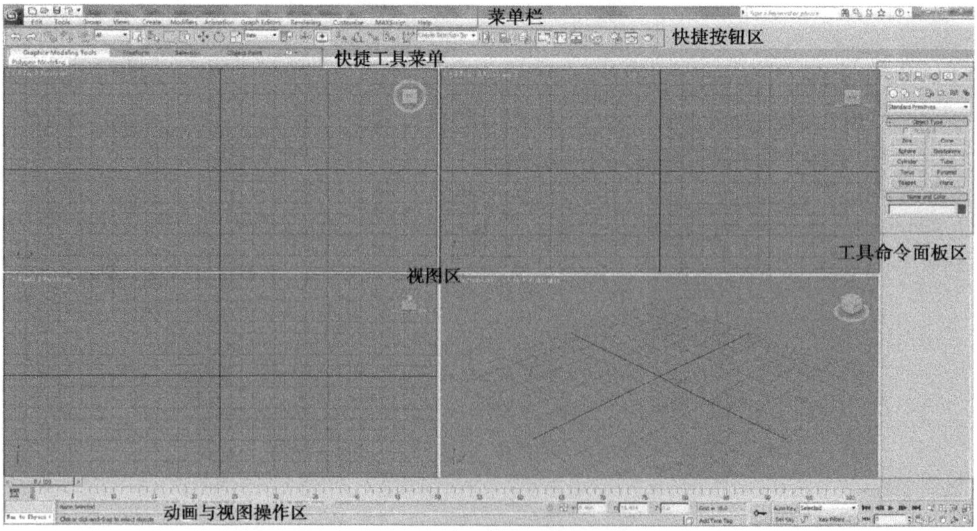


图 3-1 3ds Max 的软件主界面

其中快捷工具菜单，也叫“石墨”工具栏，是在3ds Max 2010版本才加入的。在3ds Max 2010版本发布的时候，Autodesk公司同时宣布启动一项名为“Excalibur”的全新发展计划，简称“XBR神剑计划”。这是Autodesk对于3ds Max软件一项全新的发展重建计划，主要针对3ds Max的整体软件内核效能、UI交互界面，以及软件工作流程等进行重大的改进发展与变革，计划通过3个阶段实施完成，而3ds Max 2010就是第一阶段的开始。

3ds Max 2010版本以后，软件在建模、材质、动画、场景管理及渲染方面较之前都有了大幅度的变化和提升。其中窗口及UI界面较之前的软件版本变化很大，但大多数功能对于三维游戏场景建模来说并不是十分必要的功能，而基本的多边形编辑功能并没有很大的变化，只是在界面和操作方式上做了一定的改动。所以在软件版本的选择上并不一定要用新版，还是要综合考虑个人电脑的配置，实现性能和稳定性的良好协调。

对于三维游戏场景美术制作来说，主界面中最为常用的是快捷按钮区、工具命令面板区和视图区。菜单栏虽然包含众多的命令，但实际建模操作中用到的很少，菜单栏中常用的几个命令也基本包括在快捷按钮区中，只有File（文件）和Group（组）菜单比较常用。

File菜单就是主界面左上角的3ds Max Logo按钮，单击弹出文件菜单（见图3-2）。文件菜单包括New（新建场景文件）、Reset（重置场景）、Open（打开场景文件）、Save（储存场景文件）、Save As（另存场景文件）、Import（导入）、Export（导出）、Send to（发送文件）、References（参考）、Manage（项目管理）、Properties（文件属性）等命令。其中，Save As可以帮助我们在制作大型场景的时候，将当前场景文件进行备存，Import和Export命令可以让模型以不同的文件格式进行导入和导出。另外，文件菜单右侧会显示我们最近打开过的3ds Max文件。

图3-2 File文件菜单

3ds Max菜单栏第四项是Group组菜单（见图3-3），在菜单列表中有8项命令，其中前6

项是常用命令，包括 Group（编组）、Ungroup（解组）、Open（打开组）、Close（关闭组）、Attach（结合）、Detach（分离）等。

Group 编组：选中想要编辑成组的所有模型物体，单击 Group 命令就可以将其编辑成组。所谓的组，就是指模型物体的集合。成组后的模型物体将变为一个整体，遵循整体命令操作。

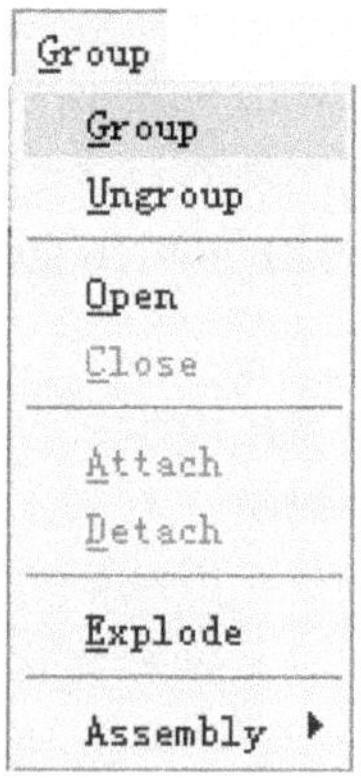

图 3-3　Group 组菜单

Ungroup 解组：与 Group 命令恰恰相反，是将选中的编组解体的操作命令。

Open 打开组：如果在模型编辑成组以后还想要对其中的个体进行操作，那么就可以利用这个命令。组被打开以后，模型集合周围会出现一个粉红色的边框，这时就可以对其中的个体模型进行编辑操作。

Close 关闭组：与 Open 命令相反，是将已经打开的组关闭的操作命令。

Attach 结合进组：如果想要把一个模型加入已经存在的组，可以利用这个命令。具体操作为，选中想要进组的模型物体，单击 Attach 命令，然后单击组或者组周围的粉红色边框，这样模型物体就加入到了已存在的编组当中。

Detach 分离出组：与 Attach 命令相反，是将模型物体从组中分离的操作命令。首先需要将组打开，选中想要分离出组的模型物体，然后单击 Detach 命令，这样模型物体就从组中分离出去了。Explode 炸组和 Assembly 组装在游戏制作中很少使用，这里不做过多讲解。编组命令在制作大型场景的时候非常有用，可以更加方便地对场景中的大量模型物体进行整体和局部操作。接下来我们针对快捷按钮区的每一组按钮进行详细讲解。

### 1. 撤销与物体绑定按钮组（见图 3-4）

图 3-4　撤销与物体绑定按钮组

Undo 撤销按钮：这个按钮用来取消刚刚进行的上一步操作，当自己感觉操作有误想返回前一步操作的时候可以执行这个命令，快捷键是【Ctrl+Z】。MAX 默认的撤销步数为 20 步，其实这个数值是可以设置的，在菜单栏“自定义（Customize）”一栏中选择最后一项“参考设置（Preferences）”选项，在“常规（General）”选项栏下第一项“撤销场景步数（Scene undo Levels）”中即可设置自己想要的数值（见图 3-5）。

Redo 取消撤销按钮：当执行撤销命令后，想取消撤销操作并返回最后一步操作时执行此命令，快捷键为【Ctrl+Y】。

Select and Link 物体选择绑定按钮：假设在场景中有 A 物体和 B 物体，想要让 B 成为 A 的附属物体，并且在 A 进行移动、旋转、缩放的时候 B 也随之进行，那么就要应用到此命令。具体操作为，先选中 B 物体，单击绑定按钮，然后将鼠标移动到 B 物体上，出现绑定图标，鼠标左键按住拖曳到 A 物体上即完成绑定操作。此时 B 物体成为 A 物体的子级物体，同样 A 就成为 B 的父级物体，在层级关系列表中也可查看，父级物体能影响子物体，反之则不可。

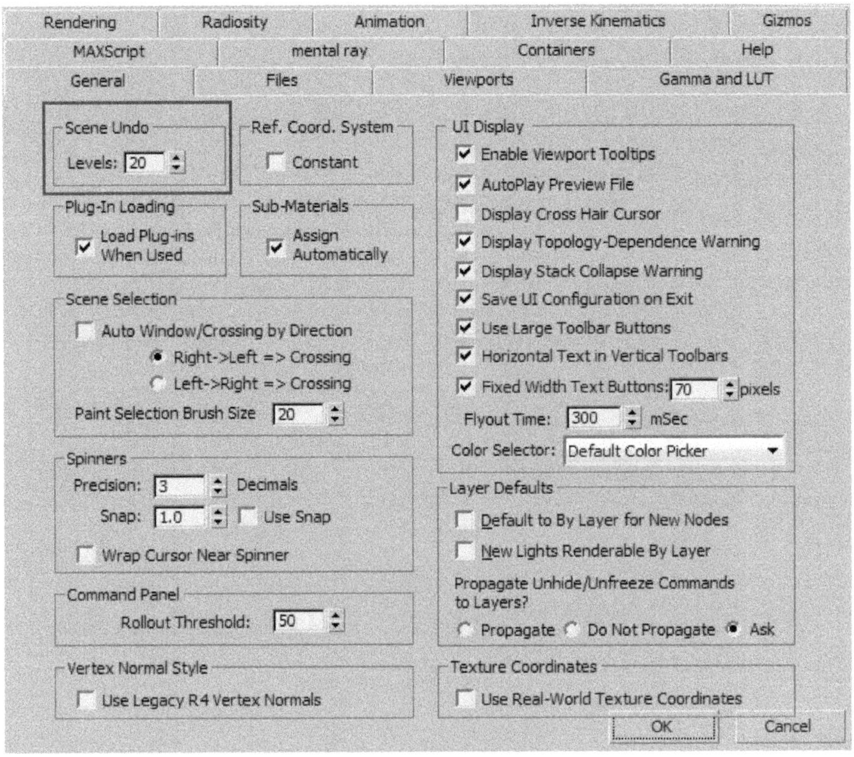


图 3-5　设置撤销步数

这项命令在游戏场景制作中十分重要，如在一个复合场景建筑中，把一座宫殿和它附属的回廊、阙楼，以及相关建筑绑定到一起，对于场景的整体操作将变得十分方便快捷，“成组（Group）”命令也有异曲同工的作用。

Unlink Selection 取消绑定按钮：假设 A 物体和 B 物体之间存在绑定关系，如果想要取消他们之间的绑定，则应用此命令。具体操作为，同时选中 A 物体和 B 物体，单击此按钮就可将绑定关系取消。

Band to Space Warp 空间绑定按钮：主要针对 MAX 的空间和力学系统，在游戏场景制作中较少会涉及，所以这里不做详细讲解。

## 2. 物体选择按钮组（图 3-6）

图 3-6　物体选择按钮组

Select Object 选择物体按钮：通常鼠标为指针的状态下就是物体选择模式，单个单击为单体选择，拖曳鼠标可进行区域选择，快捷键为【Q】。

Select by Name 物体列表选择按钮：在复杂的场景文件中可能包含几十、上百甚至几百个的模型物体，要想用通常的选择方式快速找到想要选择的物体，几乎不可能。通过物体列表将所选物体的名字输入便可立即找到该模型物体，快捷键为【H】。

选择列表窗口上方从左往右为显示类型，依次为几何模型、二维曲线、灯光、摄像机、辅助物体、力学物体、组物体、外部参照、骨骼对象、容器、被冻结物体及隐藏物体，右侧的三个按钮分别为全部选择、全部取消选择和反向选择（见图 3-7)。通过分类选择可以更加快速地找到想要选择的物体。

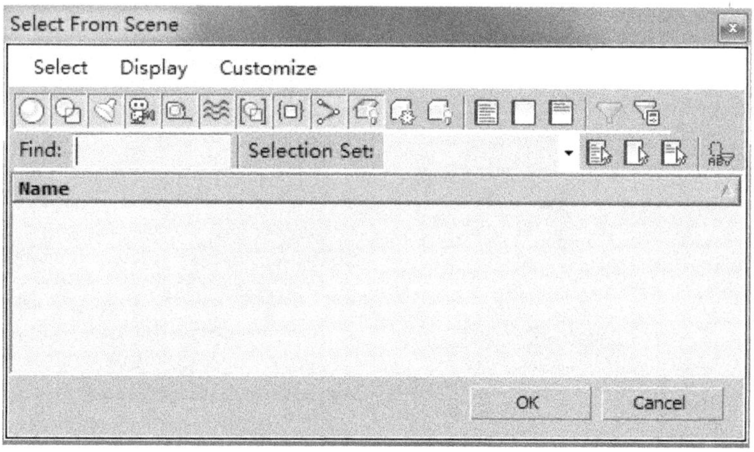


图 3-7　物体列表选择窗口

Rectangular Selection Region 区域选择按钮：在鼠标选择状态下单击拖动即可出现区域选择框，对多个物体进行整体选择。按住区域选择按钮会出现按钮下拉列表，可以选择不同的区域选择方式，依次分别为矩形选区、圆形选区、不规则直线选区、曲线选区和笔刷选区（见图 3-8)。

Window/Crossing 半选/全选模式按钮：默认状态下为半选模式，即与复选框接触到就可以被选中。单击按钮进入全选模式，在全选模式下物体必须全部纳入到复选框内才能被选中。

### 3. 物体基本操作与中心设置按钮组（见图 3-9）

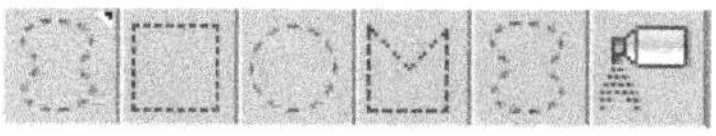

图 3-8　区域选择方式

图 3-9　物体基本操作与中心设置按钮组

Move 移动按钮：选择物体，单击此按钮便可在 $X$、$Y$、$Z$ 三个轴向上完成物体的移动位移操作，快捷键为【W】。

Rotate 旋转按钮：选择物体，单击此按钮便可在 $X$、$Y$、$Z$ 三个轴向上完成物体的旋转操作，快捷键为【E】。

Scale 缩放按钮：选择物体，单击此按钮便可在 $X$、$Y$、$Z$ 三个轴向上完成物体的缩放操作，快捷键为【R】。

以上 3 种操作是 3ds Max 中模型物体最基本的 3 种操作方式，也是最常用的操作命令。在 3 个按钮下右键单击鼠标会出现参数设置窗口，可以通过数值控制的方式对模型物体进行更为精确的移动、旋转和缩放操作。

Use Povit Point Center 中心设置按钮：单击按钮会出现下拉按钮列表，分别为将全部选择物体的中心设定为物体各自重心的中心点，将全部物体中心设定为整体区域中心，将全部物体中心设定为参考坐标系原点。

这里涉及一个小技巧，如果物体的重心出现偏差，不在原来自身的重心位置怎么办？在主界面右侧工具面板区域中，选择第三个“层级（Hierarchy）”面板，然后在第一个标签栏“重心（Pivot）”下可以进行相应设置，同时还可以重置物体重心（见图 3-10）。

### 4. 捕捉按钮组（图 3-11）

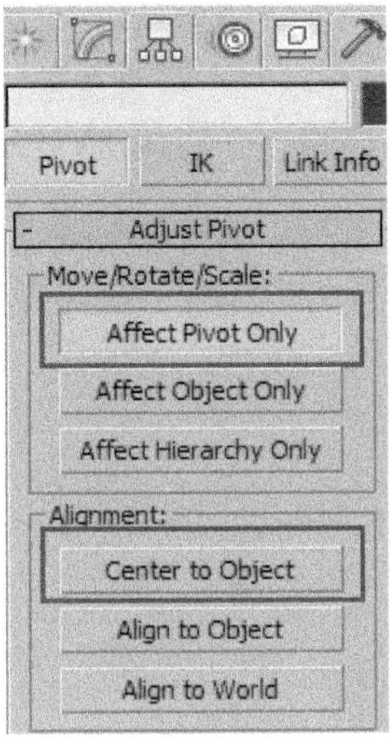


图 3-10　物体重心的设置

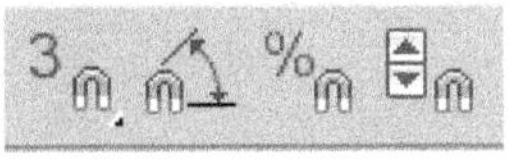

图 3-11　捕捉按钮组

捕捉（Snaps）分为标准捕捉（Standard）和 Nurbs 捕捉，在每种捕捉中都可以捕捉到一些特定的元素，如在标准捕捉中可以捕捉顶点、中点、面、垂足等元素，这些可以在栅格和捕捉设置（Grid and Snap Settings）对话框中进行设置（见图 3-12）。对于具体的设置，这里不做过多讲解，针对性地讲一下游戏角色制作中经常能用到的一条命令设置——按设定角度旋转命令。通过对“角度（Angle）”参数的设置，可以让选中的物体按事先设定角度的倍数进行旋转操作，这对于模型操作中大幅度旋转和精确旋转非常有用。

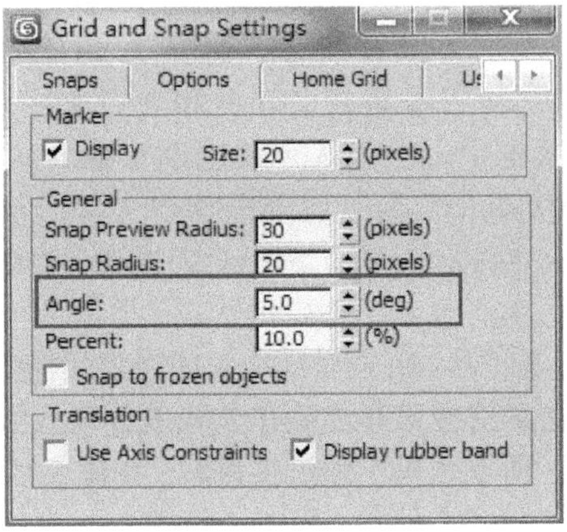


图 3-12　设定按角度旋转

### 5. 镜像、对齐、层级、石墨工具、动画编辑、材质及渲染按钮组（见图 3-13）

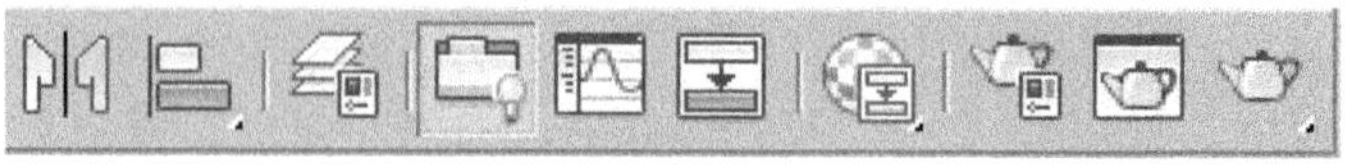

图 3-13　镜像、对齐、层级、石墨工具、动画编辑、材质及渲染按钮组

Mirror 镜像按钮：将选择的物体进行镜像复制，选择物体，单击此按钮后会出现镜像设置窗口（见图 3-14），可以设置镜像的“参考轴向（Mirror Axis）”、“镜像偏移（Offset）”，以及“克隆方式（Clone Selection）”等。在克隆方式中如果选择第一项“不进行克隆（No Clone）”那么最终将选择的物体进行镜像后不会保留原物体，如果想要将多个物体进行整体镜像操作，可以将全部物体编辑成组后再进行镜像操作。

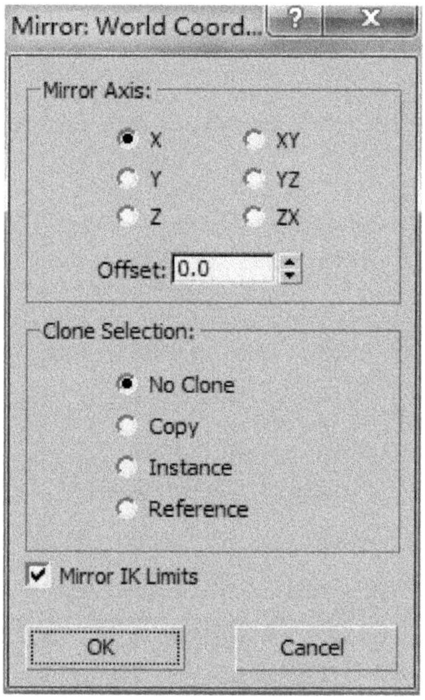


图 3-14　镜像设置窗口

Align 对齐按钮：假如有 A 物体和 B 物体，选择 A 物体后单击对齐按钮，在 B 物体上单击便会出现对齐设置窗口，可以设置对齐轴向和对齐方式（见图 3-15）。在第一栏“对齐位置（Align Position）”面板框中，上面 3 个勾选框分别为按照 X、Y、Z 三个相应轴向进行对齐操作，下面“Current Object”为当前选择物体、“Target Object”为目标对齐物体。它们下面的选框分别表示按照不同的对齐方式进行对齐操作，常用的为“Pivot Point（重心点）”对齐。

Graphite Modeling Tools 石墨工具：用来显示和关闭石墨快捷工具菜单，这是 3ds Max 2010 版本后加入的新功能，主要以更加快捷直观的操作方式进行模型编辑和制作，其中的命令和参数与堆栈参数编辑面板中一致，所以这里不做过多讲解，具体内容在后面的模型制作章节会详细讲到。

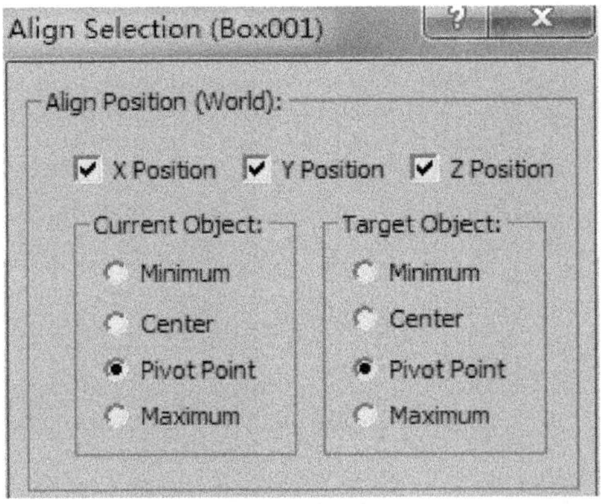


图 3-15 对齐设置窗口

层级及动画编辑按钮：在游戏角色制作中较少应用，这里不做过多讲解。

Material Editor 材质编辑器按钮：此按钮用来开启材质编辑器，对模型物体的材质和贴图进行相关设置，快捷键为【M】。具体内容会在后面的贴图制作章节详细讲解。

Quick Render 快速渲染按钮：将所选视图中的模型物体用渲染器进行快速预渲染，快捷键为【Shift+Q】。这里主要用于 CG 及动画制作，游戏画面一般采用游戏引擎即时渲染的方式，所以对渲染方面的设置这里不做过多讲解。

### 3.1.2 3ds Max 软件视图操作

视图作为 3ds Max 软件中的可视化操作窗口，是三维制作中最主要的工作区域，熟练掌握 3ds Max 视图操作是日后游戏三维美术设计制作最基础的能力，而操作的熟练程度也直接影响着项目的工作效率和进度。

在 3ds Max 软件界面的右下角就是视图操作按钮，按钮不多，却涵盖了几乎所有的视图基本操作，但其实在实际制作当中，这些按钮的实用性并不大，因为如果仅靠按钮来完成视图操作，那么整体制作效率将大大降低。在实际三维设计和制作中更多的是用每个按钮相应的快捷键来代替单击按钮操作，能熟练运用快捷键操作 3ds Max 软件也是游戏三维美术师的基本标准之一。

3ds Max 视图操作从宏观来概括，主要包括以下几个方面：视图选择与快速切换、单视图窗口的基本操作和视图中右键菜单的操作，下面针对这几个方面做详细讲解。

#### 1. 视图选择与快速切换

3ds Max 软件中视图默认的经典模式是“四视图”，即顶视图、正视图、侧视图和透视图。但这种四视图的模式并不是唯一、不可变的，在视图左上角“+”字体下单击出现的菜单中，最后一项“Configuration Viewports”会出现视图设置窗口，在 Layout（布局）标签栏下就可以针对自己喜欢的视图样式进行选择（见图 3-16）。

在游戏角色制作中，最为常用的多视图格式还是经典四视图模式，因为在这种模式下不仅能显示透视或用户视图窗口，还能显示 Top、Front、Left 等不同视角的视图窗口，让模型的操作更加便捷、精确。在选定好的多视图模式中，把鼠标移动到视图框体边缘可以自由拖动调整各视图之间的大小，如果想要恢复原来的设置，只需要把鼠标移动到所有分视图框体交接处，在出现移动符号后，鼠标右键单击“Reset Layout”（重置布局）即可。

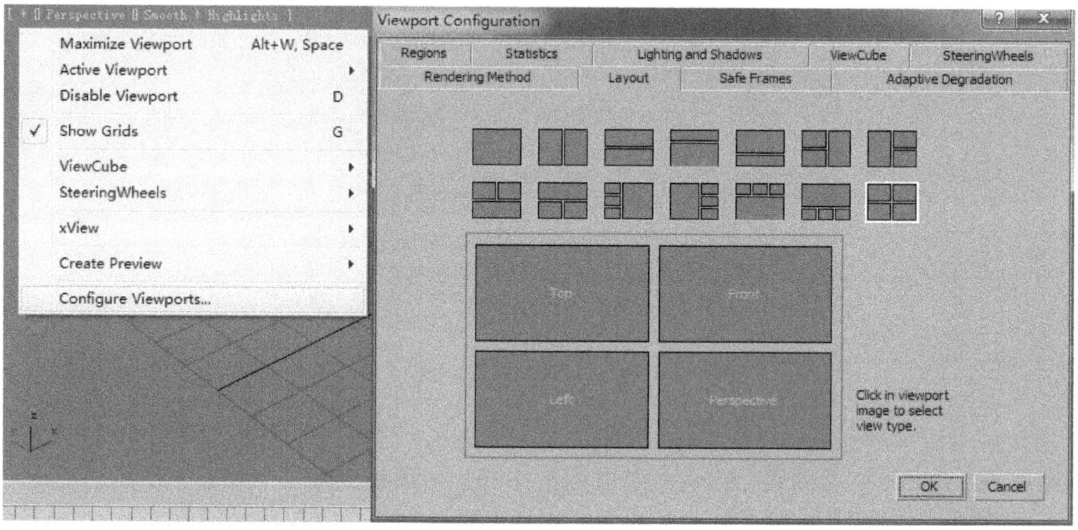


图 3-16　视图布局设置

下面简单介绍下不同的视图角度：经典四视图中的 Top 视图是指从模型顶部正上方俯视的视角，也称为顶视图；Front 视图是指从模型正前方观察的视角，也称为正视图；Left 视图是指从模型正侧面观察的视角，也称为侧视图；Perspective 视图也就是透视图，是以透视角度来观察模型的视角（见图 3-17）。除此以外，常见的视图还包括 Bottom（底视图）、Back（背视图）、Right（右视图）等，分别是顶视图、正视图和侧视图的反向视图。

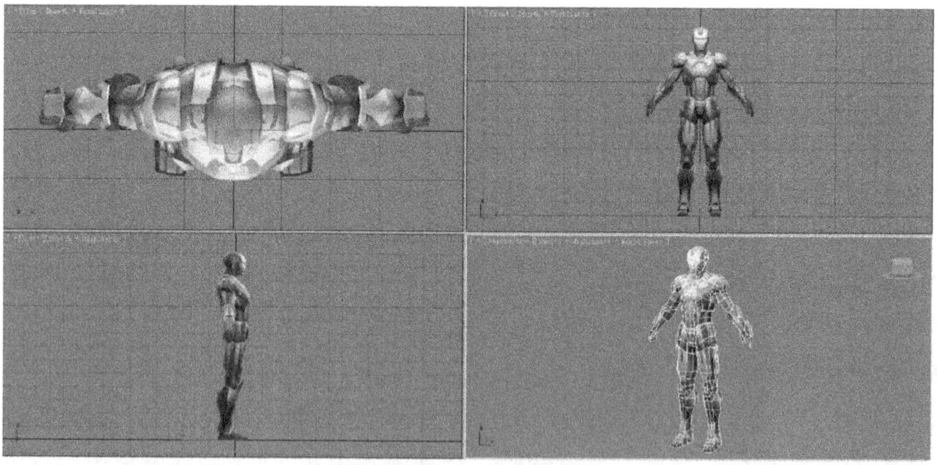

图 3-17　经典四视图模式

在实际的模型制作当中，透视图并不是最为适合的显示视图，最为常用的通常为 Orthographic（用户视图），它与透视图最大的区别是，用户视图中的模型物体没有透视关系，这样更利于在编辑和制作模型时对物体的观察（见图 3-18）。

图 3-18　透视图与用户视图的对比

在视图左上角“+”右侧有两个选项，用鼠标单击可以显示菜单选项（见图 3-19）。图 3-19 左侧的菜单是视图模式菜单，主要用来设置当前视图窗口的模式，包括摄像机视图、透视图、用户视图、顶视图、底视图、正视图、背视图、左视图、右视图等，分别对应的快捷键为【P】、【U】、【T】、【B】、【F】、【无】、【L】、【无】。在选中的当前视图下，或者单视图模式下，都可以直接通过快捷键快速切换不同角度的视图。多视图和单视图切换的默认快捷键为【Alt+W】，当然，所有的快捷键都是可以设置的，编者本人更愿意把这个快捷键设定为【空格 space】。

在多视图模式下想要选择不同角度的视图，只需要单击相应视图即可，被选中的视图周围出现黄色边框。这里涉及一个实用技巧：在复杂的包含众多模型的场景文件中，如果当前正选择了一个模型物体，而同时想要切换视图角度，如果直接左键单击其他视图，在视图被选中的同时也会丢失对模型的选择。如何避免这个问题？其实很简单，只需要右键单击想要选择的视图即可，这样既不会丢失模型的选择状态，同时还能激活想要切换的视图窗口，这是在实际软件操作中经常用到的一个技巧。

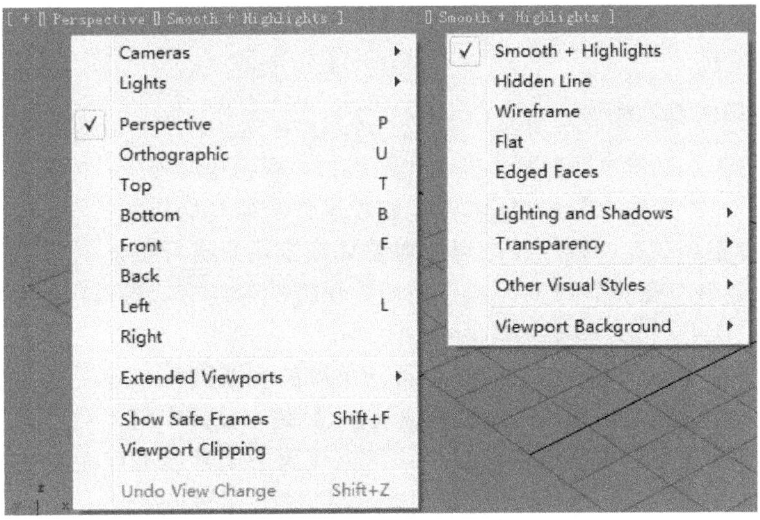


图 3-19　视图模式菜单和视图显示模式菜单

图 3-19 右侧的菜单是视图显示模式菜单，主要用来切换当前视窗模型物体的显示方式，包括 5 种显示模式：光滑高光模式（Smooth + Highlights）、屏蔽线框模式（Hidden Line）、线框模式（Wireframe）、自发光模式（Flat）以及线面模式（Edged Faces）”。

Smooth + Highlights 模式是模型物体的默认标准显示方式，在这种模式下模型受 3ds Max 场景中内置灯光的光影影响；在 Smooth + Highlights 模式下可以同步激活 Edged Faces 模式，这样可以同时显示模型的线框；Wireframe 模式就是隐藏模型实体，只显示模型线框的显示模式。不同模式可以通过快捷键来进行切换，【F3】键可以切换到“线框模式”，【F4】键可以激活“线面模式”。通过合理的显示模式的切换与选择，可以更加方便模型的制作。图 3-20 分别为这 3 种模式的显示方式（见图 3-20）。

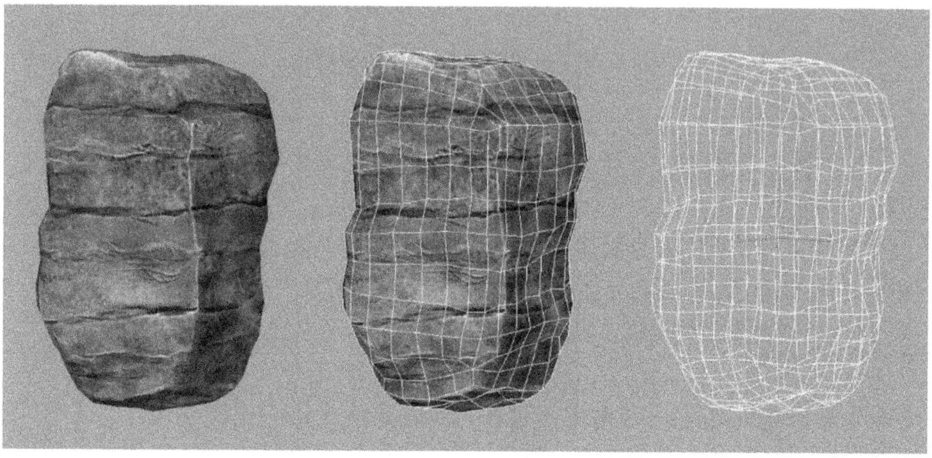

图 3-20　光滑高光模式、线面模式和线框模式

在 3ds Max 9.0 以后，软件又加入了 Hidden Line 和 Flat 模式，这是两种特殊的显示模式。Flat 模式类似于模型自发光的显示效果，而 Hidden Line 模式类似于叠加了线框的 Flat 模式，在没有贴图的情况下模型显示为带有线框的自发光灰色，添加贴图后同时显示贴图跟模型线框。这两种显示模式对于三维游戏制作非常有用，尤其是 Hidden Line 模式可以极大地提高即时渲染和显示的速度。

### 2. 单视图窗口的基本操作

单视图窗口的基本操作主要包括：视图焦距推拉、视图角度转变、视图平移操作等。视图焦距推拉主要用于视图整体操作与精确操作、宏观操作与微观操作的转变；视图推进可以进行更加精细的模型调整和制作；视图拉出可以对整体模型场景进行整体调整和操作，快捷键为【Ctrl+Alt+鼠标中键单击拖动】，在实际操作中更为快捷的操作方式可以用鼠标滚轮来实现。滚轮往前滚动为视图推进，滚轮往后滚动为视图拉出。

视图角度转变主要用于模型制作时进行不同角度的视图旋转，方便从各个角度和方位对模型进行操作。具体操作方法为同时按住键盘【Alt】键与鼠标中键，然后滑动鼠标进行不同方向的转动操作。右下角的视图操作按钮中还可以设置不同轴向基点的旋转，最为常用的是 Arc Rotate Subobject，是以选中物体为旋转轴向基点进行视图旋转的。

视图平移操作方便在视图中进行不同模型间的查看与选择，按住鼠标中键就可以进行上下左右不同方位的平移操作。在 3ds Max 右下角的视图操作按钮中按住 Pan View 按钮可以切换为 Walk Through（穿行模式），这是 3ds Max 8.0 后增加的功能，这个功能对于游戏制作，尤其是三维场景制作十分有用。将制作好的三维游戏场景切换到透视图，然后通过穿行模式可以以第一人称视角的方式身临其境地感受游戏场景的整体氛围，从而进一步发现场景制作中存在的问题，方便之后的修改。在切换为穿行模式后，鼠标指针会变为圆形目标符号，通过【W】和【S】键可以控制前后移动，【A】和【D】控制左右移动，【E】和【C】控制上下移动，转动鼠标可以查看周围场景，通过【Q】键可以切换行动速度快慢。

这里还要介绍一个小技巧：如果在一个大型复杂的场景制作文件中，当我们选定一个模型后进行视图平移操作，或者通过模型选择列表选择了一个模型物体，想快速将所选的模型归位到视图中央。这时我们可以通过一个操作来实现视图中模型物体的快速归位，那就是快捷键【Z】，无论当前视图窗口与所选的模型物体出于怎样的位置关系，只要敲击键盘上的【Z】键，都可以让被选模型物体在第一时间迅速移动到当前视图窗口的中间位置。如果当前视图窗口中没有被选择的物体，这时【Z】键将整个场景中所有物体作为整体显示在视图屏幕的中间位置。

在 3ds Max 2009 版本后，软件加入了一个有趣的新工具——ViewCube（视图盒），这是一个显示在视图右上角的工具图标，它以三维立方体的形式显示，并可以进行各种角度的旋转操作（见图 3-21）。盒子的不同面代表了不同的视图模式，通过鼠标单击可以快速切换各种角度的视图，单击盒子左上角的房屋图标可以将视图重置到透视图坐标原点的位置。

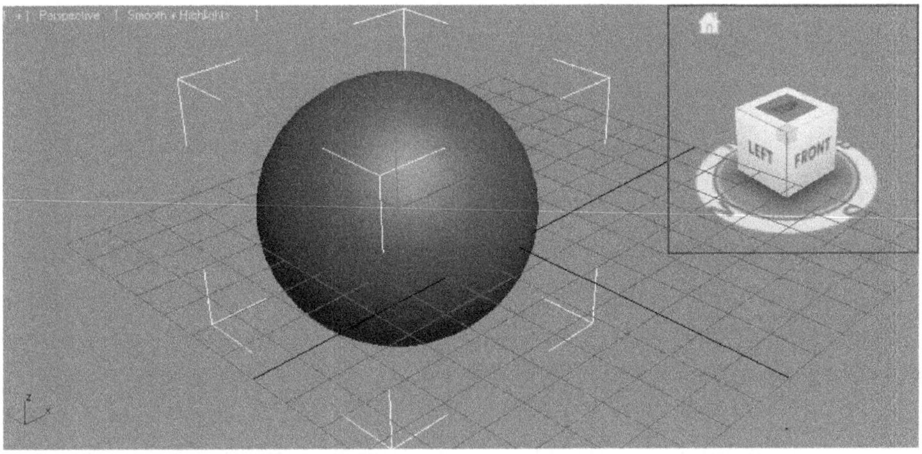


图 3-21　ViewCube 视图盒

另外，单视图和多视图切换时，特别是切换到用户视图后，再切回透视图经常会发现透视角度会发生改变，这里的视野角度是可以设定的，在视图左上角“+”菜单下的 Configuration Viewports 选项中 Rendering Method 标签栏右下角可以用具体数值来设定视野角度，通常默认的标准角度为 45°（见图 3-22）。

### 3. 视图中右键菜单的操作

3ds Max 的视图操作除了上面介绍的基本操作外，还有一个很重要的部分就是视图中右键菜单的操作。在 3ds Max 视图中任意位置用鼠标右键单击都会出现一个灰色的多命令菜单，这个菜单中的许多命令设置对于三维模型的制作也有着重要的作用。这个菜单中的命令通常都是针对被选择的物体对象，如果场景中没有被选择的物体模型，那这些命令将无法独立执行。这个菜单包括上下两大部分：“Display”（显示）和“Transform”（变形），下面针对这两部分中重要的命令进行详细讲解。

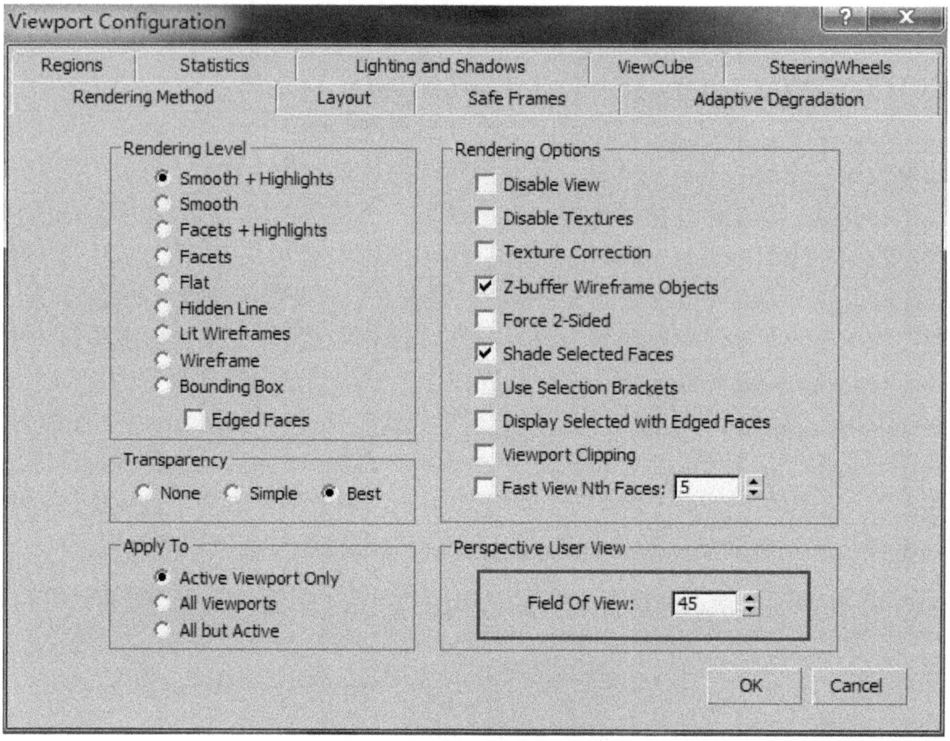


图 3-22　视野透视程度的设定

在“Display”菜单中最重要的就是“冻结”和“隐藏”这两组命令，这是游戏场景制作中经常使用的命令。所谓“冻结”，就是将 3ds Max 中的模型物体锁定为不可操作状态，被“冻结”后的模型物体仍然显示在视图窗口中，但无法对其进行任何命令和操作。“Freeze selection”是指将被选择的模型物体进行“冻结”操作。“Unfreeze All”是指将所有被“冻结”的模型物体取消“冻结”状态。

通常被“冻结”的模型物体都会变为灰色，并且会隐藏贴图显示。由于灰色与视图背景色相同，经常会造成制作上的不便。这里其实是可以设置的，在 3ds Max 右侧“Display”显示面板下“Display Properties”显示属性一栏中有一个选项“Show Frozen in Gray”，只需要取消这个选项便会避免被“冻结”的模型物体变为灰色状态（见图 3-23）。

所谓“隐藏”，就是让 3ds Max 中的模型物体在视图窗口处于暂时消失不可见的状态，“隐藏”不等于“删除”，被隐藏的模型物体只是处于不可见状态，但并没有根本上从场景文件中消失，在执行相关操作后可以取消其隐藏状态。隐藏命令在游戏场景制作中是最常用的命令之一，因为在复杂的三维模型场景文件当中，经常在制作某个模型的时候会被其他模型阻挡视线，尤其是包含众多模型物体的大型场景文件，而隐藏命令恰恰避免了这些问题，让模型制作变得更加方便。

“Hide Selection”是指将被选择的模型物体进行隐藏操作；“Hide Unselected”是指将被选

择模型以外的所有物体进行隐藏操作；“Unhide All”是指将场景中的所有模型物体取消隐藏状态；“Unhide by Name”是指通过模型名称选择列表将模型物体取消隐藏状态。

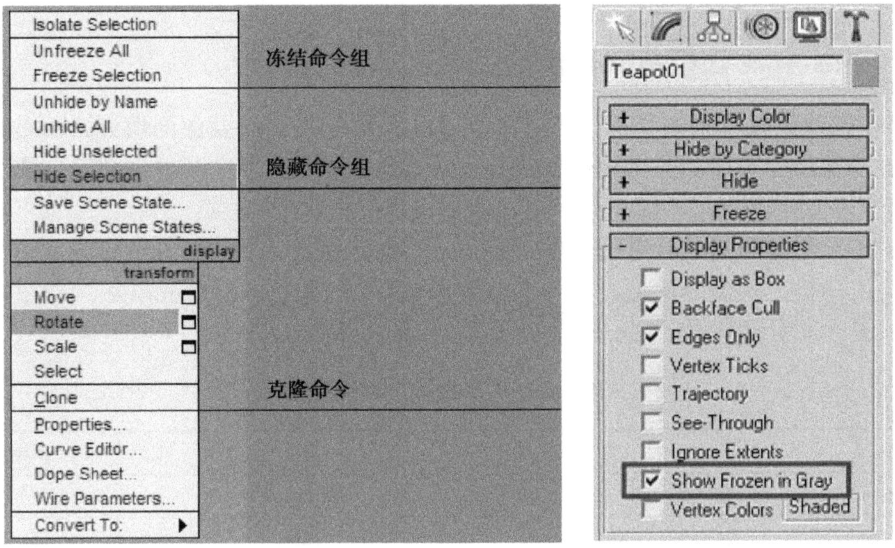


图 3-23 视图右键菜单与取消冻结灰色状态的设置

在“Transform”菜单中，除了包含移动、旋转、缩放、选择、克隆等基本的模型操作外，还包括物体属性、曲线编辑、动画编辑、关联设置、塌陷等一些高级命令设置。模型物体的移动、旋转、缩放、选择，前面都已经讲解过，这里着重了解一下“Clone”（克隆）命令。所谓“克隆”，就是指将一个模型物体复制为多个个体的过程，快捷键为【Ctrl+V】。对被选择的模型物体单纯的单击“Clone”命令或者按【Ctrl+V】将该模型进行原地克隆操作，而选择模型物体后按住【Shift】并用鼠标移动、选择、缩放该模型，则是将该模型进行等单位的克隆操作，拖动鼠标松开鼠标左键后会弹出克隆设置窗口（见图 3-24）。

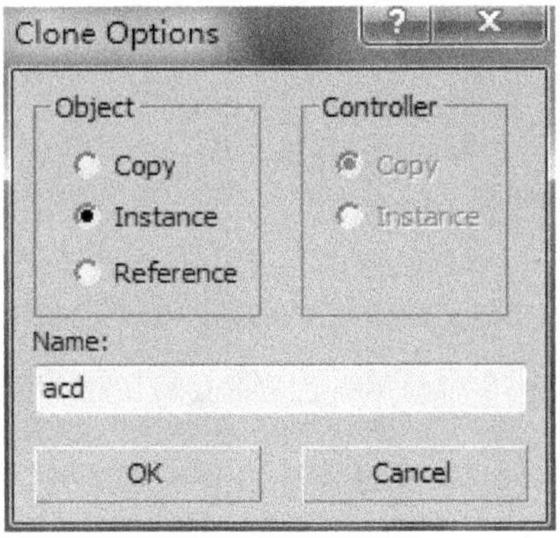


图 3-24 克隆设置窗口

克隆后的对象物体与被克隆物体之间存在 3 种关系：Copy（复制）、Instance（实例）、和 Reference（参考）。Copy 是指克隆物体和被克隆物体间没有任何关联关系，改变其中任何一方，对另一方都没有影响；Instance 是指克隆操作后，改变克隆物体的设置参数，被克隆物体也随之改变，反之亦然；Reference 是指克隆操作后，通过改变被克隆物体的设置参数可以影响克隆物体，反之则不成立。这 3 种关系是 3ds Max 中模型之间常见的基本关系，在很多命令设置或窗口中都经常能看到。

### 3.1.3 3ds Max 建模基础操作

3ds Max 的建模技术博大精深、内容繁杂，这里我们没有必要面面俱到，而是有选择性地着重讲解与三维角色制作相关的建模知识，从基本操作入手，循序渐进地学习三维角色模型的制作。

在 3ds Max 右侧的工具命令面板中，“Create”创建面板下的第一项“Geometry”就是主要用来创建几何体模型的命令面板，其中下拉菜单第一项“Standard Primitives”用来创建基础几何体模型，表 3-1 中就是 3ds Max 所能创建的 10 种基本几何体模型（见图 3-25）。

表 3-1 10 种基本几何体模型

| | | | |
|---|---|---|---|
| Box | 立方体 | Cone | 圆锥体 |
| Sphere | 球体 | Geosphere | 三角面球体 |
| Cylinder | 圆柱体 | Tube | 管状体 |
| Torus | 圆环体 | Pyramid | 角锥体 |
| Teapot | 茶壶 | Plane | 平面 |

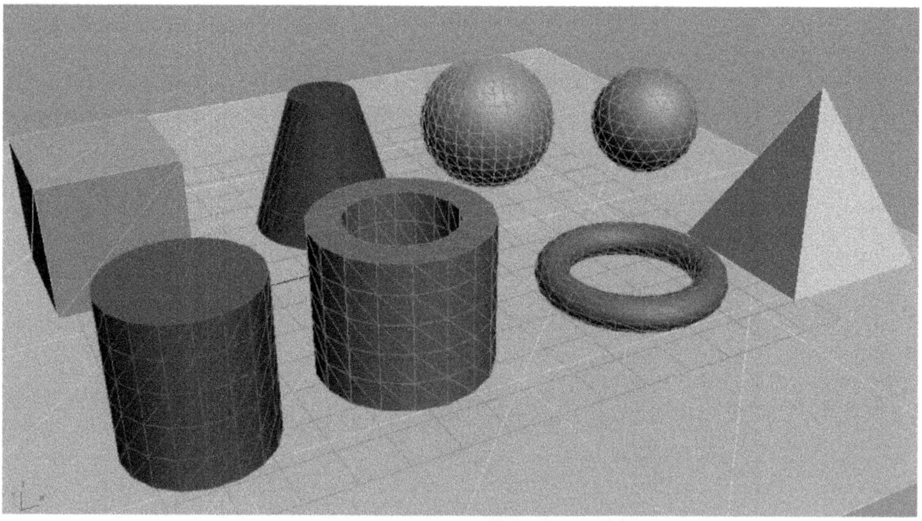

图 3-25 3ds Max 创建的基础几何体模型

鼠标单击选择想要创建的几何体，在视图中用鼠标拖曳就可以完成模型的创建，在拖曳过程中单击鼠标右键可以随时取消创建。创建完成后切换到工具命令面板的 Modify 修改面板，可以对创建出的几何模型进行参数设置，包括长、宽、高、半径、角度、分段数等。在修改面板和创建面板中都能对几何体模型的名称进行修改，名称后面的色块用来设置几何体的边框颜色。这些基础的几何体模型就是我们之后创建角色模型的基础，任何复杂的多边形模型都是由这些基础几何体编辑而成的。

在 3ds Max 中创建基础几何体模型，这对于真正的模型制作来说仅仅是第一步，不同形态的基础几何体模型为模型制作提供了一个良好的基础，之后要通过模型的多边形编辑才能完成对模型最终的制作。在 3ds Max 6.0 以前的版本中，几何体模型的编辑主要是靠 Edit Mesh（编辑网格）命令完成的。在 3ds Max 6.0 之后，Autodesk 公司研发出了更加强大的多边形编辑命令 Edit Poly（编辑多边形），并在之后的软件版本中不断增强和完善该命令，到 3ds Max 8.0 时，Edit Poly 命令已经十分完善。

Edit Mesh 与 Edit Poly 这两个模型编辑命令的不同之处在于，Edit Mesh 编辑模型时是以三角形面作为编辑基础的，模型物体的所有编辑面最后都转化为三角形面，而 Edit Poly 编辑多边形命令在处理几何模型物体时，编辑面是以四边形面作为编辑基础的，而最后也无法自动转化为三角形面。在早期的电脑游戏制作过程中，大多数的游戏引擎技术支持的模型都为三角面模型，而随着技术的发展，Edit Mesh 已经不能满足游戏三维制作中对于模型编辑的需要，之后逐渐被强大的 Edit Poly 编辑多边形命令所代替，而且 Edit Poly 物体还可以和 Edit Mesh 进行自由转换，以应对各种不同的需要。

对于模型物体转换为编辑多边形模式，可以通过以下 3 种方法：

（1）在视图窗口中对模型物体单击鼠标右键，在弹出的视图菜单中选择“Convert to Editable Poly”（塌陷为可编辑的多边形）命令，即可将模型物体转换为 Edit Poly。

（2）在 3ds Max 界面右侧修改面板的堆栈窗口中对需要的模型物体单击右键，同样选择 Convert to Editable Poly 命令，也可将模型物体转换为 Edit Poly。

（3）在堆栈窗口中可以对想要编辑的模型直接添加 Edit Poly 命令，也可让模型物体进入多边形编辑模式，这种方式相对前面两种来说有所不同。对于添加 Edit Poly 命令后的模型在编辑的时候还可以返回上一级的模型参数设置界面，而上面两种方法则不可以，所以第三种方法相对来说更有一定灵活性。

在多边形编辑模式下共分为 5 个层级，分别是 Vertex（点）、Edge（线）、Border（边界）、Polygon（面）和 Element（元素）。每个多边形从“点”、“线”、“面”到整体互相配合，共同围绕着为多边形编辑而服务，通过不同层级的操作最终完成模型整体的搭建制作。

在进入每个层级后，菜单窗口会出现不同层级的专属面板，同时所有层级还共享统一的多边形编辑面板。图 3-26 就是编辑多边形的命令面板，包括以下几部分：Selection（选择）、Soft Selection（软选择）、Edit Geometry（编辑几何体）、Subdivision Surface（细分表面）、Subdivision Displacement（细分位移）和 Paint Deformation（绘制变型），下面我们将针对每个层级详细讲解模型编辑中常用的命令。

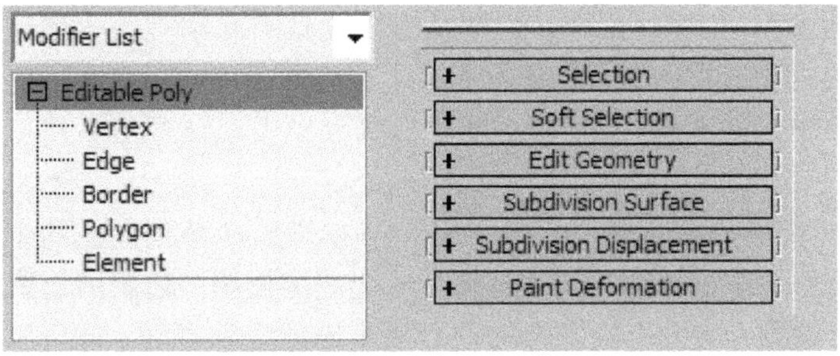


图 3-26 多边形编辑中的层级和各种命令面板

### 1. Vertex 点层级

点层级下的 Selection 选择面板中，有一个重要的命令选项 Ignore Backfacing（忽略背面），当单击选择这个选项的时候，在视图中选择模型可编辑点的时候，将会忽略所有当前视图背面的点，此选项命令在其他层级中也同样适用。

Edit Vertices（编辑顶点）命令面板是点层级下独有的命令面板，其中大多数命令都是常用的编辑多边形命令（见图 3-27）。

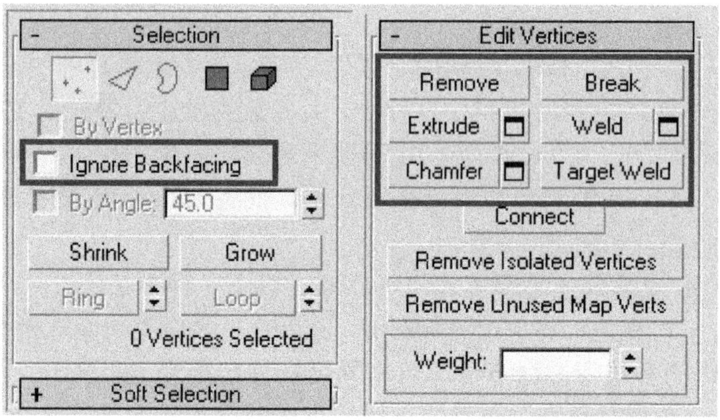


图 3-27 Edit Vertices 面板中的常用命令

Remove（移除）：当模型物体上有需要移除的顶点时，选中顶点执行此命令，Remove（移除）不等于 Delete（删除），当移除顶点后，该模型顶点周围的面还将存在，而删除命令则是将选中的顶点连同顶点周围的面一起删除。

Break（打散）：选中顶点执行此命令后，该顶点会被打散为多个顶点，打散的顶点个数与打散前该顶点链接的边数有关。

Extrude（挤压）：挤压是多边形编辑中常用的编辑命令，而对于点层级的挤压，简单来说就是将该顶点以突出的方式挤出模型以外。

Weld（焊接）：这个命令与打散命令刚好相反，是将不同的顶点结合在一起的操作，选中想要焊接的顶点，设定焊接的范围，然后单击焊接命令，这样不同的顶点就被结合到了一起。

Target weld（目标焊接）：此命令的操作方式是，首先单击此命令，出现鼠标图形，然后依次用鼠标单击选择想要焊接的顶点，这样这两个顶点就被焊接到了一起。要注意的是，焊接的顶点之间必须有边相连接，而对于类似四边形面对角线上的顶点是无法焊接到一起的。

Chamfer（倒角）：对于顶点倒角来说，就是将该顶点沿着相应的实线边以分散的方式形成新的多边形面的操作。挤压和倒角都是常用的多边形编辑命令，在多个层级下都包含这两个命令，但每个层级的操作效果不同，图 3-28 能更加具象地表现点层级下挤压、焊接和倒角命令的作用效果。

Connect（连接）：选中两个没有边连接的顶点，单击此命令则会在两个顶点之间形成新的实线边。在挤压、焊接、倒角命令按钮后面都有一个方块按钮，这表示该命令存在子级菜单可以对相应的参数进行设置，选中需要操作的顶点后单击此方块按钮，就可以通过参数设置的方式对相应的顶点进行设置。

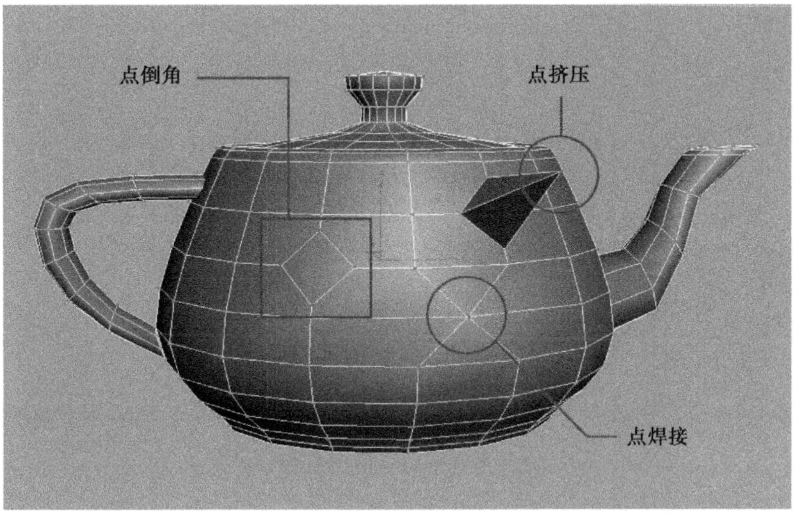


图 3-28 点层级下挤压、倒角和焊接的效果

## 2. Edge 边层级

在 Edit Edges（编辑边）层级面板中（见图 3-29），常用的命令主要有以下几个：

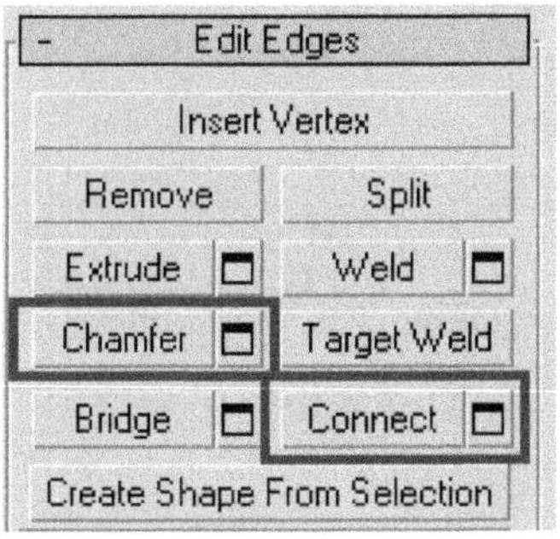


图 3-29 Edit Edges 层级面板

Remove（移除）：将被选中的边从模型物体上移除的操作，与前面讲过的相同，移除并不会将边周围的面删除。

Extrude（挤压）：在边层级下，挤压命令操作效果几乎等同于点层级下的挤压命令。

Chamfer（倒角）：对于边的倒角来说，就是将选中的边沿相应的线面扩散为多条平行边的操作，线边的倒角才是我们通常意义上的多边形倒角，通过边的倒角可以让模型物体面与面之间形成圆滑的转折关系。

Connect（连接）：对于边的连接来说，就是在选中边线之间形成多条平行的边线，边层级下的倒角和连接命令也是多边形模型物体常用的布线命令之一。图 3-30 能更加具象地表现边层级下挤压、倒角和连接命令的具体操作效果。

Insert vertex（插入顶点）：在边层级下，可以通过此命令在任意模型物体的实线边上插入一个顶点，这个命令与之后要讲的共用编辑菜单下的 Cut（切割）命令一样，都是多边形模型物体加点添线的重要手段。

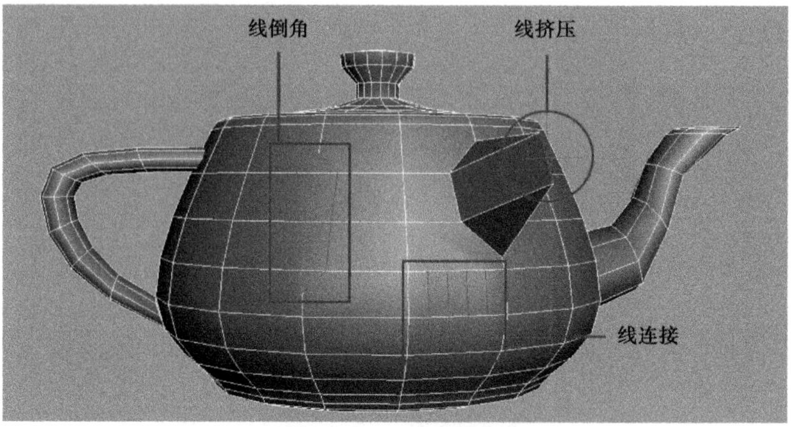


图 3-30　边层级下挤压、倒角和焊接的效果

### 3. Border 边界层级

所谓的模型 Border，主要是指在可编辑的多边形模型物体中那些没有完全处于多边形面之间的实线边。通常来说 Border 层级菜单较少应用，菜单里面只有一个命令需要讲解，那就是 Cap（封盖）命令。这个命令主要用于给模型中的 Border 封闭加面，通常在执行此命令后还要对新加的模型面进行重新布线和编辑（见图 3-31）。

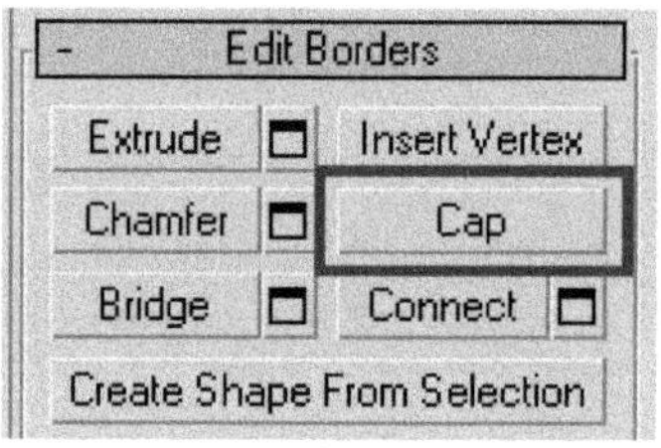


图 3-31　Border 面板中最常用的 Cap 命令

### 4. Polygon 多边形面层级

Polygon 层级面板中大多数命令也是多边形模型编辑中最常用的编辑命令（见图 3-32）。

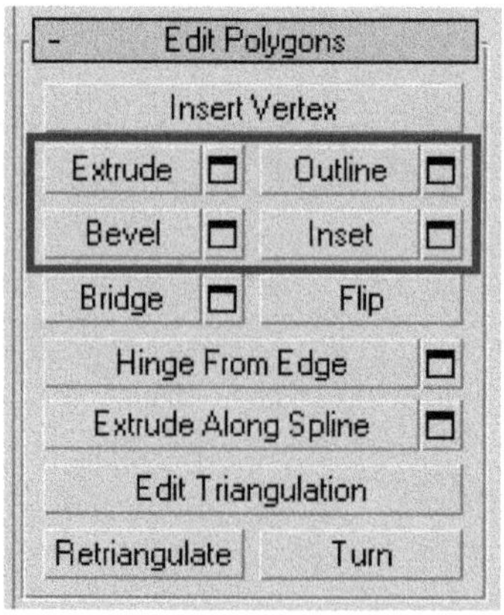


图 3-32　　Edit Polygons 层级面板

Extrude（挤压）：多边形面层级的挤压就是将面沿一定方向挤出的操作，单击后面的方块按钮，在弹出的菜单中可以设定挤出的方向，分为 Group 整体挤出、Local Normal 沿自身法线方向整体挤出、By Polygon 按照不同的多边形面分别挤出 3 种类型，这 3 种操作方法在 3ds Max 的很多操作中都能经常看到。

Outline（轮廓）：是指将选中的多边形面沿着它所在的平面扩展或收缩的操作。

Bevel（倒角）：这个命令是多边形面的倒角命令，具体是将多边形面挤出再进行缩放操作，后面的方块按钮可以设置具体挤出的操作类型和缩放操作的参数。

Inset（插入）：将选中的多边形面按照所在平面向内收缩产生一个新的多边形面的操作，后面的方块按钮可以设定插入操作的方式是整体插入还是分别按多边形面插入，通常插入命令要配合挤压和倒角命令一起使用。图 3-33 将更加直观地表示多边形面层级中挤压、轮廓、倒角和插入命令的效果。

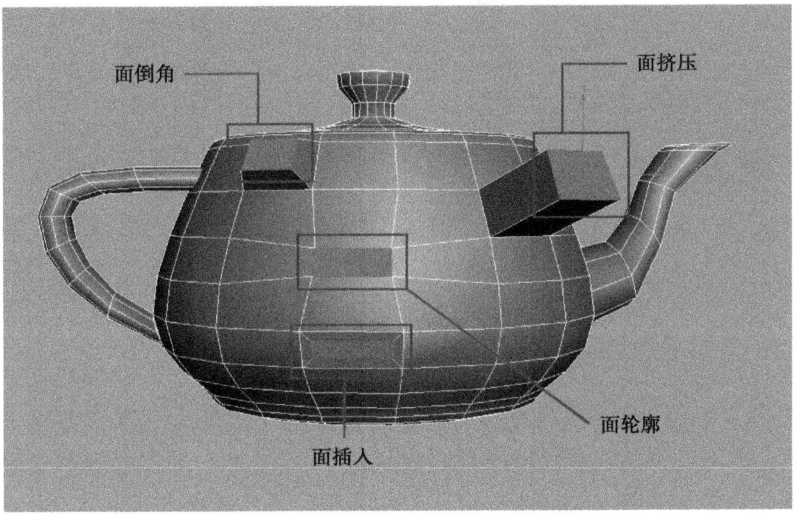


图 3-33　面层级下挤压、轮廓、倒角和插入的效果

Flip（翻转）：将选中的多边形面进行翻转法线的操作，在 3ds Max 中法线是指物体在视图窗口中可见性的方向指示，物体法线朝向我们则代表该物体在视图中为可见，相反为不可见。

另外，这个层级菜单中还需要介绍的是 Turn（反转）命令，这个命令不同于刚才介绍的 Flip 命令。虽然在多边形编辑模式中是以四边形的面作为编辑基础的，但其实每一个四边形的面仍然由两个三角形面所组成，但划分三角形面的边是作为虚线边隐藏存在的，当我们调整顶点时，这条虚线边也恰恰作为隐藏的转折边。当用鼠标单击 Turn（反转）命令时，所有隐藏的虚线边都会显示出来，然后用鼠标单击虚线边就会使之反转方向，对于有些模型物体，特别是游戏场景中的低精度模型来说，Turn（反转）命令也是常用的命令之一。

在多边形面层级下还有一个十分重要的命令面板——Polygon Properties（多边形属性）面板，这也是多边形面层级下独有的设置面板，主要用来设定每个多边形面的材质序号和光滑组序号（见图 3-34）。其中，Set ID 是用来设置当前选择多边形面的材质序号；Select ID 通过选择材质序号选择该序号材质所对应的多边形面；Smoothing Groups 窗口中的数字方块按钮用来设定当前选择多边形面的光滑组序号（见图 3-35）。

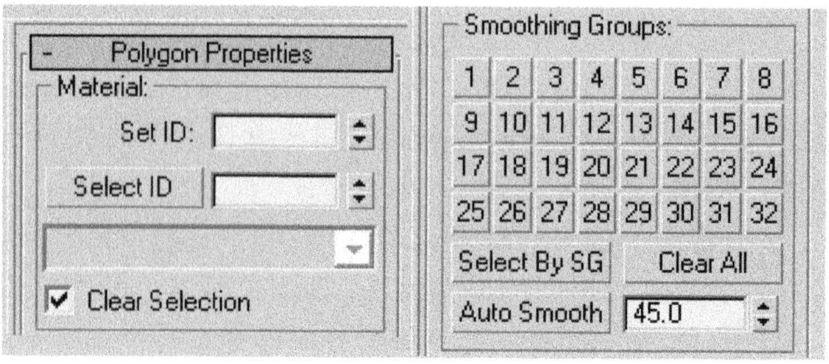


图 3-34　Polygon Properties 面板

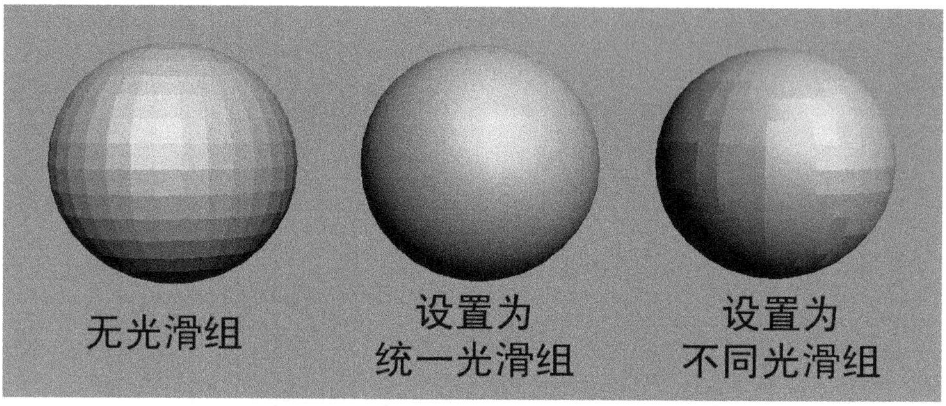


图 3-35　模型光滑组的不同设置效果

编辑多边形第五个层级面板为 Element 元素层级，这个层级主要用来整体选取被编辑的多边形模型物体，这里不做详细讲解。以上就是多边形编辑模式下所有层级独立面板的详细讲解，下面介绍下所有层级都共用的 Edit Geometry（编辑几何体）面板（见图 3-36）。这个命令面板看似复杂，但其实在游戏场景模型制作中常用的命令并不是很多，下面讲解一下编辑几何体面板中常用的命令。

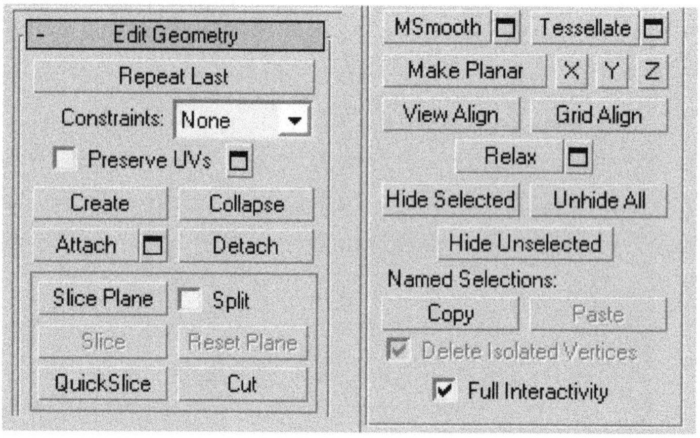


图 3-36　Edit Geometry 面板

Attach（结合）：将不同的多边形模型物体结合为一个可编辑多边形物体的操作，具体操作为先单击 Attach 命令，然后单击选择想要被结合的模型物体，这样被选择的模型物体就被结合到之前的可编辑多边形的模型下。

Detach（分离）：与 Attach 恰好相反，是将可编辑多边形模型下的面或者元素分离成独立模型物体的操作，具体操作方法为进入编辑多边形的面或者元素层级下，选择想要分离的面或元素，然后鼠标单击 Detach 命令会弹出一个命令窗口，勾选 Detach to Element 是将被选择的面分离成为当前可编辑多边形模型物体的元素，而 Detach as Clone 是指将被选择的面或元素克隆分离为独立的模型物体（被选择的面或元素保持不变），如果什么都不勾选，则将被选择的面或元素直接分离为独立的模型物体（被选择的面或元素从原模型上删除）。

Cut（切割）：是指在可编辑的多边形模型物体上直接切割绘制新的实线边的操作，这是模型重新布线编辑的重要操作手段。

Make Planar X/Y/Z：在可编辑多边形的点、线、面层级下通过单击这个命令，可以实现模型被选中的点、线或者面在 *X*、*Y*、*Z* 三个不同轴向上的对齐。

Hide Selected（隐藏被选择）、Unhide All（显示所有）、Hide Unselected（隐藏被选择以外）这 3 个命令同之前视图窗口右键菜单中的完全一样，只不过这里是用来隐藏或显示不同层级下的点、线或者面的操作。对于包含众多点、线、面的复杂模型物体，有时往往需要用隐藏和显示命令让模型制作更加方便快捷。

最后再来介绍一下模型制作中即时查看模型面数的方法和技巧，一共有两种方法。第一种方法可以利用 Polygon Counter（多边形统计）工具进行查看，在 3ds Max 命令面板最后一项的工具面板中可以通过 Configure Button Sets（快捷工具按钮设定）找到 Polygon Counter 工具。Polygon Counter 是一个非常好用的多边形面数计数工具，其中 Selected Objects 显示当前所选择的多边形面数，All Objects 显示场景文件中所有模型的多边形面数。下面的 Count Triangles 和 Count Polygons 用来切换显示多边形的三角面和四边面。另一种方法，我们可以在当前激活的视图中启动 Statistics 计数统计工具，快捷键为【7】（见图 3-37）。Statistics 可以即时对场景中模型的点、线、面进行计数统计，但这种即时运算统计非常消耗硬件，所以通常不建议在视图中一直处于开启状态。

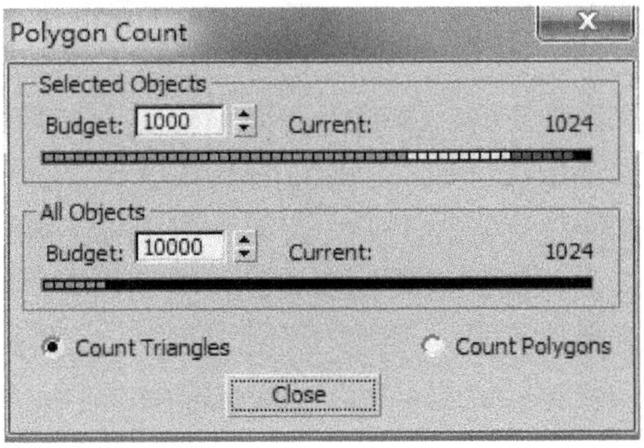


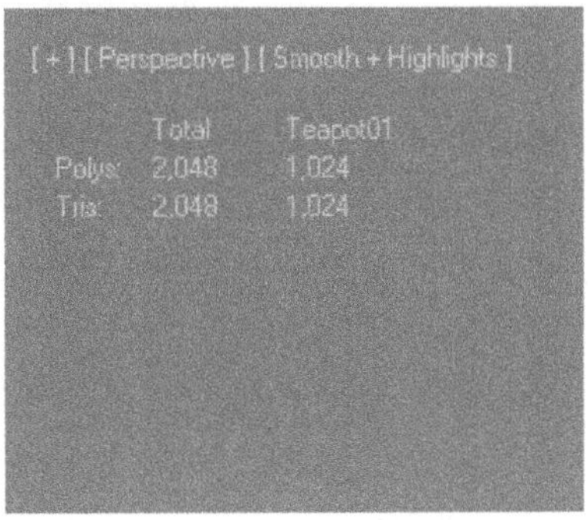


图 3-37 两种统计模型面数的方法

三维制作软件的最大特点就是真实性。所谓的真实性，就是指在三维软件中，玩家可以从各个角度观察视图中的模型元素。三维引擎为我们营造了一个 360° 的真实感官世界，在模型制作的过程中，我们要时刻记住这个概念，保证模型各个角度都要具备模型结构和贴图细节的完整度，在制作中要通过视图多方位旋转观察模型，避免漏洞和错误的产生。

另外，在游戏模型制作初期，最容易出现的问题就是模型中会存在大量“废面”，要善于利用多边形计数工具，及时查看模型的面数，随时提醒自己不断修改和整理模型，保证模型面数的精简。除了模型面数的简化外，在多边形模型的编辑和制作时还要注意避免产生四边形以上的模型面，尤其是在切割和添加边线的时候，要及时利用 Connect 命令连接顶点。尤其对于游戏模型来说，自身的多边形面可以是三角面或者四边面，但如果出现四边以上的多边形面，在之后导入游戏引擎后会出现模型的错误问题，所以要极力避免这种情况的发生。

## 3.2 3D 模型贴图技术详解

对于 3D 模型美术师来说，仅利用 3ds Max 完成模型的制作是远远不够的，三维模型的制作只是开始，是之后工作流程的基础。如果把三维制作比喻为绘画，那么模型的制作只相当于绘画的初步线稿，后面还要为作品增加颜色，而在三维设计制作过程中上色的部分就是模型 UV、材质及贴图的工作。

对于 3D 角色模型而言，贴图比模型显得更加重要，人体皮肤的纹理、质感和细节都是由模型材质贴图实现的。尤其是游戏角色模型，由于游戏引擎显示及硬件负载的限制，游戏模型对于模型面数的要求十分严格，模型在不能增加面数的前提下还要尽可能地展现物体的结构和细节，这就必须依靠贴图来表现。而对于角色模型的贴图，要求要把所有的 UV 网格都平展到 UV 框之内，如何用在有限空间内合理排布模型 UV，这就需要 3D 模型美术师来把握和控制，这种能力也是三维美术师必须具备的职业能力。在本节内容中，我们将详细学习 3D 模型的 UV、材质及贴图的理论和制作方法。

### 3.2.1 贴图坐标的概念

在 3ds Max 默认状态下的模型物体中，想要正确显示贴图材质，必须先对其“贴图坐标（UVW Coordinates）”进行设置。所谓的“贴图坐标”，就是模型物体确定自身贴图位置关系的一种参数，通过正确的设定让模型和贴图之间建立相应的关联关系，保证贴图材质正确地投射到模型物体表面。

模型在 3ds Max 中的三维坐标用 *X*、*Y*、*Z* 来表示，而贴图坐标则使用 *U*、*V*、*W* 与其对应，如果把位图的垂直方向设定为 *V*，水平方向设定为 *U*，那么它的贴图像素坐标就可以用 *U* 和 *V* 来确定在模型物体表面的位置。在 3ds Max 的创建面板中建立基本几何体模型，在创建的时候系统会为其自动生成相应的贴图坐标关系。例如，当我们创建一个 BOX 模型并为其添加一张位图的时候，它的六个面会自动显示出这张位图。但对于一些模型，尤其是利用 Edit Poly 编辑制作的多边形模型，自身不具备正确的贴图坐标参数，这就需要我们为其设置和修改 *U*、*V*、*W* 贴图坐标。

在 3ds Max 的堆栈命令列表中可以找到 UVW Map 命令，这是一个指定模型贴图坐标的修改器。界面基本参数设置包括 Mapping（投影方式）、Channel（通道）、Alignment（调整）和 Display（显示）4 部分，其中最为常用的是 Mapping 和 Alignment。在堆栈窗口中添加 UVW Map 修改器后，可以用鼠标单击前面的“+”展开 Gizmo 分支，进入 Gizmo 层级后可以对其进行移动、旋转、缩放等调整，对 Gizmo 线框的编辑操作同样会影响模型贴图坐标的位置关系和贴图的投射方式。

在 Mapping 面板中包含了贴图对于模型物体的 7 种投射方式和相关参数设置（见图 3-38），这 7 种投影类型分别是 Planar（平面）、Cylindrical（圆柱）、Spherical（球形）、Shrink Wrap（收缩包裹）、Box（立方体）、Face（面贴图），以及 XYZ to UVW。下面的参数是调节 Gizmo 的尺寸和贴图的平铺次数，在实际制作中并不常用。这里需要掌握的是能够根据不同形态的模型物体选择出合适的贴图投射方式，以方便之后展开贴图坐标的操作。下面针对每种投影方式来了解其原理和应用方法。

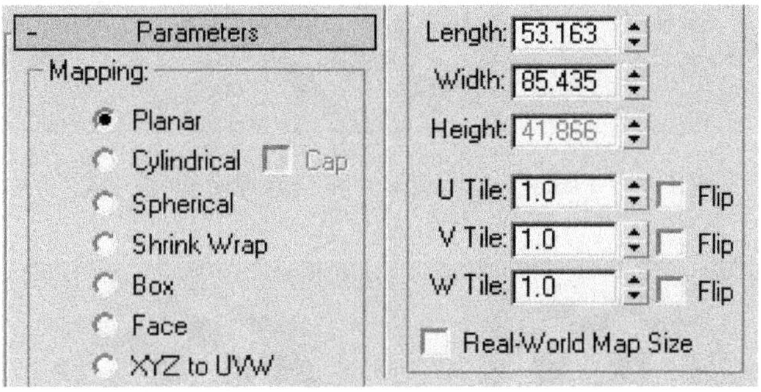


图 3-38 Mapping 面板中的 7 种投影方式

Planar 平面贴图：将贴图以平面的方式映射到模型物体表面，它的投影平面就是 Gizmo 的平面，所以通过调整 Gizmo 平面就能确定贴图在模型上的贴图坐标位置。平面映射适用于平面化的模型物体，也可以选择模型面进行指定，一般是在可编辑多边形的面层级下选择想要贴图的表面，然后添加 UVW Mapping 修改器选择平面投影方式，并在 Unwrap UVW 修改器中调整贴图位置。

Cylindrical 圆柱贴图：将贴图沿着圆柱体侧面映射到模型物体表面，它将贴图沿着圆柱的四周进行包裹，最终圆柱立面左侧边界和右侧边界相交在一起。相交的这个贴图接缝也是可以控制的，单击进入 Gizmo 层级可以看到 Gizmo 线框上有一条绿线，这就是控制贴图接缝的标记，通过旋转 Gizmo 线框可以控制接缝在模型上的位置。Cylindrical 后面有一个 Cap 选项，如果激活，则圆柱的顶面和底面将分别使用 Planar 的投影方式。这种贴图映射方式适用于圆柱体结构的模型，如角色模型的四肢。

Spherical 球面贴图：将贴图沿球体内表面映射到模型物体表面，其实球面贴图与柱形贴图类型相似，贴图的左端和右端同样在模型物体表面形成一个接缝，同时贴图上下边界分别在球体两极收缩成两个点，与地球仪十分类似。为角色脸部模型贴图时，通常使用球面贴图（见图 3-39）。

Shrink Wrap 收缩包裹贴图：将贴图包裹在模型物体表面，并且将所有的角拉到一个点上，这是唯一一种不会产生贴图接缝的投影类型，也正因为这样，模型表面的大部分贴图会产生比较严重的拉伸和变形（见图 3-40）。由于这种局限性，多数情况下使用它的物体只能显示贴图形变较小的那部分，而“极点”那一端必须要被隐藏起来。在游戏场景制作中，包裹贴图有时还是相当有用的，如制作石头这类模型的时候，使用别的贴图投影类型都会产生接缝或者一个以上的极点，而使用收缩包裹投影类型就完全解决了这个问题，即使存在一个相交的“极点”，只要把它隐藏在石头的底部就可以了。

图 3-39　Planar、Cylindrical 和 Spherical 贴图方式

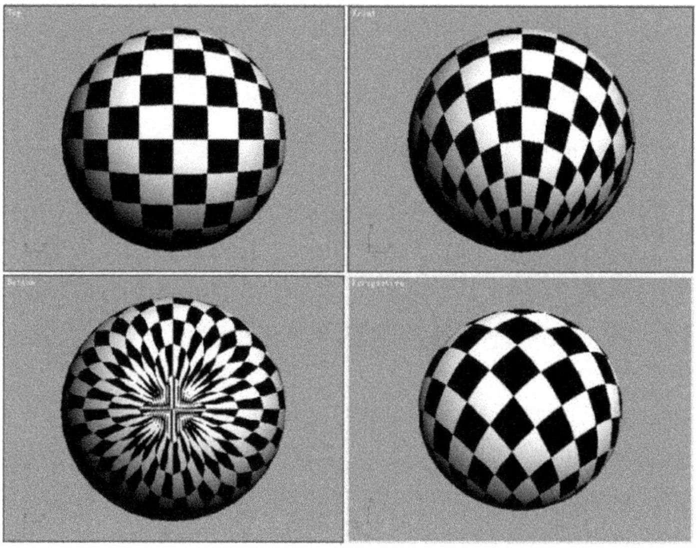

图 3-40　Shrink Wrap 收缩包裹贴图方式

Box 立方体贴图：按 6 个垂直空间平面将贴图分别映射到模型物体表面，对于规则的几何模型物体，这种贴图投影类型会十分方便快捷，如场景模型中的墙面、方形柱子或者类似的盒式结构的模型。

Face 面贴图：为模型物体的所有几何面同时应用平面贴图，这种贴图投影方式与材质编辑器 Shader Basic Parameters 参数中的 Face Map 作用相同（见图 3-41）。XYZ to UVW 这种贴图投射类型在模型制作中较少使用，所以在这里不做过多讲解。

### 3.2.2　UV 编辑器的操作

在了解了 UVW 贴图坐标的相关知识后，我们可以用 UVW Map 修改器为模型物体指定基本的贴图映射方式，这对于模型的贴图工作来说还只是第一步。UVW Map 修改器定义的贴图投射方式只能从整体上为模型赋予贴图坐标，对于更加精确的贴图坐标的修改却无能为力，要想解决这个问题，必须通过 Unwrap UVW 展开贴图坐标修改器来实现。

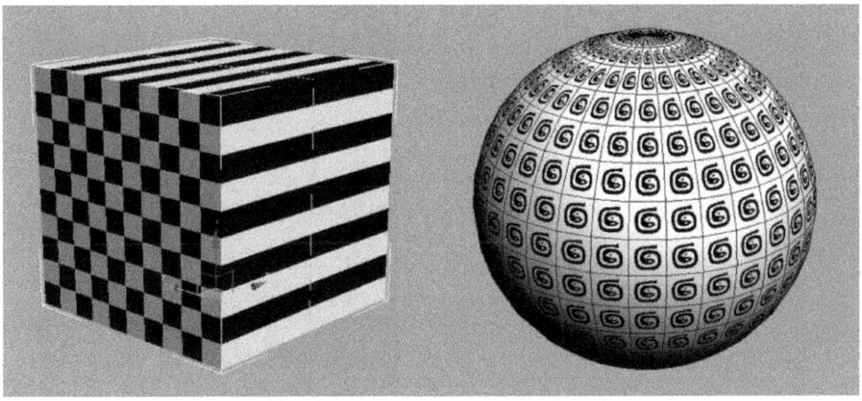

图 3-41　Box 和 Face 贴图方式

Unwrap UVW 修改器是 3ds Max 中内置的一个功能强大的模型贴图坐标编辑系统，通过这个修改器可以更加精确地编辑多边形模型点线面的贴图坐标分布，尤其是对于生物体模型和场景雕塑模型等结构较为复杂的多边形模型，必须要用到 Unwrap UVW 修改器。

在 3ds Max 修改面板的堆栈菜单列表中可以找到 Unwrap UVW 修改器，Unwrap UVW 修改器的参数窗口主要包括 Selection Parameters（选择参数）、Parameters（参数）和 Map Parameters（贴图参数）3 部分，在 Parameters 面板下还包括一个 Edit UVWs 编辑器。总的来看，Unwrap UVW 修改器十分复杂，包含众多的命令和编辑面板，对于初学者上手操作有一定的困难。其实对于游戏三维制作来说，只需要掌握修改器中一些重要的命令参数即可，不需要做到全盘精通，游戏场景中建筑模型的结构都比较规则，所以对于 Unwrap UVW 修改器的操作将会更加容易，下面针对 Unwrap UVW 修改器不同的参数面板进行详细讲解。

Selection Parameters 选择参数面板中能使用不同的方式快速地选择需要编辑的模型部分（见图 3-42）。“+”按钮可以扩大选集范围，“-”按钮则是减小选集范围。这里要注意，只有当 Unwrap UVW 修改器的 Select Face（选择面）层级被激活时，选择工具才有效。

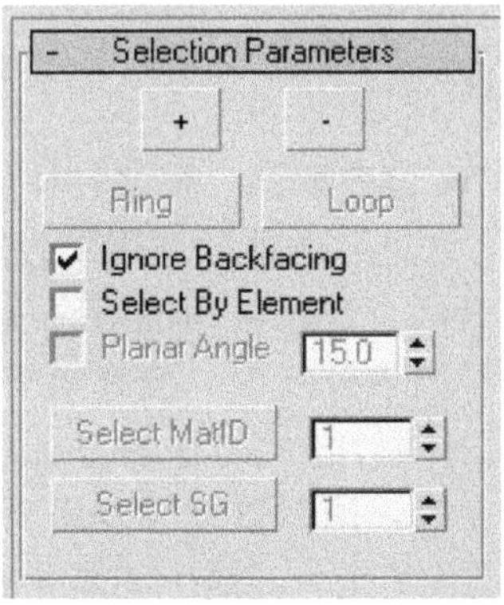


图 3-42　Selection Parameters 选择参数面板

Ignore Backfacing 忽略背面：选择时忽略模型物体背面的点、线、面等对象。

Select by Element 选择元素：选择时按照模型物体元素单元为单位进行选择操作。

Planar Angle 平面角度：这个参数命令默认是关闭的，它提供了一个数值设定，这个数值指的是面的相交角度，当这个命令被激活后，选择模型物体某个面或者某些面的时候，与这个面成一定角度内的所有相邻面都会被自动选择。

Select MatID 选择材质 ID：通过模型物体的贴图材质 ID 编号来选择。

Select SG 选择光滑组：通过模型物体的光滑组进行选择。

Parameters 参数面板最主要的是用来打开 UV 编辑器，同时还可以对已经设置完成的模型 UV 进行存储（见图 3-43）。

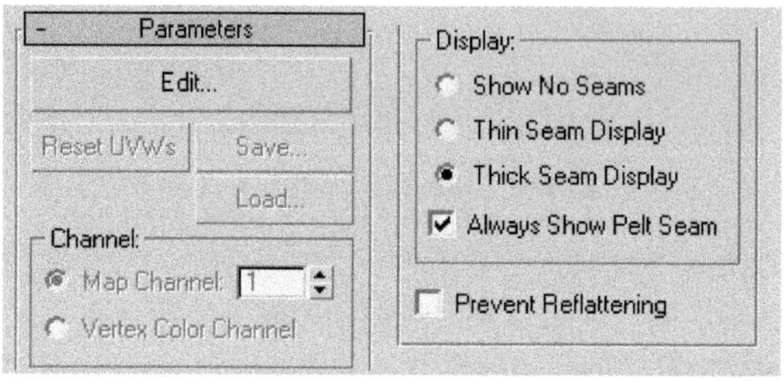


图 3-43　Parameters 参数面板

Edit 编辑：用来打开 Edit UVWs 编辑窗口，对于其具体参数设置，下面将会讲到。

Reset UVWs 重置 UVW：放弃已经编辑好的 UVW，使其回到初始状态，这也就意味着之前的全部操作都将丢失，所以一般不使用这个按钮。

Save 保存：将当前编辑的 UVW 保存为“.UVW”格式的文件。对于复制的模型物体，可以通过载入文件直接完成 UVW 的编辑。其实在游戏场景的制作中我们通常会选择另外一种方式来操作，单击模型堆栈窗口中的 Unwrap UVW 修改器，然后点住鼠标左键直接拖曳这个修改器到视图窗口中复制出的模型物体上，松开鼠标左键即可完成操作，这种拖曳修改器的操作方式在其他很多地方也会用到。

Load 载入：载入“.UVW”格式的文件，如果两个模型物体不同，则此命令无效。

Channel 通道：包括 Map channel（贴图通道）与 Vertex color channel（顶点色通道）两个选项，在游戏场景制作中并不常用。

Display 显示：使用 Unwrap UVW 修改器后，模型物体的贴图坐标表面会出现一条绿色的线，这就是展开贴图坐标的缝合线，这里的选项就是用来设置缝合线的显示方式，从上到下依次为不显示缝合线、显示较细的缝合线、显示较粗的缝合线、始终显示缝合线。

Map Parameters 贴图参数面板看似十分复杂，但其实常用的命令并不多（见图 3-44）。在面板上半部分的按钮中包括 5 种贴图映射方式和 7 种贴图坐标对齐方式，由于这些命令操作大多在 UVW Map 修改器中都可以完成，所以这里较少用到。

这里需要着重讲到的是 Pelt（剥皮）工具，这个工具是角色模型 UV 平展最主要应用的命令。Pelt 的含义就是指把模型物体的表面剥开，并将其贴图坐标平展的一种贴图映射方式，这是 UVW Map 修改器中没有的一种贴图映射方式，相较其他的贴图映射方式来说相对复杂，下面具体讲解操作流程。

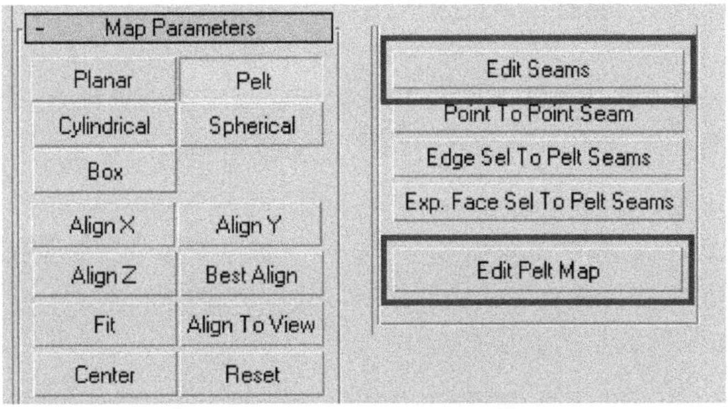


图 3-44　Map Parameters 贴图参数面板

总体来说，Pelt 平展贴图坐标的流程分为 3 大步：一是重新定义编辑缝合线；二是选择想要编辑的模型物体或者模型面，单击“Pelt”按钮，选择合适的平展对齐方式；三是单击“Edit Pelt Map”按钮，对选择对象进行平展操作。

图 3-45 中的模型为一个场景石柱模型，模型上的绿线为原始的缝合线，进入 Unwrap UVW 修改器的 Edge 层级后，单击“Map Parameters”面板中的“Edit Seams”按钮就可以对模型重新定义缝合线。在“Edit Seams”按钮的激活状态下，用鼠标单击模型物体上的边线就会使之变为蓝色，蓝色的线就是新的缝合线路经，按住键盘上的【Ctrl】键再单击边线就是取消蓝色缝合线。我们在定义编辑新的缝合线的时候，通常会在 Parameters 参数设置中选择隐藏绿色缝合线，重新定义编辑好的缝合线，如图 3-45 中间模型的蓝线。

第二步要进入 Unwrap UVW 修改器的 Face 层级，选择想要平展的模型物体或者模型面，然后单击 Pelt 按钮，会出现类似 UVW Map 修改器中的 Gizmo 平面，这时选择 Map Parameters 面板中合适的展开对齐方式，如图 3-45 右侧所示。

图 3-45　重新定义缝合线并选择展开平面

然后单击“Edit Pelt Map”按钮，会弹出 Edit UVWs 窗口，从模型 UV 坐标的每一个点上都会引申出一条虚线，对于这里密密麻麻的各种点和线，不需要精确调整，只需要遵循一条原则：尽可能让这些虚线不相互交叉，这样操作会让之后的 UV 平展更加便捷。

单击“Edit Pelt Map”按钮后，同时会弹出平展操作的命令窗口，这个命令窗口中包含许多工具和命令，但对于平时一般制作来说很少用到，只需要单击右下角的“Simulate Pelt Pulling”（模拟拉皮）按钮就可以继续下一步的平展操作。接下来整个模型的贴图坐标将会按照一定的力度和方向进行平展操作，具体原理就是相当于模型的每一个 UV 顶点，将沿着引申出来的虚线方向进行均匀的拉曳，形成贴图坐标分布网格（见图 3-46）。

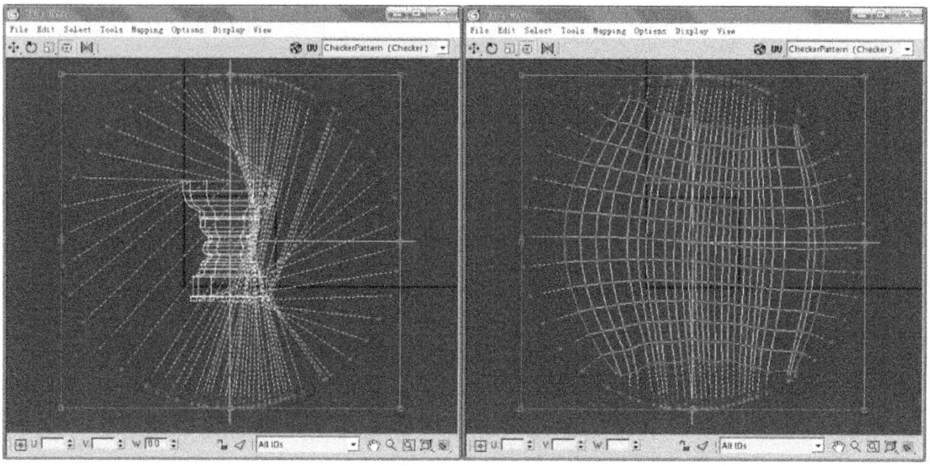

图 3-46　利用 Pelt 命令展平模型 UV

之后我们需要对 UV 网格进行顶点的调整和编辑，编辑的原则就是让网格尽量均匀分布，这样最后当贴图添加到模型物体表面时才不会出现较大的拉伸和撕裂现象。我们可以单击 UV 编辑器视图窗口上方的棋盘格显示按钮查看模型 UV 的分布状况，当黑白色方格在模型表面均匀分布没有较大变形和拉伸的状态，就说明模型的 UV 是均匀分布的（见图 3-47）。

图 3-47　利用黑白棋盘格来查看 UV 分布

模型 UV 编辑器是调整和平展模型 UV 最主要的工具面板。图 3-48 中就是 Edit UVWs 编辑器的操作窗口，从上到下依次包括菜单栏、操作按钮、视图区和层级选择面板 4 个部分。虽然看似复杂，但其实在游戏制作中常用的命令却不多，图中方框标识的区域基本涵盖了常用的命令和操作，下面具体讲解各命令操作。

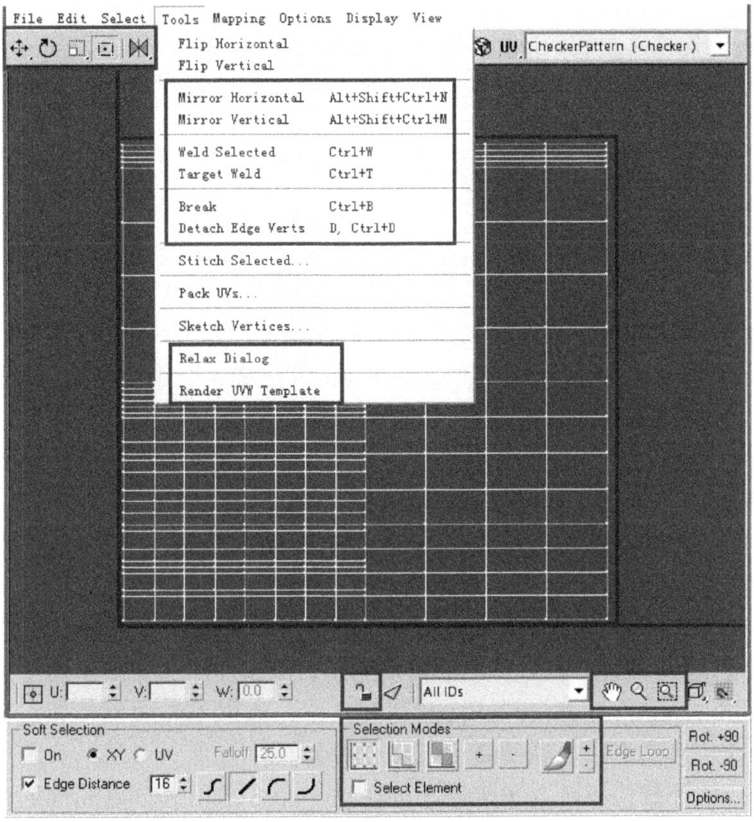


图 3-48　UV 编辑器视图窗口

首先看视图区域，在模型物体 UV 网格线的底下是贴图的显示区域，在中间的深蓝色正方形边框就是模型物体贴图坐标的边界，任何超出边界的 UV 网格都会被重复贴图，类似增加贴图的平铺次数。对于 3D 角色模型来说，UV 网格都不能超出蓝色边界，这样才能在贴图区域内正确绘制模型贴图。

Edit UVWs 的视图操作区域是最为核心的区域，所有的命令和操作都是要在这个区域中实现的。换句话说就是要通过一切操作来实现 UV 网格的均匀平展，将最初杂乱无序的 UV 网格变为一张平整的网格，让模型的贴图坐标和模型贴图找到最佳的结合点。

在视图区左上边的 5 个按钮是编辑 UV 网格最为常用的工具，从左往右分别为 Move（移动）、Rotate（旋转）、Scale（缩放）、Freeform Mode（自由变换）和 Mirror（镜像）。移动、旋转、缩放及镜像自然不用多说，跟前面讲到的 3ds Max 操作基本一致。自由变换工具是最为常用的 UV 编辑工具，因为在自由变换模式下包含所有的移动、旋转和缩放的操作，让操作变得十分便捷。

视图区右下角的按钮是视图操作按钮，包括视图基本的平移和缩放等，实际操作中这些按钮的功能用鼠标都能代替，按住鼠标中键或鼠标滚轮拖动视图为视图平移，滑动鼠标滚轮为视图的缩放操作。在这一排按钮区域正中间有一个“锁”形的图标按钮，默认状态下是

“开锁”图标，如果单击后变为锁定状态，则不能对视图中任何 UV 网格进行编辑操作，因为 3ds Max 对于这个按钮默认的快捷键是【空格】键，在操作中很容易被意外激活，所以这里着重提示一下。

视图区下方是层级选择面板，Edit UVWs 也包含基本的 Vertex（点）、Edge（线）、Face（面）等子物体层级的操作，三种层级各有优势，在 UV 网格编辑中通过适当的切换，实现更加快速便捷的操作。

Select Element 选择元素：当激活这个命令时，对于选取视图中任何一个坐标点，都将会选取整片的 UV 网格。

Sync to Viewport 与视图同步：默认状态是激活的，在视图窗口中的选择操作会实时显示出来。

“+”按钮是扩大选择范围，“-”按钮是减少选择范围。

在 Edit UVWs 的菜单栏中需要着重讲解的是 Tool（工具）菜单，在这个菜单中包含对 UV 网格镜像、合并、分割和松弛等常用的操作命令。

Weld Selected 焊接所选：将 UV 网格中选择的点全部焊接在一起，这个合并的条件没有任何限制，即使任意的选择区域都可以被焊接合并到一起。快捷键是【Ctrl+W】。

Target Weld 目标焊接：跟多边形编辑中的目标焊接方式一致，单击这个命令选择需要焊接的点，将其拖曳到目标点上即可完成焊接合并。快捷键是【Ctrl+T】。

Break 打断：在 Vertex 点层级下，打断命令会将一个点分解为若干个新的点，新点的数目取决于这个点共用边面的个数。由于会产生较多的点，所以打断命令更多用于 Edge 和 Face 的层级操作，具有更强的可控性。断开 Edge 时需要注意，如果不与边界相邻，需要选中两个以上的边，Break 命令才会起作用。快捷键是【Ctrl+B】。

Detach Edge Verts 分离边点：与 Break 不同，这个命令是用来分离局部的，它对于单独的点、边不起作用，对面和完全连续的点、边才有效。快捷键是【Ctrl+D】。

Relax 松弛：在之前介绍的 Pelt 操作流程完成后，往往就需要用到 Relax 命令。所谓的 Relax，就是将选中的 UV 网格对象进行“放松”处理，让过于紧密的 UV 坐标变得更加松弛，在一定程度上解决了贴图拉伸问题。

Render UVW Template 渲染 UVW 模板：这个命令能够将 Edit UVWs 视图中蓝色边界内的 UV 网格渲染为“.BMP”、“.JPG”等平面图片文件，以方便在 Photoshop 中绘制贴图。

模型贴图坐标的操作在 3ds Max 软件中是一个比较复杂的部分，对于新手学习来说有一定的难度，但只要理解其中的核心原理并掌握关键的操作部分，其实这部分内容并没有想象中的困难。想要熟练掌握模型贴图坐标的编辑操作技巧不是一朝一夕的结果，往往需要经年累月的积累，在每次实践操作中不断总结经验，为自己的专业技能打下坚实的基础。

扫描右侧二维码可以观看《3ds Max 贴图坐标技术详解》视频课程，学习贴图坐标的概念、模型贴图坐标的指定方式、模型 UV 分展及贴图添加等内容。

### 3.2.3 模型贴图的绘制

对于 3D 动画模型来说，对于模型贴图在格式和尺寸等方面并没有严格的限定，3D 动画模型是通过渲染来呈现最终效果的，所以贴图只是中间步骤，最终只要求效果。但对于 3D 游戏来说，由于一切模型都是在游戏引擎中即时呈现的，所以在制作中游戏贴图会有诸多的要求和限制，本节我们就来讲解游戏贴图的制作流程和规范，并结合具体实例掌握游戏贴图的制作技巧。

现在大多数游戏公司尤其是三维网络游戏制作公司，最常用的模型贴图格式为.DDS 格式，这种格式的贴图在游戏中可以随着玩家操控角色与其他模型物体间的距离来改变贴图自身尺寸，在保证视觉效果的同时节省了大量资源（见图 3-49）。贴图的尺寸通常为 8×8、16×16、32×32、64×64、128×128、512×512、1024×1024 等，一般来说，常用的贴图尺寸是 512×512 和 1024×1024，可能在一些次时代游戏中还会用到 2048×2048 的超大尺寸贴图。有时候为了压缩图片尺寸，节省资源，贴图尺寸不一定是等边的，竖长方形和横长方形也是可以的，如 128×512、1024×512 等。

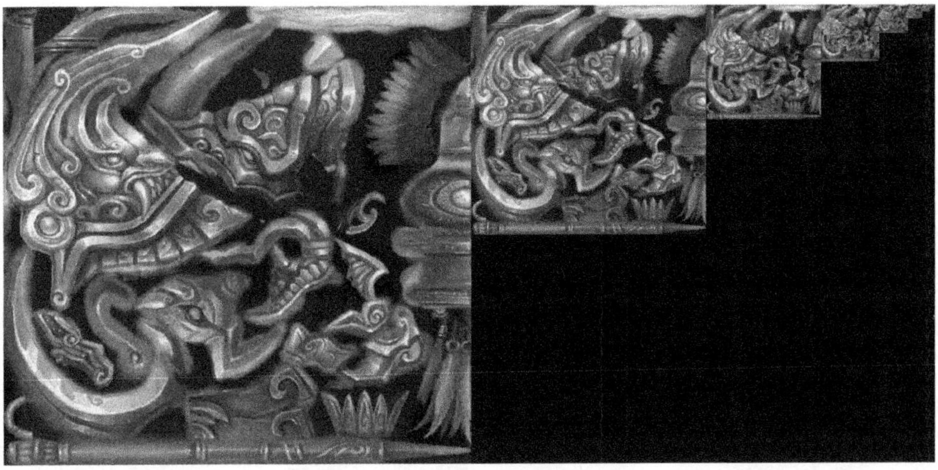

图 3-49 DDS 贴图的特点

三维游戏的制作其实可以概括为一个“收缩”的过程，考虑到引擎能力，考虑到硬件负荷，考虑到网络带宽，考虑到……一切因素，都不得不迫使在游戏制作中必须要尽可能地节省资源。游戏模型不仅要制作成低精度模型，而且在最后导入游戏引擎前还要进一步删减模型面数。游戏贴图也是如此。作为游戏美术师，要尽一切可能让贴图尺寸降到最低，把贴图中的所有元素尽可能堆积到一起，并且还要尽量减少模型应用的贴图数量。总之，在导入引擎前，所有美术元素都要尽可能精炼，这就是“收缩”的概念。虽然现在的游戏引擎技术飞速发展，对于资源的限制逐渐放宽，但节约资源的理念应该是每一位三维游戏美术师所奉行的基本原则。

对于要导入游戏引擎的模型，其命名都必须要用英文，不能出现中文字符。在实际游戏项目制作中，模型的名称要与对应的材质球和贴图命名统一，以便于查找和管理。模型的命名通常包括前缀、名称和后缀 3 部分，如建筑模型可以命名为 JZ_Starfloor_01，不同模型之间不能出现重名。

与模型命名一样，材质和贴图的命名同样不能出现中文字符。模型、材质与贴图的名称要统一，不同贴图不能出现重名现象，贴图的命名同样包含前缀、名称和后缀，如jz_Stone01_D。在实际游戏项目制作中，不同的后缀名代指不同的贴图类型，通常来说_D表示Diffuse贴图、_B表示凹凸贴图、_N表示法线贴图、_S表示高光贴图、_AL表示带有Alpha通道的贴图。

接下来再谈一下游戏贴图的风格。一般来说，游戏贴图风格主要分为写实风格和手绘风格。写实风格的贴图一般都是用真实的照片进行修改的，而手绘风格的贴图主要是靠制作者的美术功底进行手绘的。其实贴图的美术风格并没有十分严格的界定，只能看是侧重于哪一方面，是偏写实或者是偏手绘。写实风格主要用于真实背景的游戏当中，手绘风格主要用在Q版卡通游戏中，当然一些游戏为了标榜独特的视觉效果，也采用偏写实的手绘贴图。贴图的风格并不能真正决定一款游戏的好坏，重要的还是制作的质量，这里只是简单介绍，让大家了解不同贴图所塑造的美术风格。

图3-50左侧是手绘风格的游戏贴图，整体风格偏卡通，适合用于Q版游戏。手绘贴图的优点是整体都是用颜色绘制的，色块面积比较大，而且过渡柔和，在贴图放大后不会出现明显的贴图拉伸和变形痕迹。图3-50右侧为写实风格的贴图，图片中大多数元素的素材都是取自真实照片的，通过Photoshop的修改编辑形成了符合游戏中使用的贴图，写实贴图的细节效果和真实感比较强，但如果模型UV处理不当，则会造成比较严重的拉伸和变形。

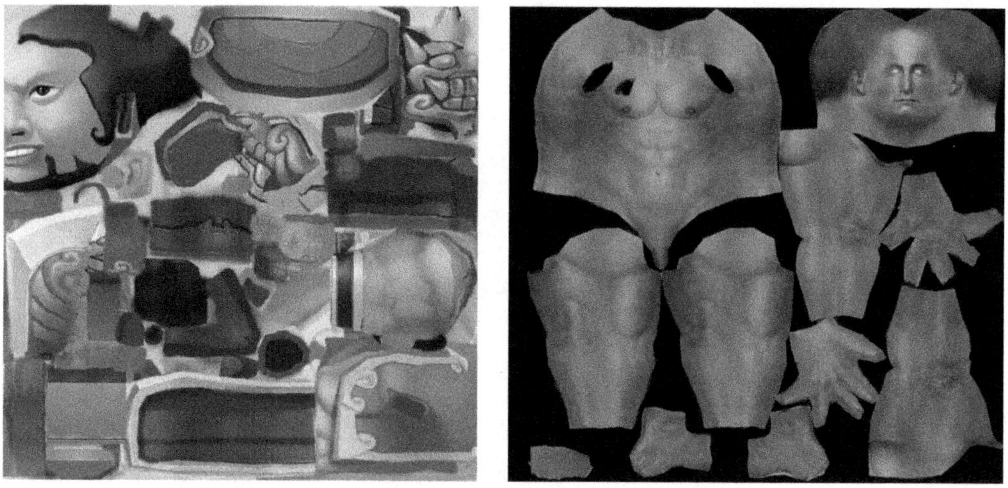

图3-50　手绘贴图与写实贴图

当我们完成了模型UV的平展工作后，可以通过UV编辑器菜单中的Render UVW Template命令渲染模型的UV网格，将其作为一张图片输出并导入到Photoshop软件中，作为贴图绘制的参考依据。不同的UV网格分布对应模型不同的部位，然后我们可以在平面软件中对应3D视图来完成模型贴图的绘制（见图3-51）。

下面我们通过一张金属元素贴图的制作实例来学习模型贴图的基本绘制流程和方法。首先，在Photoshop中创建新的图层，根据模型UV网格绘制出贴图的底色，铺垫基本的整体明暗关系（见图3-52），然后在底色的基础上绘制贴图的纹饰和结构部分（见图3-53）。

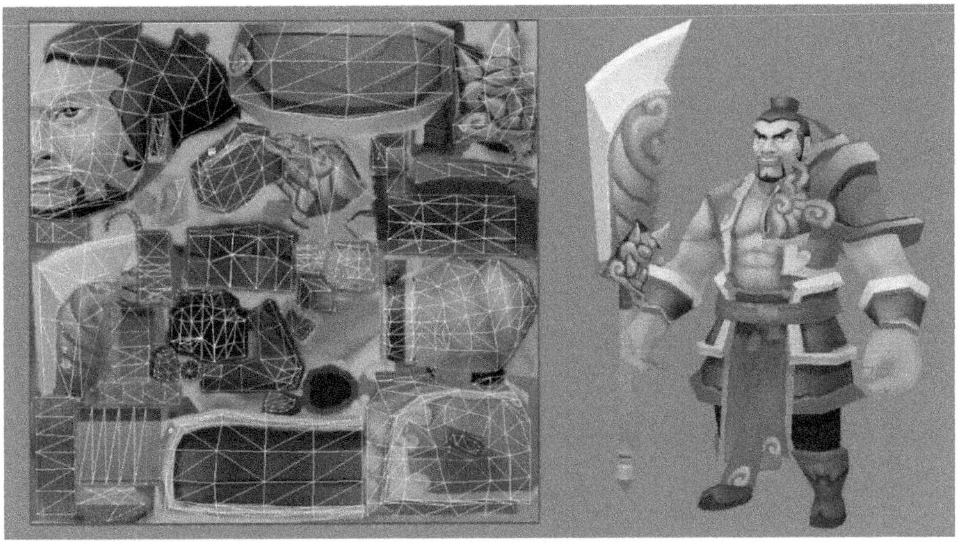

图 3-51 参照 UV 网格来绘制贴图

图 3-52 绘制贴图底色

图 3-53 绘制纹饰和结构

接下来绘制结构的基本阴影，同时调整整体的明度和对比度（见图 3-54）。选用一些肌理丰富的照片材质进行底纹叠加，可以叠加多张不同的材质。图层的叠加方式可以选择 Overlay、Multiply 或者 Softlight，强度可以通过图层透明度来控制（见图 3-55）。通过叠加纹理增强了贴图的真实感和细节，这样制作出来的贴图就是偏写实风格贴图。

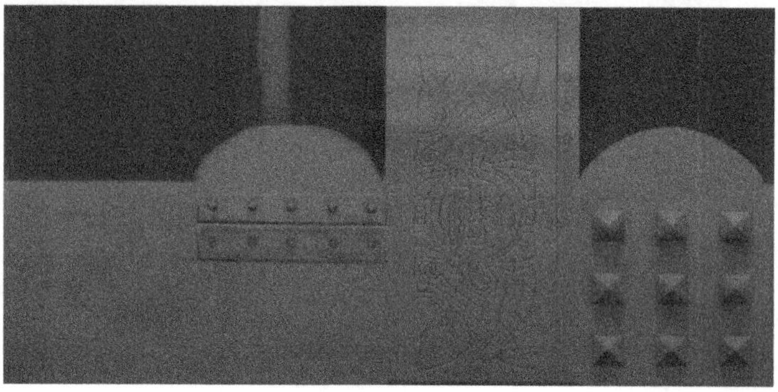

图 3-54　绘制阴影

图 3-55　叠加纹理

然后绘制金属的倒角结构，同时提亮贴图的高光部分（见图 3-56）。金属材质的边缘部分会有些细小的倒角，可以单独在一个图层内用亮色绘制，图层的叠加方式可以是 Overlay 或者 Colordodge，强度可以通过图层透明度来控制。接下来利用色阶或曲线工具，整体调整贴图的对比度，增强金属质感（见图 3-57）。

图 3-56　绘制高光

图 3-57　调整对比度

最后，可以用一些特殊的笔刷纹理在金属表面一些平时不容易被摩擦到的地方绘制污迹或者类似金属氧化的痕迹，以增强贴图的细节和真实感，这样就完成了贴图的绘制（见图 3-58）。

图 3-58　绘制污渍

制作完成的贴图要通过材质编辑器添加到材质球上，然后才能赋予给模型。在 3ds Max 的工具按钮栏单击材质编辑器按钮，或者单击键盘上的【M】键，可以打开 Material Editor 材质编辑器。材质编辑器的内容复杂，并且功能强大。然而，对于游戏制作来说，这里应用的部分却十分简单，因为游戏当中的模型材质效果都是通过游戏引擎中的设置实现的，材质编辑器里的参数设定并不能影响游戏实际场景中模型的材质效果。在三维模型制作时，我们仅仅利用材质编辑器将贴图添加到材质球的贴图通道上。普通的模型贴图只需要在 Maps（贴图通道）的 Diffuse Color（固有色）通道中添加一张位图（Bitmap）即可，如果游戏引擎支持高光和法线贴图（Normal Map），那么可以在 Specular Level（高光级别）和 Bump（凹凸）通道中添加高光和法线贴图（见图 3-59）。

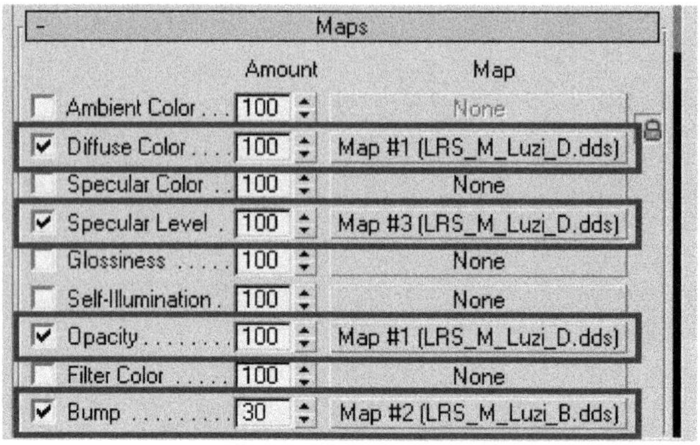


图 3-59　常用的材质球贴图通道

除此以外，模型贴图还有一种特殊的类型，就是透明贴图。所谓透明贴图，就是带有不透明通道的贴图，也称为 Alpha 贴图。例如，游戏制作中植物模型的叶片、建筑模型中的栏杆等复杂结构，以及生物模型的毛发等都必须用透明贴图来实现。图 3-60 左边就是透明贴图，右边就是它的不透明通道。在不透明通道中，白色部分为可见，黑色部分为不可见，这样最后在游戏场景中就实现了带有镂空效果的树叶。

图 3-60　Alpha 贴图效果

通常在实际制作中我们会在 Photoshop 中将图片的不透明通道直接作为 Alpha 通道保存到图片中，然后将贴图添加到材质球的 Diffuse Color 和 Opacity（透明度）通道中。需要注意的是，只将贴图添加到 Opacity 通道还不能在 3ds Max 视图中实现镂空的效果，必须进入此通道下的贴图层级，将 Mono Channel Output（通道输出）设定为 Alpha 模式，这样贴图就会在视图中实时显示镂空效果。

最后再来为大家介绍一下 3ds Max 中关于贴图方面的常用工具，以及实际操作中常见的问题和解决技巧。在 3ds Max 命令面板的最后一项工具面板中，在工具列表中可以找到 Bitmap/Photometric Paths（贴图路径）工具（见图 3-61）。

这个工具可以方便我们在游戏制作中快速指定材质球所包含的所有贴图路径。在项目制作过程中，我们会经常接到从别的制作人员电脑中传输过来的 3ds Max 制作文件，或者是从公司服务器中下载的文件。当我们在自己的电脑上打开这些文件的时候，有时会发现模型的贴图不能正常显示，其实大多数情况下并不是因为贴图本身的问题，而是因为文件中材质球所包含的贴图路径发生了改变。如果单纯用手工去修改贴图路径，操作将变得十分烦琐，这时如果用 Bitmap/Photometric Paths 工具，那么将会非常简单方便。

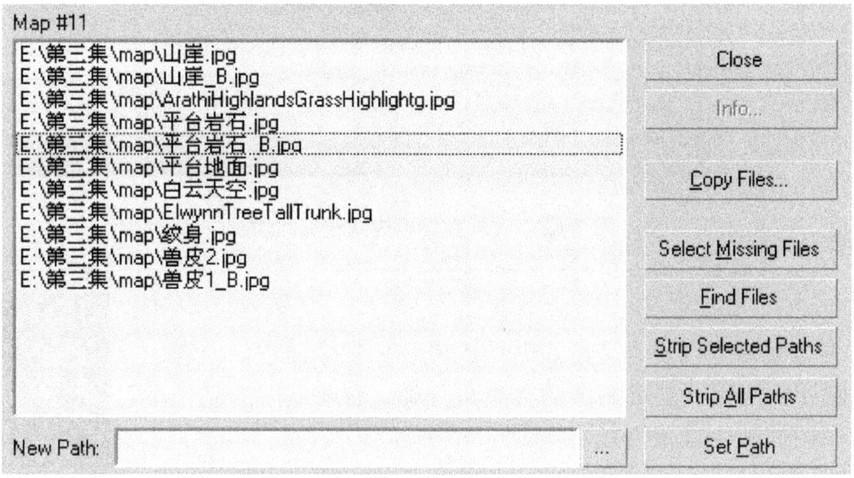


图 3-61 Bitmap/Photometric Paths 工具面板窗口

单击 Bitmap/Photometric Paths 工具，单击 Edit Resources 按钮会弹出一个面板窗口。右侧的按钮 Close 是关闭面板；Info 可以查看所选中的贴图；Copy Files 可以将所选的贴图复制到指定的路径或文件夹中；Select Missing Files 可以选中所有丢失路径的贴图；Find Files 可以显示本地贴图和丢失贴图的信息；Strip Selected Paths 取消所选贴图之前指定的贴图路径；Strip All Paths 取消所有贴图之前指定的贴图路径；New Path 和 Set Path 用来设定新的贴图路径。

当我们打开从别人的电脑上获得的制作文件时，如果发现贴图不能正常显示，那么我们通过 Bitmap/Photometric Paths Editor，单击 Select Missing Files 按钮，首先查找并选中丢失路径的贴图，然后在 New Path 中输入当前文件贴图所在的文件夹路径，并通过 Set Path 将路径进行重新指定，这样文件中的模型就可以正确显示贴图了。

当在电脑上首次装入 3ds Max 软件后，打开模型文件会发现原本清晰的贴图变得非常模糊，遇到这种情况并不是贴图的问题，也不是场景文件的问题，是需要对 3ds Max 的驱动显示进行设置。在 3ds Max 菜单栏 Customize（自定义）菜单下单击 Preferences，在弹出的窗口中选择 Viewports（视图设置），然后通过面板下方的 Display Drivers（显示驱动）进行设定。Choose Driver 是选择显示驱动模式，这里要根据计算机自身显卡的配置选择；Configure Driver 是对显示模式进行详细设置，单击后会弹出面板窗口（见图 3-62）。

将 Background Texture Size（背景贴图尺寸）和 Download Texture Size（下载贴图尺寸）分别设置为最大的 1024 和 512 格式，并分别勾选 Match Bitmap Size as Closely as Possible（尽可能接近匹配贴图尺寸），然后单击保存并关闭 3ds Max 软件。当再次启动 3ds Max 的时候，贴图就可以清晰地显示了。

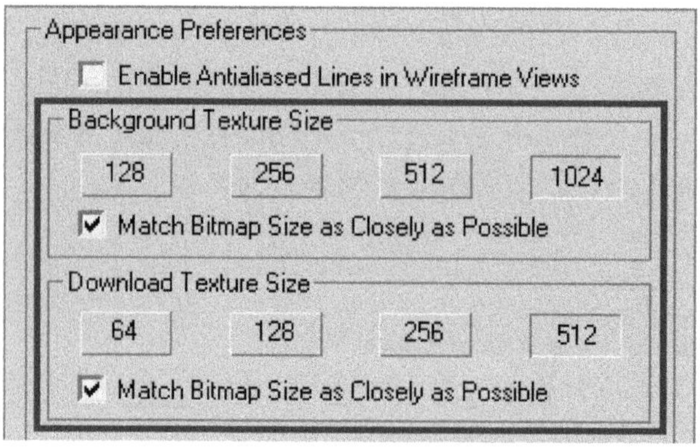


图 3-62　对软件显示模式进行设置

扫描右方二维码可以观看《游戏贴图的奥秘》视频课程，内容包括：游戏贴图的应用、游戏贴图的类型与分类、游戏贴图的制作流程、游戏贴图的制作规范与技巧等。

## 3.3 游戏角色模型制作规范

对于三维游戏中的角色模型来说，由于受到游戏引擎和电脑硬件等多方面的限制，在制作的时候必须遵循一定的规范和要求，尤其体现在模型的布线和多边形面数等方面。在这一节中我们简单介绍一下 3D 游戏角色模型制作的规范和要求。

首先，在进入正式的模型制作之前，我们要针对角色的原画设定图仔细分析，掌握模型的整体比例结构及角色的固有特点，以保证后续整体制作方向和思路的正确性。模型的布线不仅要清晰突出模型自身的结构，而且整体布线必须有序和工整，模型线面以三角形和四边形为主，不能出现四边以上的多边形面，同时还要考虑后续的 UV 拆分，以及贴图的绘制，合理的模型布线是 3D 角色制作的基础（见图 3-63）。

通常来说，3DCG 动画角色模型都制作成高精度模型，然后通过后期渲染完成动画的制作，所以在模型面数制作上并没有过多的要求。而对于游戏角色模型来说，由于游戏中的图像属于即时渲染，不能在同一图像范围内出现过多的模型面数，所以 3D 游戏角色模型在制作的时候都以低精度模型来呈现，也就是我们通常所说的低精度模型。

3D 游戏角色模型在制作模型作的时候，要严格遵守模型的面数限制，面数多少的限制一般取决于游戏引擎的要求，一般 3D 网络游戏角色模型的面数要控制在 5000 面以下。如何使用低精度模型去塑造复杂的形体结构，这就需要我们对于模型布线的精确控制，以及后期贴图效果的配合。模型上有些结构是需要拿面去表现的，而有些结构则可以使用贴图去表现，如图 3-64 所示，这个模型的结构十分简单，其细节的装饰结构完全是用贴图来表现的，虽然模型的面数很低，但仍可以达到理想的效果。

图 3-63 3D 角色模型布线

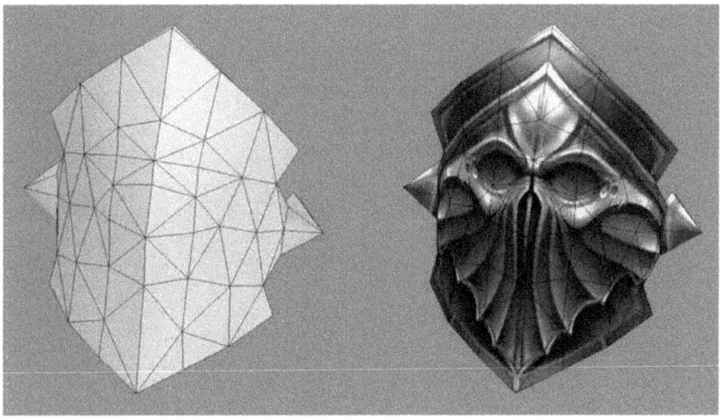

图 3-64 低精度模型利用贴图表现模型结构

另外，为了进一步降低精度模型型面数，在模型制作完成后，我们可以将从外表看不到的模型面都进行删除，如角色头盔、衣服或装备覆盖下的身体模型等（见图 3-65）。这些多余的模型面数不会为模型增加任何可视效果，但如果删除，则将会大大节省模型面数。

图 3-65 删除多余的模型面

除此以外，透明贴图也是节省模型面数的一种方式。透明贴图也叫作 Alpha 贴图，是指带有 Alpha 通道的贴图，在游戏角色模型的制作中主要用在模型的边缘处，如头发边缘及盔甲边缘等（见图 3-66），这样可以使模型边缘的造型看起来更为复杂，但同时并没有额外增加过多的模型面数。

图 3-66　透明贴图的应用

3D 角色模型的布线除了之前我们说的要考虑模型结构、面数和贴图等因素外，还要考虑模型制作完成后动画的制作，也就是角色的骨骼绑定。在创建模型的时候，一定要注意角色关节处布线的处理，这些部位是不能太吝啬面数的，这直接关系到之后骨骼绑定及动画的调节。如果面数过少，会导致模型在运动时关节处出现锐利的尖角，十分不美观。通常来说，角色关节处都有一定的布线规律，合理的布线让模型运动起来更加圆滑和自然。图 3-67 左侧为错误的布线，右侧是正确的关节布线。

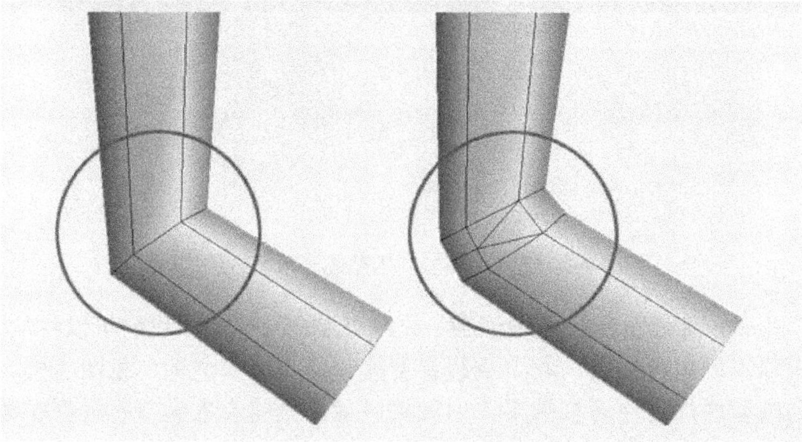

图 3-67　角色关节处布线

当模型制作完成后，需要对模型 UV 进行平展，以方便后面贴图的绘制。对于 3D 游戏角色模型来说，需要严格控制贴图的尺寸和数量，由于贴图比较小，所以在分配 UV 的时候，我们尽量将每一寸 UV 框内的空间都占满，争取在有限的空间中达到最好的贴图效果（见图 3-68）。

虽然不要浪费 UV 空间，但是也不要让 UV 线离 UV 框过于近，一般来说要保持至少 3 个像素左右的距离，如果距离过于近，可能会导致角色模型在游戏中产生接缝。分配 UV 的合理与否，完全会影响以后贴图的效果和质量。通常我们会把需要细节表现的地方让 UV 分配大一些，方便我们对其细节的绘制。反之，不需要太多细节的地方，UV 可以分陪小一些，主次关系是模型 UV 拆分中一个重要的原则依据。

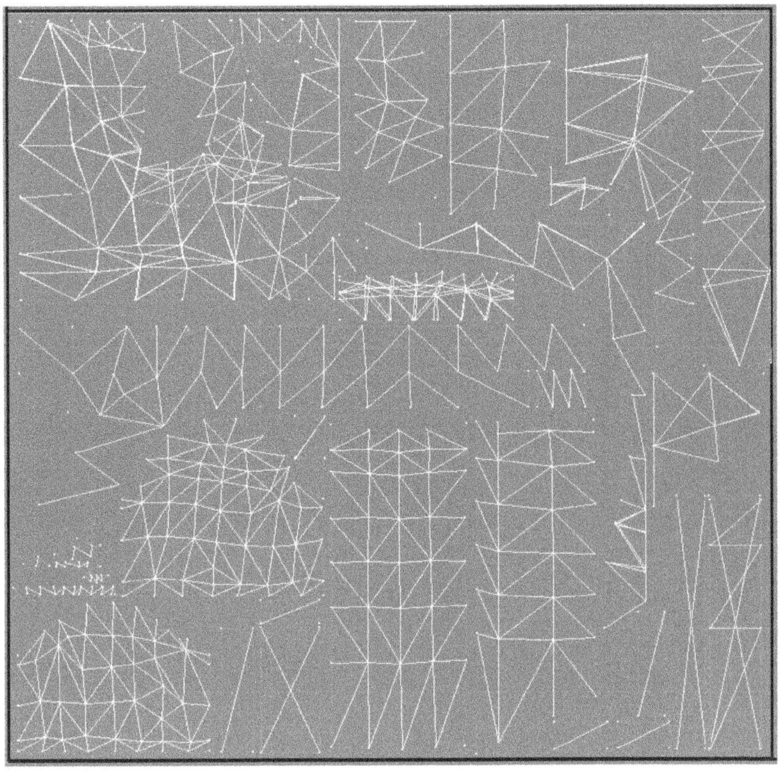

图 3-68　游戏角色模型 UV 网格拆分

如果是不添加法线贴图的游戏角色模型，我们可以把相同模型的 UV 重叠在一起。例如，左右对称的角色装备和左右脸等，左右身体都可以重叠到一起，这样做是为了提高绘制效率，在有限的时间里达到更精彩的效果。但如果要添加法线贴图，模型的 UV 就不能重叠了，因为法线贴图不支持这种重叠的 UV，后期容易出现贴图显示的错误。这种情况下，对于对称结构，可以先制作一个，另一个通过复制模型来完成。

当我们制作了大量的角色模型时，经过一定的积累，会逐渐形成自己的模型素材库。在制作新的角色模型时，我们可以从素材库选取体形相近的模型进行修改，如模型之间的相似部位，如手、护腕、胸部等。所以，平时积累的贴图库和模型库会给自己的工作带来很多的便利之处。

现在市面上绝大多数的 MMO 网络游戏中玩家控制的游戏角色都采用了“纸娃娃”换装系统。所谓“纸娃娃”换装系统，是指角色的外表服饰和装备被划分为加大部分，如衣服、裤子、手套、鞋子、腰带及头盔等，每一部分的装备和服装可以单独进行替换。其实这种系统并不是一种新兴技术，若干年以前在游戏制作当中就已经被广泛应用了。

换装系统最大的优势是将角色整体进行了模块化处理，在进行装备替换的时候仅仅通过替换相应模块的模型就可以实现和完成，而对于原本的角色基础人体模型无须重新制作。所以，一般在网络游戏的实际项目制作中，除了人体角色模型外，我们还需要制作大量与之相匹配的服装、道具及装备等，以满足游戏中换装的需求。

模型的模块化制作也就要求模型的 UV 必须也与之对应，在制作网游角色模型时，通常不会讲模型的 UV 全部平展到一张贴图上，而是进行一定的划分，制作多张贴图，如角色头部为一张独立贴图，身体衣服为独立贴图，腿部和裤子、胳膊和手套、腰部、足部等都分展为不同的贴图，这样方便换装模块进行相应的贴图制作（见图 3-69）。

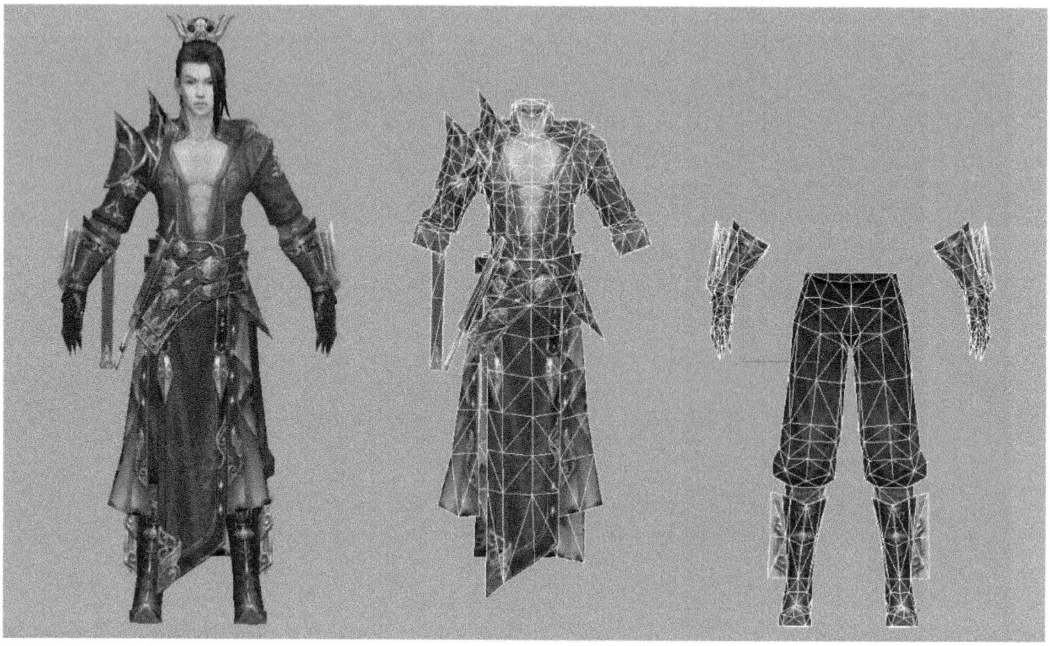

图 3-69　网游项目中模块化的角色模型制作方式

CHAPTER

# 4

# 游戏人体模型的制作

人体模型是 3D 角色建模中最为常见的模型类型，也是制作一般 3D 角色的基础模型，无论我们想要制作何种风格的 3D 人物，都必须首先创建人体模型，然后根据角色的风格及背景设定制作相应的服饰、装备和附属装饰模型。本章我们将分别制作男性和女性 3D 人体角色模型，从建模到分展 UV 再到贴图的绘制，通过完整的制作过程为大家展示和讲解 3D 游戏角色的基本制作流程，为之后学习制作更为复杂的 3D 角色模型打下基础。

## 4.1 模型制作前的准备

在开始正式制作前，确定制作的人体模型的基本形态和比例，是制作男性还是女性，身材比例如何，肌肉的发达程度等，通俗来讲就是掌握所制作人物的高矮胖瘦。不同形态的体型在初期建模的时候会存在较大的差别，所以这是模型制作前必须确定和掌握的基本问题。然后我们需要搜集一些参考图片，如人体肌肉、骨骼结构或者一些 3D 的效果图片等，这样可以帮助我们建模的时候正确处理模型结构（见图 4-1）。

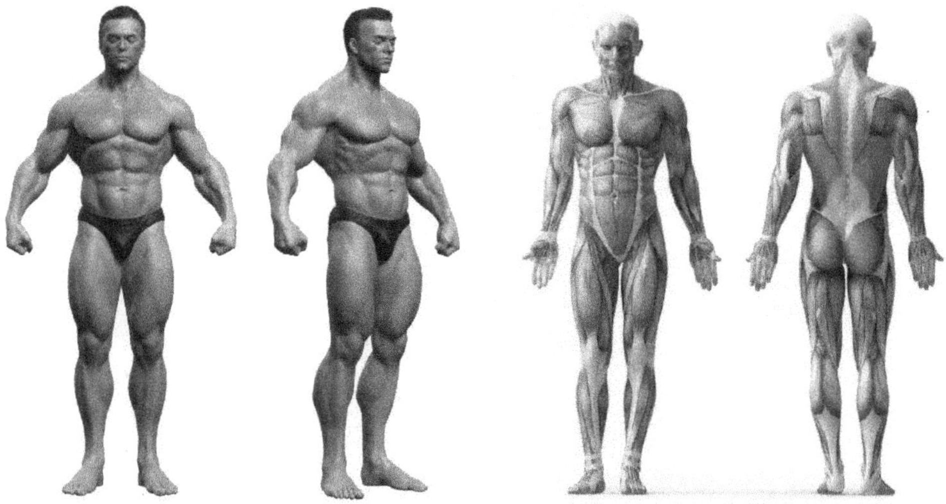

图 4-1　人体模型制作参考图片

## 4.2 男性人体模型的制作

整个人体模型的制作，我们基本按照头、颈、躯干和四肢这样的顺序进行制作。首先制作头部模型，在 3ds Max 视图中创建基础几何体模型，作为编辑制作头部模型的基础，可以根据个人习惯进行选择，立方体、圆柱体和球体都可以作为基础几何体，这里我们选择 BOX 模型。将创建出的 BOX 模型塌陷为可编辑的多边形，然后通过加线分段对模型进行编辑，制作出人体头部和颈部的基本外形轮廓，流程如图 4-2 所示。另外，由于人体为左右完全对称的模型结构，所以在利用 BOX 编辑出基本头部模型后，我们可以将中间对称边线一侧的模型删除，然后对剩下的模型添加 Symmetry 修改器，这样模型就进行了镜像对称，在后面模型制作的时候只需调整一侧模型即可。

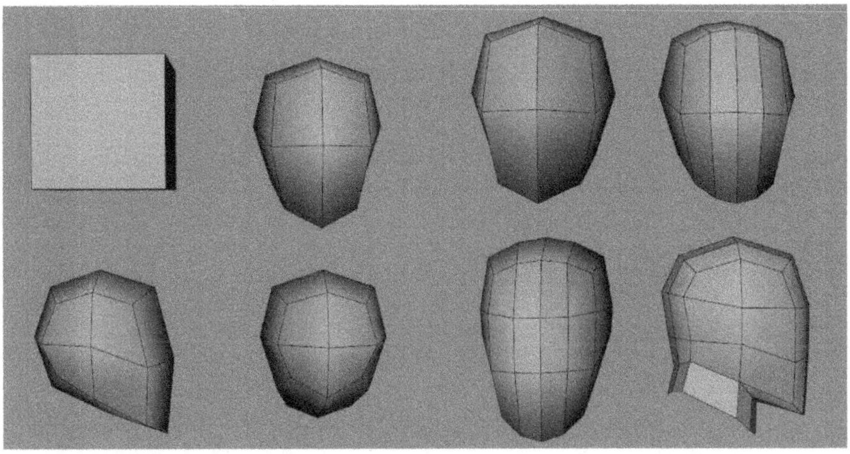

图 4-2 制作头部基础模型

然后通过编辑多边形线层级下的 Cut 和 Connect 等命令进一步加线，让头部模型更加圆滑，同时编辑出人脸部的基本轮廓（见图 4-3）。根据人体眼部周围的骨骼和肌肉结构，编辑制作出眉弓和鼻梁部分的模型结构（见图 4-4）。

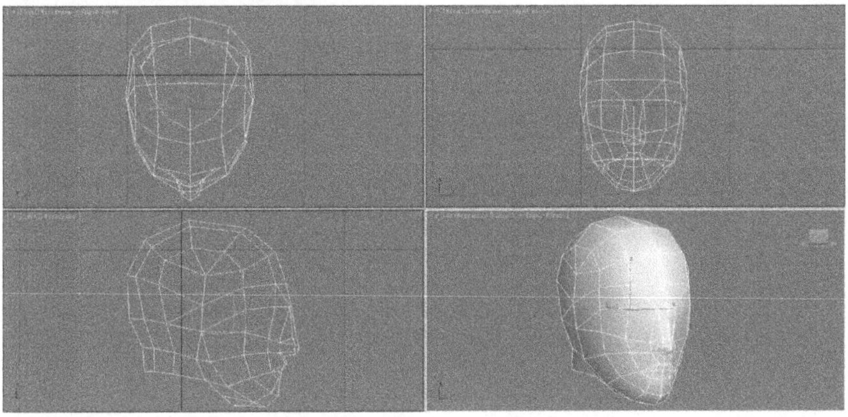

图 4-3 编辑头部轮廓模型

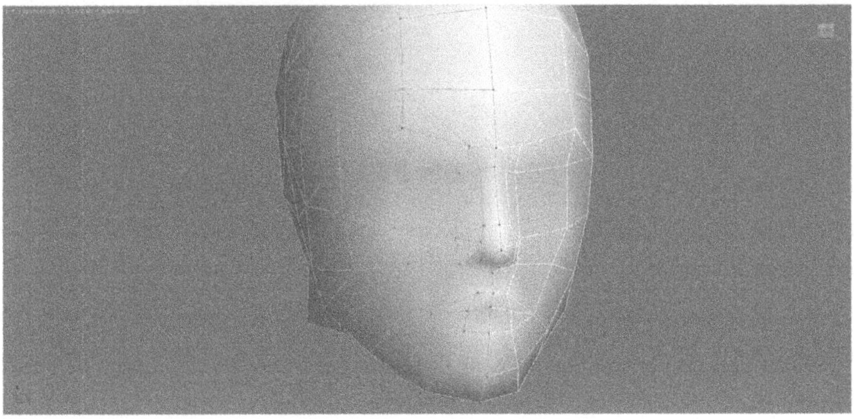

图 4-4 编辑眉弓和鼻梁结构

接下来进一步添加布线，制作出眼睛的位置，由于是游戏低模，所以具体的眼睛结构通过后期贴图绘制来表现（见图 4-5）。然后通过加线编辑出鼻梁两侧和鼻翼的模型结构（见图 4-6）。

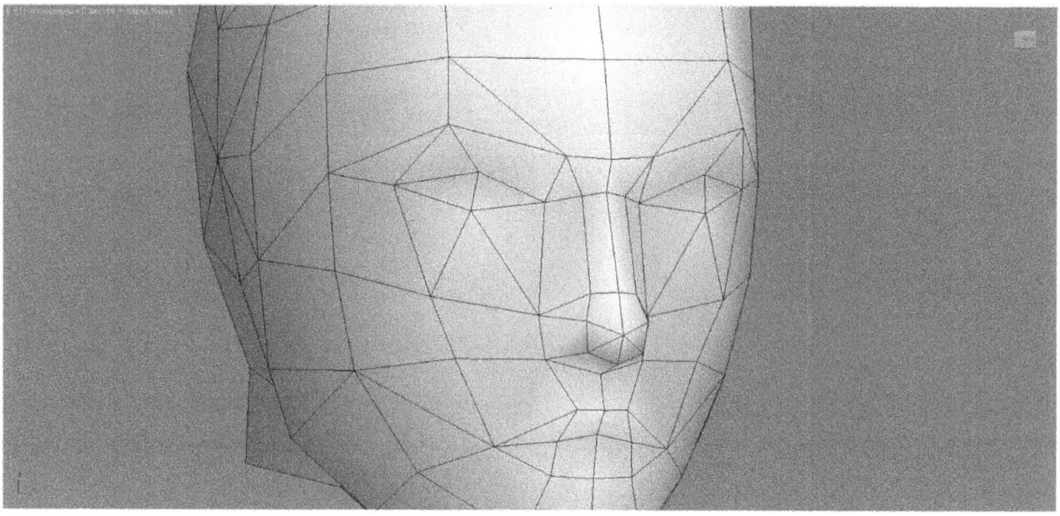

图 4-5　编辑眼窝结构

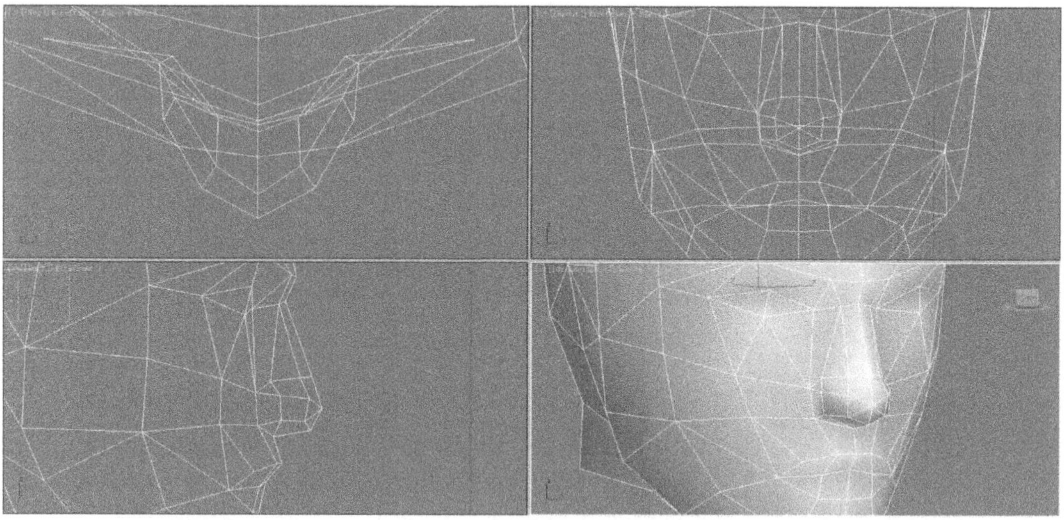

图 4-6　编辑鼻翼结构

在下嘴唇位置处，添加一道分段线，向前拖曳，制作出下嘴唇突起的厚度结构（见图 4-7）。然后在头部侧面划分出耳朵的区域，利用 Extrude 命令挤出模型面，通过点线编辑制作出耳朵的基本轮廓结构（见图 4-8 和图 4-9）。这样，整个头部模型就编辑制作完成了，如图 4-10 所示。游戏角色模型头部布线比较简单，只需要交代出基本的模型结构，细节部分主要通过后期贴图进行制作和表现。

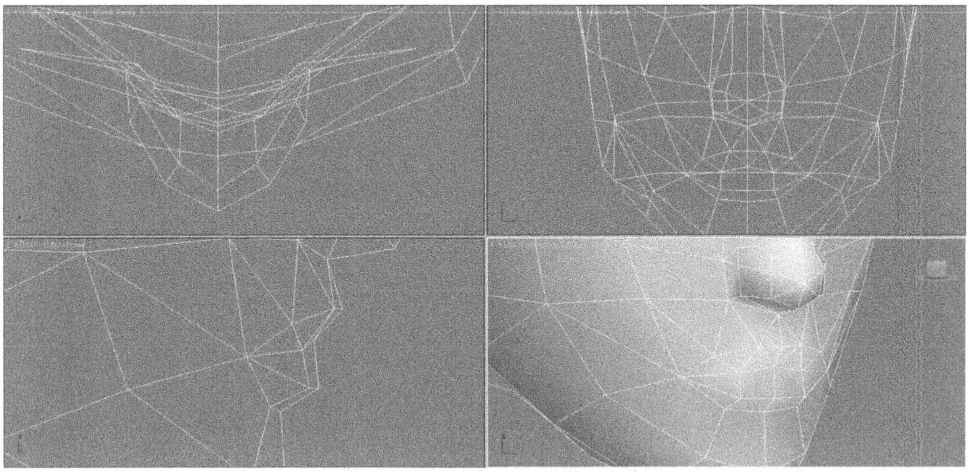

图 4-7　制作嘴唇厚度结构

图 4-8　挤出耳朵模型面

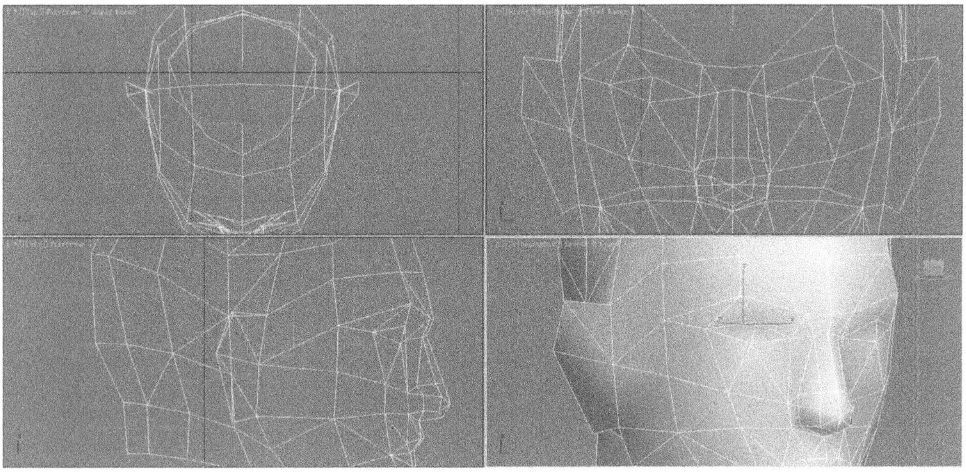

图 4-9　编辑耳朵模型

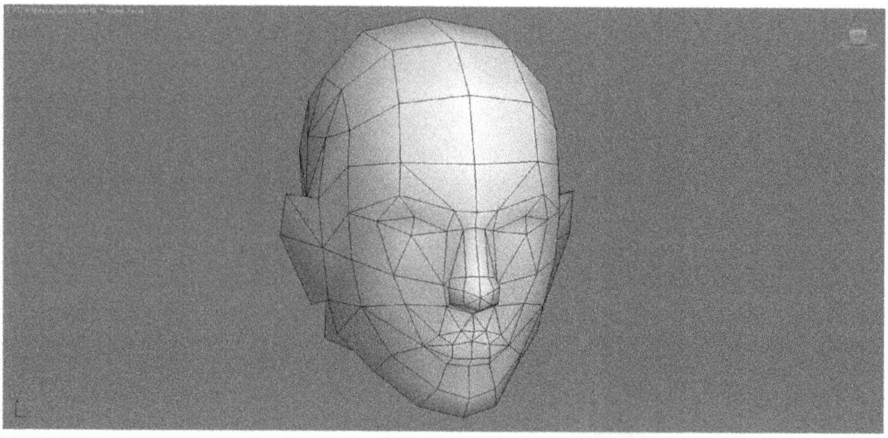

图 4-10　制作完成的角色头部模型

接下来从头部模型向下，沿着颈部编辑制作出躯干的基本模型轮廓，编辑出肩膀腰身的基本结构走向（见图 4-11）。进一步调整布线结构，编辑肩膀、胸、腰的结构形态，同时规划出肩膀的结构位置，删除模型面，为下一步制作手臂做准备（见图 4-12）。

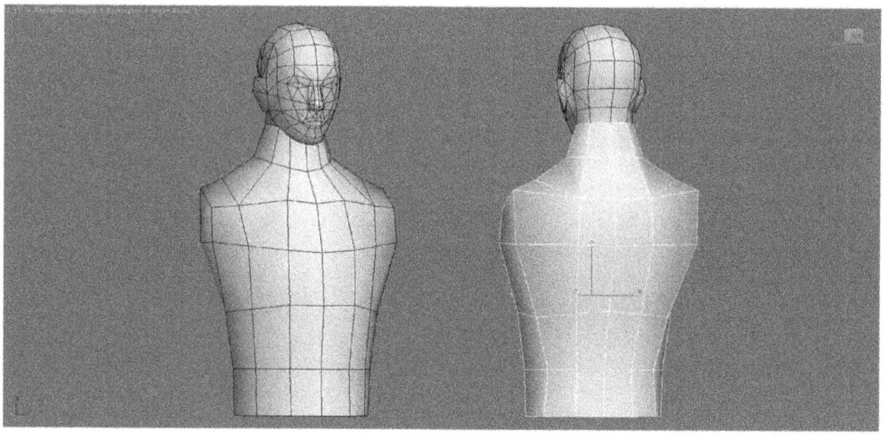

图 4-11　制作躯干大型

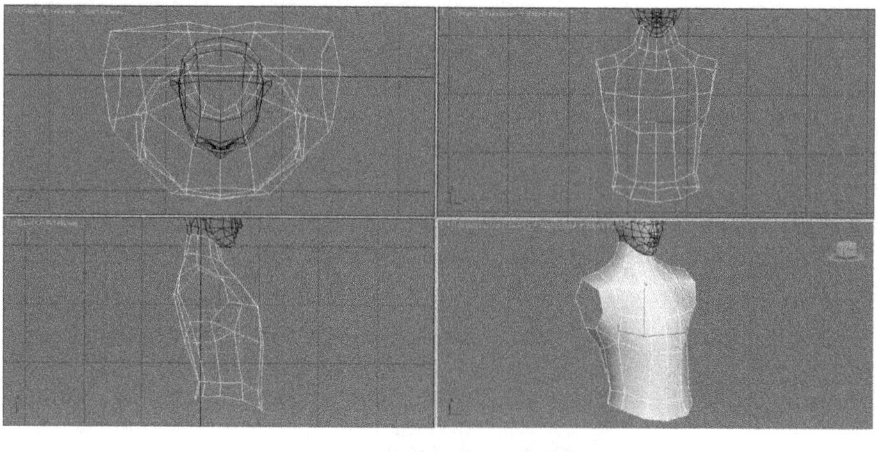

图 4-12　进一步编辑布线结构

进一步增加分段布线，编辑模型结构细节，让躯干结构形态更趋完善合理（见图 4-13 和图 4-14）。接下来通过增加布线制作出锁骨和胸肌的结构，如图 4-15 和图 4-16 所示。

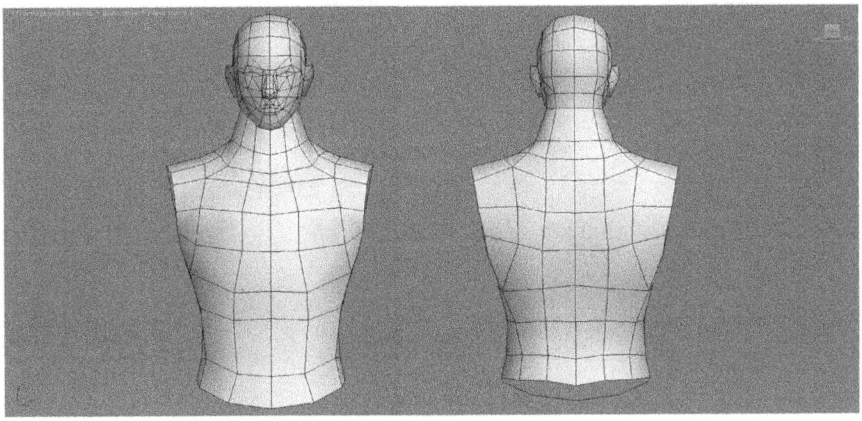

图 4-13 逐渐增加布线调整结构

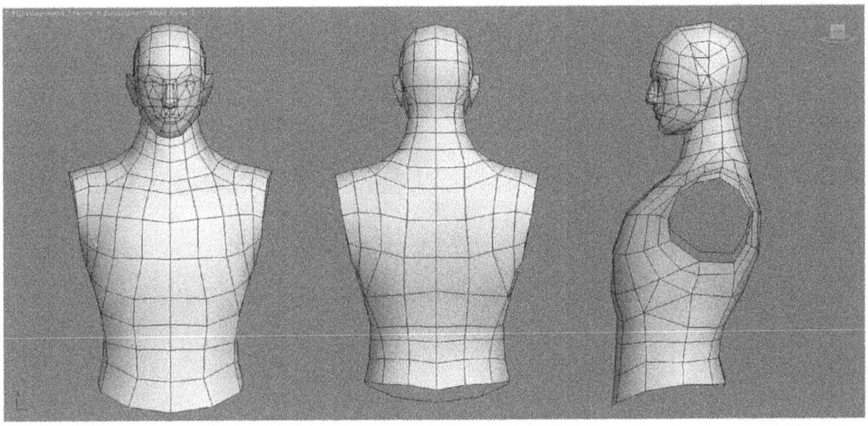

图 4-14 进一步增加布线结构

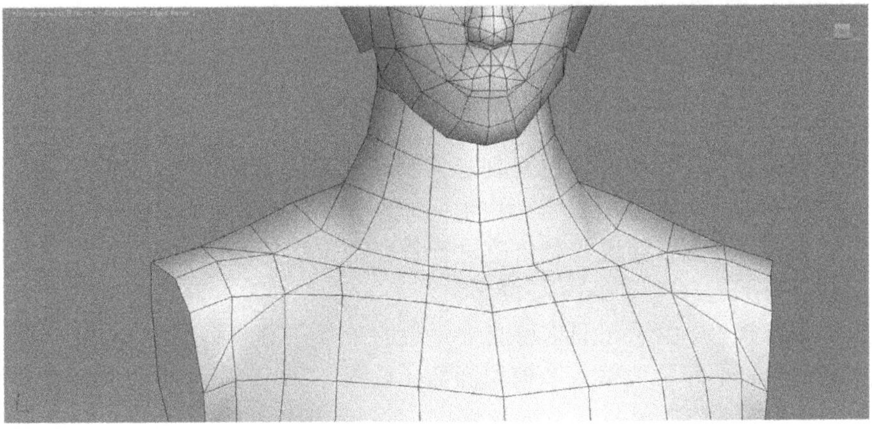

图 4-15 编辑锁骨结构

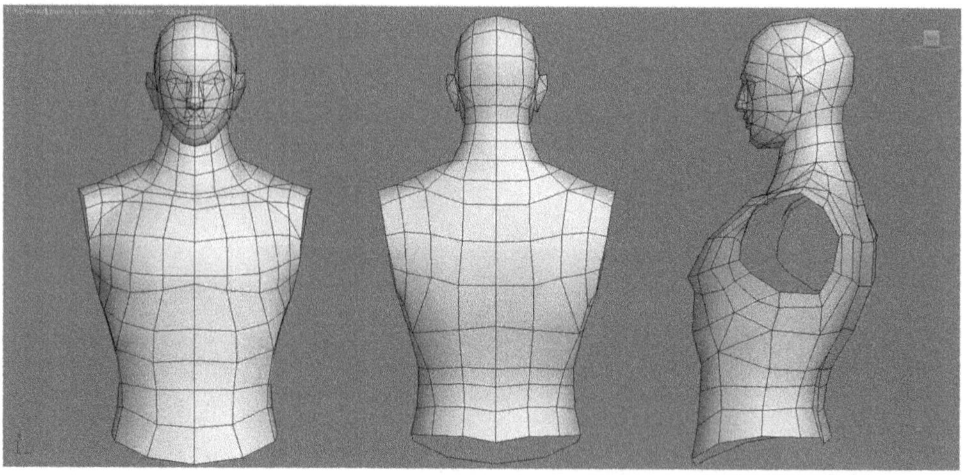

图 4-16 编辑胸肌结构

头部和躯干部分的模型制作完成后，我们开始制作角色的上肢模型。上肢模型的制作首先要处理好与躯干的衔接部位，也就是肩膀结构。从之前预留的删除模型面的部分通过边层级挤出命令向外延伸制作，完成肩膀的基本模型结构，根据结构和点线分布适当加线（见图 4-17）。

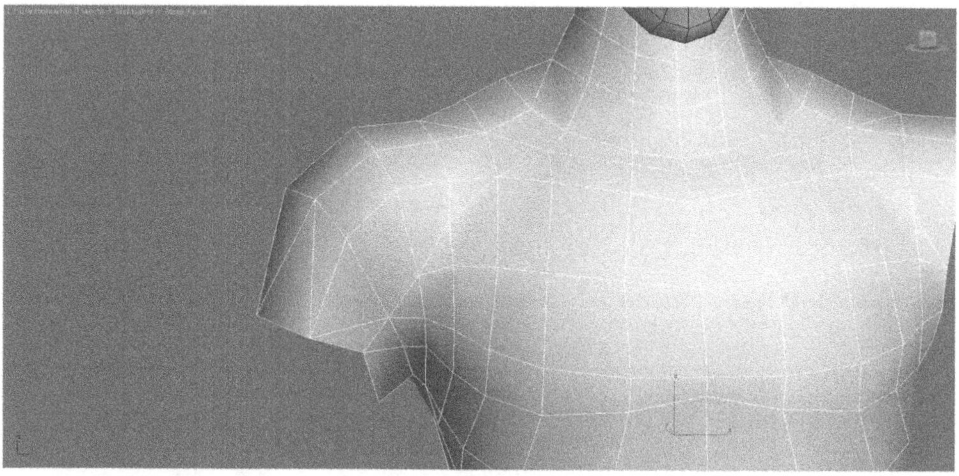

图 4-17 制作肩膀模型

接下来从肩膀位置向下，通过拖曳复制延伸制作上臂的模型结构，布线不必过于复杂，但要注意肌肉的结构形态（见图 4-18）。继续向下制作小臂的模型结构，这里要特别注意肘部和腕部关节的布线处理，因为后期还要对角色进行骨骼绑定和角色运动调节，关节处的模型布线对于角色的运动十分关键（见图 4-19）。

最后制作出手部模型，由于在网络游戏中角色的手部在游戏画面中十分不明显，所以布线和结构制作相对简单，不需要浪费太多模型面数（见图 4-20）。图 4-21 为制作完成的角色上半身效果图。

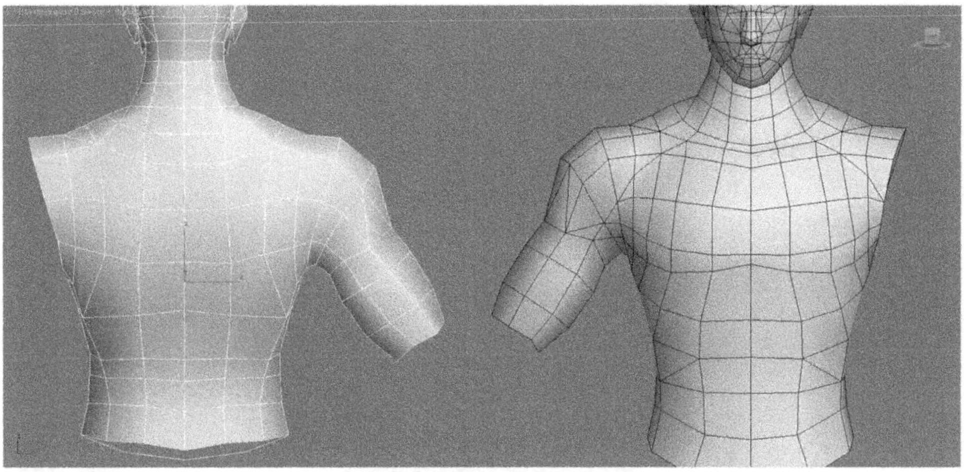

图 4-18 制作上臂模型

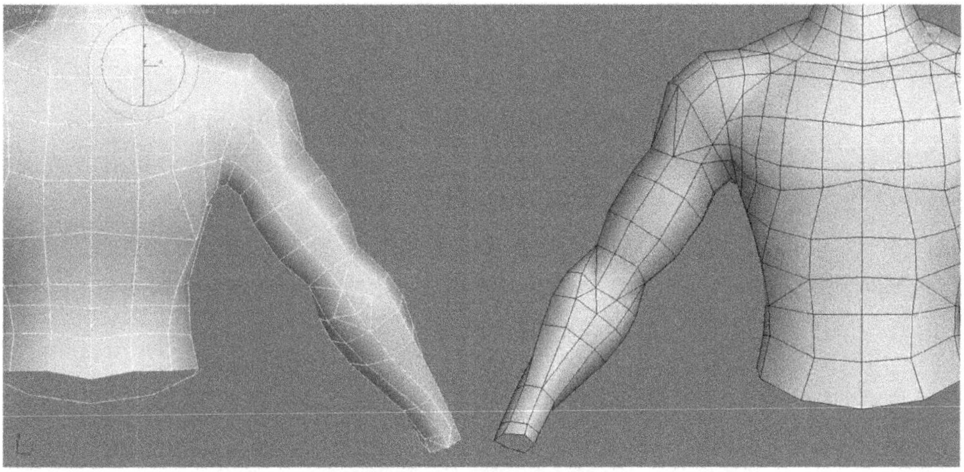

图 4-19 制作小臂模型

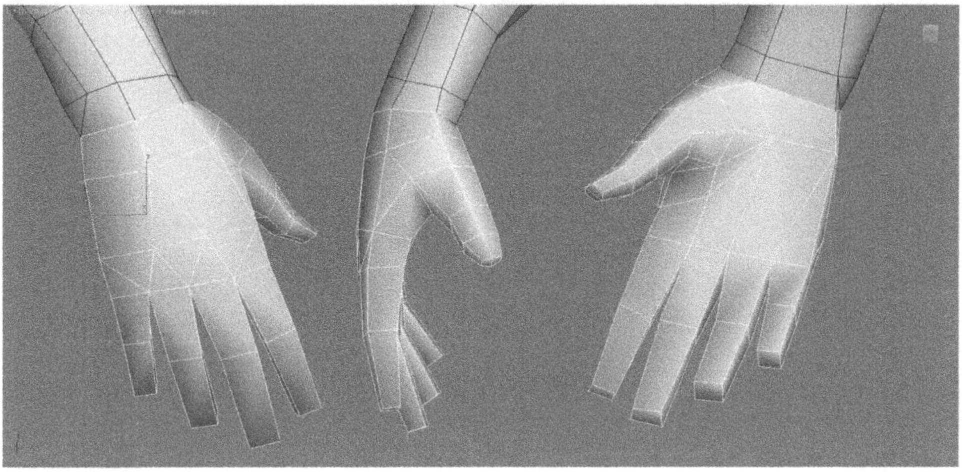

图 4-20 制作手部模型

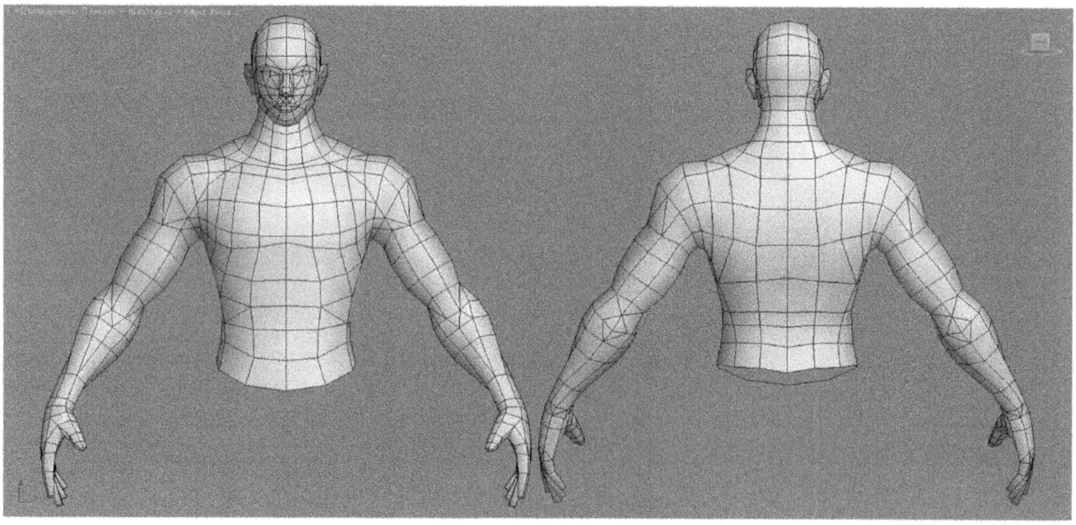

图 4-21　制作完成的角色上半身模型

接下来沿着角色躯干模型向下制作腰部和臀跨部分的模型结构，布线仍然是本着简洁、均匀和结构性合理的原则进行制作（见图 4-22）。然后向下制作大腿部分的模型结构，要注意大腿肌肉的结构形态（见图 4-23）。向下继续制作小腿部分的模型结构，小腿的布线最为简单，这里也要特别注意膝关节的布线处理，同样考虑后期要进行骨骼绑定及角色运动（见图 4-24）。最后制作脚部的模型结构，对于网络游戏角色模型来说，要考虑省面，脚部只需要制作成一个大概即可，像脚趾等细节都不需要通过模型来制作，后期利用贴图进行绘制即可（见图 4-25）。图 4-26 为最终完成的男性游戏角色人体模型效果图。

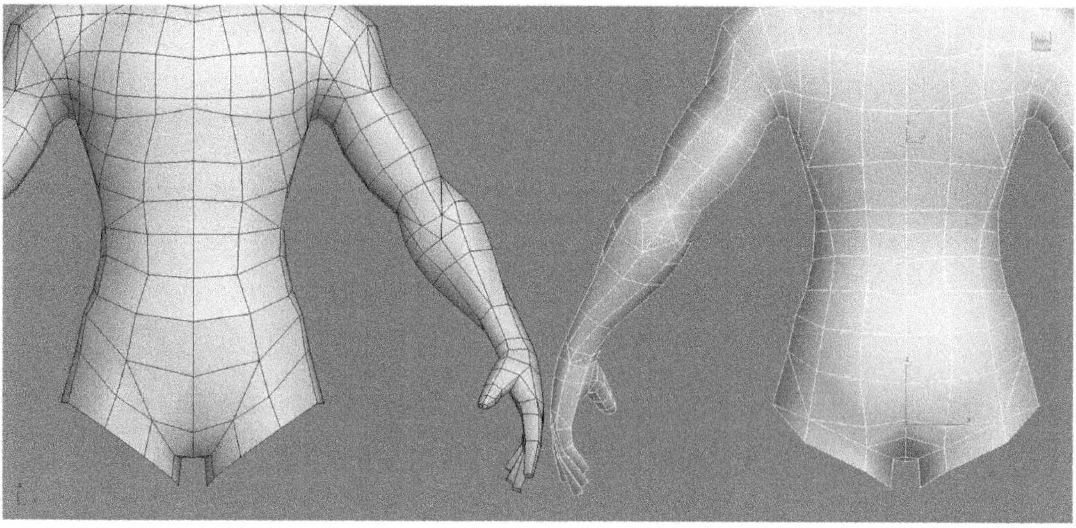

图 4-22　制作腰部和臀跨部模型结构

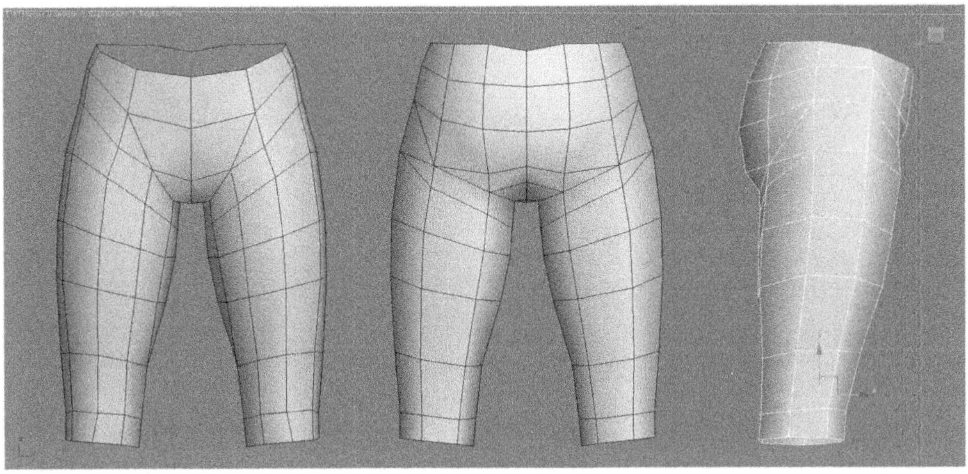

图 4-23　制作大腿模型

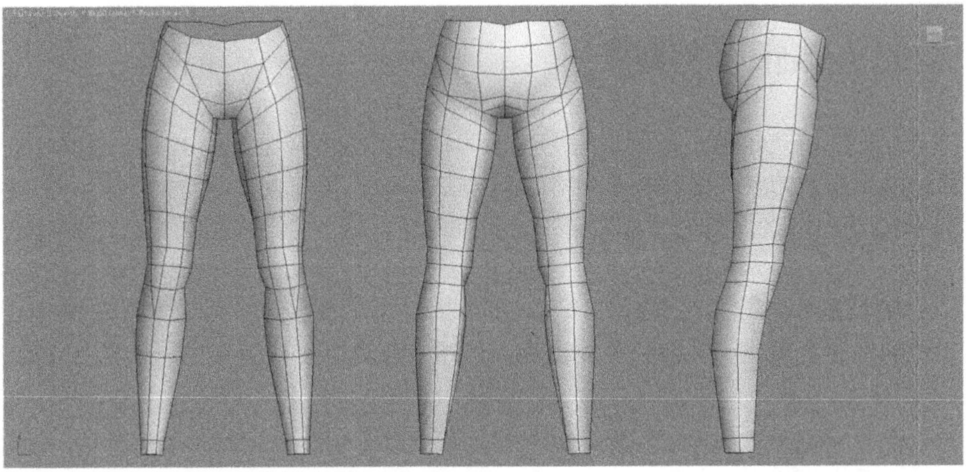

图 4-24　制作小腿模型

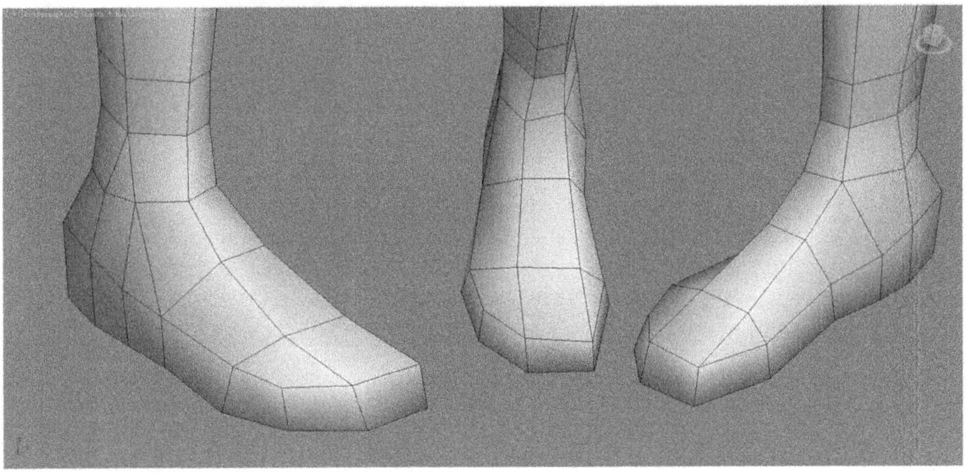

图 4-25　制作脚部模型

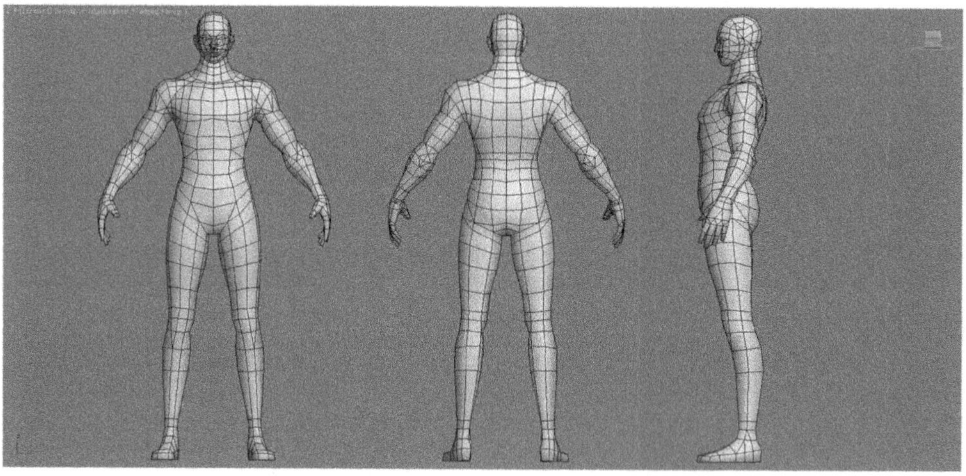

图 4-26　制作完成的男性游戏角色人体模型

## 4.3 女性人体模型的制作

总体来说，女性游戏角色人体模型与男性人体模型在整体制作流程上基本相同，都是按照头、颈、躯干以及四肢的顺序进行模型制作，但由于性别差异及人体结构的区别，在模型个别细节的制作和处理上两者还是有不同的地方。下面我们只针对个别需要注意的模型制作细节进行讲解。

女性人体模型的头部与男性最大的区别在于脸颊、嘴、鼻等处，女性脸部模型要比男性更为瘦长，表面曲线更为圆滑，鼻梁和鼻翼也相对较窄，嘴部可以用更多的布线结构进行交代和刻画（见图 4-27）。

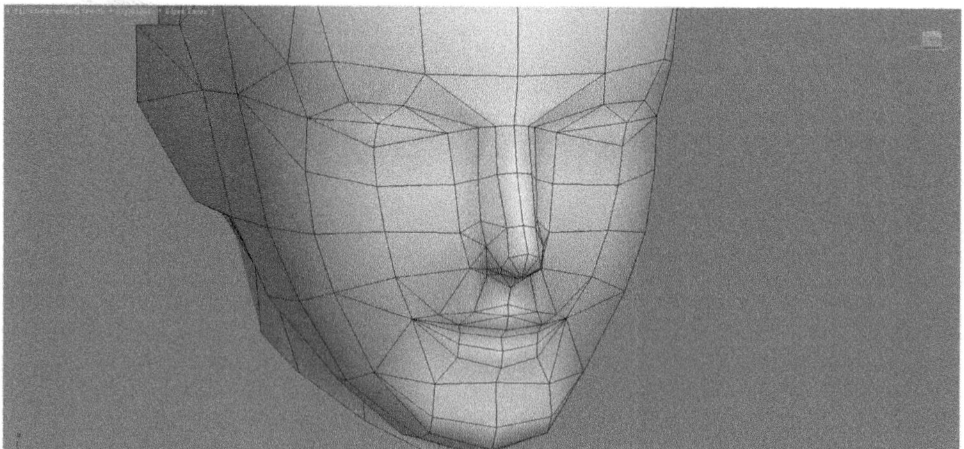

图 4-27　女性角色头部模型的制作

头部下面，在制作女性角色模型颈部的时候，相对男性角色来说更为细长，这样更能突显女性身体的美感（见图 4-28）。女性角色躯干部分的模型要注意锁骨及胸部的结构和布线处理，在制作结构的同时更要注意整体曲线的美化，如图 4-29 所示。

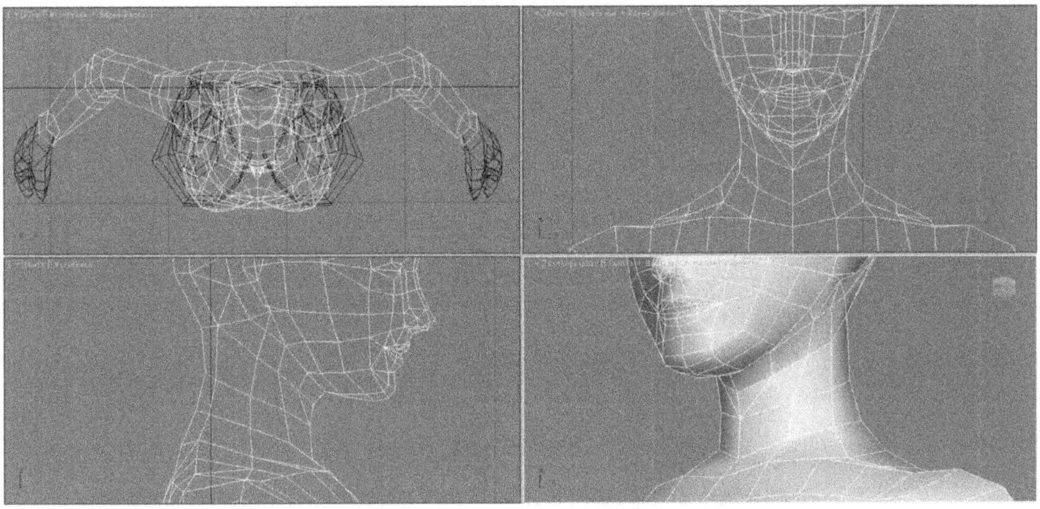

图 4-28 女性角色颈部的制作

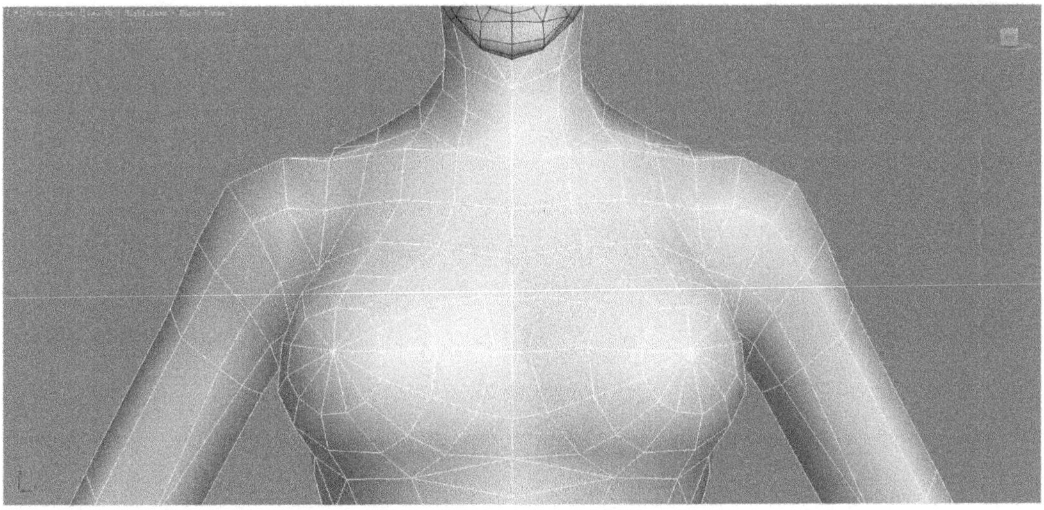

图 4-29 女性角色躯干的制作

女性角色模型的上肢相对男性角色来说较瘦，不需要过多刻画肌肉结构，其布线方式与男性角色模型基本相同(见图 4-30)。女性角色的腰部在制作的时候相较男性角色来说更为靠上，这样能够使腿部显得更长，增加形体美感，同时还要注意臀跨部整体曲线结构的美化(见图 4-31)。腿部模型的制作也要把握形体曲线，腿部整体内外两侧的曲线与男性角色有较大差异，膝关节相对瘦窄，小腿比例相对较长（见图 4-32)。图 4-33 为最终制作完成的游戏女性角色人体模型的效果图。

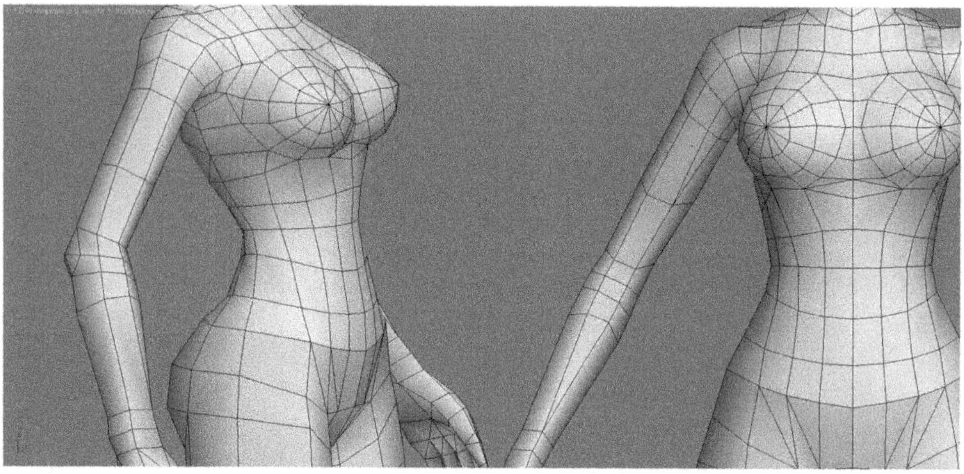

图 4-30　女性角色上肢的制作

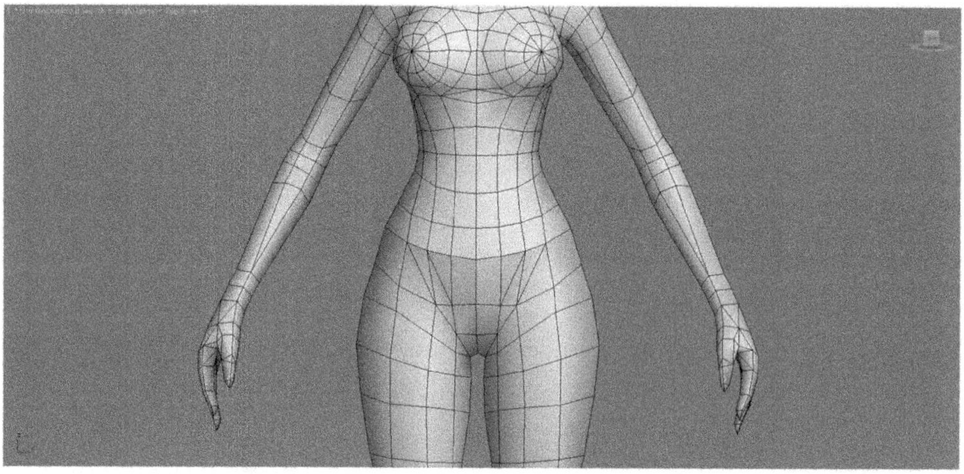

图 4-31　女性角色腰部和臀跨部结构的制作

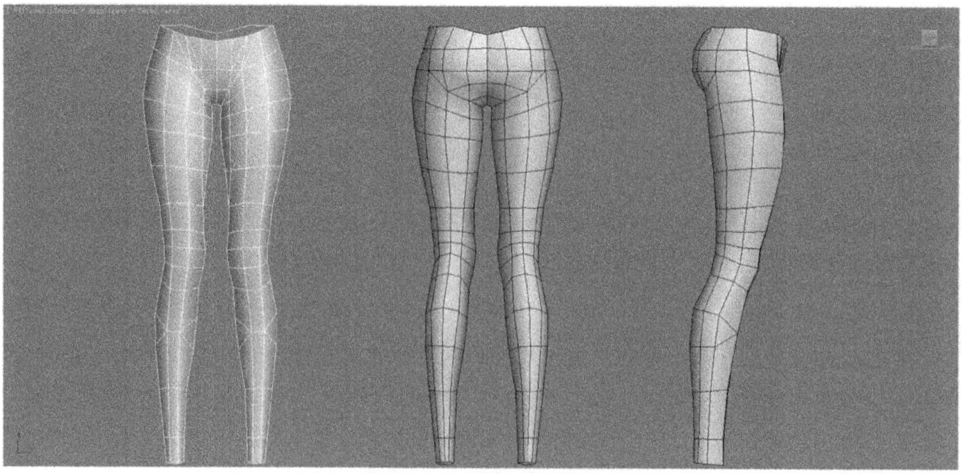

图 4-32　女性角色腿部模型制作

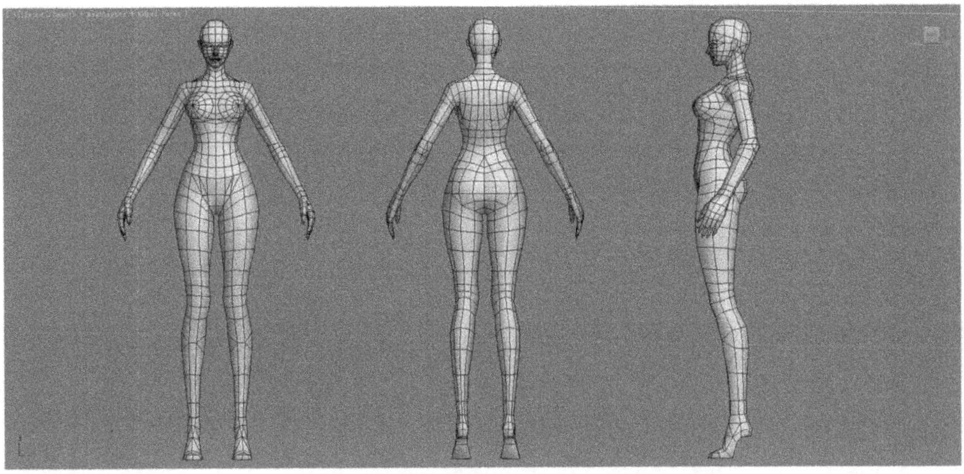

图 4-33 女性游戏角色人体模型最终效果

扫描右侧二维码可以观看《头部模型速建流程》视频课程，学习头部模型布线和建模流程。

## 4.4 人体模型 UV 的拆分

在角色模型制作完成后，在进行贴图绘制以前，必须要完成的工作就是模型 UV 的设置和平展。与场景模型不同，由于 3D 角色模型为一体化模型，不能应用循环贴图，必须要把整个 UV 平展在 UV 网格之内。对于这里我们制作的人体角色模型，我们需要将所有 UV 平展到一张贴图之上，之后再进行贴图的绘制工作。3D 角色模型的 UV 平展整体来说分为以下几个步骤：

（1）为模型添加 Unwrap UVW 修改器。

（2）在修改器 Edge 层级下，通过 Edit Seam 命令设定缝合线。

（3）在修改器 Face 层级下，选择想要平展的模型面。

（4）通过 Pelt 命令对模型面 UV 网格进行平展。

（5）调整每一块 UV 的大小比例，将所有平展的 UV 拼放在 UV 编辑器的 UV 框中。

UV 网格的分展要尽量将网格按照模型的布线走势进行平铺，避免产生过大的拉伸和扭曲，尤其是面部的 UV。我们可以利用黑白格贴图检验 UV 的平铺状况，对于拉伸和扭曲严重的 UV 部分要进行深入调节。我们要将 UV 网格尽量铺满 UV 框，尽可能利用 UV 框的空间，这样可以提高贴图绘制的像素细节。

由于人体模型是利用对称修改器制作的，所以在分展 UV 时也只需要分展一侧的模型 UV 即可。但这里需要注意的是，如果是制作普通的 3D 游戏角色模型，其 UV 可以按照以上的方法进行制作，但如果角色模型要添加法线贴图，必须将模型对称两侧 Attach 到一起后再对整个模型进行 UV 的平展，因为法线贴图对于镜像的模型会有显示错误。

在前面章节中讲过，在网络游戏中角色会用到换装系统，所以在模型制作的时候通常不会将角色的所有 UV 平展到一张贴图上，而是根据不同的身体部位和结构分展为多张贴图。通常来说，头部的 UV 单独进行拆分，然后躯干和上肢拆分为一张贴图，腰部和腿部拆分为一张贴图，最后是手和脚分别进行 UV 拆分（见图 4-34 至图 4-38），这种 UV 拆分的方式也是网络游戏角色模型制作中最为常用的。拆分 UV 时缝合线尽量设置在不明显的位置，如躯干侧面、手臂和腿部内侧等。

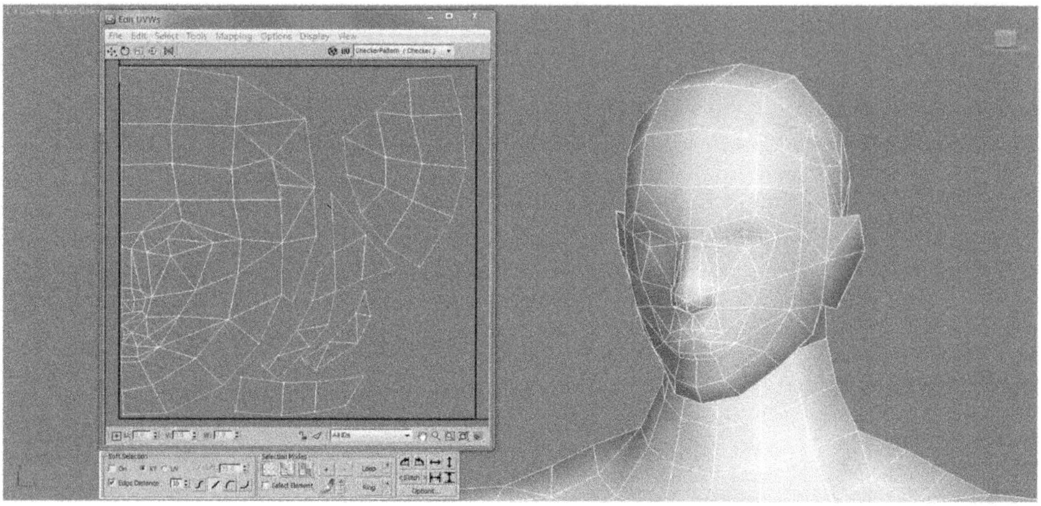

图 4-34　头部 UV 拆分

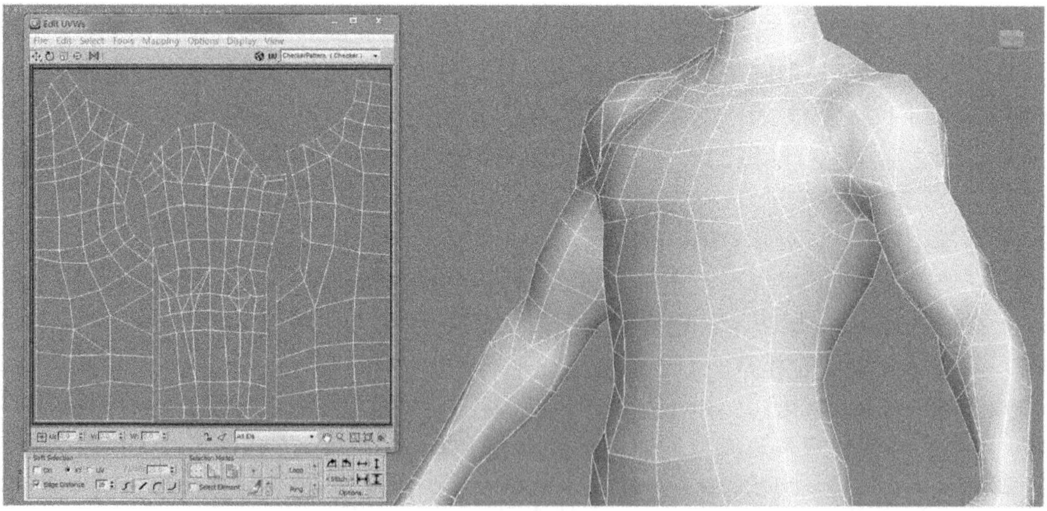

图 4-35　躯干 UV 的拆分

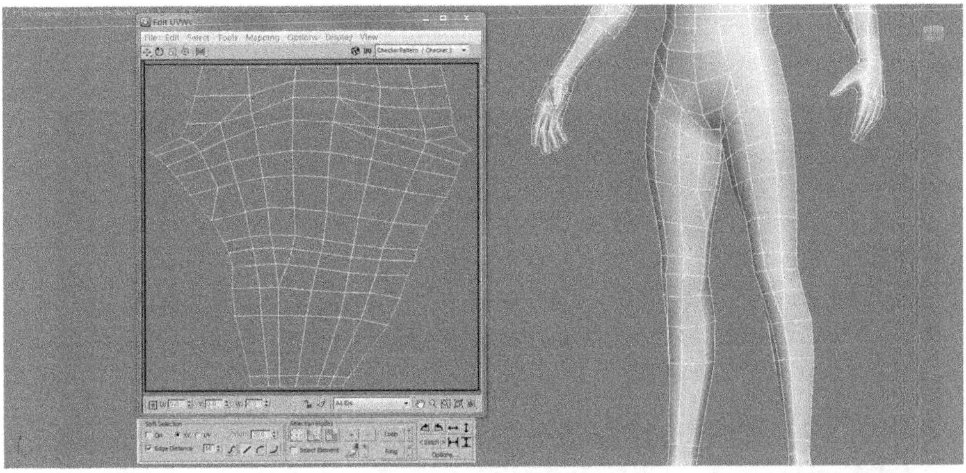

图 4-36 腿部 UV 拆分

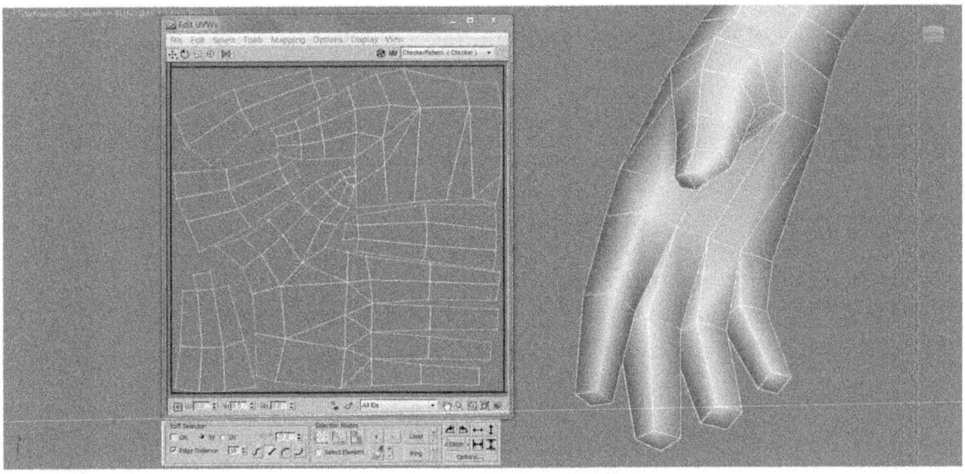

图 4-37 手部 UV 拆分

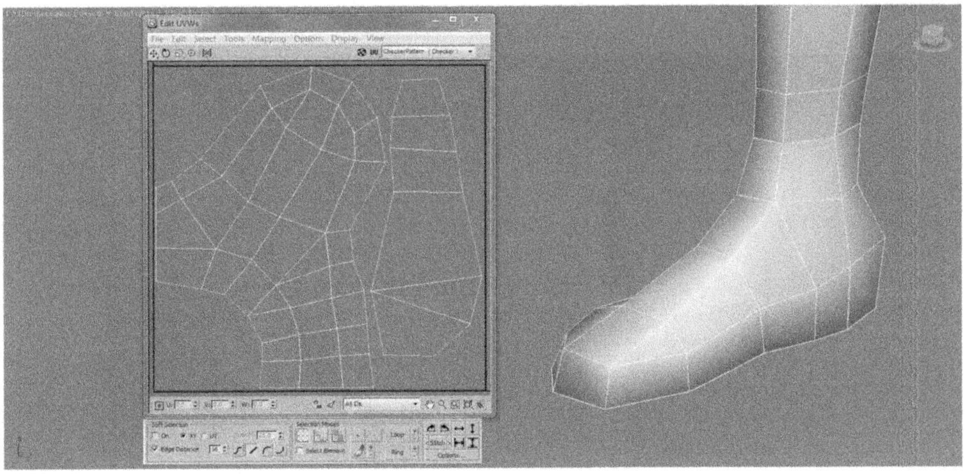

图 4-38 脚部 UV 拆分

UV 分展完成后，要集中拼合到 UV 框之内，然后可以通过 UV 编辑器中的 Render UVW Template 命令将 UV 网格进行渲染输出为图片，方便接下来的贴图绘制（见图 4-39）。

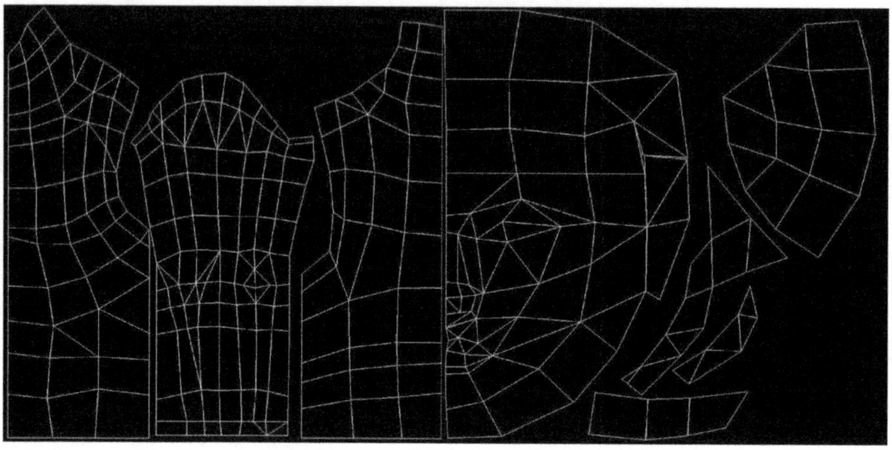

图 4-39　渲染输出的 UV 网格图

## 4.5 人体贴图的绘制

模型 UV 分展完成后，下面就要开始贴图的绘制了。对于 3D 角色模型贴图来说，从整体上分为两大类：写实类和手绘类。这种分类是根据模型的整体风格来划分的，写实类角色贴图通常是由照片修改制作完成的，也可以利用 Zbrush 或者高模烘焙生成，最后叠加一个皮肤材质纹理。手绘类角色贴图则是完全利用数位板手工绘制的方式，将人体肌肉和皮肤纹理绘制出来，本节我们就主要讲解人体角色贴图的手绘制作方式。

首先，我们要将 UV 编辑器渲染出的 UV 线框网格图片导入 Photoshop 中，然后将图片中的黑色区域选中并删除，只留下网格图层，将图层置于最顶层，方便绘制贴图时参考。在网格层下方新建图层，沿着每一块 UV 网格绘制选区，然后填充颜色作为人体角色贴图的底色和背景层（见图 4-40）。

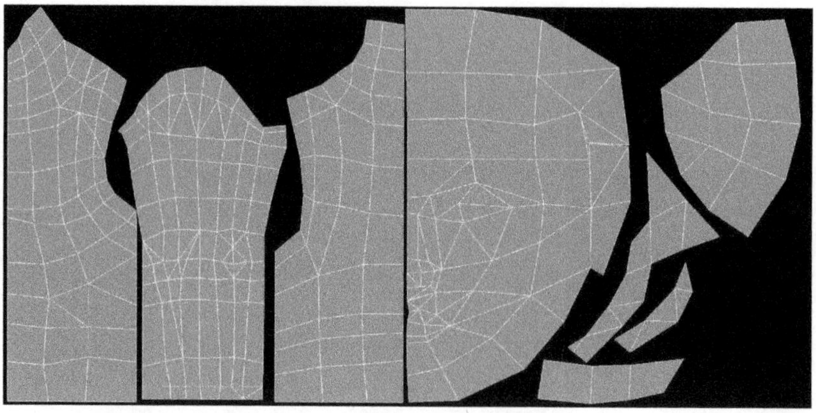

图 4-40　填充底色和背景层

然后就可以开始人体贴图的绘制工作，在正式绘制前我们首先要了解人体皮肤的一些基本知识。如果把人体的皮肤看作一种材质的话，这将是一种接近于 3S（SSS 三维软件中的专业材质术语）的材质，也就是次表面散射材质。如果用通俗一点的比喻来说，人体的皮肤与蜡有很多共通之处，在逆光下皮肤也能在一定程度上透出光线。所以，在绘制人体贴图的时候除了肤色、肌肉线条和皮肤肌理的表现外，我们还要把皮肤的通透质感表现出来，这也是绘制皮肤真实感最重要的一点（见图 4-41）。

图 4-41 手绘的皮肤材质球效果

对于纯手绘的人体皮肤贴图，我们通常利用素描法来制作，下面讲解一下绘制的基本流程和方法。所谓素描法，就是在绘制前期只利用黑白灰颜色来进行贴图细节的绘制，包括肌肉的纹络和整体的明暗关系等，然后新建一个图层，填充肤色，选择 Photoshop 中的图层叠加方式进行叠加，如图 4-42 所示。

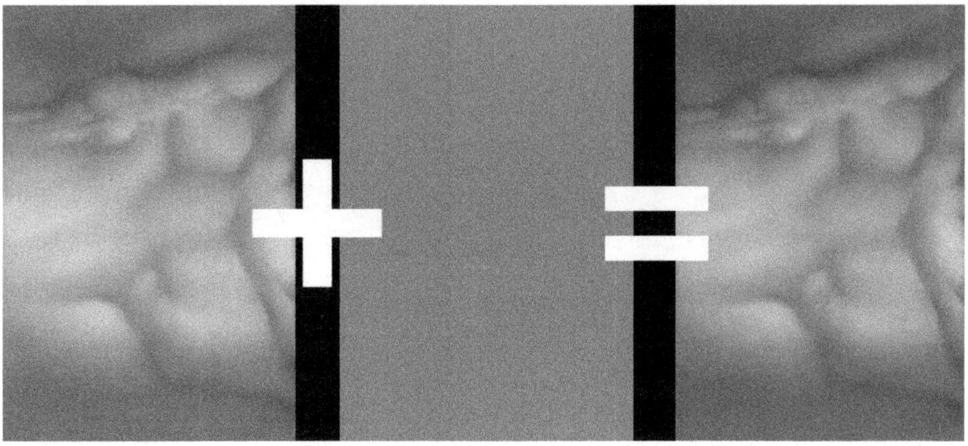

图 4-42 利用素描法绘制人体贴图

利用素描法绘制贴图的好处是简单、容易上手，同时可以避免直接利用颜色绘制可能导致的颜色不均问题。在以上步骤完成后，我们还需要对贴图添加一些皮肤的质感和纹理效果，我们可以叠加一些皮肤纹理或者绘制皮肤上的血管和青筋效果，如图 4-43 所示。

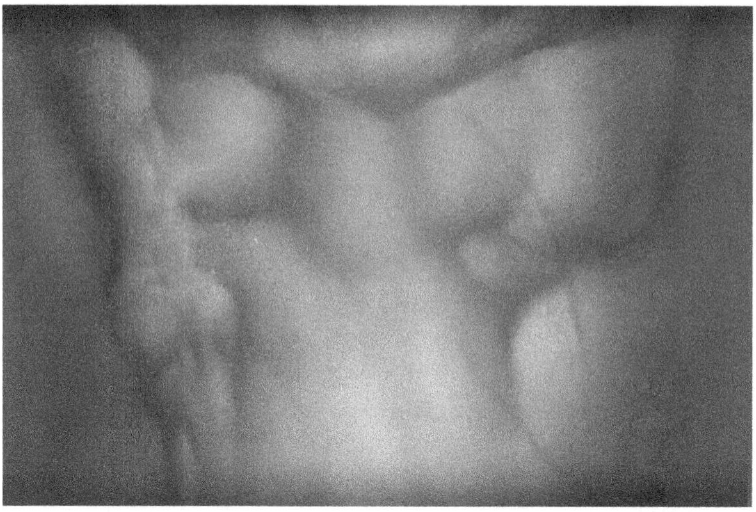

图 4-43　进一步制作皮肤细节

另外，对于实际绘制的时候，一定要把握 UV 网格的结构关系，让绘制的贴图符合模型的结构，绘制过程中要不断将贴图及时保存，返回 3ds Max 查看贴图在模型上的效果，然后再进行修改和调整。对于手绘皮肤贴图整体的细节和质量，更多是依赖于制作者的美术功底和休养，所以要想成为一名出色的 3D 角色设计师，对于传统美术和绘画的学习是十分必要的。图 4-44 是本章人体模型贴图最终绘制完成的效果。

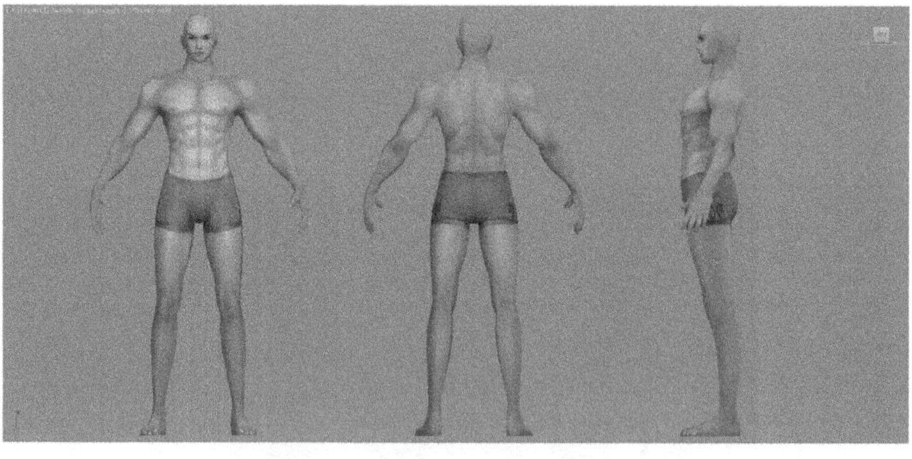

图 4-44　人体模型贴图绘制完成的效果

扫描右侧二维码可以观看视频课程，学习游戏角色模型的 UV 分展流程和方法技巧。

CHAPTER

# 5

# 游戏角色道具模型实例制作

## 5.1 角色道具模型的概念

游戏角色道具模型是指与在网络游戏中与3D角色相匹配的附属物品模型。从广义上来说，游戏角色的服装、饰品、武器装备及各种手持道具都可以算作角色道具。在游戏当中，玩家所操控的游戏角色可以更换各种装备、武器及道具，这就要求在游戏角色的制作过程中，不仅要制作角色模型，还必须制作与之相匹配的各种角色道具模型。

在游戏角色模型的制作流程和规范中，角色的服装、饰品等装备模型通常是跟角色一起进行制作的，并不是在人体模型制作完成后再进行独立制作，所以并不算真正意义上的角色道具模型。游戏制作中所指的角色道具模型通常是指独立进行制作的角色所持的武器等装备模型。所有的武器装备道具模型都是由专门的3D模型师进行独立制作的，然后通过设置武器模型的持握位置来匹配给各种不同的游戏角色。

游戏角色道具模型常见的类型有冷兵器、魔法武器及枪械等。根据不同的游戏类型，需要制作不同风格的道具模型，如写实类、魔幻类、科幻类或者Q版等（见图5-1）。本章将带领大家学习常见游戏角色道具模型的制作。

图5-1 各种角色道具设定图

## 5.2 角色道具模型大剑的制作

剑是三维游戏中最为常见的冷兵器类型之一，在传统意义上，剑主要用来挥和刺，所以一般是以细长结构为主，但游戏中的武器道具往往经过了改造和设计，延伸出了各种不同的形态，如图5-2所示。

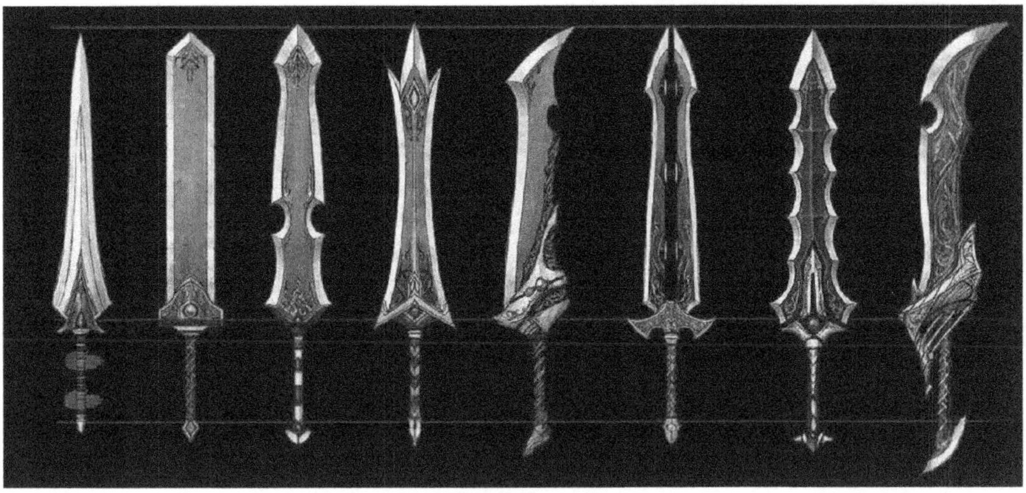

图 5-2 游戏中各种类型的剑

一般我们按照剑身与剑柄的比例结构将其分为匕首、单手剑、双手剑及巨剑等。无论是什么类型的剑，它都具备其共有的结构特征，剑从整体来看主要分为 3 大部分：剑刃、剑柄及护手（见图 5-3）。另外，剑柄末端还会有起到装饰作用的柄头，护手具备一定的实用功能，但在游戏当中更多是起到了装饰的作用，所以不同的剑都会将护手作为重要的设计对象来增强自身的辨识度和独立性。本节我们就来制作一把网络游戏中的单手剑冷兵器道具模型，我们将根据剑的结构，按照剑刃、护手及剑柄的顺序进行制作，下面开始实际模型的制作。

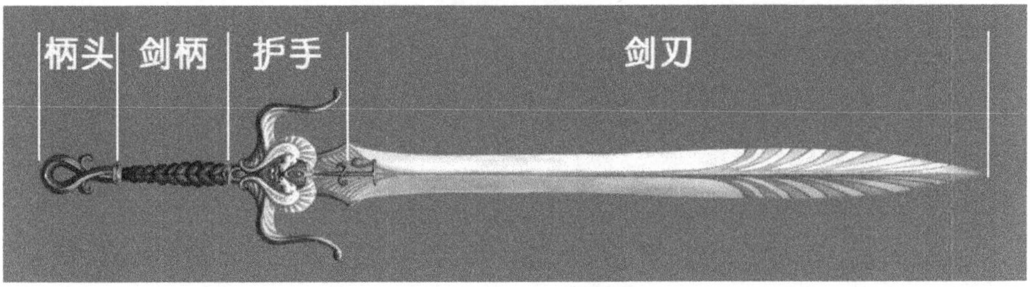


图 5-3 剑的基本结构

首先，在 3ds Max 视图中创建一个 BOX 模型，设置合适的分段数，由于剑身属于对称结构，所以这里将纵向分段都设为 2（见图 5-4）。接下来将模型塌陷为可编辑的多边形，进入多边形面层级，沿着中间的分段边线删除一侧的所有模型面，然后在堆栈面板中添加 Symmetry 修改器命令，这样可以将模型进行对称编辑，节省制作时间（见图 5-5）。然后调整模型边缘顶点，制作出剑刃的基本轮廓形态（见图 5-6）。

进入多边形边层级，选中模型侧面纵向的边线，利用 Connect 命令添加横向分段边线，同时将新边线产生的顶点与中心的顶点进行连接，避免产生 4 边以上的多边形面（见图 5-7）。

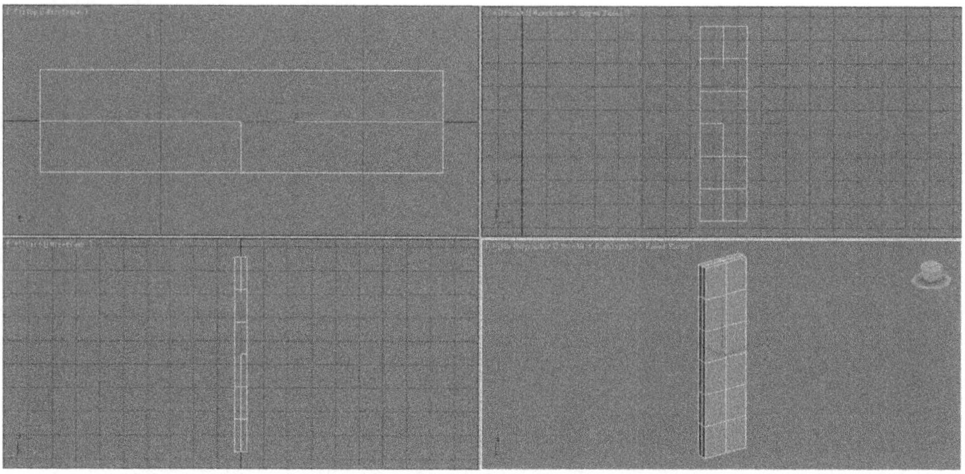

图 5-4　创建 BOX 模型

图 5-5　添加 Symmetry 修改器

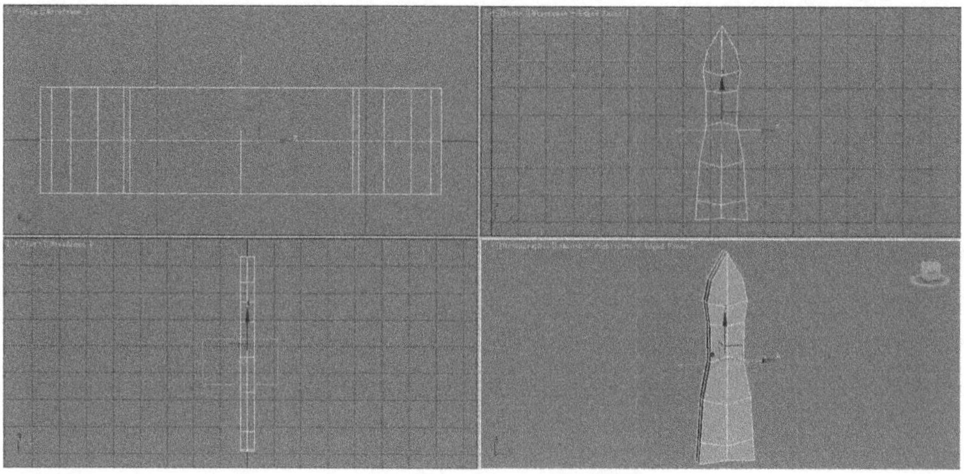

图 5-6　调整模型轮廓

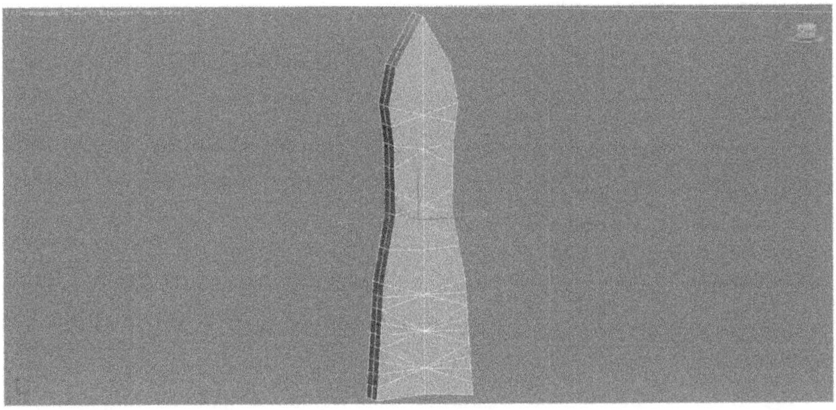

图 5-7 增加边线

接下来利用新增加的模型边线进一步编辑模型外部轮廓，制作出较为复杂的剑刃结构（见图 5-8）。然后在模型中部利用挤出命令制作出突出的尖锐结构（见图 5-9）。接下来进入多边形点层级，选中模型侧面除中心外纵向两侧的多边形顶点（见图 5-10），然后将顶点向内移动，形成边缘的剑刃结构（见图 5-11）。最后选中剑尖的模型顶点，将其向内收缩，制作出尖部的模型结构（见图 5-12）。

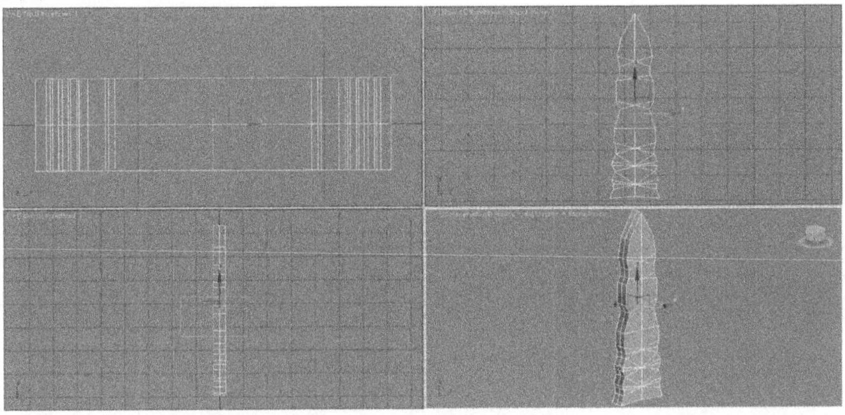

图 5-8 进一步编辑模型

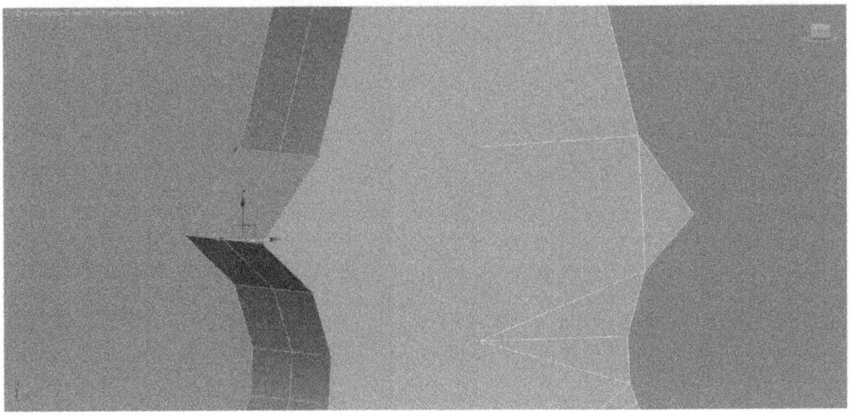

图 5-9 制作突出结构

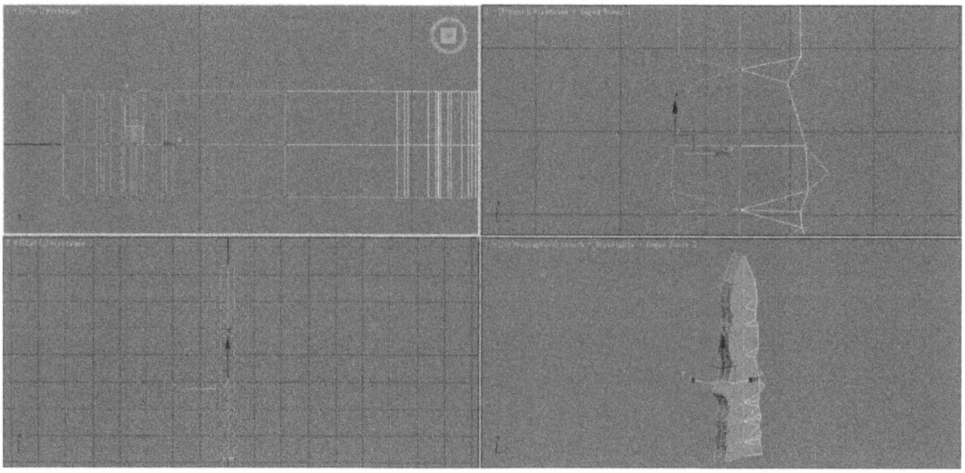

图 5-10　选中顶点

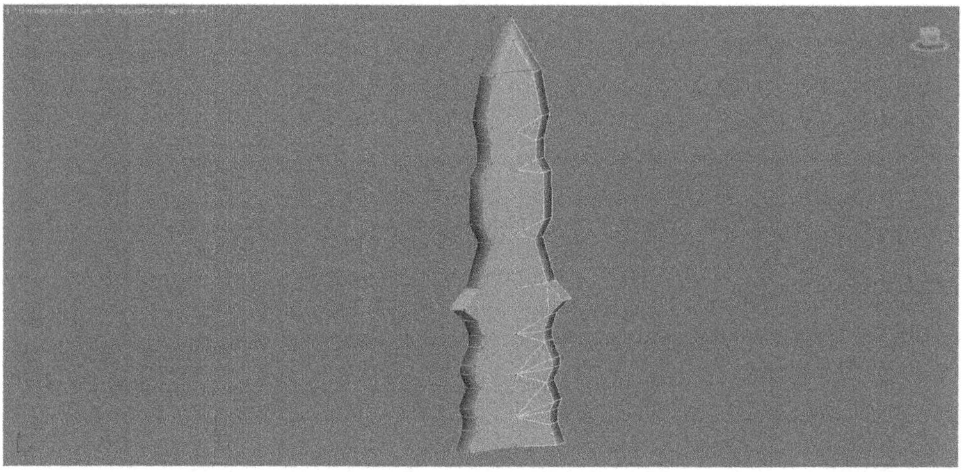

图 5-11　制作出剑刃结构

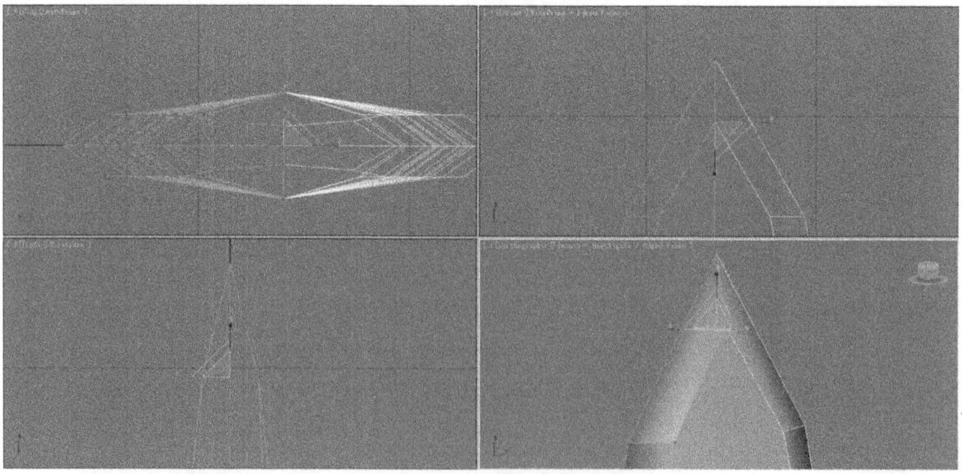

图 5-12　收缩尖部顶点

由于剑刃模型是从 BOX 模型编辑而来的，所以对于编辑完成后的模型光滑组存在错误，接下来需要重新设置模型的光滑组。进入多边形面层级，打开光滑组面板，选中所有模型面，将光滑组进行删除，然后选择除刃部以外的内部模型面，为其制定一个光滑组编号，这样剑刃棱角和锋利感就展现出来了（见图 5-13）。

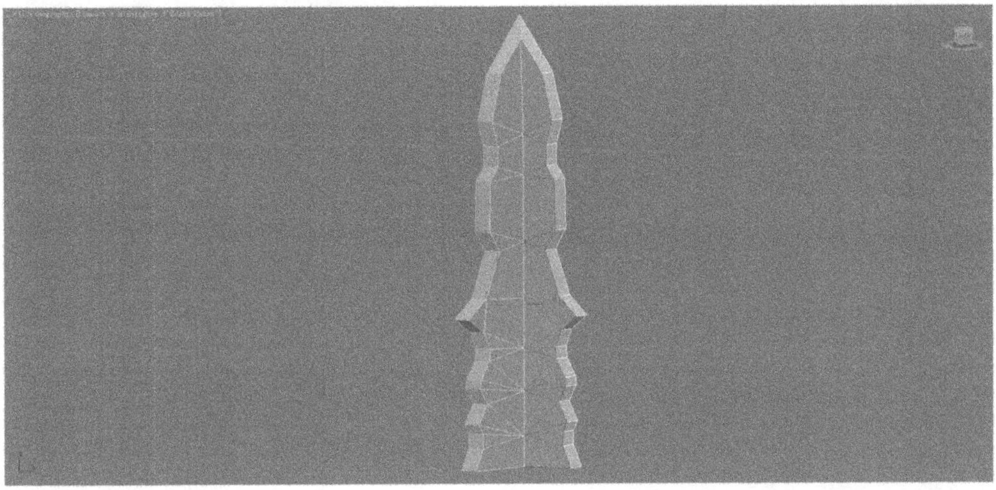

图 5-13 设置模型光滑组

下面开始制作剑刃下方护手的模型结构，首先在视图中创建一个 BOX 模型（见图 5-14），护手同样可以通过添加 Symmetry 修改器命令进行镜像编辑。通过编辑多边形命令制作出基本的模型轮廓（见图 5-15）。然后通过挤出命令制作出四角的模型结构（见图 5-16）。通过加线进一步编辑模型，制作出图 5-17 中的形态。

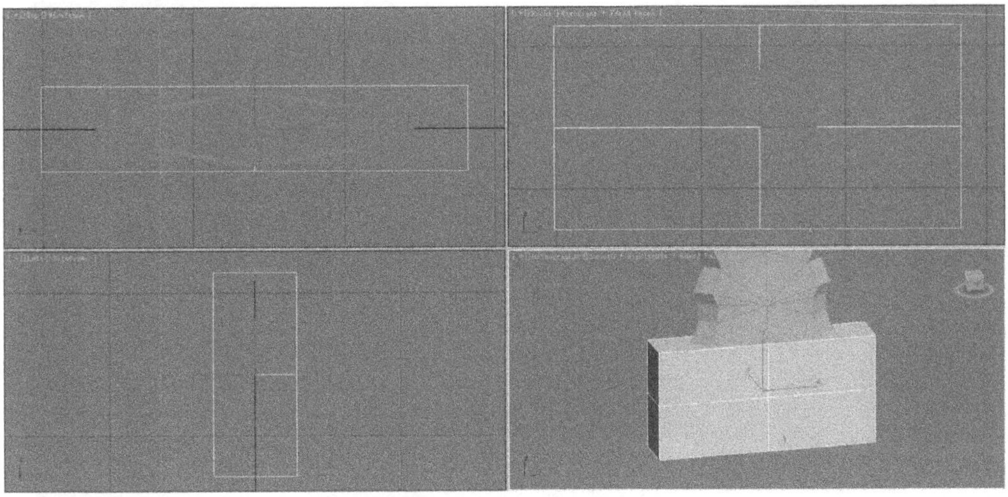

图 5-14 创建 BOX 模型

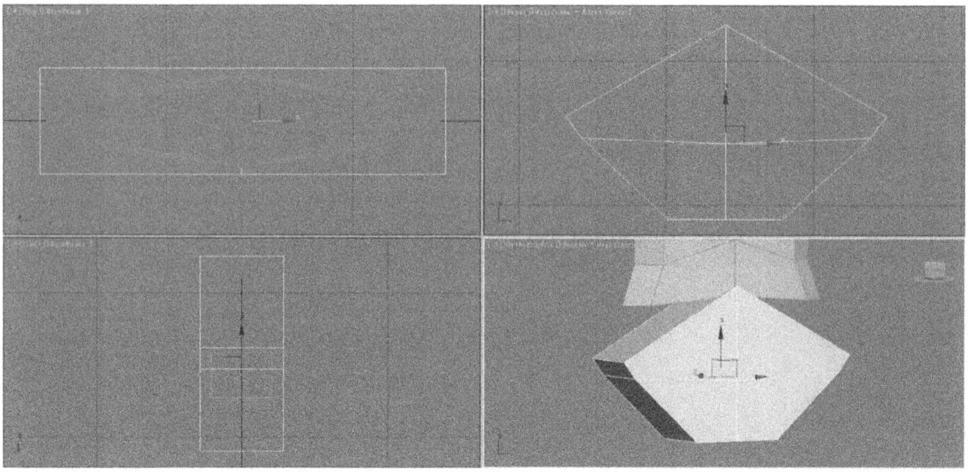

图 5-15　编辑模型轮廓

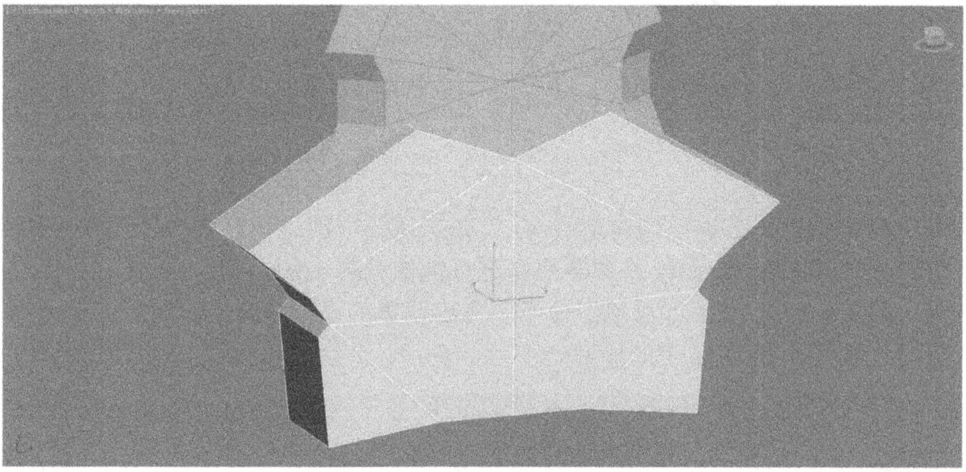

图 5-16　利用挤出命令编辑模型

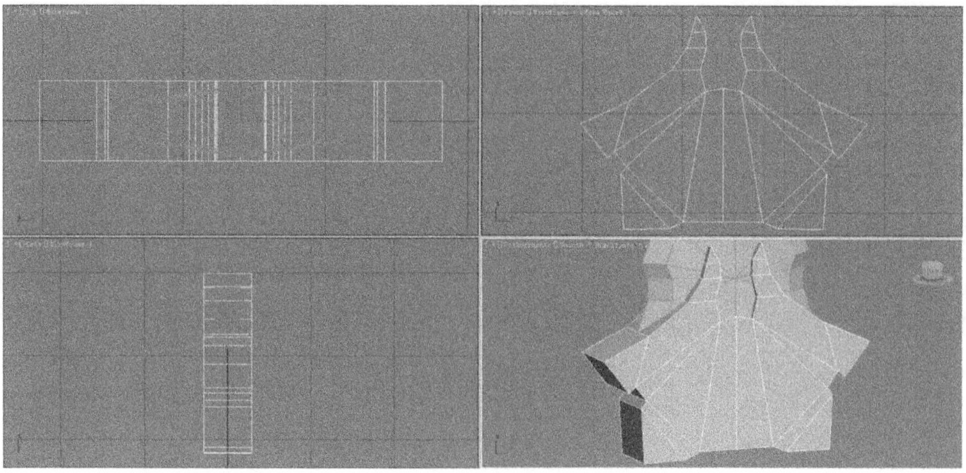

图 5-17　进一步编辑模型结构

接下来在视图中创建一个 5 边形的圆环模型，可以直接通过创建面板下的扩展几何体模型进行创建，然后将模型放置在护手左下角和右下角的位置，作为装饰结构（见图 5-18）。

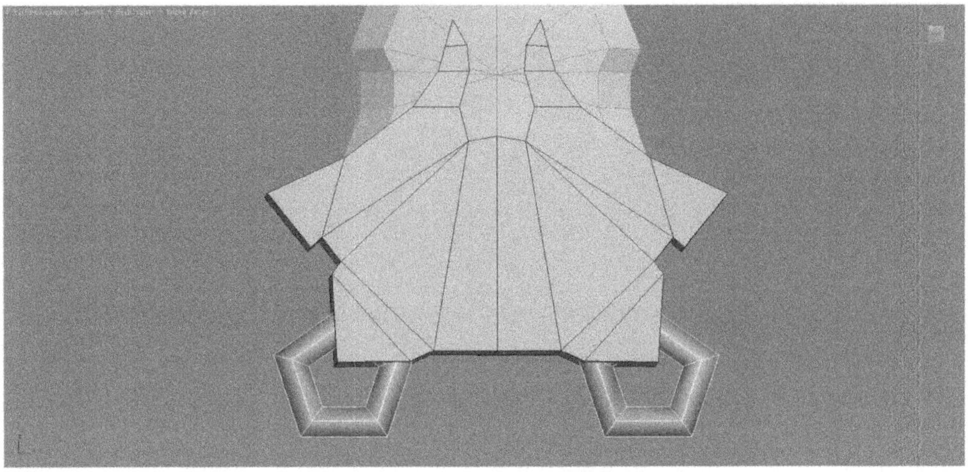

图 5-18　创建圆环模型

剑刃和护手模型制作完成后制作剑柄结构，首先还是创建 BOX 模型作为基础几何体模型，并设置合适的分段数（见图 5-19），然后同样通过添加 Symmetry 修改器命令来进行对称编辑制作。通过编辑多边形编辑剑柄的轮廓大型（见图 5-20）。为了节省模型面数，通常剑柄部分为四边形圆柱体结构，所以我们需要将模型侧面的顶点进行焊接，但留出一个顶点的位置，方便后面柄头模型的制作（见图 5-21）。

接下来进入多边形面层级，选中刚才未焊接顶点的模型面，利用 Extrude 命令将其挤出（见图 5-22）。然后通过 Connect 命令进行加线，同时焊接新产生顶点（见图 5-23）。通过进一步模型编辑完成柄头模型结构的制作，如图 5-24 所示。图 5-25 为最终制作完成的单手剑模型。

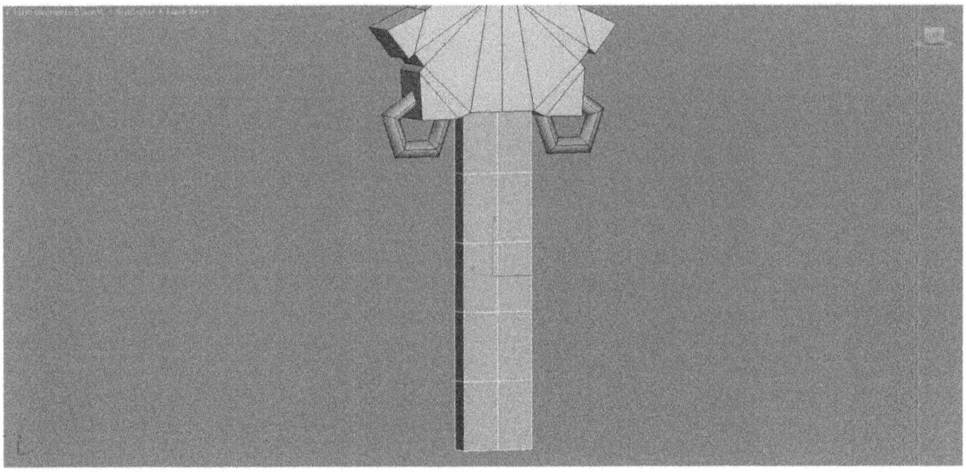

图 5-19　创建剑柄 BOX 模型

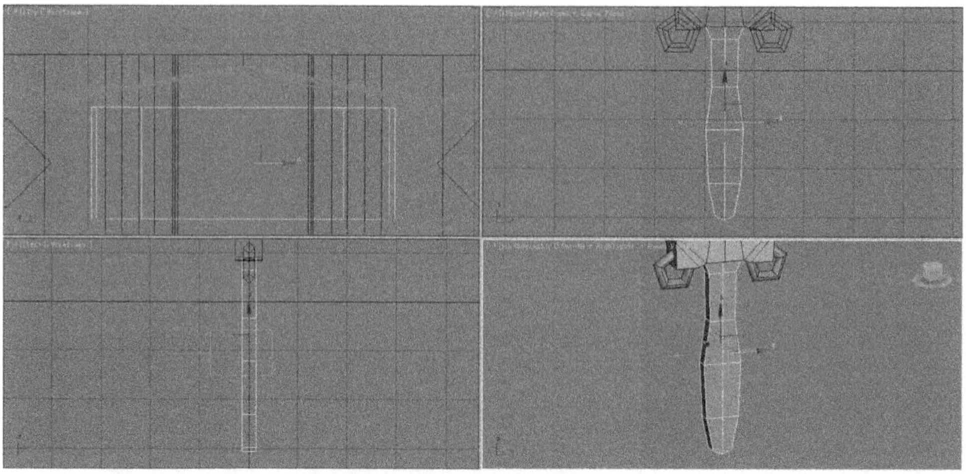

图 5-20　编辑模型轮廓

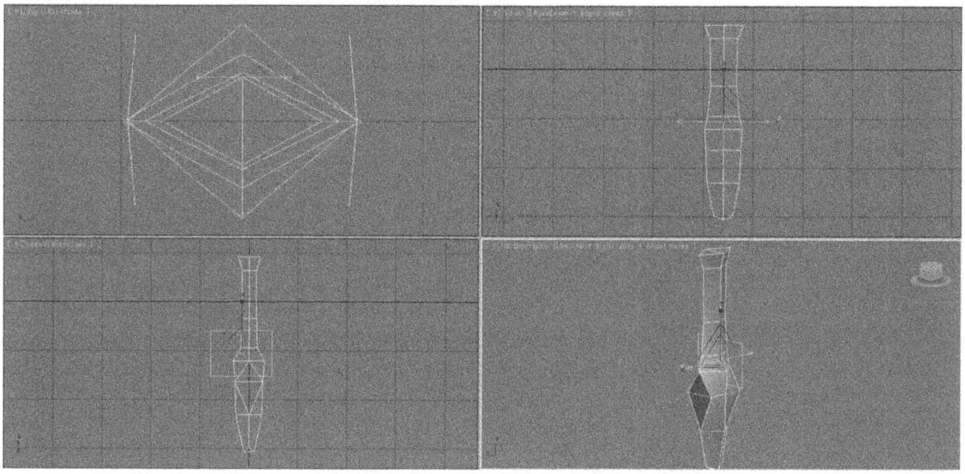

图 5-21　焊接模型顶点

图 5-22　挤出模型面

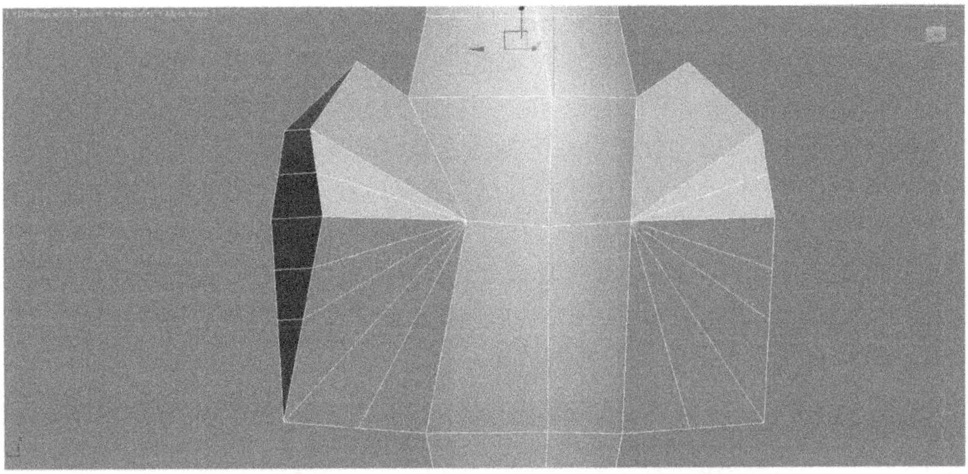

图 5-23 增加边线

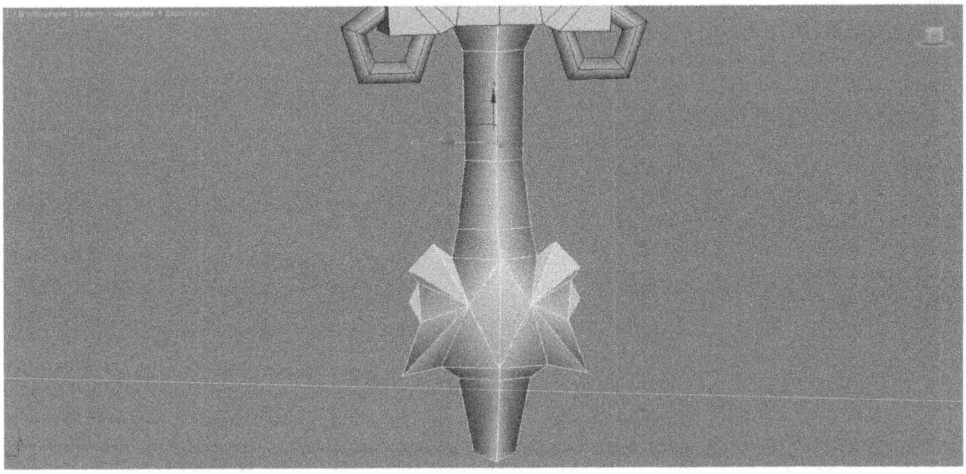

图 5-24 编辑制作柄头结构

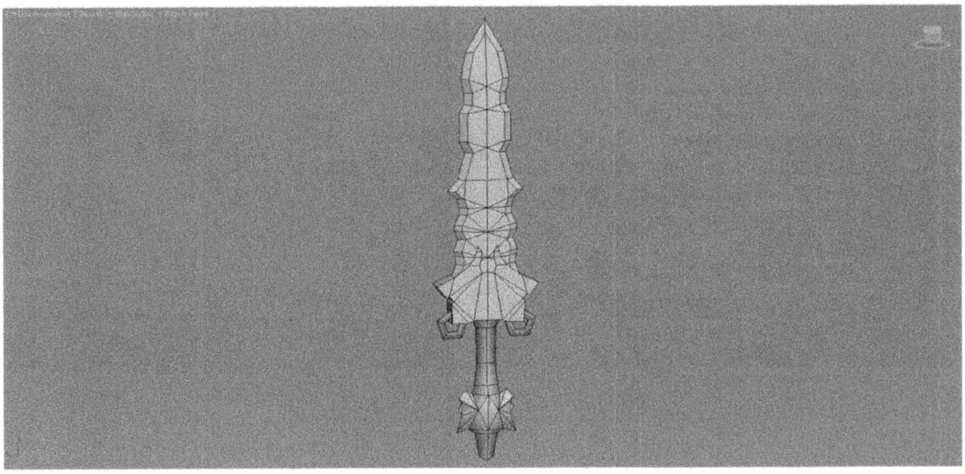

图 5-25 制作完成的模型

在模型的制作过程中，我们分别按照不同的结构部位进行制作，所以最终完成的模型并不是一个整体模型，在进行 UV 拆分前需要对模型进行接合处理。首先需要将剑刃、护手和剑柄的 Symmetry 修改器命令删除，然后选择其中一个模型部分，利用多边形编辑面板下的 Attach 命令将其他模型部分进行接合，让模型成为完整的多边形模型。

接下来就可以进行 UV 的分展，由于模型结构整体比较扁平，所以对于这类道具模型在分展 UV 时可以直接利用 Plane 平面投射的方式进行 UV 拆分，之后除了各部分 UV 的位置外基本不需要过多的调整（见图 5-26）。将模型所有 UV 网格集中在 UV 编辑器的 UV 框内，然后可以通过 UV 网格渲染命令将其输出为图片，以方便之后在 PS 软件中的贴图绘制（见图 5-27）。图 5-28 为 3ds Max 视图中最终完成的模型效果。

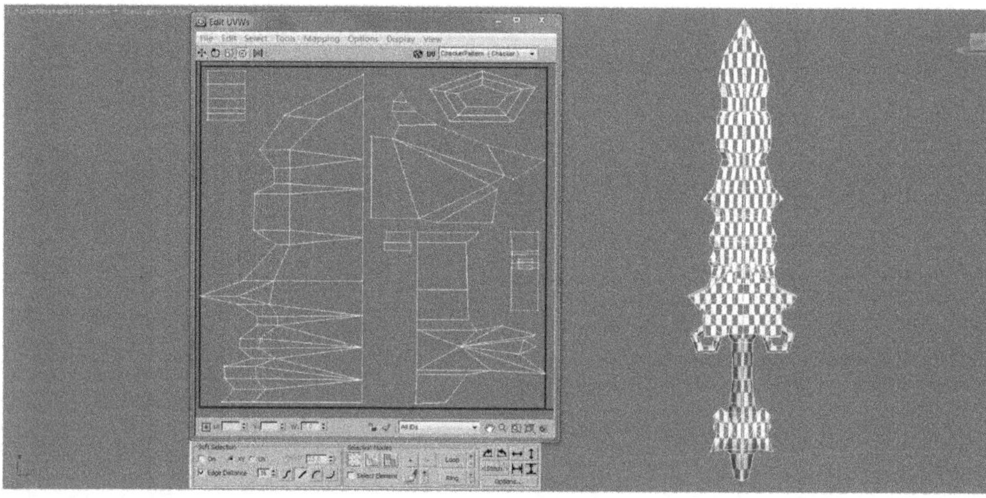

图 5-26　模型 UV 的分展

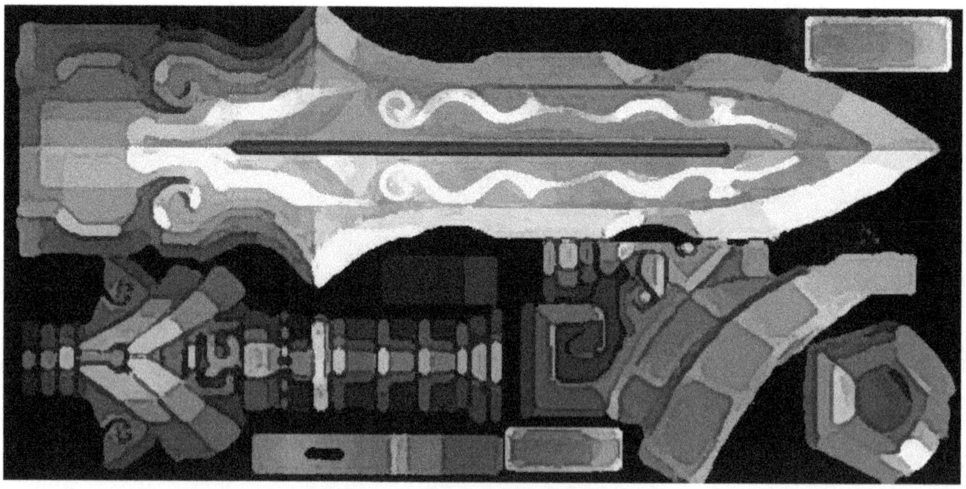

图 5-27　绘制完成的模型贴图

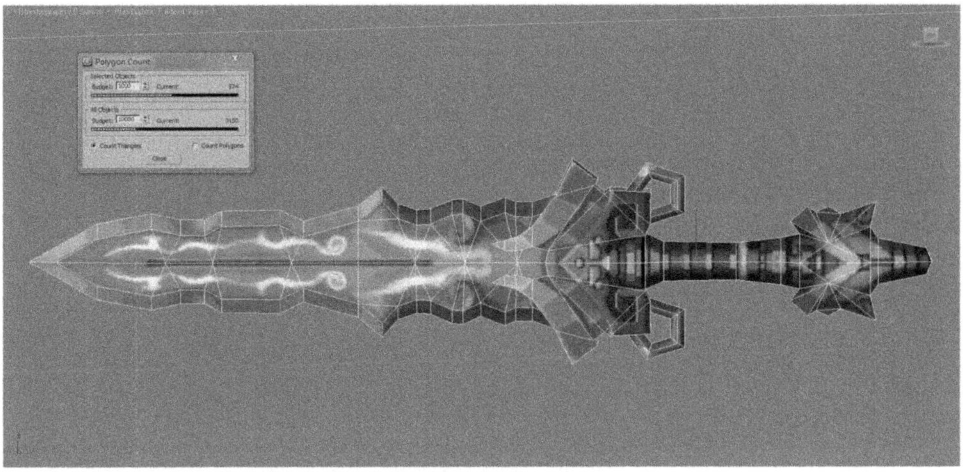

图 5-28　最终完成的模型效果

## 5.3 角色道具模型巨斧的制作

在网络游戏中，除了剑以外，斧也是非常常见的冷兵器道具，斧兵器在游戏中通常也分为单手和双手两种类型，其构造都是由斧头和斧柄两部分组成，分类主要依据斧头跟斧柄的结构比例关系，单手斧通常斧柄较短，双手斧斧柄较长，斧头也更大。这一节我们就来制作一把双手巨斧武器道具模型，下面开始实际模型的制作。

首先，在 3ds Max 视图中创建 BOX 模型，作为制作斧头的基础几何体模型，设置合适的分段数，然后将其塌陷为可编辑的多边形，由于是对称结构，我们仍然需要删掉一侧的模型，添加 Symmetry 修改器命令，以方便之后的对称编辑（见图 5-29）。调整模型的基本轮廓，然后选择模型一侧底部的面，利用 Extrude 命令将其挤出（见图 5-30 和图 5-31）。

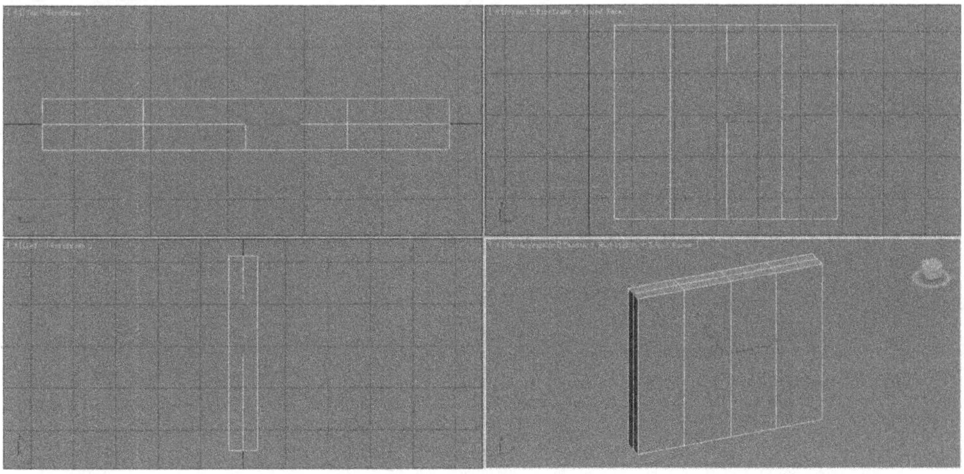

图 5-29　创建 BOX 模型

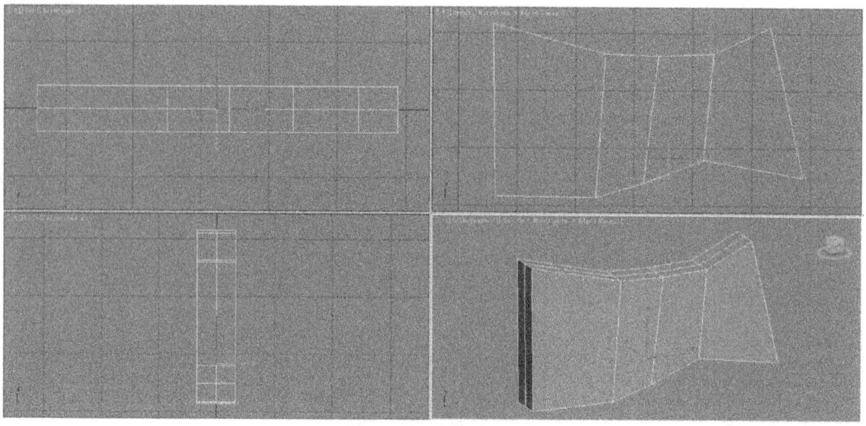

图 5-30　编辑模型轮廓

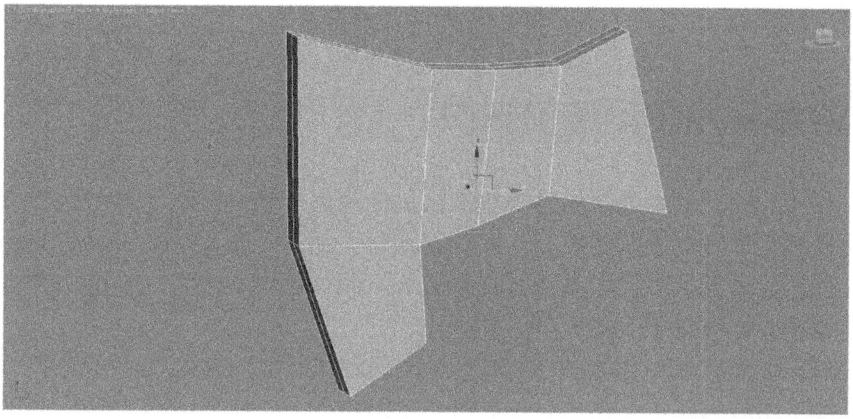

图 5-31　挤出模型面

在斧头模型靠近中间的位置创建 10 边形圆柱体模型（见图 5-32），通过布尔运算命令将圆柱体从斧头模型上剪切出去，形成圆洞结构（见图 5-33），执行布尔运算后要注意将整个模型再次进行塌陷，这样才能转化为可编辑多边形继续制作。然后将新出现圆洞周围的模型顶点与其他多边形顶点进行连接，避免出现 5 边以上的多边形面（见图 5-34）。

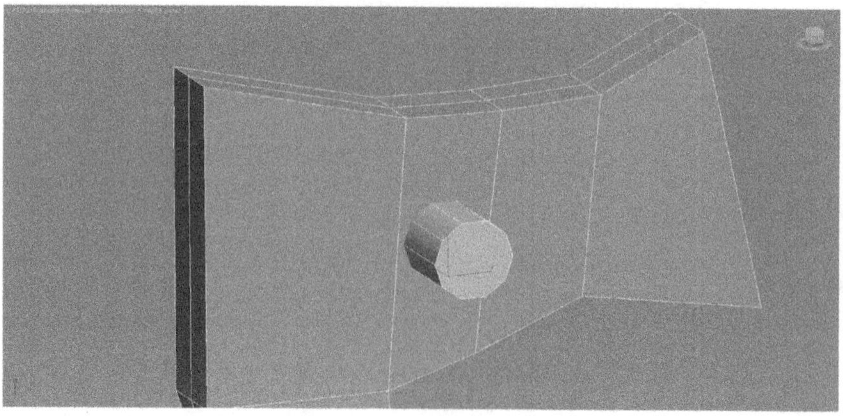

图 5-32　创建圆柱体模型

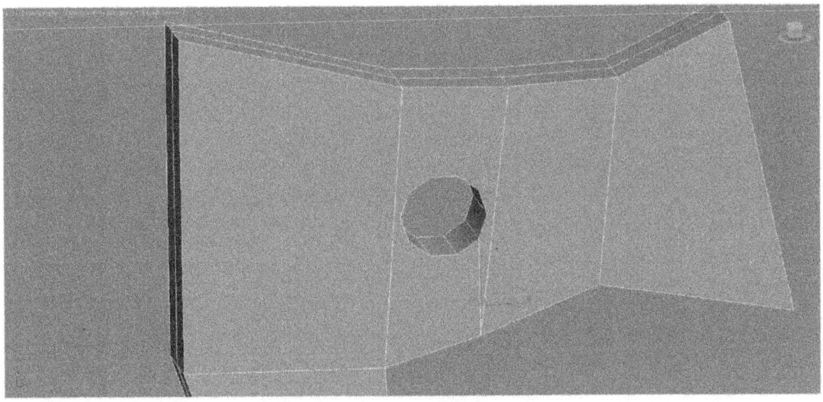

图 5-33 执行布尔运算命令

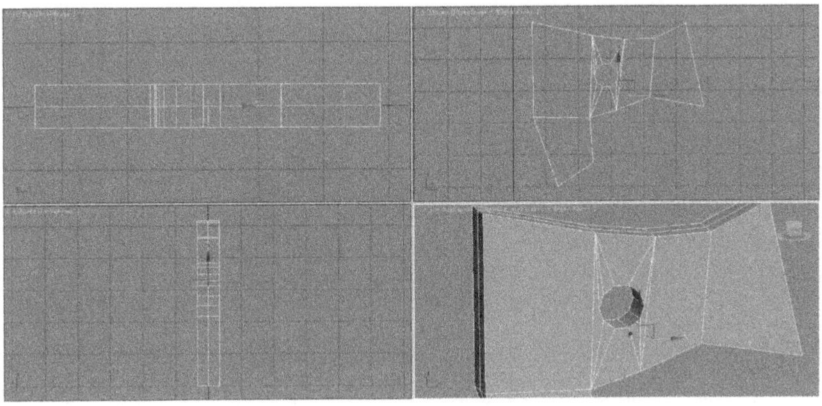

图 5-34 连接模型顶点

然后在斧头模型一侧利用 Connect 命令添加多条分段边线（见图 5-35），选择相应的模型顶点进行焊接，让模型点线分布更加合理化（见图 5-36）。由于模型重新进行了塌陷，所以我们也要重新添加 Symmetry 修改器命令让模型镜像对称，这里要注意模型圆洞内部模型面的处理（见图 5-37）。

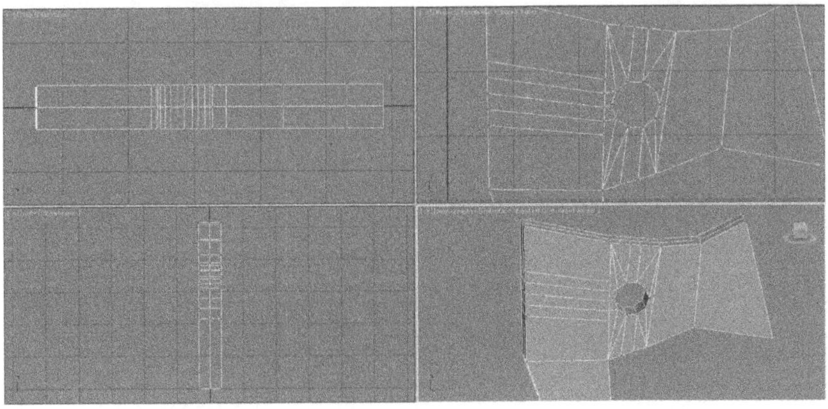

图 5-35 添加分段

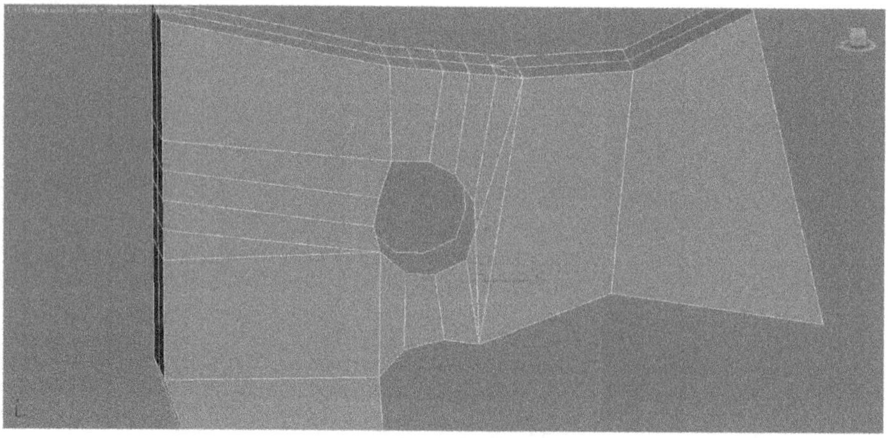

图 5-36　连接顶点

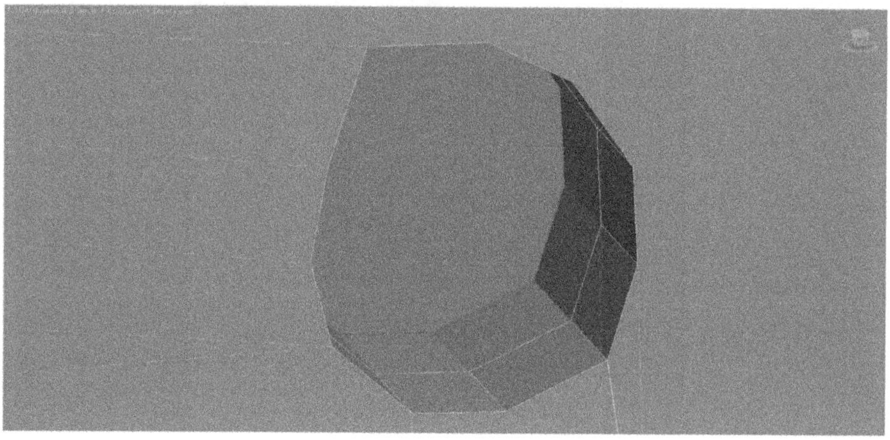

图 5-37　重新补全圆洞内部模型面

接下来我们要在斧头一侧继续添加大量分段边线（见图 5-38），然后调整斧头模型的轮廓结构（见图 5-39）。

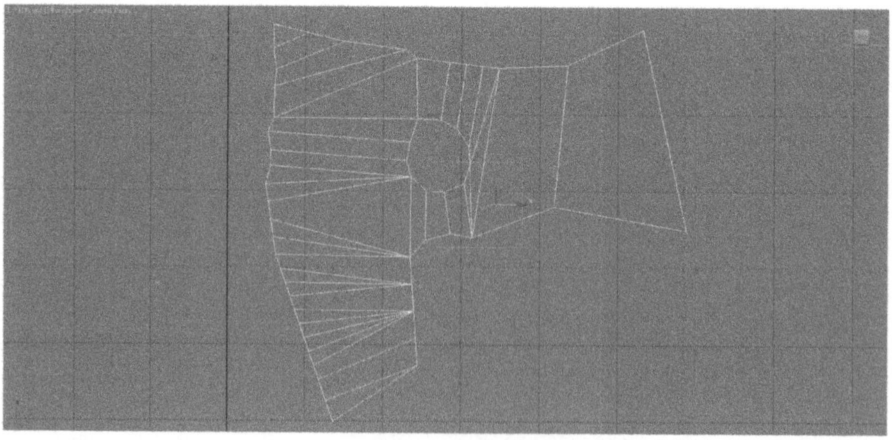

图 5-38　添加分段

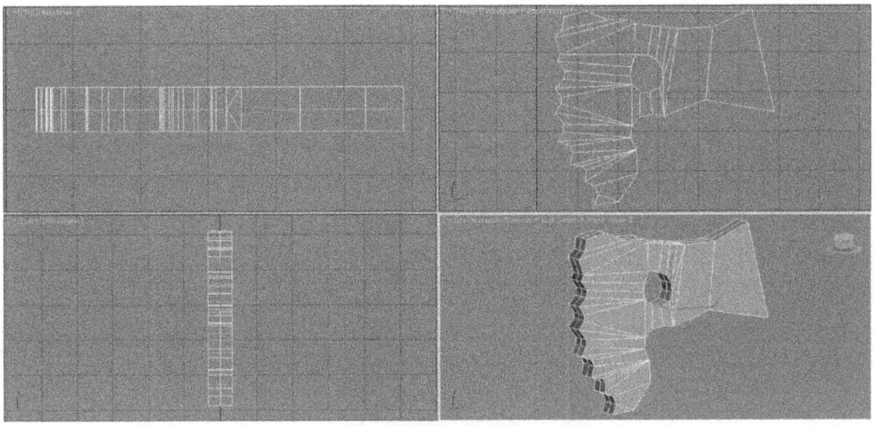

图 5-39　调整模型轮廓结构

在斧头模型另一侧也同样添加分段边线（见图 5-40），然后连接模型顶点，调整布线（见图 5-41）。进入多边形面层级，选择外侧部分模型面，通过 Extrude 命令将模型面进行挤出（见图 5-42）。调整模型顶点，自作出尖刺结构（见图 5-43），编辑完成的斧头模型效果如图 5-44 所示。

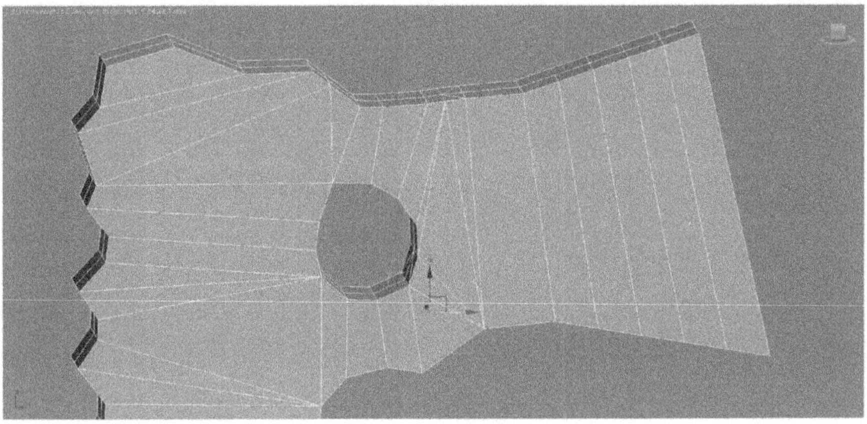

图 5-40　添加分段

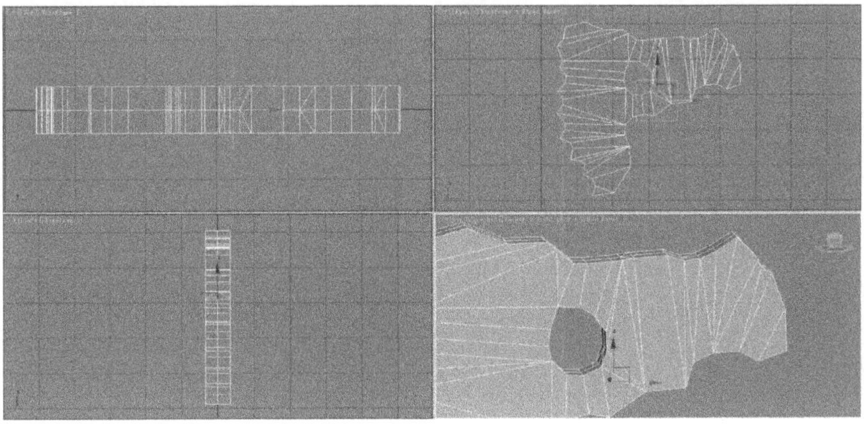

图 5-41　调整布线

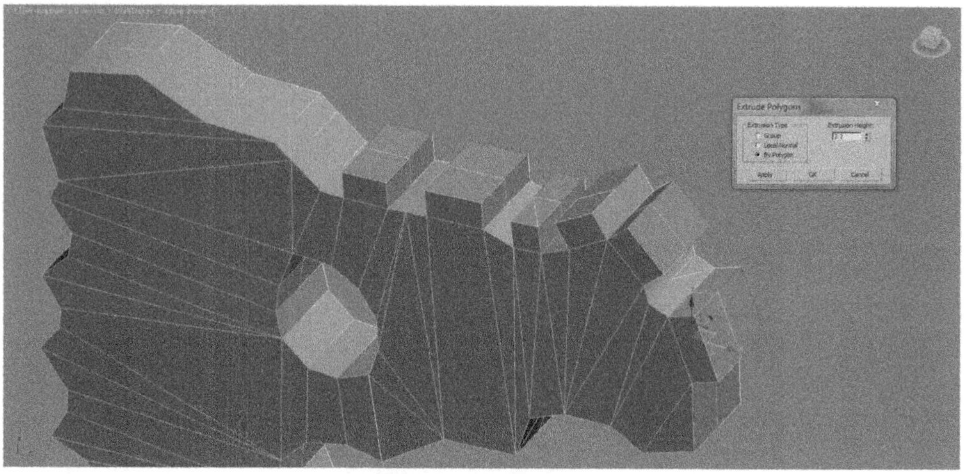

图 5-42　挤出模型面

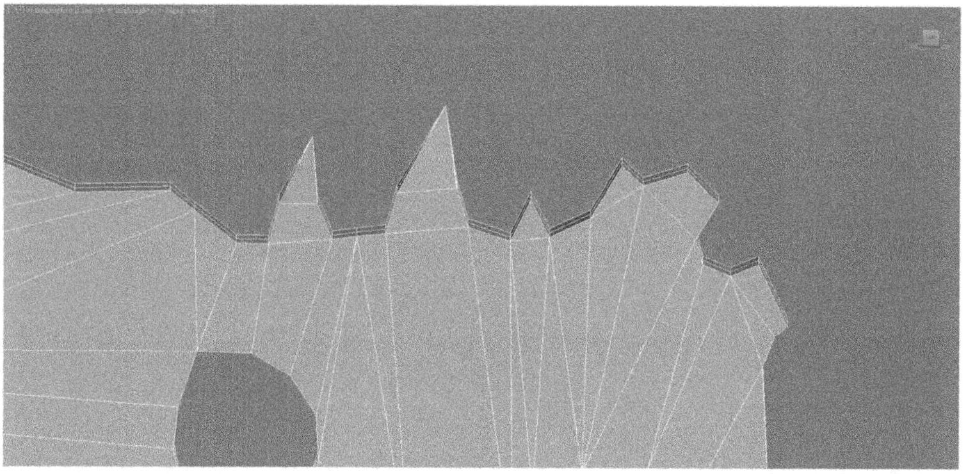

图 5-43　制作尖刺结构

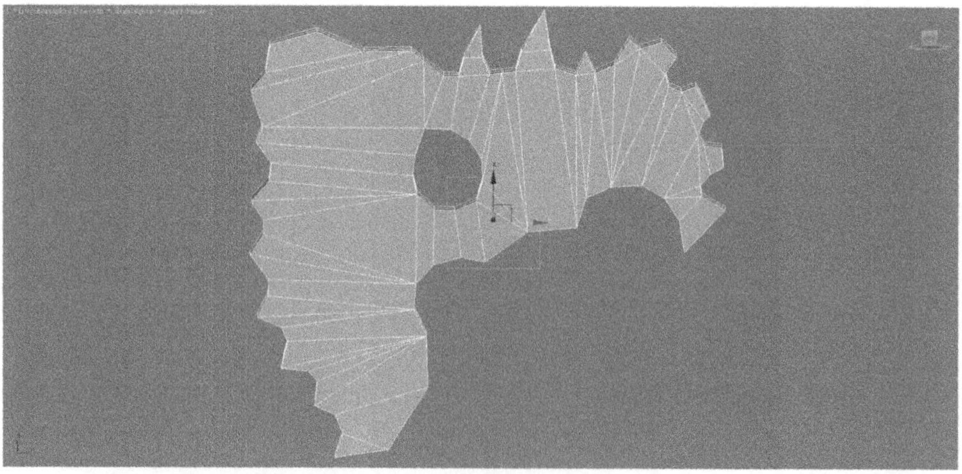

图 5-44　编辑完成的模型效果

制作完斧头模型正面的模型结构后，还需要调整侧面的模型效果，首先要焊接斧头刃部的模型顶点，制作出刃的结构效果（见图 5-45）。然后从顶视图调整模型的顶点，制作出带有起伏的模型结构（见图 5-46）。

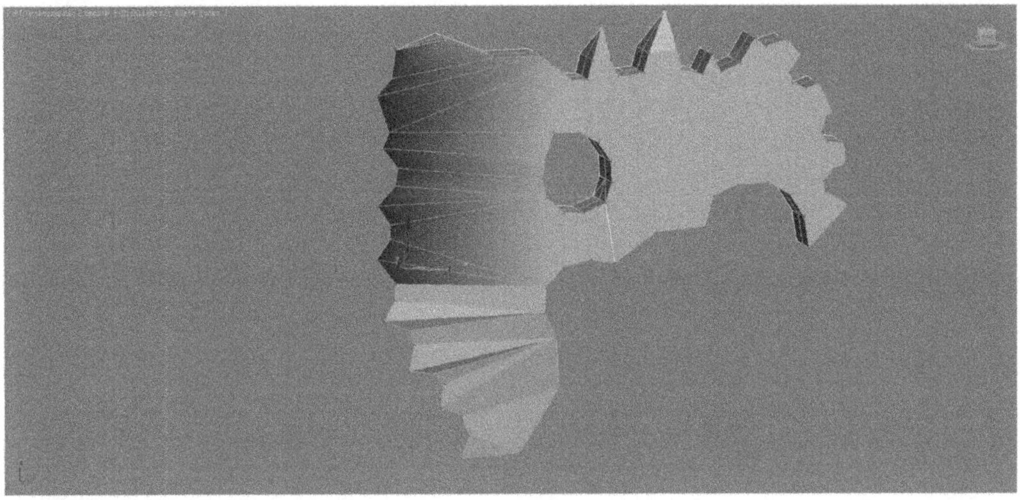

图 5-45　焊接模型顶点

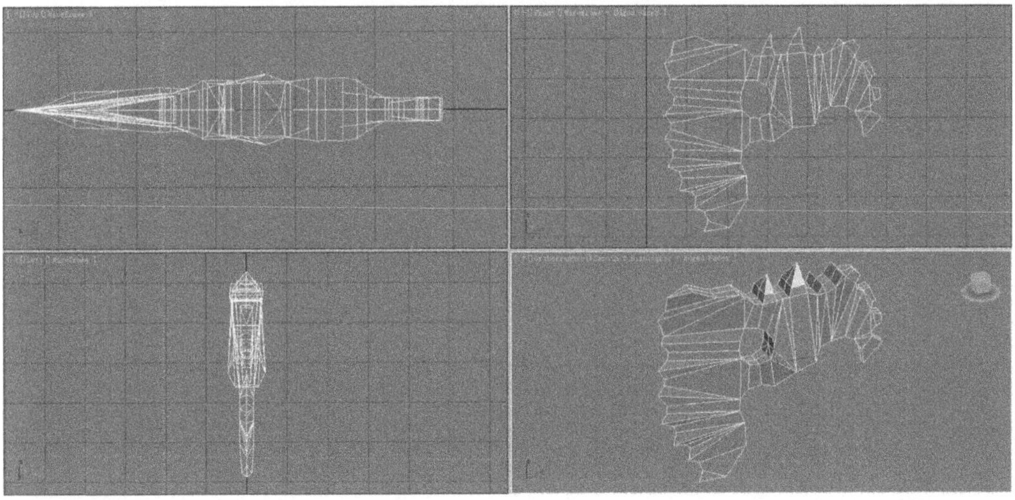

图 5-46　调整模型结构

斧头模型制作完成后开始制作斧柄的结构，选中斧头中间底部的模型面，利用 Extrude 向下挤出模型面（见图 5-47）。通过增加分段边线和编辑多边形命令制作出斧头下方的模型结构，如图 5-48 所示，同时也要注意模型侧面的结构处理（见图 5-49）。接下来利用挤出命令向下制作出细长的斧柄结构（见图 5-50），利用编辑多边形命令制作出斧柄末端的模型结构，如图 5-51 所示。

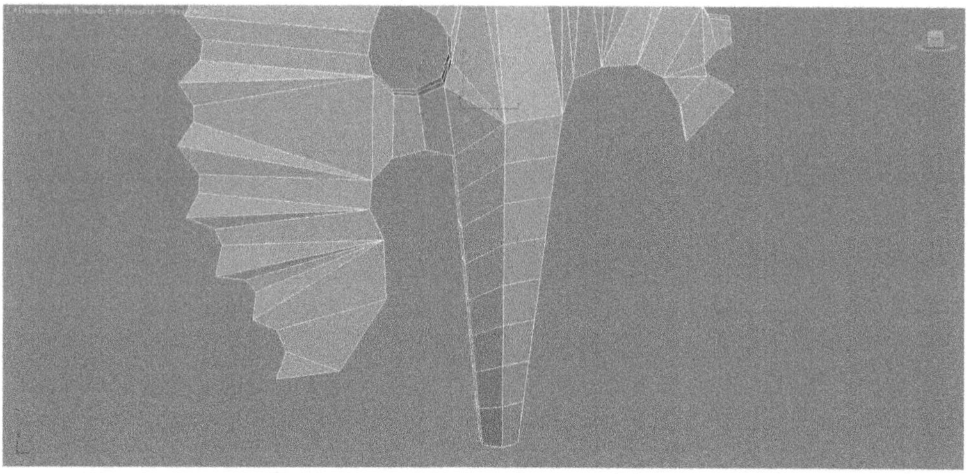

图 5-47　挤出模型面

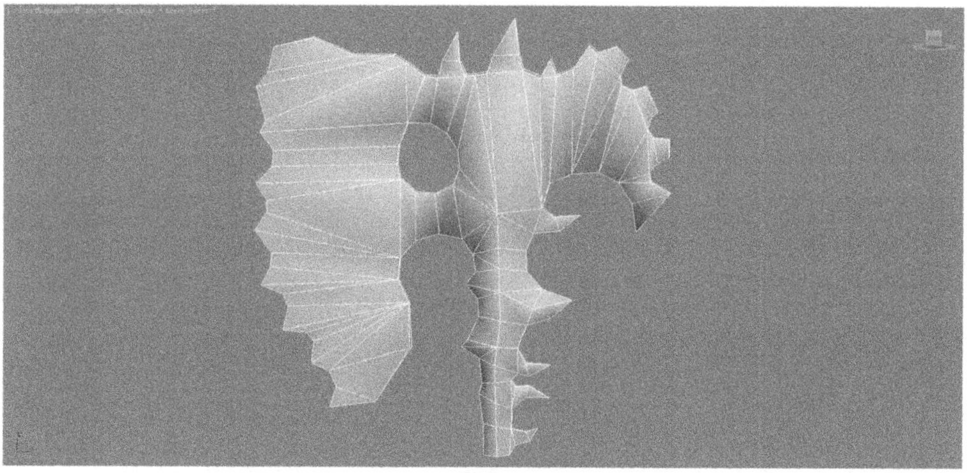

图 5-48　制作模型结构

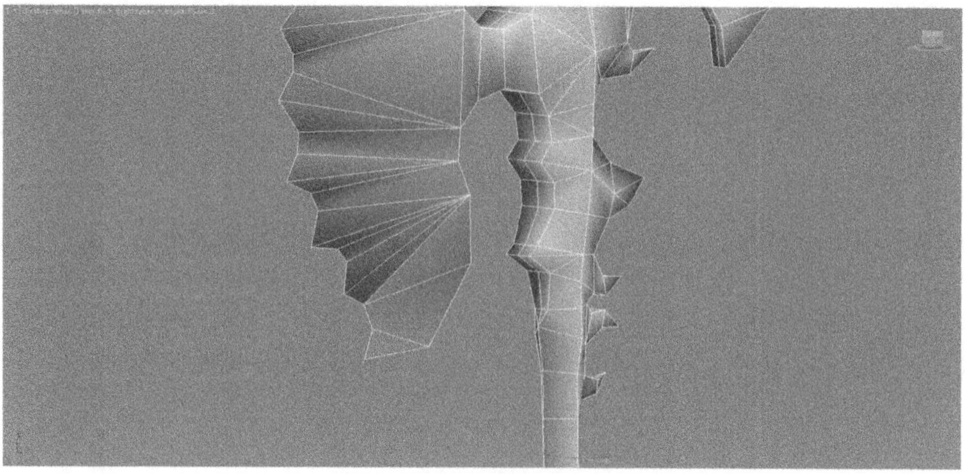

图 5-49　模型侧面的结构效果

图 5-50 制作斧柄结构

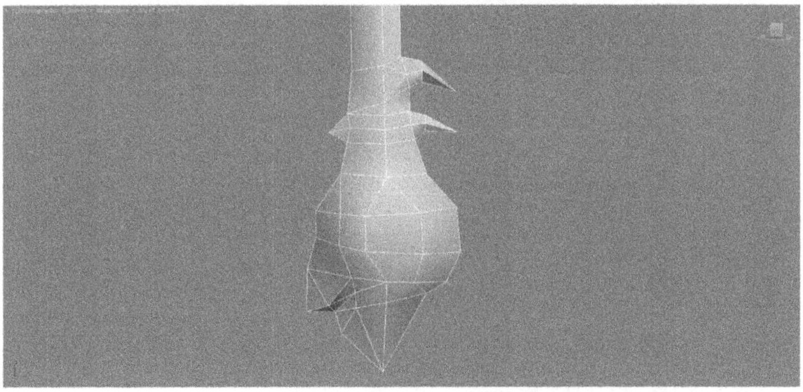

图 5-51 制作斧柄末端结构

模型制作完成后开始进行 UV 的拆分和平展，与大剑模型一样，斧子结构也相对扁平，利用 Plane 投射方式很容易将其 UV 进行平展。将细长斧柄以上的模型 UV 进行拆分，然后斧柄单独拆分，斧子侧面的模型面 UV 也需要进行拆分，然后将拆分的各 UV 网格拼凑到 UV 框之内（见图 5-52）。然后可以将模型 UV 网格导出，为图片在 PS 软件中进行绘制，最终绘制完成的贴图效果如图 5-53 所示。图 5-54 为巨斧模型最终制作完成后的效果。

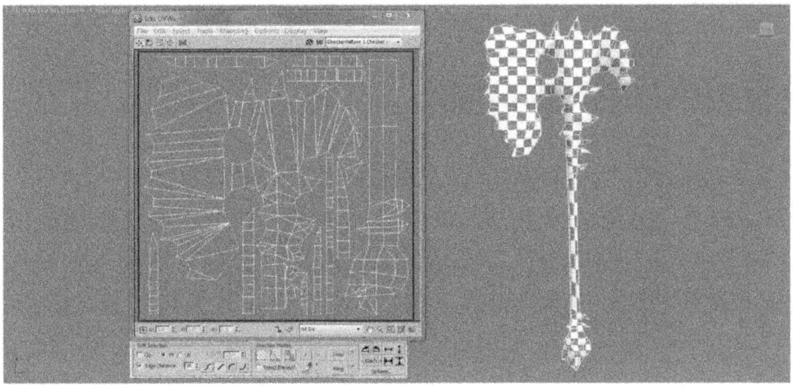

图 5-52 模型 UV 拆分

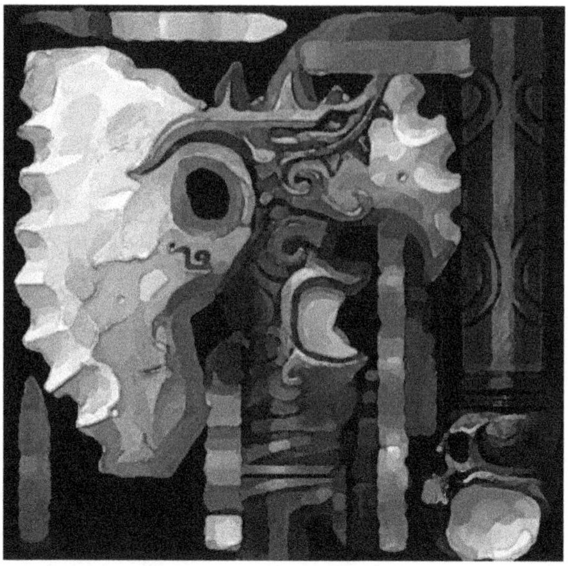

图 5-53　巨斧模型贴图

图 5-54　最终制作完成的巨斧模型在视图中的效果

## 5.4 角色道具模型法杖的制作

在网络游戏当中，游戏角色的武器除了冷兵器外还有一类就是魔法类武器，尤其在奇幻游戏当中属于重要的武器类型。魔法类武器与冷兵器最大的不同是，冷兵器通常都是根据现实道具设计而来的，具备现实当中的合理性和实用性，而魔法武器则是完全虚构出来的道具，通常要配合角色的技能和魔法使用，并不具有真正的实用性，更多只是起到装饰作用（见图 5-55）。魔法类武器中的代表武器就是法杖，本节我们就来制作网络游戏中常见的法杖武器道具模型，下面开始实际制作。

图 5-55 游戏角色手中的法杖

法杖从结构上来说主要分为杖头和杖柄两部分，杖头结构一般比较复杂，是法杖的主体结构，主要从美观和装饰角度考虑，杖柄末端有时也会设计相对复杂一些的装饰结构。我们先从杖头开始制作，首先在 3ds Max 视图中创建 BOX 模型，设置合适分段数，编辑杖头的部分结构模型（见图 5-56）。

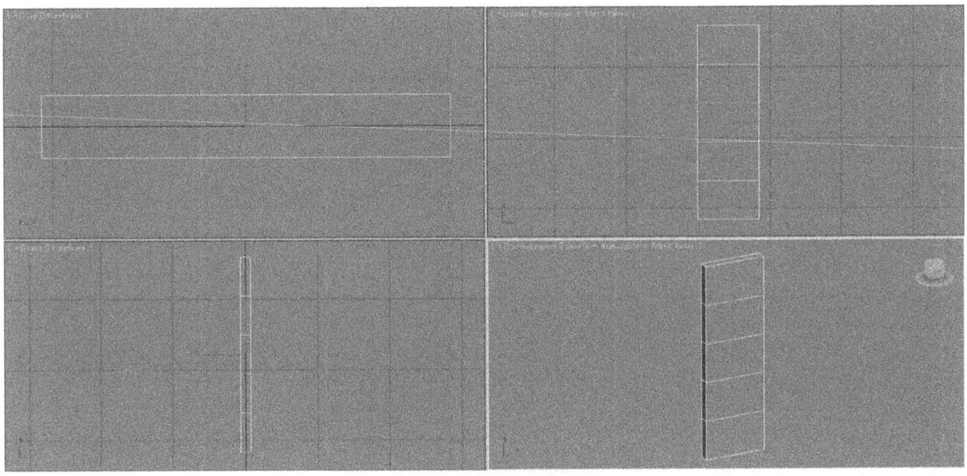

图 5-56 创建 BOX 模型

将 BOX 模型塌陷为可编辑的多边形，调整模型的基本结构（见图 5-57）。然后通过 Connect 命令增加新的边线（见图 5-58），进入多边形面层级，选中侧面模型面，利用 Extrude 命令挤出模型面（见图 5-59）。

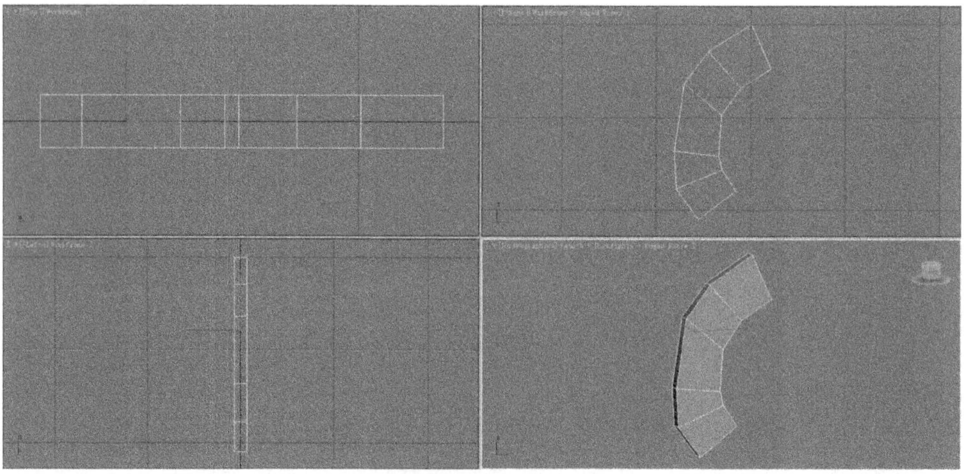

图 5-57　编辑模型

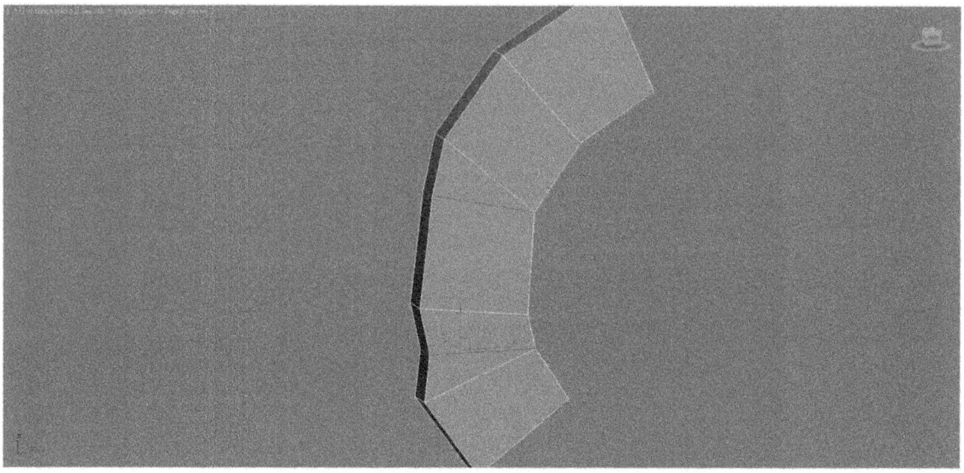

图 5-58　添加边线

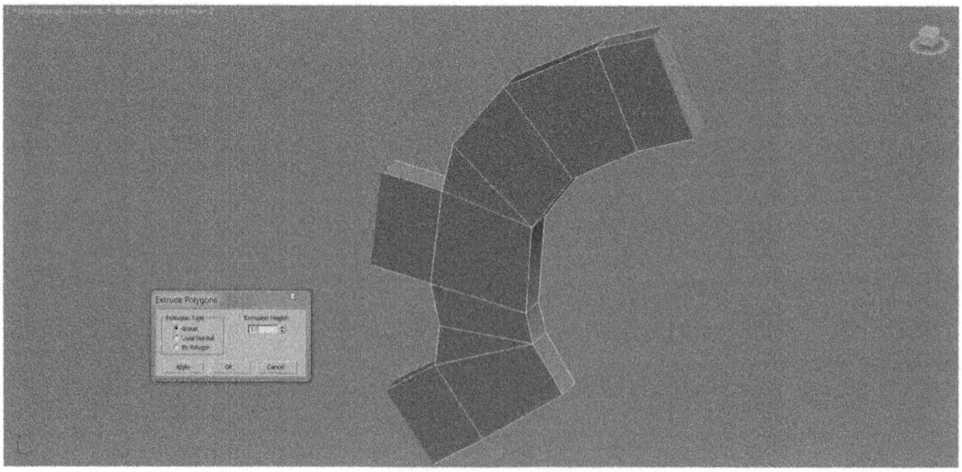

图 5-59　挤出模型面

接下来通过挤出模型面、调整点线等命令进一步编辑模型，制作出图 5-60 中的形态。将制作完成的模型结构镜像复制，同时完成下面模型结构的制作，如图 5-61 所示。然后在模型中间添加球体模型，这样杖头的模型结构就制作完成了（见图 5-62）。

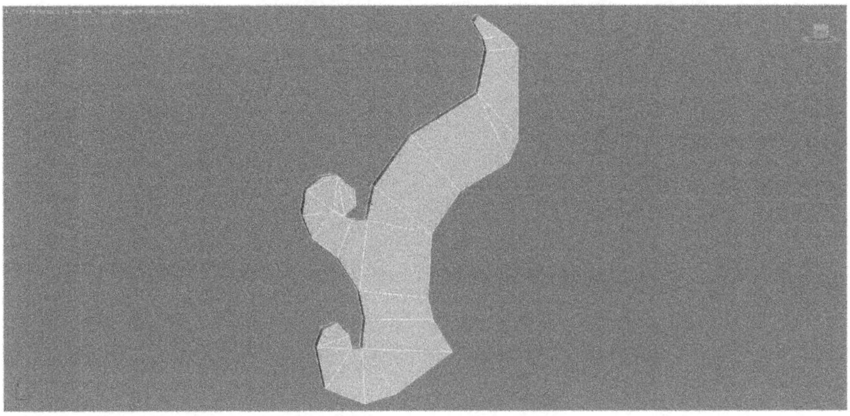

图 5-60 进一步编辑模型

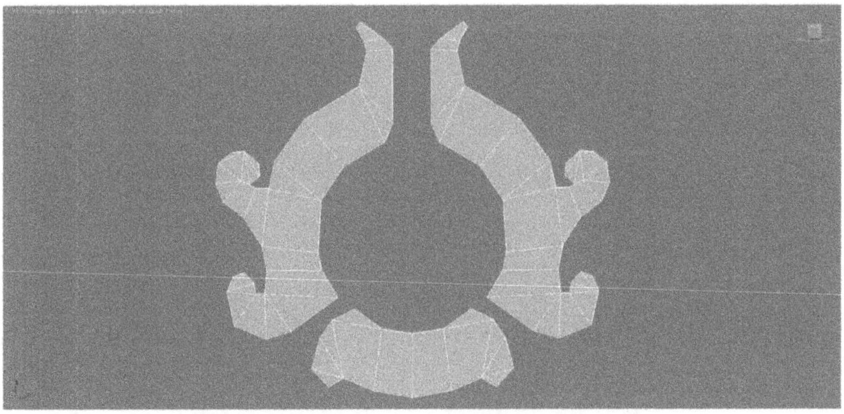

图 5-61 镜像复制模型

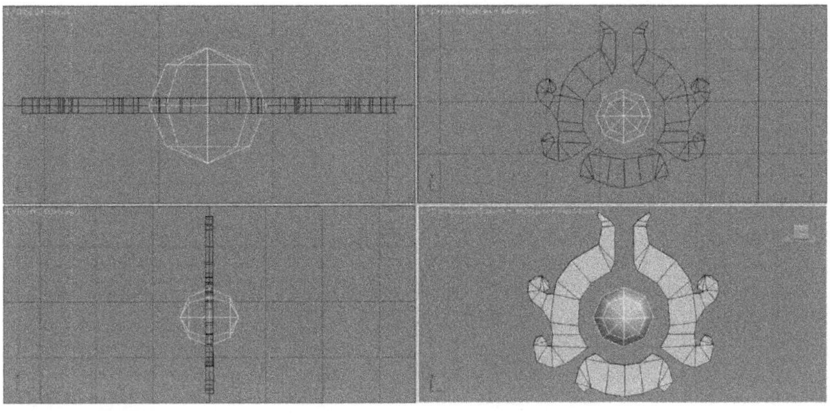

图 5-62 制作添加球体模型

接下来开始制作杖柄模型，在视图中创建四边形圆柱体模型，设置一定的分段数（见图5-63）。将模型塌陷为可编辑的多边形，利用面层级挤出命令制作出杖柄上方的模型结构（见图5-64）。利用相同方法继续完善杖柄顶部模型结构，如图 5-65 所示。利用同样的方法制作杖柄末端的模型结构（见图 5-66），图 5-67 为最终制作完成的法杖模型。

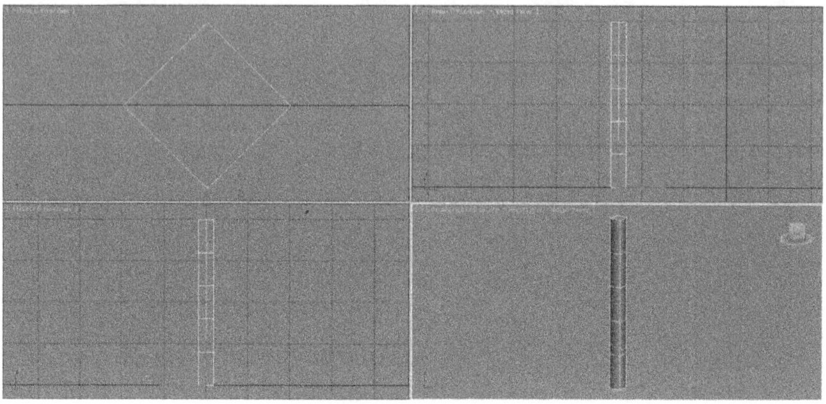

图 5-63　创建圆柱体模型

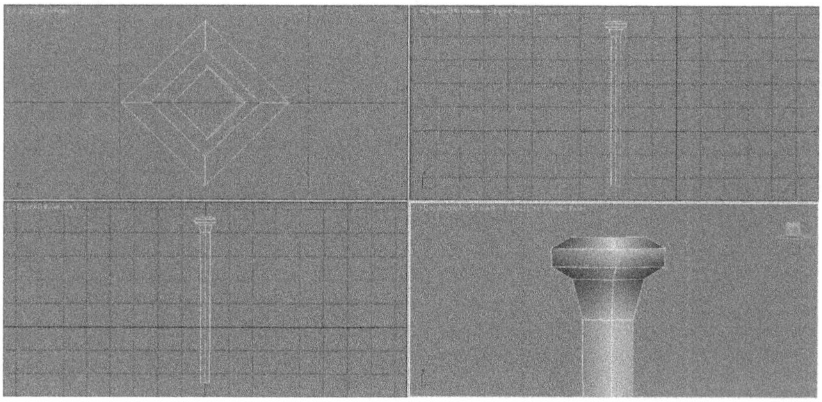

图 5-64　制作顶部模型结构

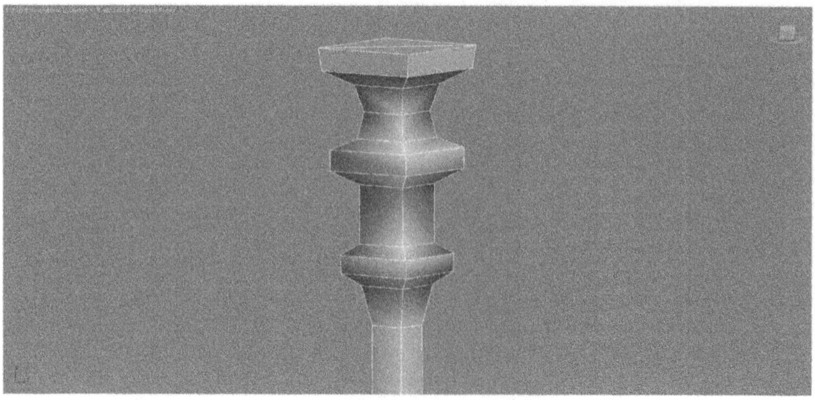

图 5-65　继续编辑制作模型结构

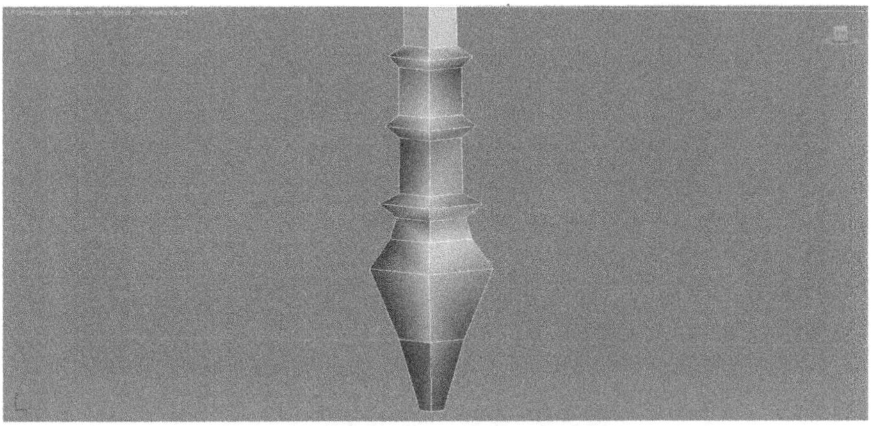

图 5-66 编辑制作杖柄末端结构

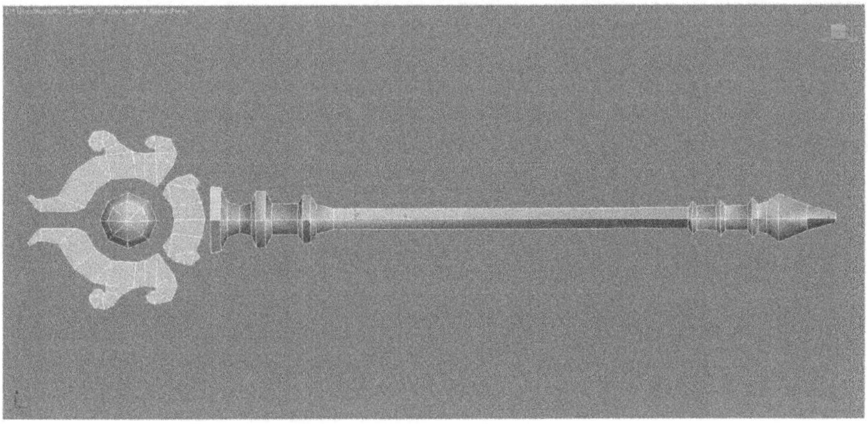

图 5-67 制作完成的法杖模型

模型制作完成后要拆分和展平模型 UV，整体操作也非常简单，图 5-68 为法杖模型 UV 平展的效果。然后将 UV 网格图导入 PS 中进行贴图绘制（见图 5-69），图 5-70 为模型最终制作完成的效果。

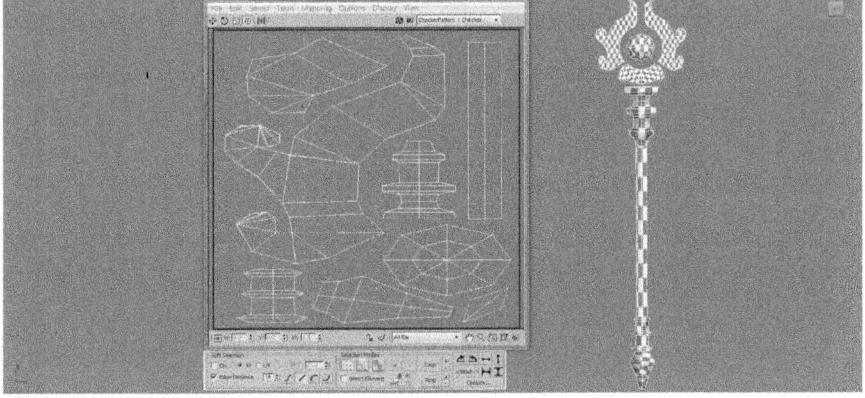

图 5-68 模型 UV 平展

图 5-69　绘制完成的模型贴图

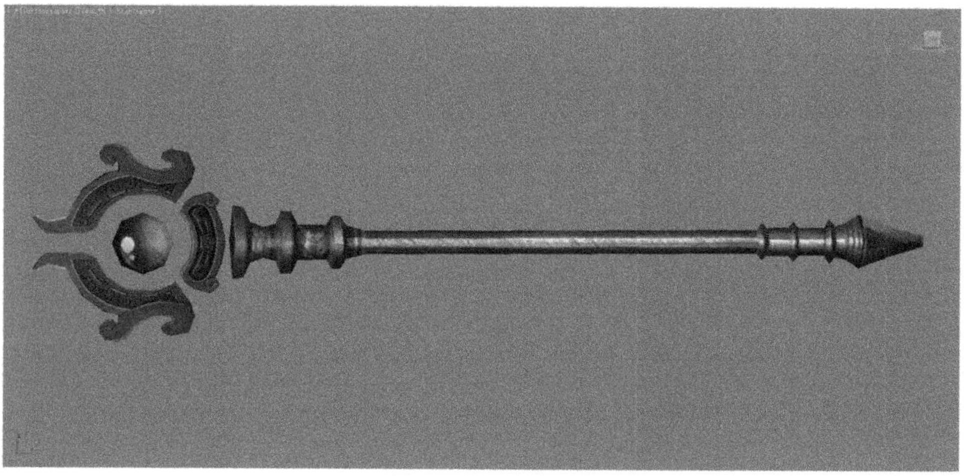

图 5-70　添加贴图后的法杖模型效果

## 5.5 角色道具模型枪械的制作

前两节内容中主要学习了冷兵器角色道具模型的制作，这一节我们将制作现代化枪械武器模型，这是科幻或战争类题材游戏中最为常见的角色道具模型。与冷兵器不同的是，枪械类武器模型结构相对复杂，转折棱角较多，模型和贴图都需要做针对化的处理。图 5-71 为本节实例制作最终完成的枪械模型效果，这里我们仍然利用低精度化多边形进行建模，后期主要通过贴图来刻画和表现细节效果。下面开始实际模型的制作。

对于枪械这种零件较多的模型，在制作的时候先要根据结构制作部件，然后再进行拼合。我们首先从枪的后端开始建模，在 3ds Max 视图中创建 BOX 模型，设置合适的分段，然后将其塌陷为可编辑多边形。由于这里制作的枪械也是两侧对称的结构，所以制作的时候删除一侧，只编辑剩余一侧的模型结构，最后可以通过添加 Symmetry 修改器镜像完成（见图 5-72）。接下来调整点线，编辑出基本的模型轮廓（见图 5-73），然后利用基础等编辑多边形进一步编辑模型，制作出图 5-74 中的形态。

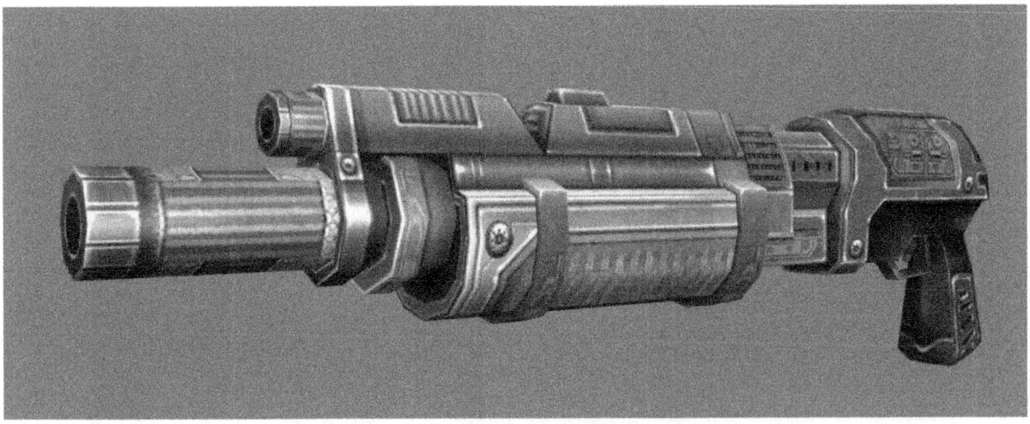

图 5-71 最终完成的枪械模型效果

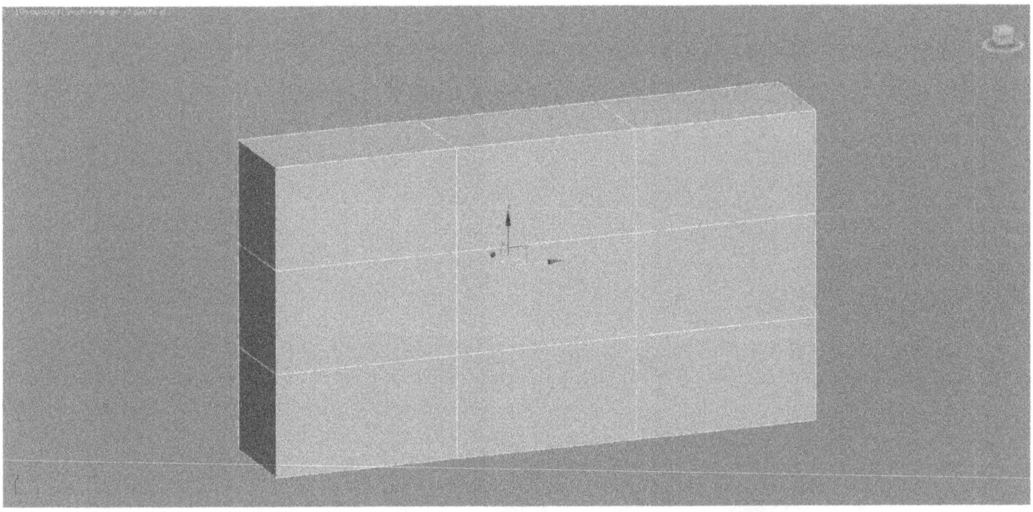

图 5-72 创建 BOX 模型

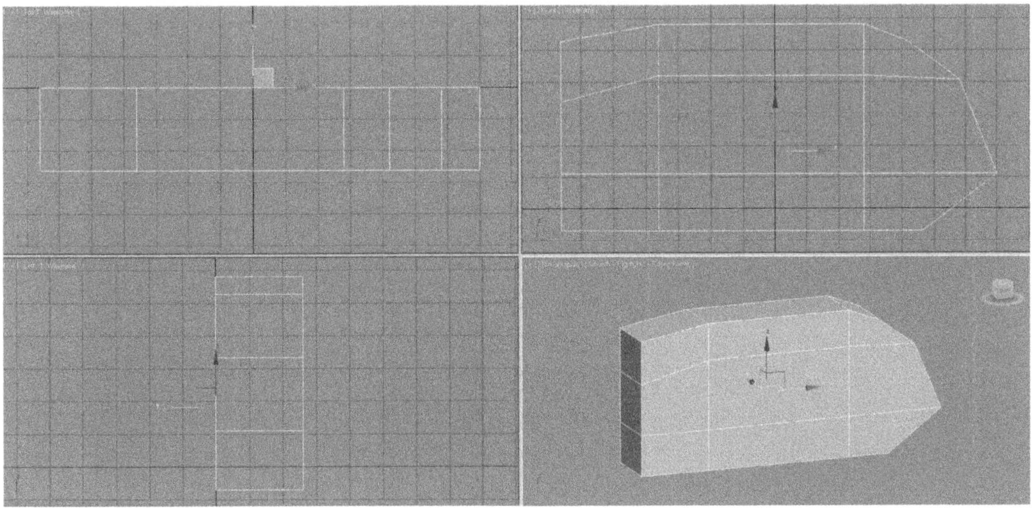

图 5-73 调整模型大轮廓

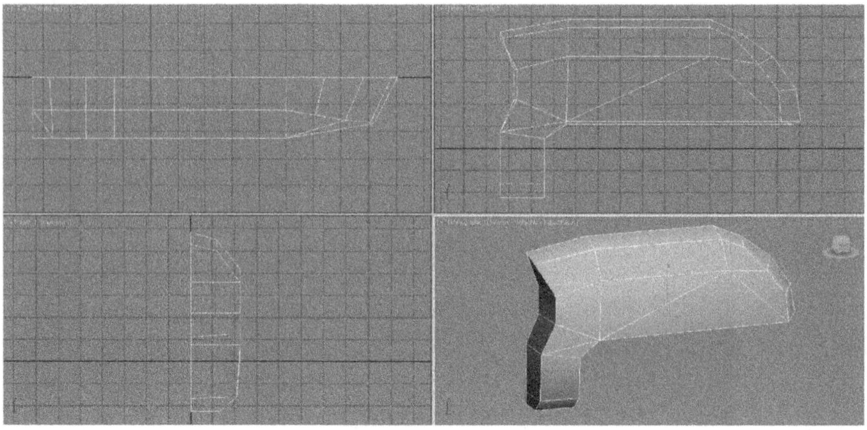

图 5-74　完成枪后部模型的制作

接下来利用编辑多边形面层级下的 Inset 和挤出等命令制作后部下方的模型结构（见图 5-75），然后制作出枪柄模型（见图 5-76），接着在前部利用插入和挤出命令制作出连接结构（见图 5-77）。

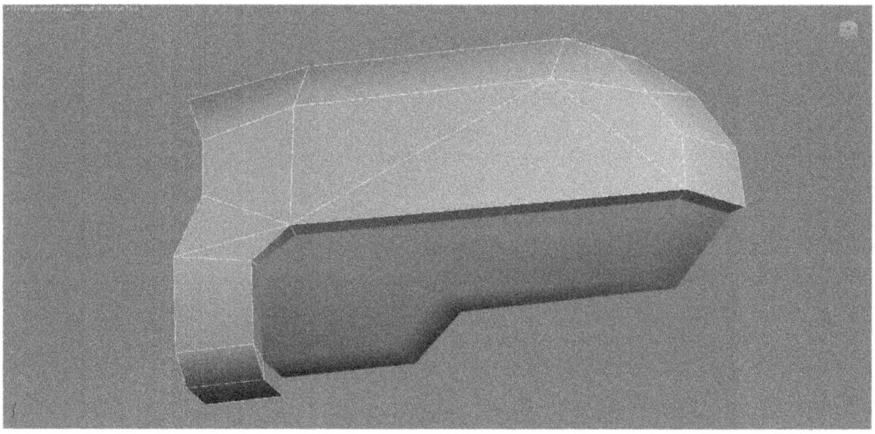

图 5-75　制作下方结构

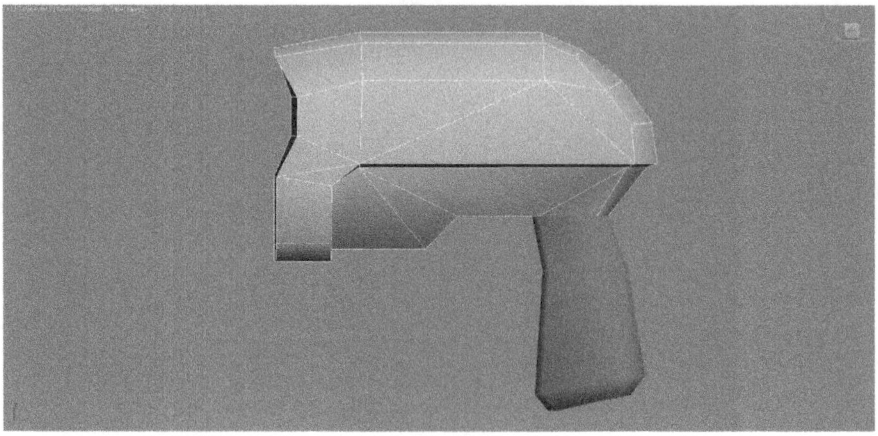

图 5-76　制作枪柄

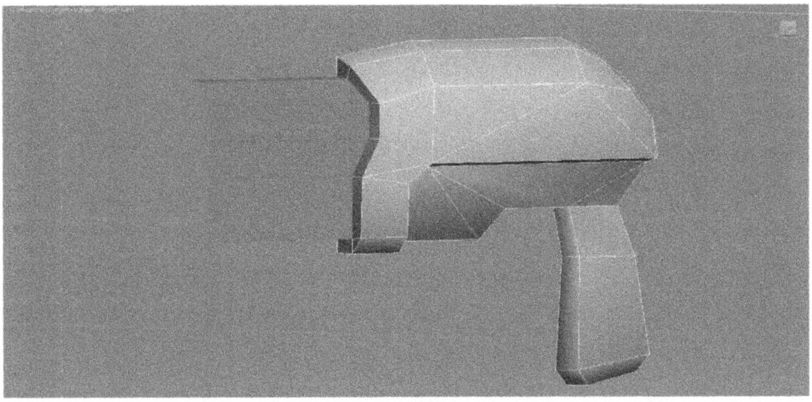

图 5-77 制作前部连接结构

接下来我们开始制作枪身前部分的模型结构，在视图中创建圆柱体基础模型，通过编辑多边形将其制作成图 5-78 中的形态。然后选中模型前面的多边形面，利用挤出命令制作出枪管的悬挂结构（见图 5-79）。

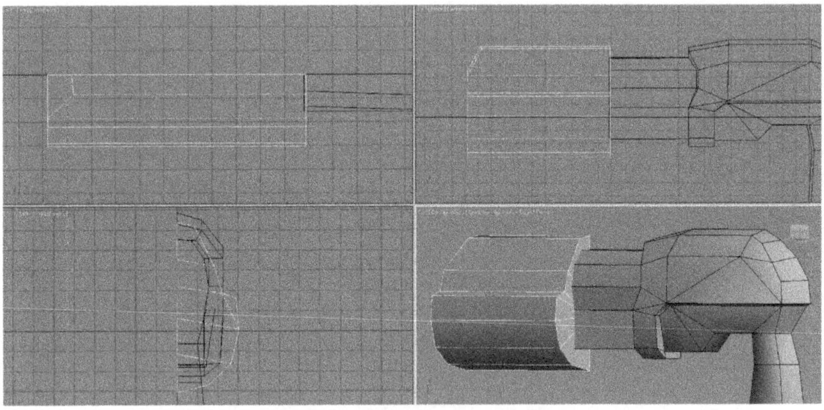

图 5-78 制作枪身前部基本结构

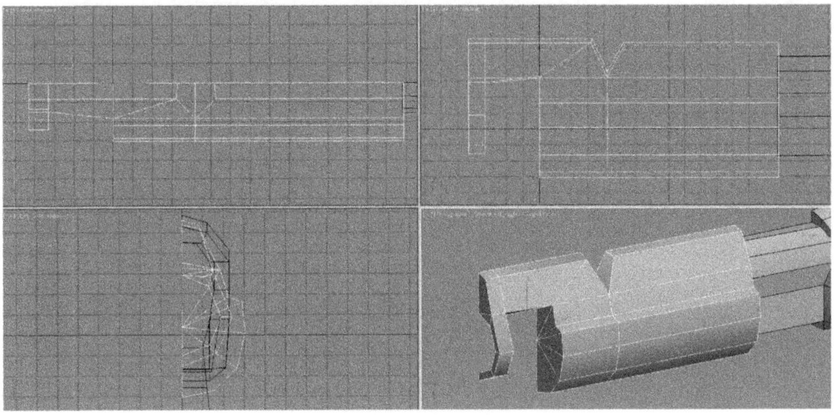

图 5-79 制作枪管悬挂结构

在枪身中部位置利用 BOX 模型编辑制作一个简单的连接结构，主要是为了让模型整体的衔接更加紧凑（见图 5-80）。然后我们为模型添加 Symmtery 修改器命令，让模型镜像完成对称整体（见图 5-81）。最后制作前端的枪管结构，并制作添加扳机等部件（见图 5-82 和图 5-83），到此枪械模型的部分就制作完成了，整个模型所用多边形面不足 700 面。

模型制作完成后，下面开始模型 UV 的分展，为后面贴图绘制做准备。整个模型的 UV 分前后两大部分进行拆分，枪柄和枪管单独拆分，然后对其他如扳机等小部件进行单独拆分。由于枪械模型金属质感比较强，在后期贴图绘制的时候需要对每个转折都进行绘制，所以这里对于 UV 的拆分尤其需要注意，要将模型所有结构面都进行仔细拆分，这样才能满足后期贴图绘制的表现效果。最终分展的 UV 网格如图 5-84 所示。

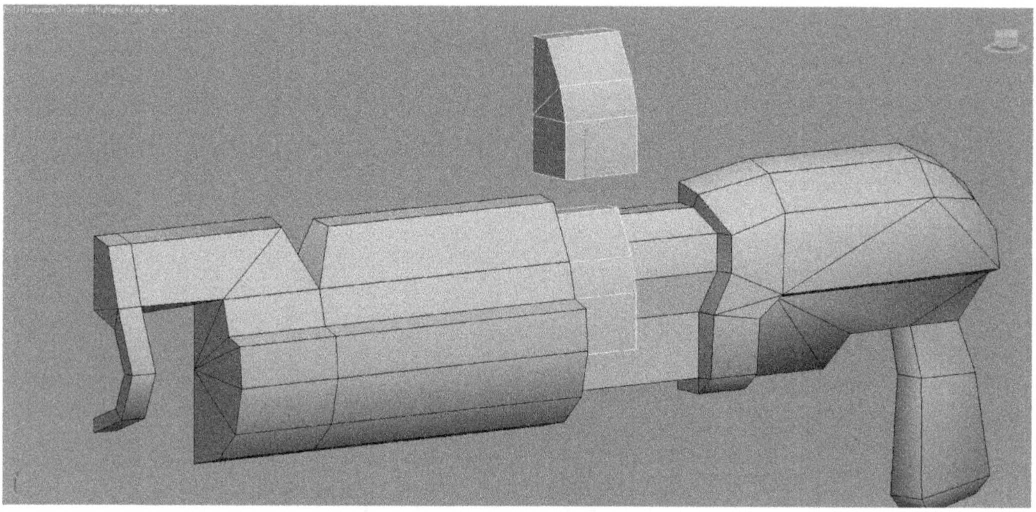

图 5-80　制作衔接结构

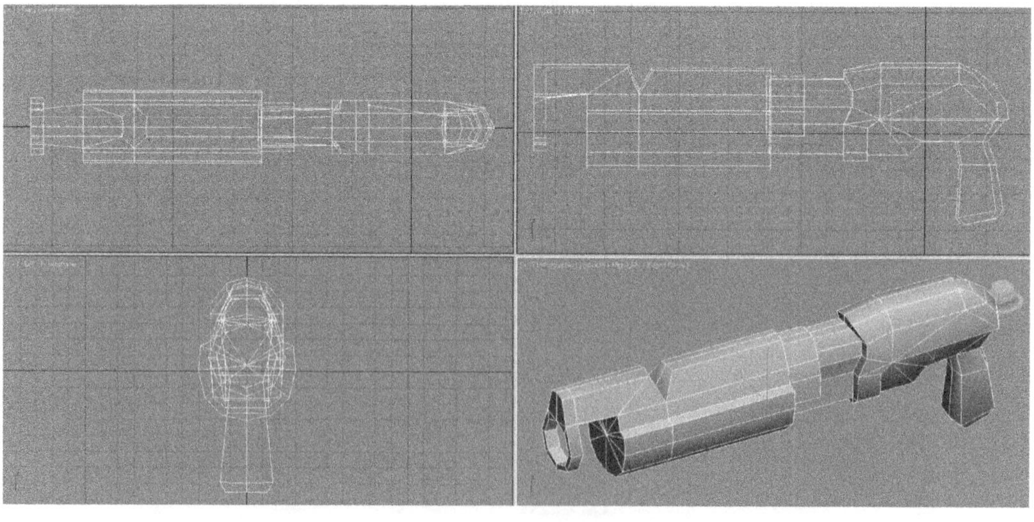

图 5-81　镜像模型

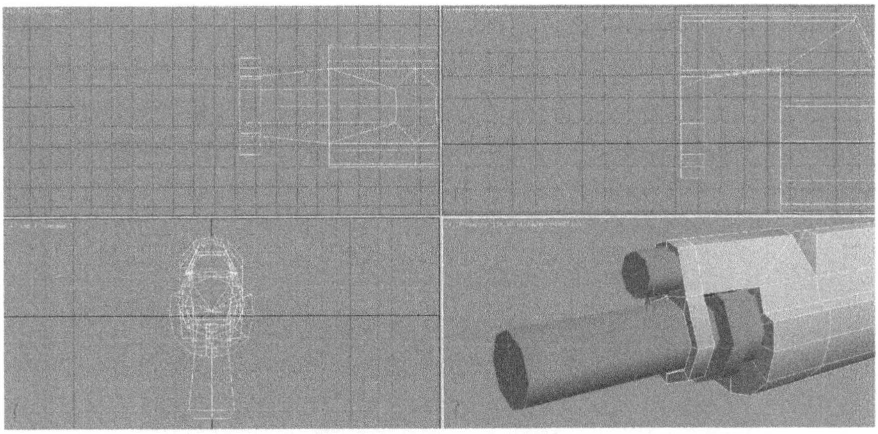

图 5-82 制作枪管结构

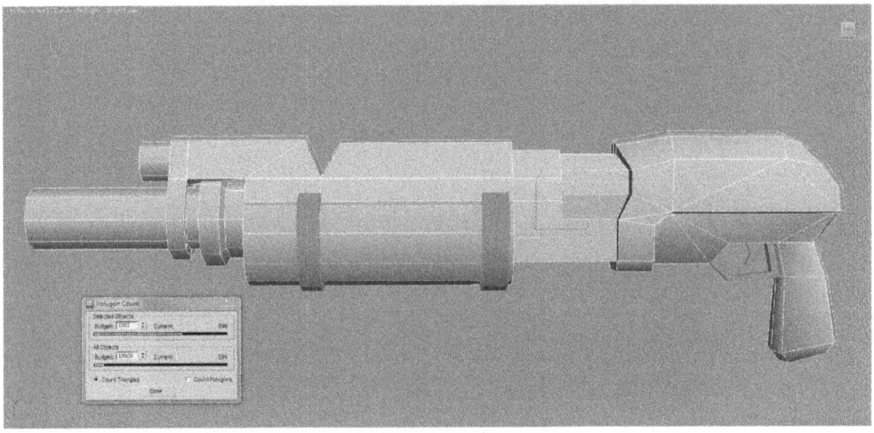

图 5-83 制作扳机等部件

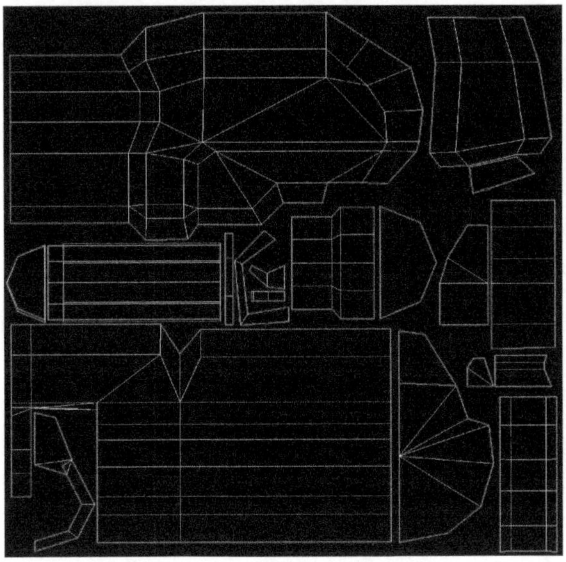

图 5-84 枪械模型拆分后的 UV 网格

UV 分展完成后开始绘制枪械模型的贴图，这里针对枪械类金属贴图的绘制流程进行简单讲解。对于这类转折结构多、金属质感强的贴图，我们需要首先绘制结构边线，一般利用黑色线进行绘制（见图 5-85）。然后开始绘制贴图的明暗关系，首先刻画贴图的暗面（见图 5-86），开始绘制贴图结构中转折的亮边高光（见图 5-87）。接下来为其添加一些装饰底纹，增加贴图的细节效果（见图 5-88）。然后绘制大面积的高光效果，增强金属的整体质感（见图 5-89）。最后为整体贴图添加一张带有划痕和斑迹的底纹图片，选择合适的叠加模型进行叠加处理，整体调整贴图明暗对比效果，完成整个贴图的绘制（见图 5-90）。

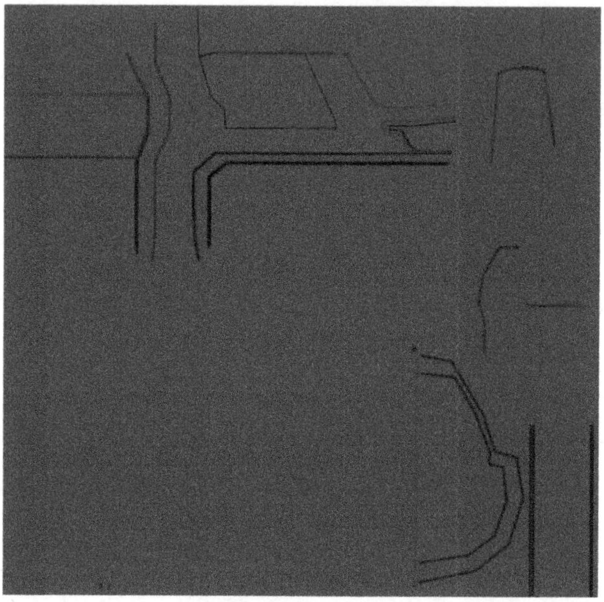

图 5-85　绘制黑线

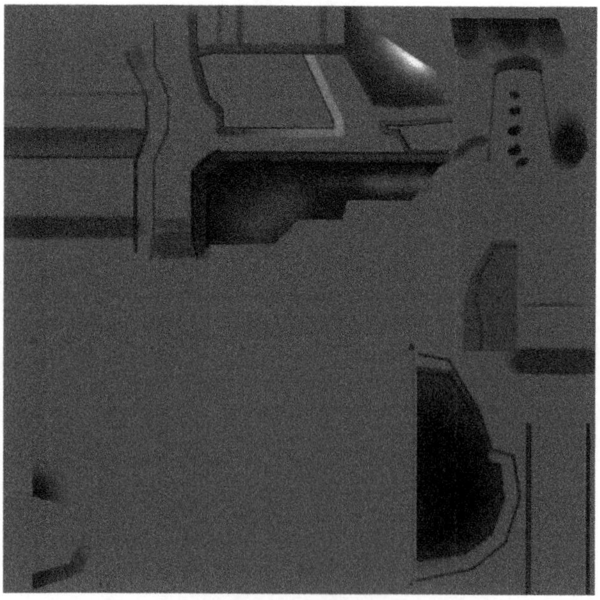

图 5-86　绘制暗面

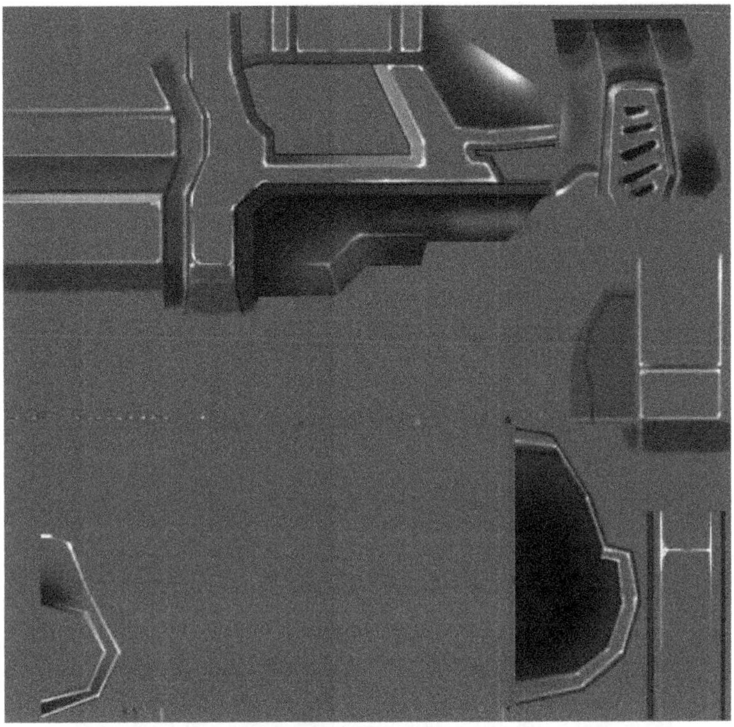

图 5-87 绘制高光亮线

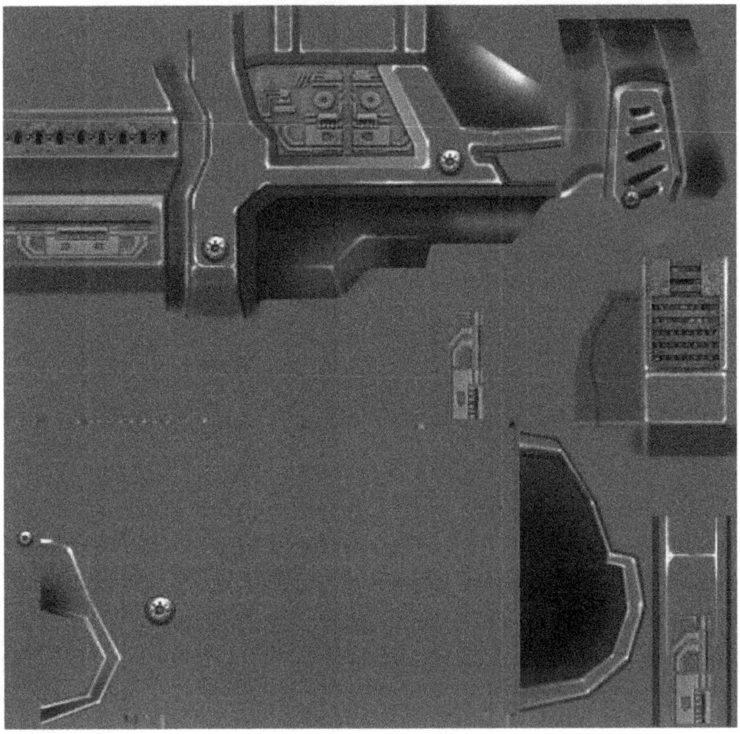

图 5-88 添加装饰图案

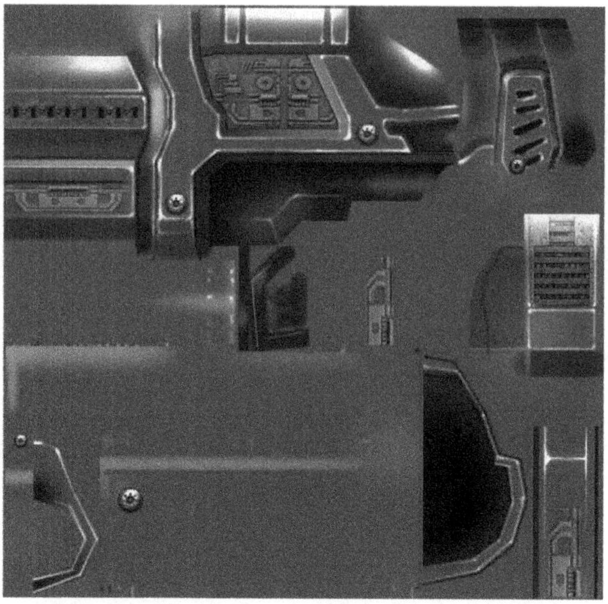

图 5-89　绘制高光

图 5-90　添加底纹调整明暗

扫描右侧二维码可以观看视频课程，学习游戏角色武器模型的制作与贴图绘制流程。

CHAPTER

# 6

# 网游NPC角色模型实例制作

网络游戏中的NPC角色是指在游戏中与玩家角色发生对话、任务交接，以及买卖等互动行为的功能性非玩家控制角色。在游戏世界中，相对于玩家控制的游戏主角，NPC角色更像是以配角的身份存在。在实际制作中，NPC角色模型也会比游戏主角模型设计更为简单，所用的模型面数更低，同时模型UV的分展也会尽量集中，以减少模型采用的贴图数量，有时甚至只会采用一张贴图。

本章我们就来学习网游NPC角色模型的制作，图6-1为本章实例模型的原画设定图。从图中可以看出，这是一位年轻女性角色，穿着带有民族风格的服饰，在制作的时候我们仍然按照头、躯干和四肢的顺序进行制作，制作的难点在于头发的模型和贴图处理，同时腰部衣服的层次和褶皱表现也许额外注意。下面我们开始实际模型的制作。

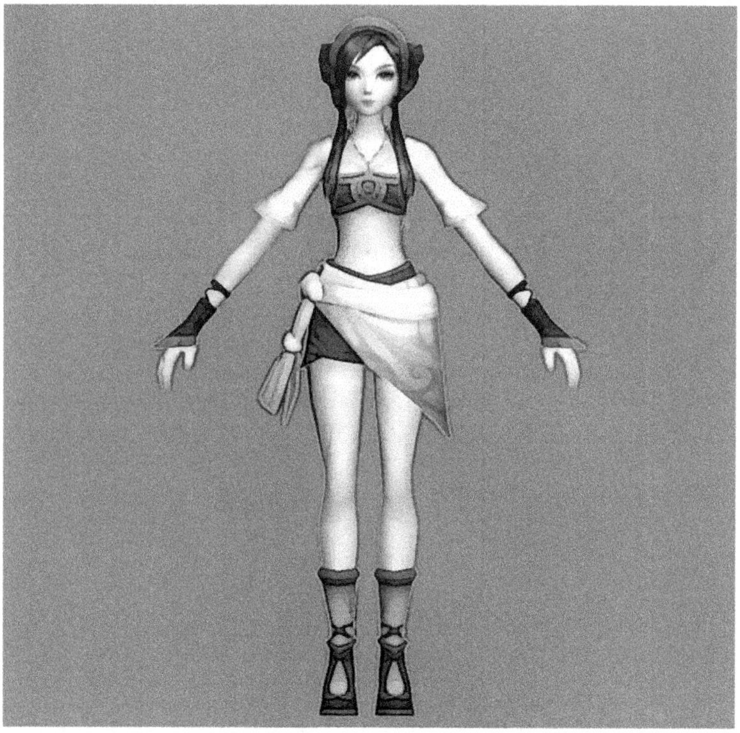

图6-1　角色模型原画设计图

## 6.1 头部模型的制作

首先我们开始制作角色头部模型，仍然是以BOX模型作为基础几何体模型，将视图中的BOX模型塌陷为可编辑的多边形并删除一半，然后添加Symmetry修改器命令进行镜像对称制作（见图6-2）。然后对模型进行编辑，调整出头部的大概形状，在脸部中间挤出鼻子的基本结构（见图6-3）。通过Cut、Connect等命令对模型加线处理，进一步编辑头和脸部的模型结构（见图6-4）。

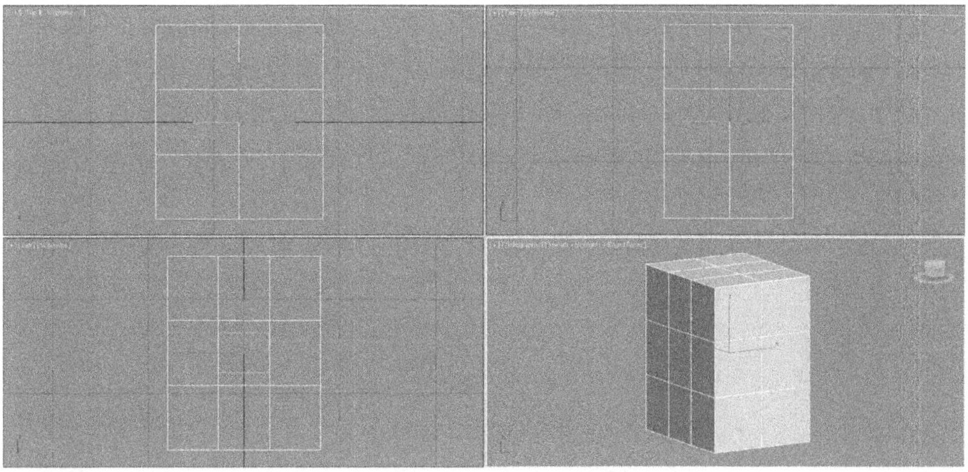

图 6-2　创建 BOX 模型

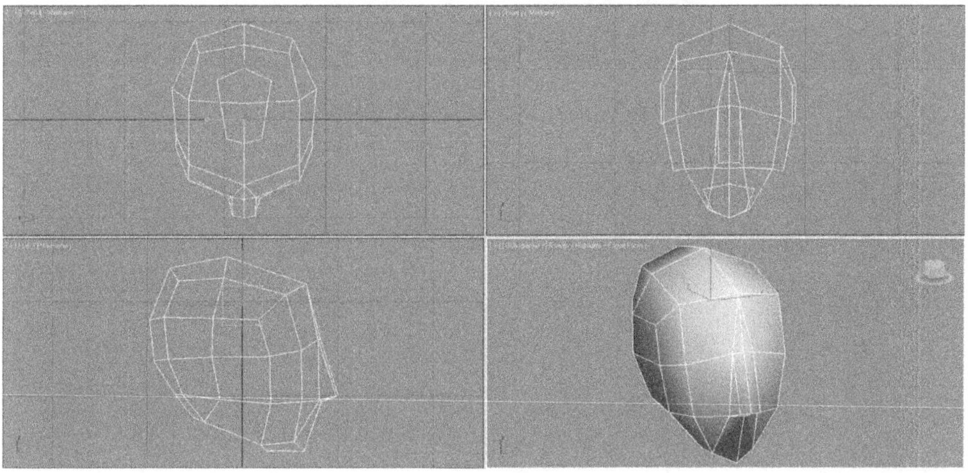

图 6-3　编辑头部基本结构

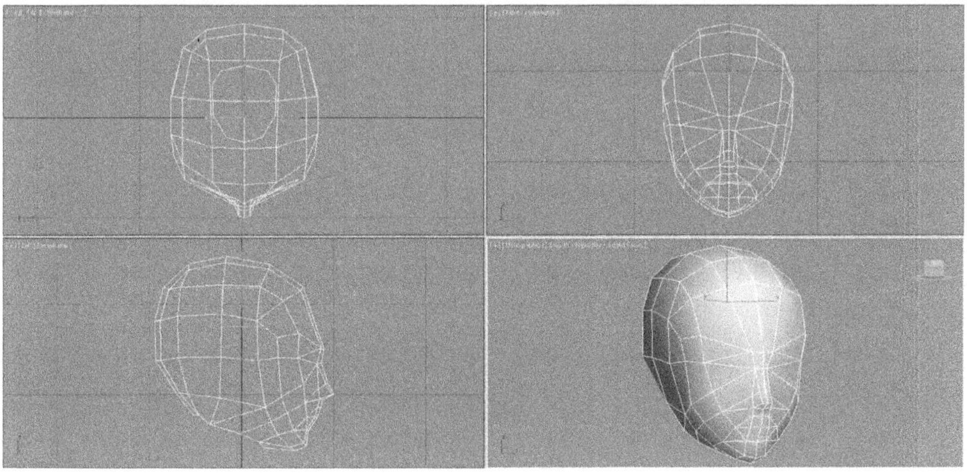

图 6-4　加线细化模型结构

接下来进一步增加面部的布线结构，细化制作出鼻头及嘴部的轮廓结构（见图 6-5）。利用切割布线刻画出眼部的线框轮廓，由于是 NPC 游戏角色，所以眼部跟嘴部模型不需要刻画的特别细致，后期主要通过贴图进行表现，这里的布线也是为了方便贴图的绘制（见图 6-6）。

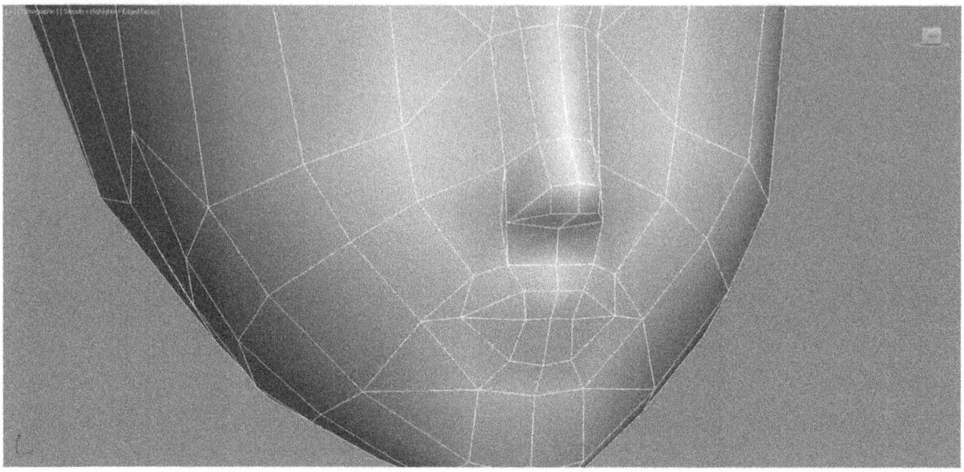

图 6-5　制作鼻子跟嘴部模型结构

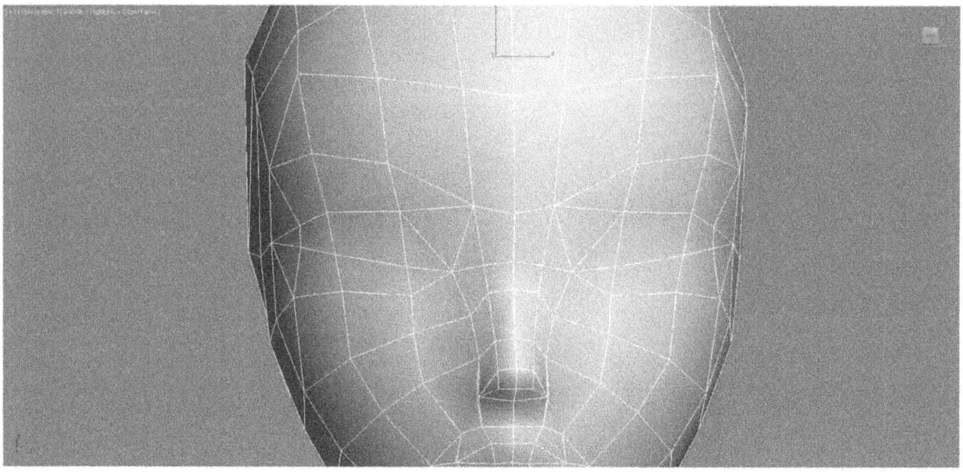

图 6-6　制作眼部的布线轮廓

除了脸部模型外，头部其他部位的模型结构和布线可以尽量精简，因为头部还要制作头发进行覆盖。接下来对头部侧面的模型进行布线处理，制作出耳朵的线框结构（见图 6-7）。利用面层级下的挤出命令制作出耳朵的模型结构，耳朵模型也只需要简单处理即可，后期都通过贴图进行表现（见图 6-8）。

角色头部模型制作完成后我们开始制作头发的模型结构，首先利用 BOX 模型贴着头皮部位编辑制作基本的头发结构，由于头发是有厚度的，不能紧贴头皮进行制作，要注意头发模型与头皮的位置关系（见图 6-9），同时也要注意头部侧面与头发边缘的衔接关系（见图 6-10）。

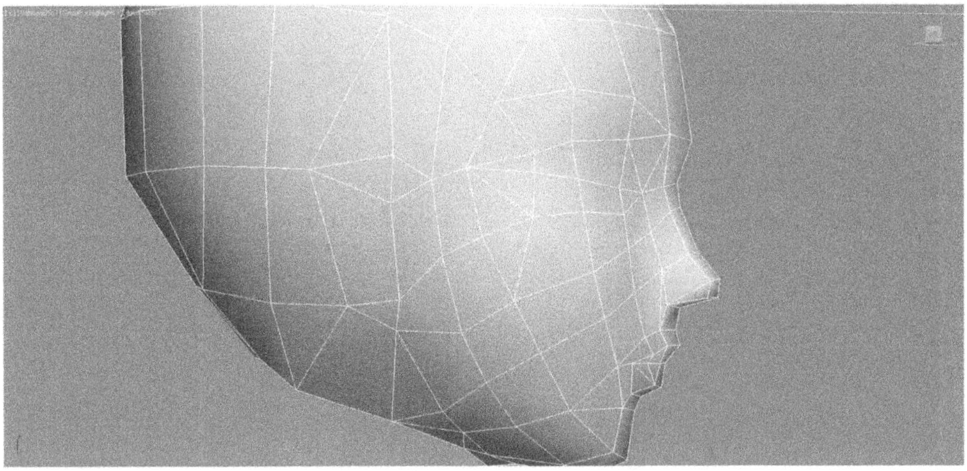

图 6-7　制作耳部线框轮廓

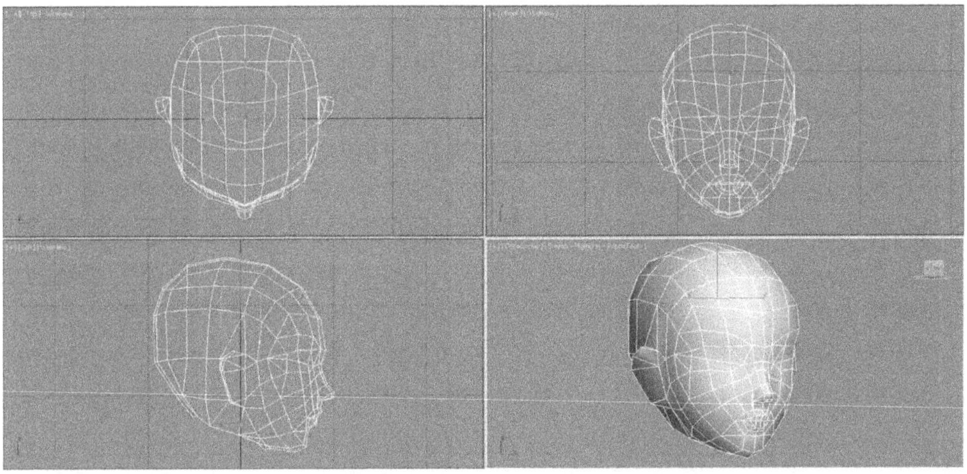

图 6-8　挤出耳朵模型结构

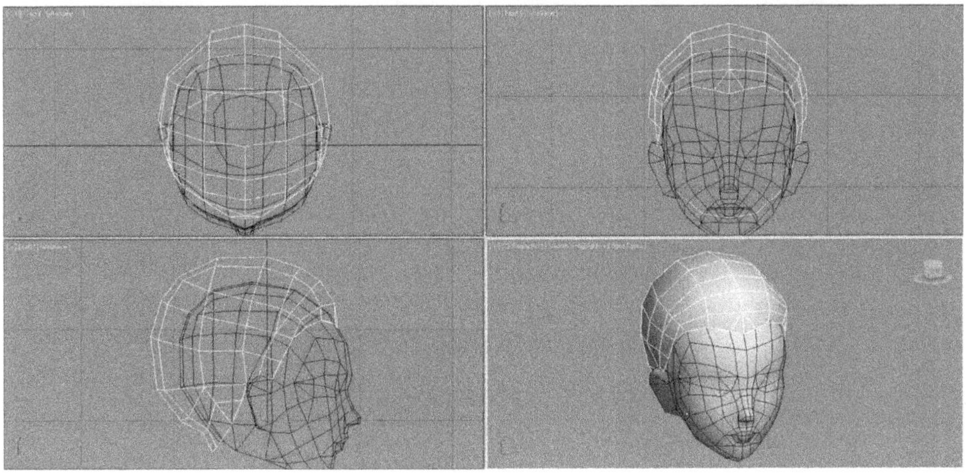

图 6-9　制作头发基本模型结构

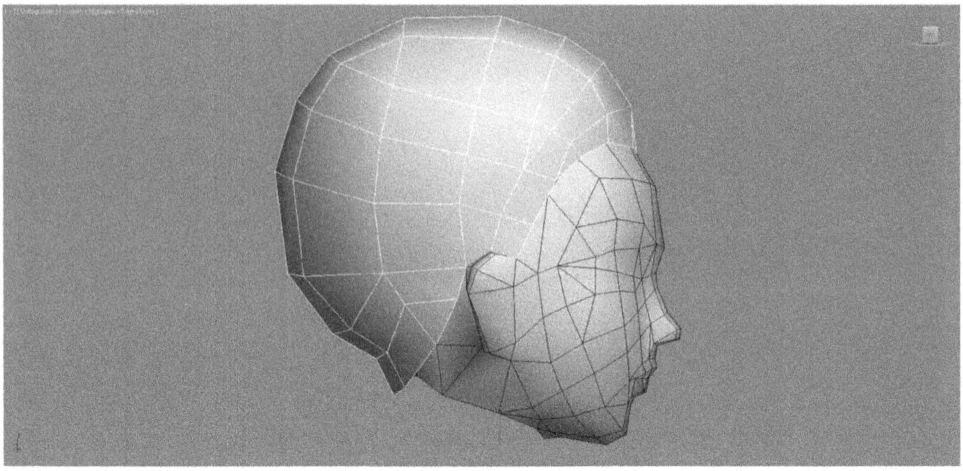

图 6-10 侧面的衔接关系处理

接下来在视图中穿建细长的 Plane 模型，通过编辑多边形制作出耳朵后方散落下来的细长发丝，这里只需要制作一侧即可，另一侧可以通过镜像复制来完成（见图 6-11）。这里要注意面片模型与耳朵后方头发的衔接处理，如图 6-12 所示。

同样利用 Plane 面片模型制作额前处的头发模型，这里编辑制作两个不同的面片模型，制作出两侧分开的发丝结构，如图 6-13 所示。在前方两个面片模型分开的衔接处再利用 Plane 模型制作发丝结构（见图 6-14），这些面片结构一方面为了增加头发的复杂性和真实感，同时对于头发衔接处的模型结构也起到了遮挡和过渡的作用，所有的面片模型最后都要添加 Alpha 贴图，以表现头发的自然形态。最后在头发后方正中间的位置利用 BOX 模型编辑制作发髻模型结构，整个发髻接近于一个蝴蝶型，这里可以制作成不对称的结构，增加自然感（见图 6-15）。

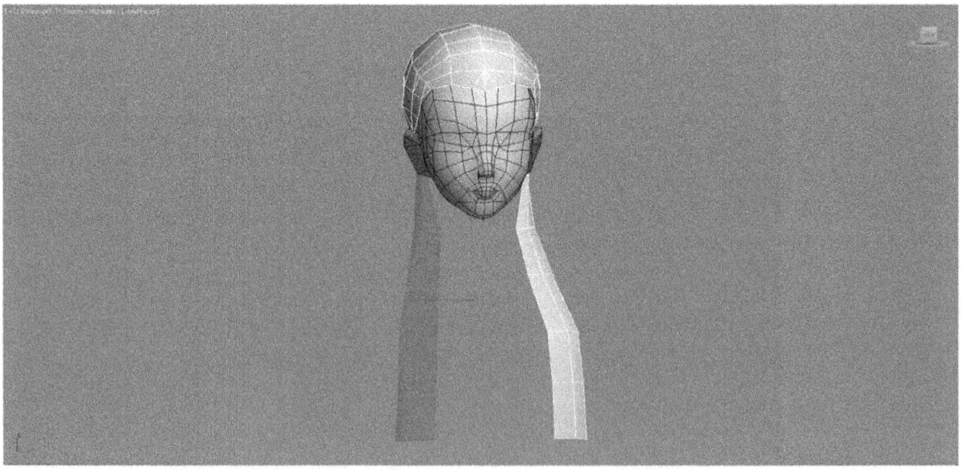

图 6-11 制作细长发丝模型

图 6-12 发丝的衔接处理

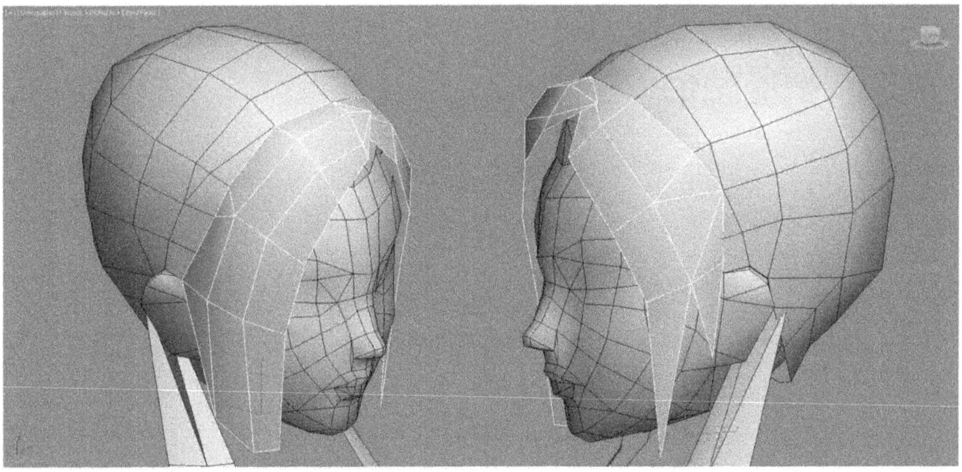

图 6-13 制作额前发丝模型

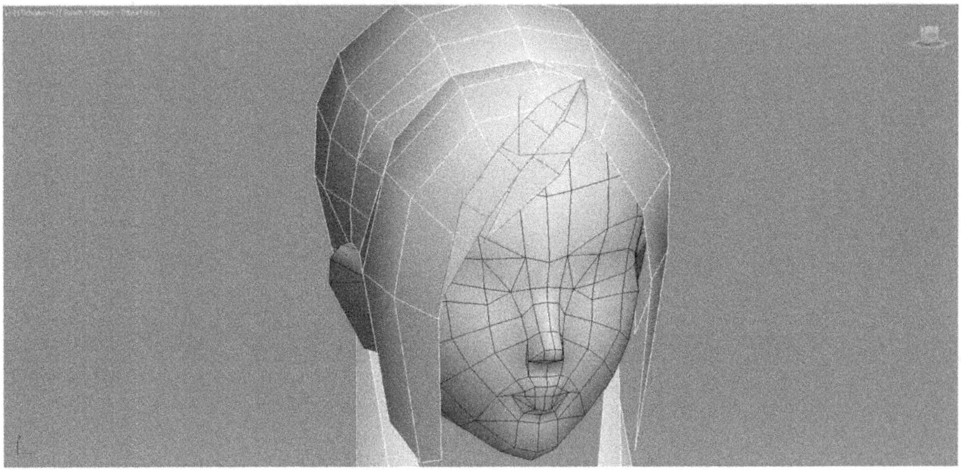

图 6-14 制作前面发丝面片

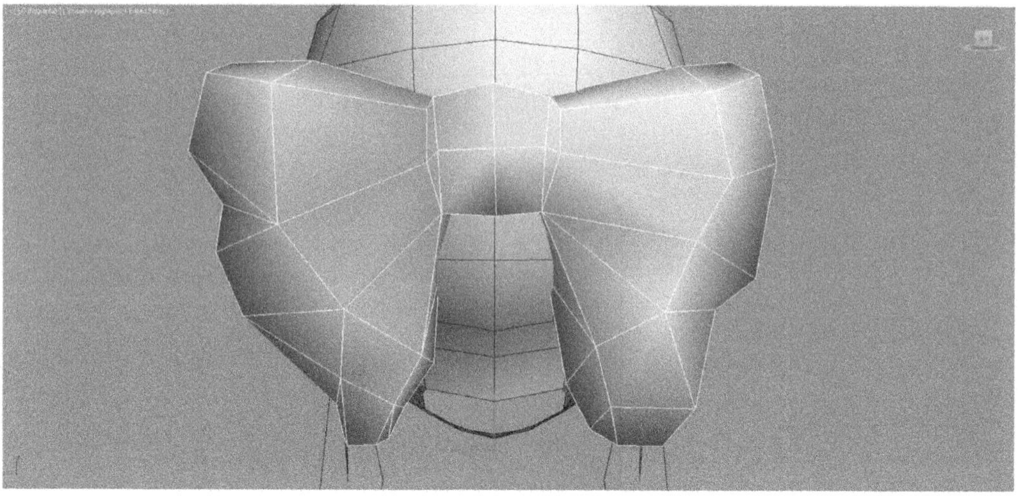

图 6-15　制作发髻模型

## 6.2 躯干模型的制作

头部模型制作完成后，我们接下来开始制作躯干模型。从前面的原画设定图中可以看出，本章制作的 NPC 角色模型上身穿着一件短小的外衣，所以我们首先制作这件外衣模型。制作方法仍然是利用 BOX 镜像对称编辑多边形得出外衣的基本外形结构，这里要留出袖口的位置（见图 6-16）。沿着袖口的位置利用挤出命令制作出肩膀的结构（见图 6-17），从肩膀向下延伸继续制作短袖的结构，如图 6-18 所示。通过切割布线进一步增加模型的细节结构，让模型更加圆滑（见图 6-19）。

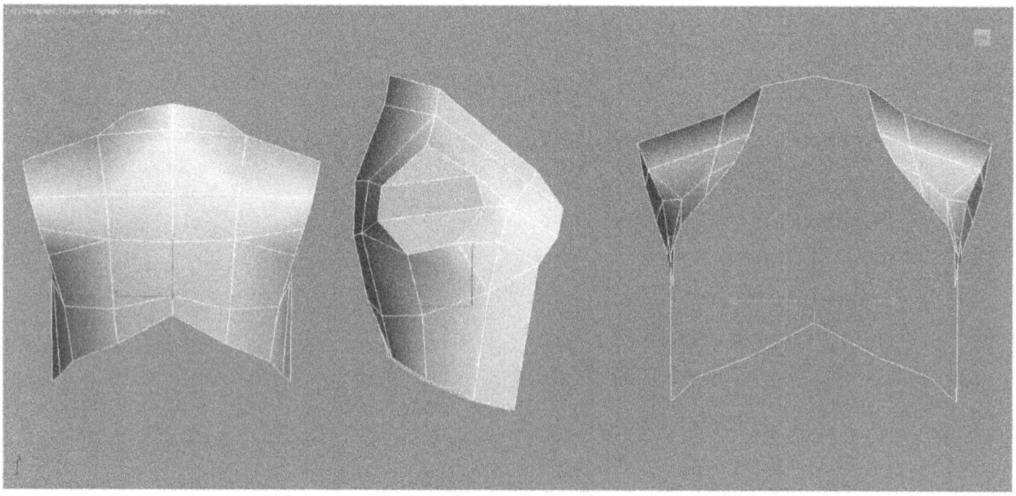

图 6-16　利用 BOX 模型制作外衣大型

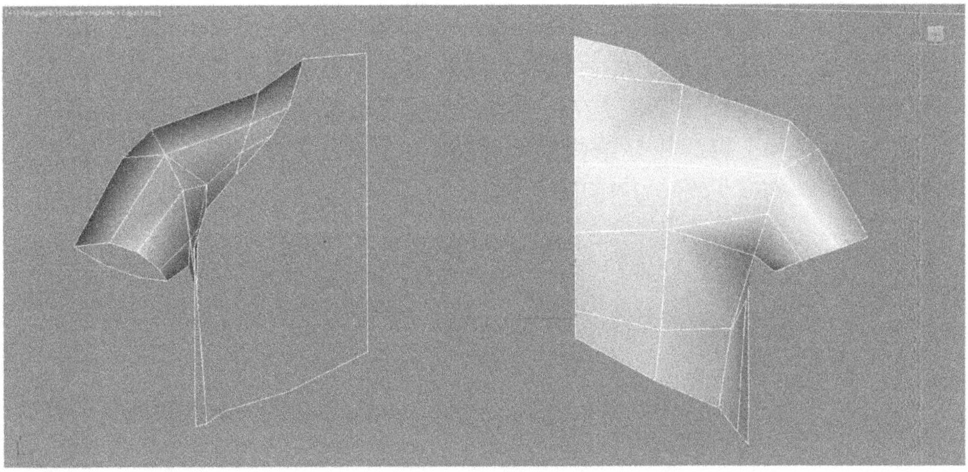

图 6-17　制作肩膀结构

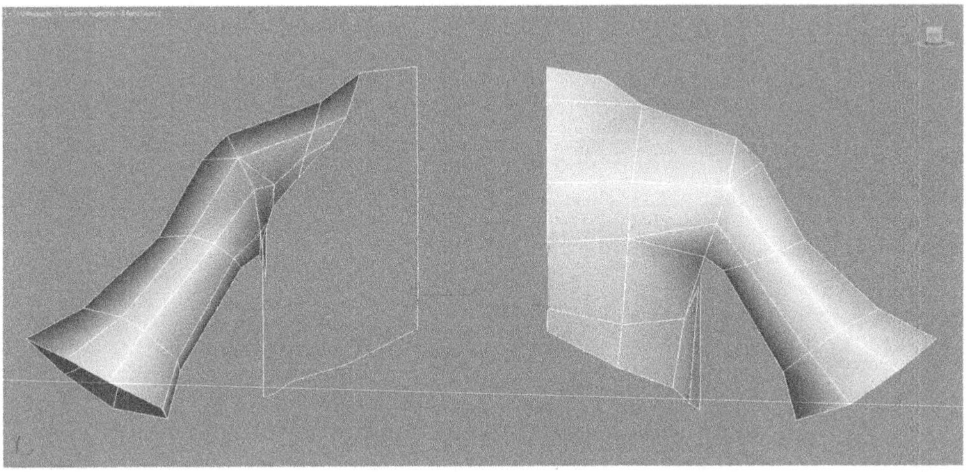

图 6-18　制作短袖结构

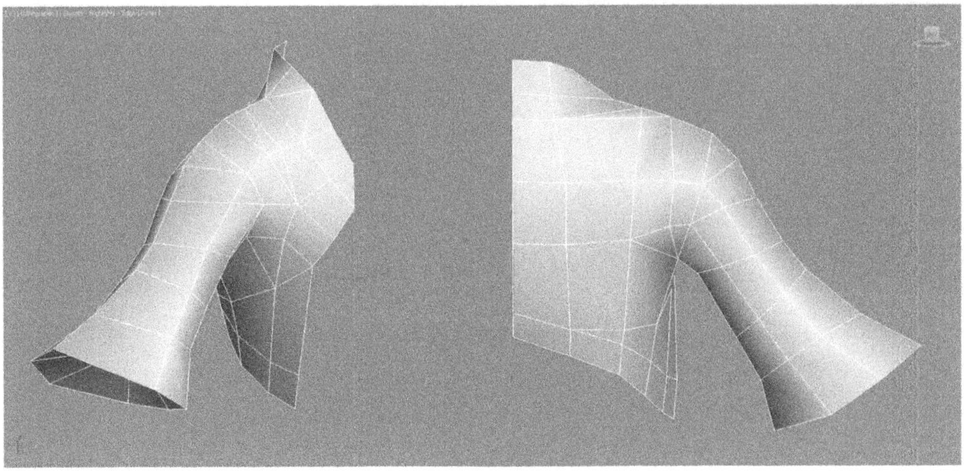

图 6-19　增加布线强化模型细节

上衣模型制作完成后，开始制作被衣服包裹的身体模型结构。首先，沿着头部模型向下制作出颈部的模型结构（见图 6-20）。然后向下继续编辑制作出胸部的身体结构，由于颈部后面下方的背部区域是被衣服模型完全覆盖的。所以，为了节省模型面数，我们可以不制作这部分身体模型。同理，肩膀和上臂等模型结构也无须制作（见图 6-21）。接下来向下继续制作出腰部和胯部的身体模型结构（见图 6-22 和图 6-23）。

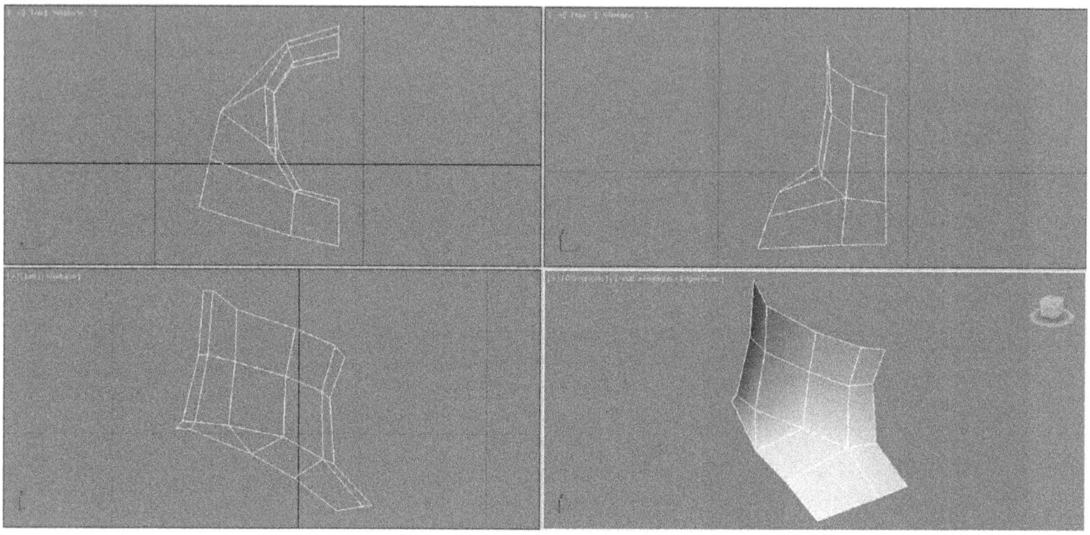

图 6-20　制作颈部结构

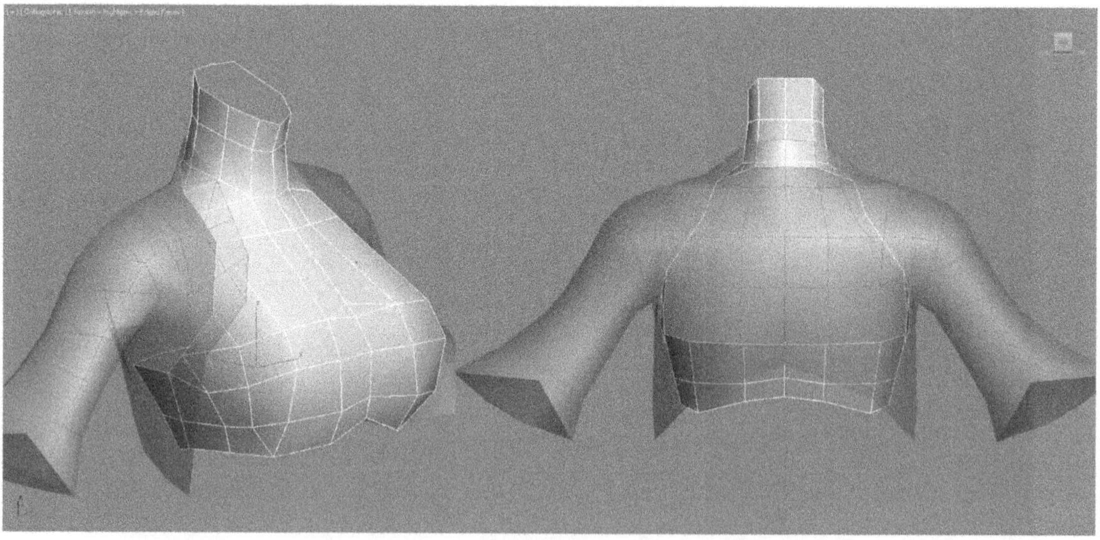

图 6-21　制作胸部身体结构

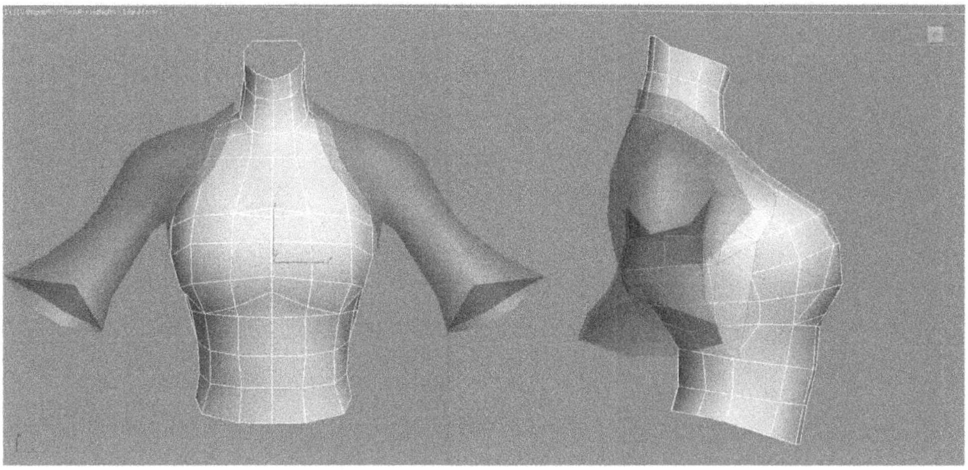

图 6-22　制作腰部身体结构

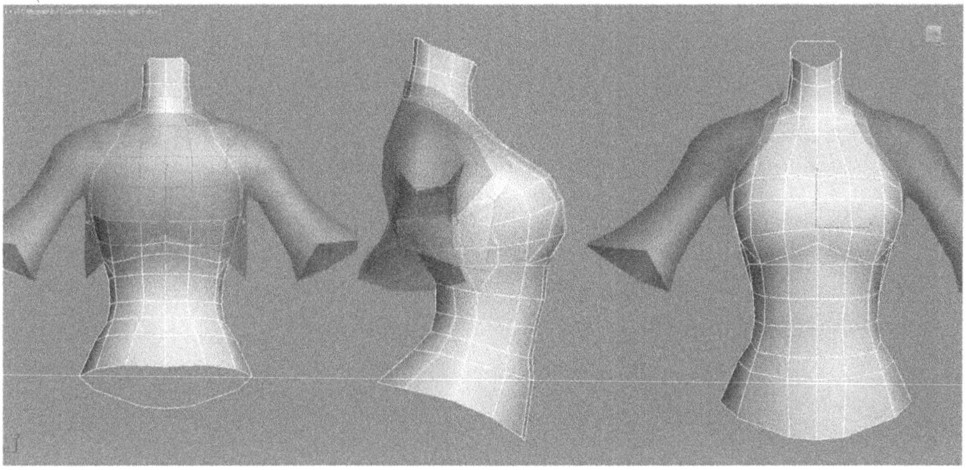

图 6-23　制作胯部身体模型结构

## 6.3 四肢模型的制作

我们开始制作四肢及腰部衣服装饰等模型结构。首先，我们沿着上身衣袖的模型位置，向下利用圆柱体模型编辑制作手臂的模型结构，这里为了考虑后期骨骼绑定和角色运，要注意肘关节处的模型布线处理（见图 6-24）。接着向下制作出手部模型结构，由于是 NPC 模型，所以手部制作不需要特别细致，只需要将拇指和食指单独分开制作，其余手指可以靠后期贴图进行绘制（见图 6-25）。我们在腕部和小臂处利用圆柱体模型编辑制作穿着的护腕模型结构，如图 6-26 所示，要注意护腕上方镂空结构的制作。图 6-27 为全部制作完成的角色上身模型结构效果图。

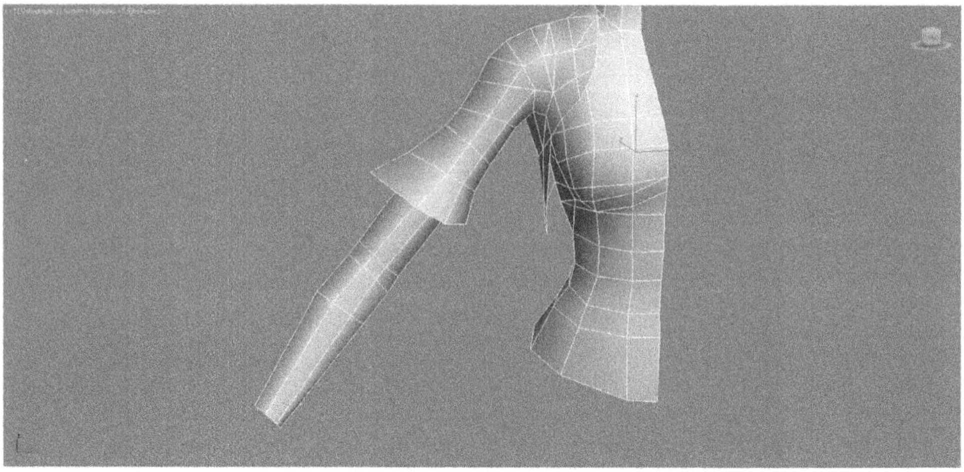

图 6-24　制作手臂模型

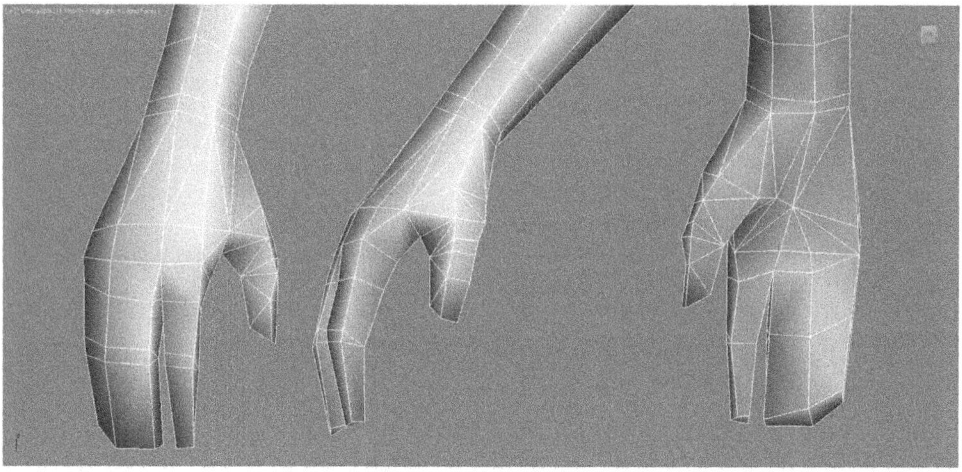

图 6-25　制作手部模型

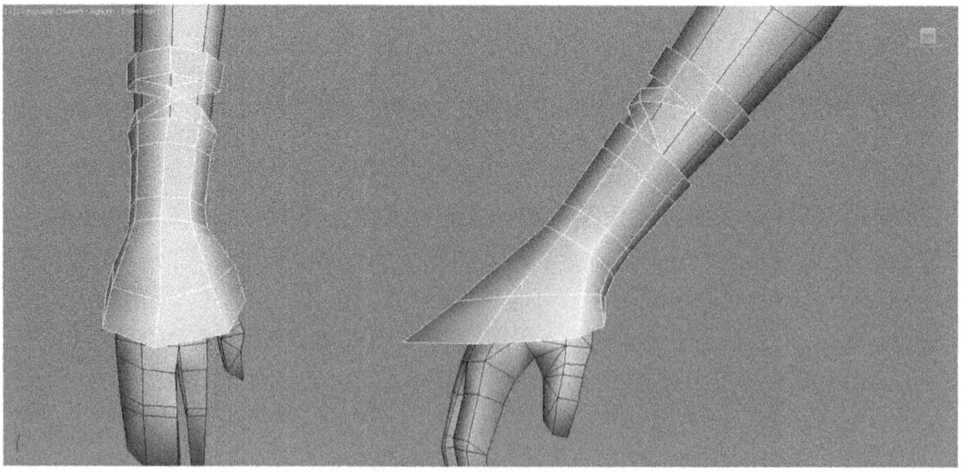

图 6-26　制作护腕模型

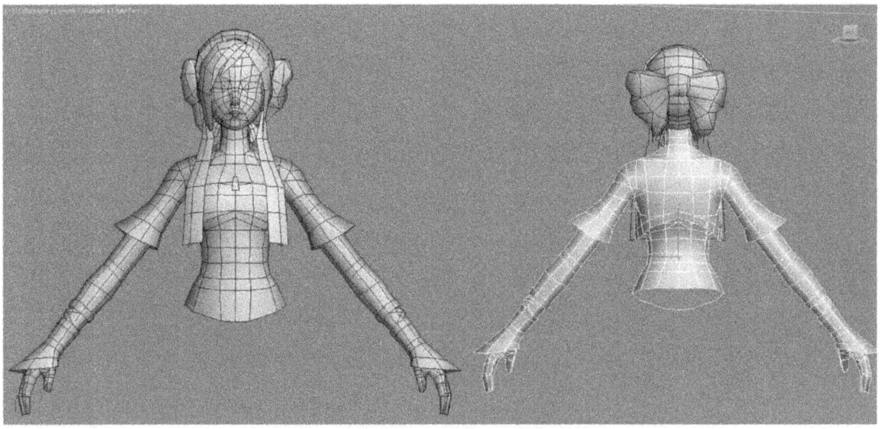

图 6-27　角色上身模型效果图

我们开始制作下肢模型结构，首先利用 BOX 模型镜像编辑制作短裤的模型结构（见图 6-28）。沿着短裤向下制作出腿部的模型结构，腿部布线可以尽量简单，但要表现出女性腿部整体的曲线效果，同时考虑后期角色的运动，膝关节处的布线一定要特别注意（见图 6-29）。

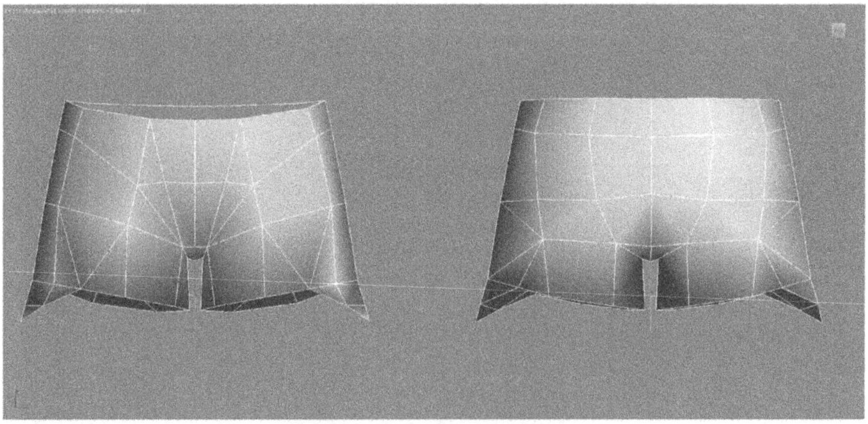

图 6-28　制作短裤模型

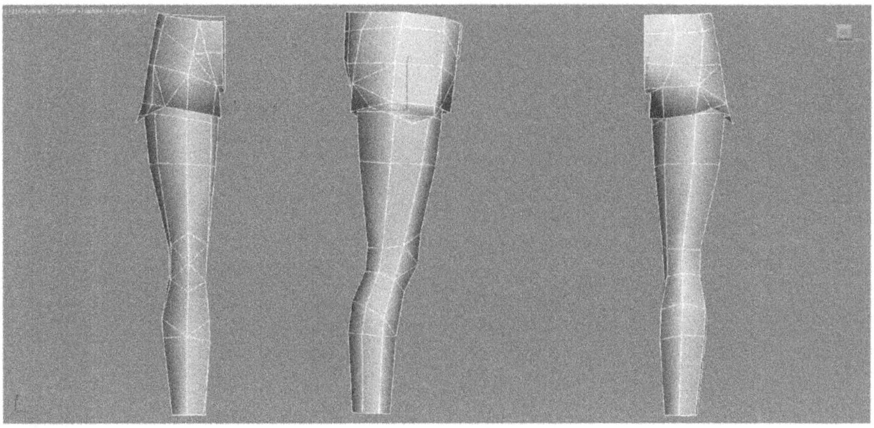

图 6-29　制作腿部模型结构

制作靴子模型，利用六边形圆柱体模型先编辑制作与小腿衔接的靴筒模型结构（见图 6-30）。然后向下编辑制作脚部鞋子的模型结构，如图 6-31 所示，注意结构及布线的处理，尤其是高跟鞋底部的弧度。把制作完成的下半身模型与上半身进行拼接，如图 6-32 所示，从图中可以看出上半身和下半身在腰部并没有完全接合，这是因为后面还要在腰部添加衣饰模型。

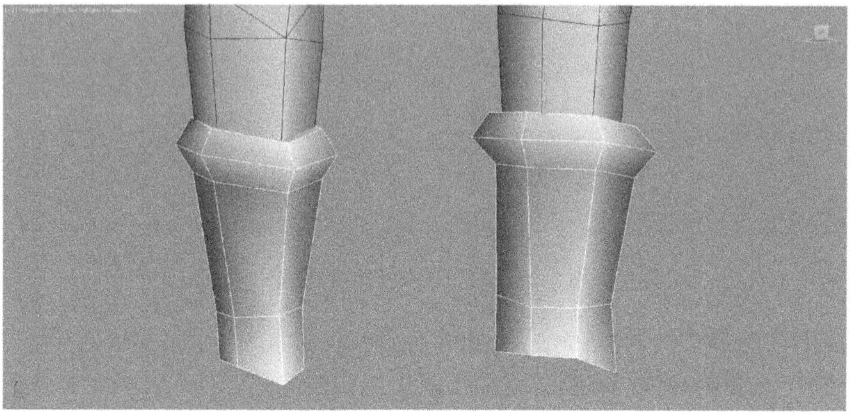

图 6-30　制作靴筒模型

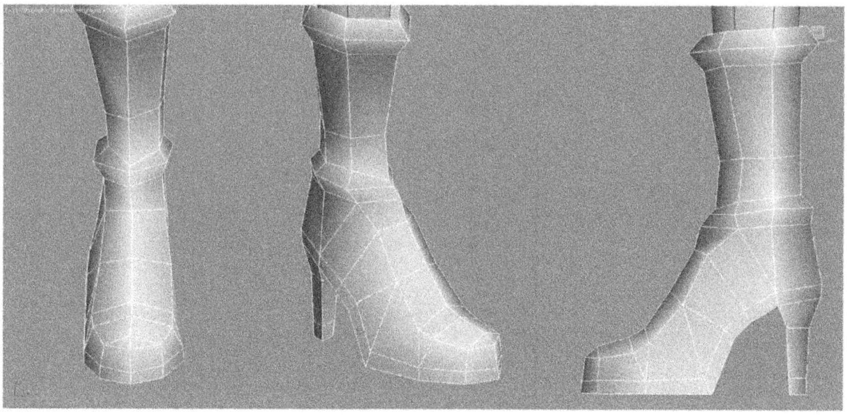

图 6-31　制作靴子模型

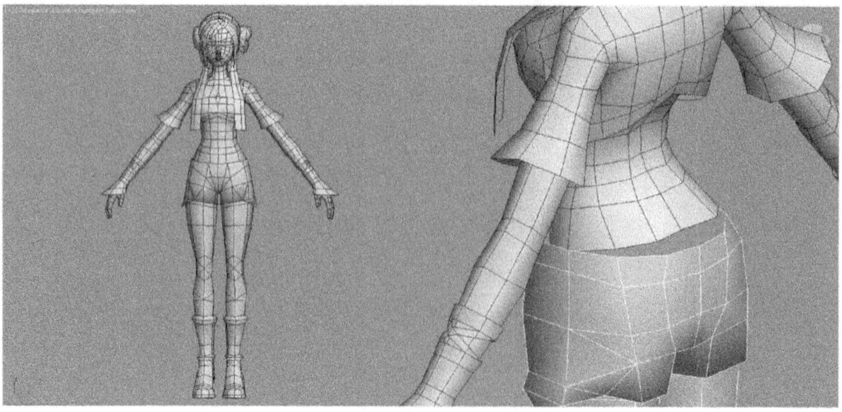

图 6-32　拼合上半身与下半身

开始制作腰部的衣饰模型，首先围绕腰部创建 Tube 几何体模型，编辑制作腰部衣服内部的褶皱模型结构，这里我们将其制作为不对称结构（见图 6-33）。然后向下延伸继续编辑制作裙子的模型，如图 6-34 所示，这里仍然制作成不对称结构，同时要适当增加裙子的模型面数，主要考虑后面角色的运动，较多的面数可以避免角色在运动的时候产生过度的拉伸和变形。最后在腰部一侧制作出飘带模型结构（见图 6-35）。图 6-36 为角色模型最终制作完成的效果。

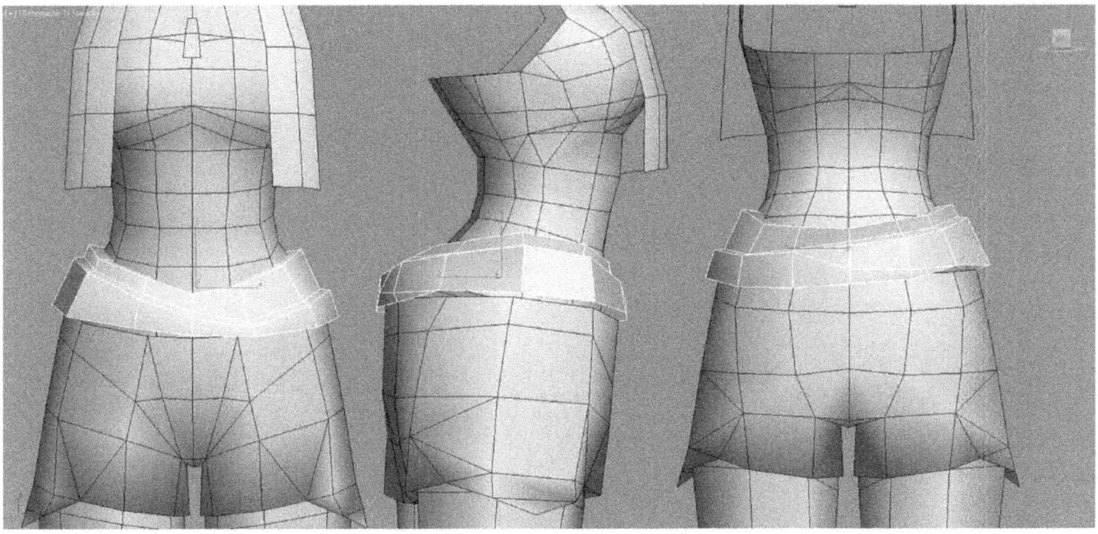

图 6-33　制作腰部衣褶结构

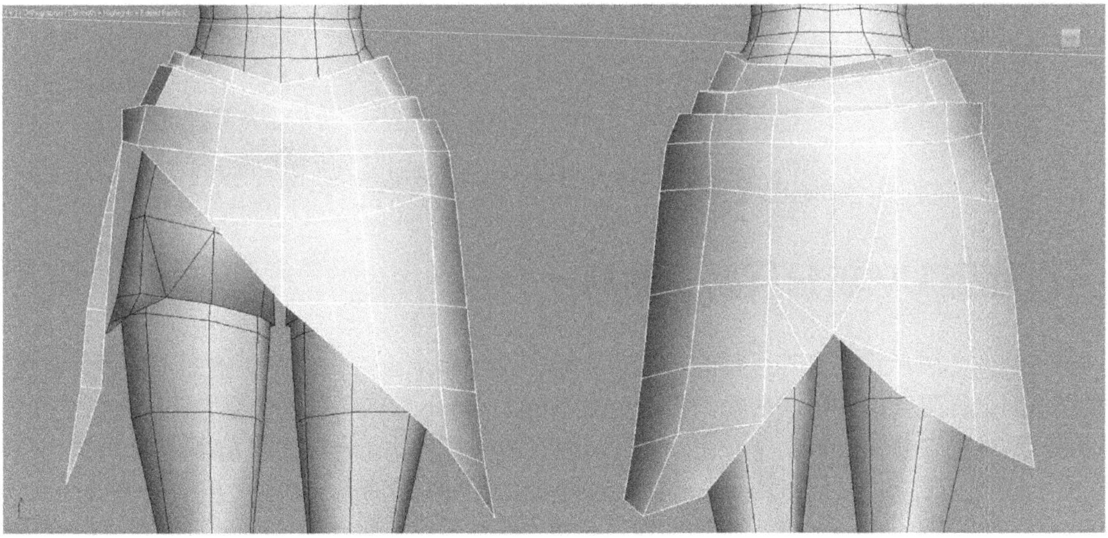

图 6-34　制作裙子模型

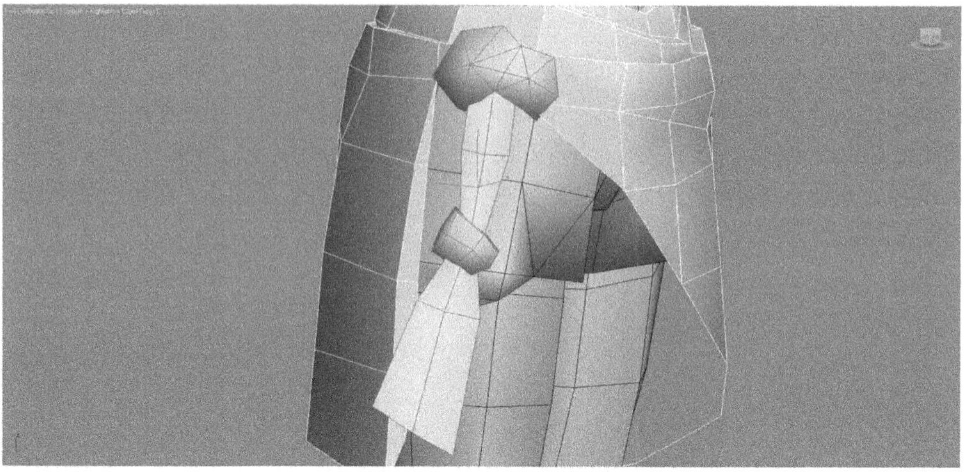

图 6-35　制作飘带装饰

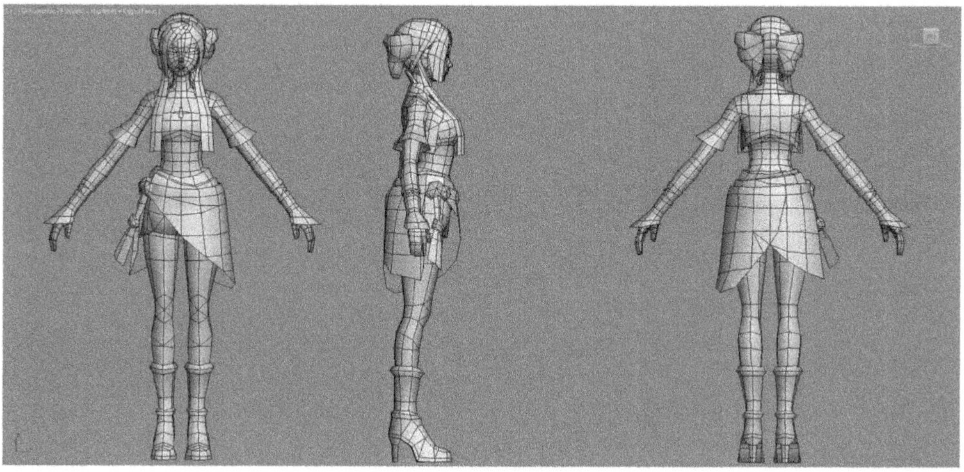

图 6-36　角色模型最终完成的效果

## 6.4 模型 UV 拆分及贴图绘制

模型制作完成后需要对其进行 UV 拆分和贴图的绘制。首先我们将头部的 UV 进行拆分，将面部模型进行隔离现实，在堆栈面板中为其添加 Unwrap UVW 修改器命令，进入边层级，激活面板底部的 Edit Seams 命令按钮，通过鼠标点击选择操作，设置面部模型的缝合线（见图 6-37）。然后进入修改器命令面层级，选择缝合线范围内的模型面，通过面板中的 Planar 命令为其制定 UV 投射的 Gizmo 线框并调整线框位置（见图 6-38）。进入 UV 编辑器调整面部 UV，尽量将其放大，方便贴图绘制（见图 6-39）。

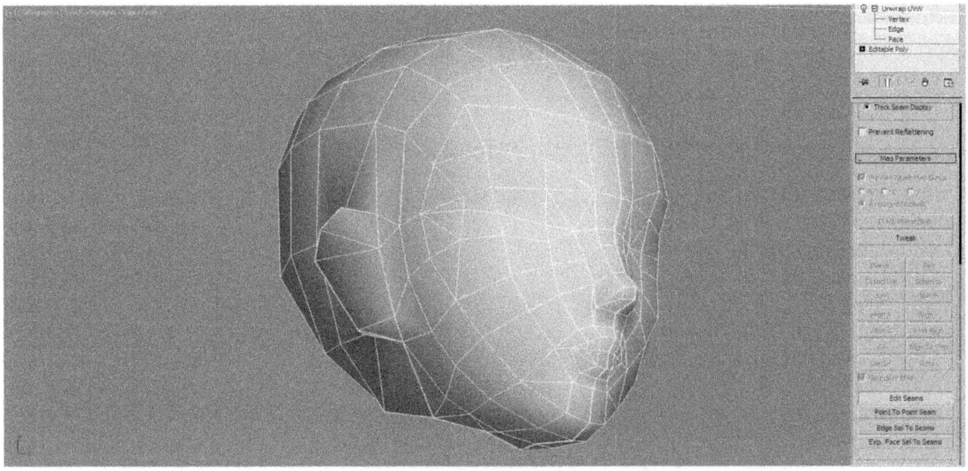


图 6-37　设置缝合线

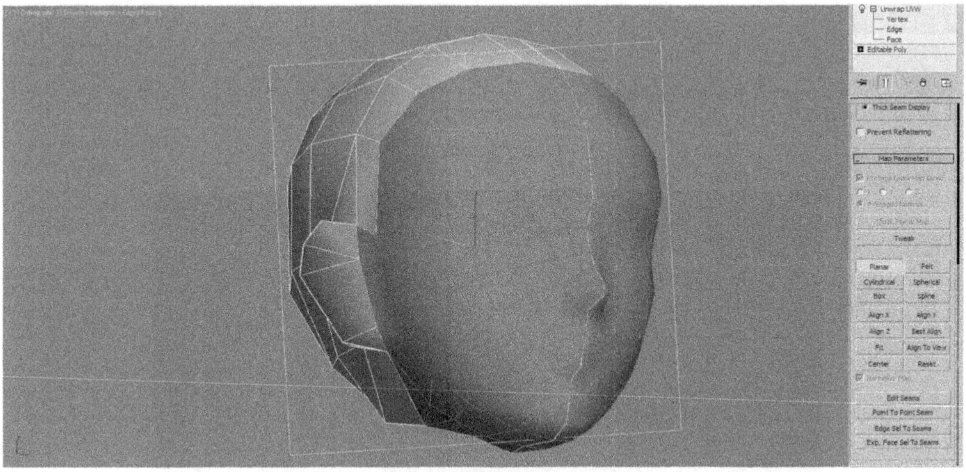


图 6-38　指定 UV 投射方式

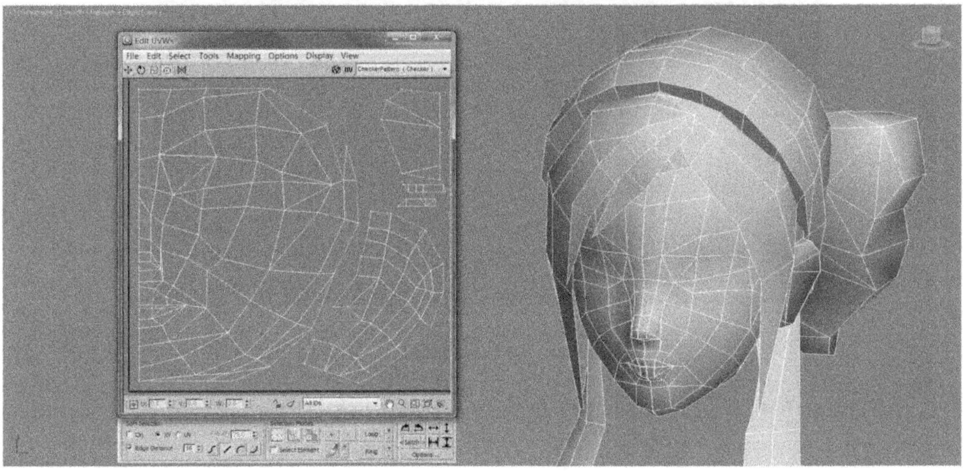


图 6-39　拆分头部 UV

利用跟上面相同的方法分展其他模型部分的UV，流程基本相同，不同的可能是UV投射方式的选择，身体和衣服部分可能更多选用 Pelt 命令进行 UV 平展，而对于四肢可能需要选择 Cylindrical 方式。将所有头发模型结构的 UV 网格进行拆分和拼合，如图 6-40 所示。为了节省贴图，我们将头部、头发跟发带的 UV 网格全部拼合在一张贴图上（见图 6-41）。

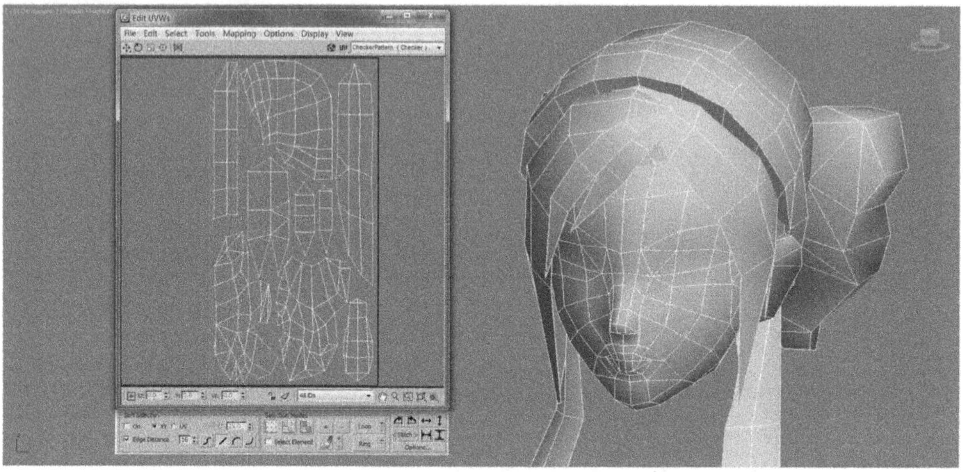


图 6-40　拆分头发模型 UV

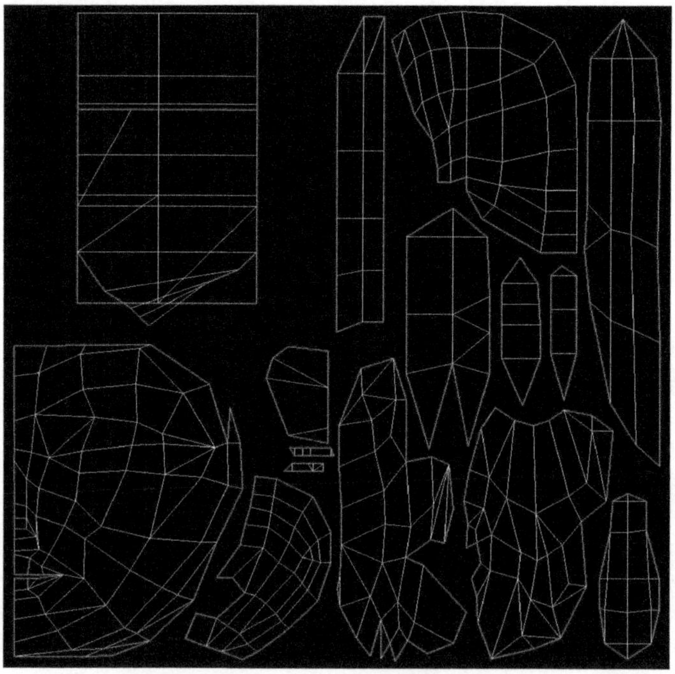

图 6-41　头部、头发跟发带 UV 拼合

接下来我们将角色的身体、腰部衣饰及腿部模型 UV 进行拆分，如图 6-42 所示，观察 UV 的拆分方法及缝合线的处理。将这些模型的 UV 全部拼合到一张贴图上，如图 6-43 所示。由于模型细节过多，无法将所有 UV 全部整合到一起，这里我们将角色小臂及靴子模型的 UV 单

独进行拆分，作为第三张贴图（见图 6-44）。

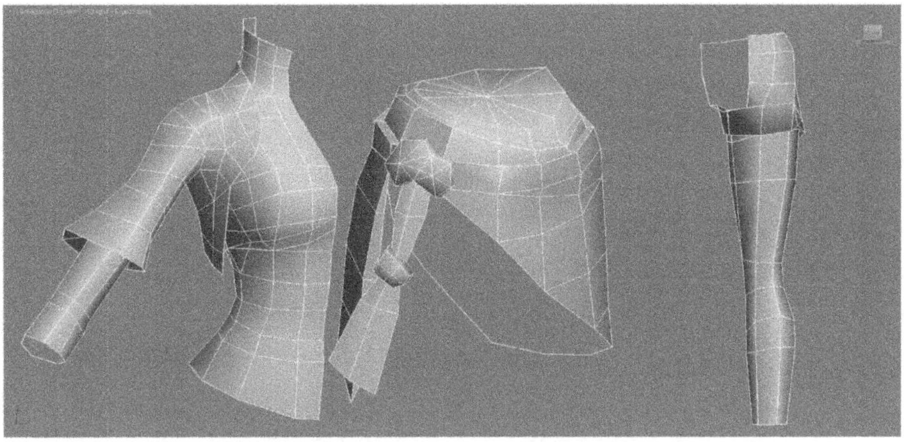

图 6-42　角色身体模型的 UV 拆分

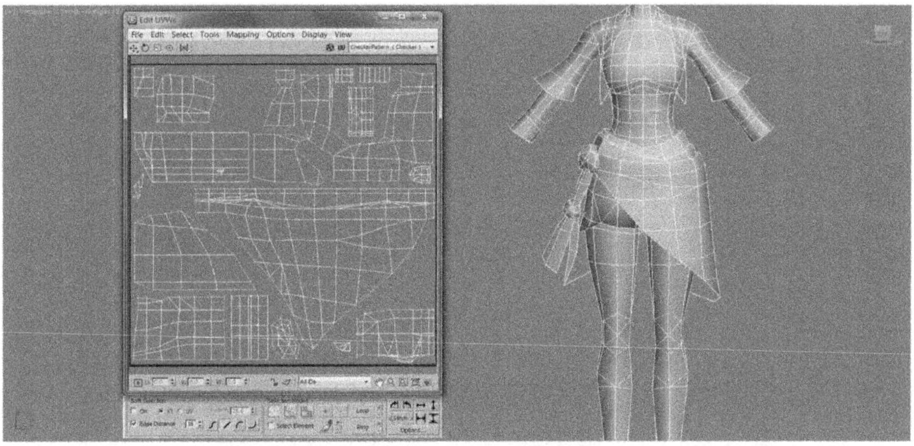

图 6-43　UV 的拼合处理

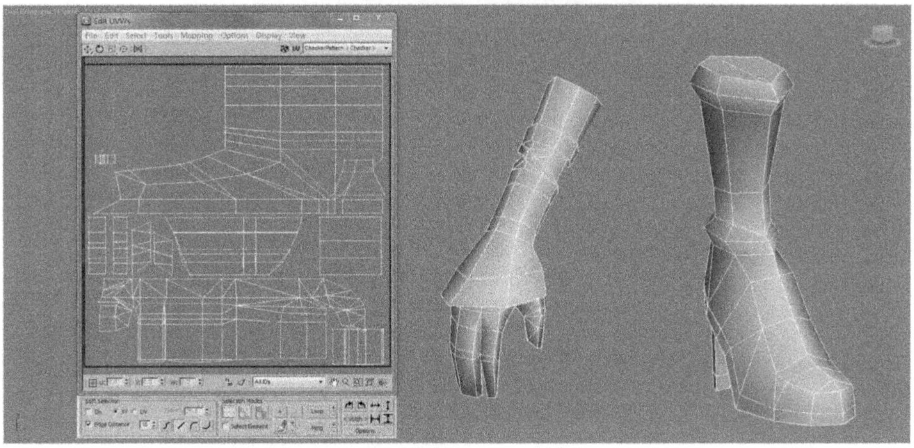

图 6-44　角色小臂跟靴子模型 UV 拆分

开始绘制角色模型贴图，作为手绘风格的NPC角色模型来说，可以首先利用大色块进行颜色涂充，然后再利用明暗色进行局部明暗关系的处理，可以根据项目的具体风格和要求决定贴图细节的绘制和刻画程度（见图6-45）。脸部贴图的绘制可以将明暗关系尽量减弱，着重刻画眉眼及嘴唇。另外，头发贴图要注意面片模型的镂空处理，面片模型贴图末端要制作出通道，最后整张贴图保存为Alpha通道的DDS贴图格式（见图6-46）。图6-47为头发模型添加Alpha贴图后的效果，图6-48为NPC角色模型添加贴图后的最终完成效果。

图6-45　角色身体模型贴图

图6-46　角色脸部以及头发模型贴图

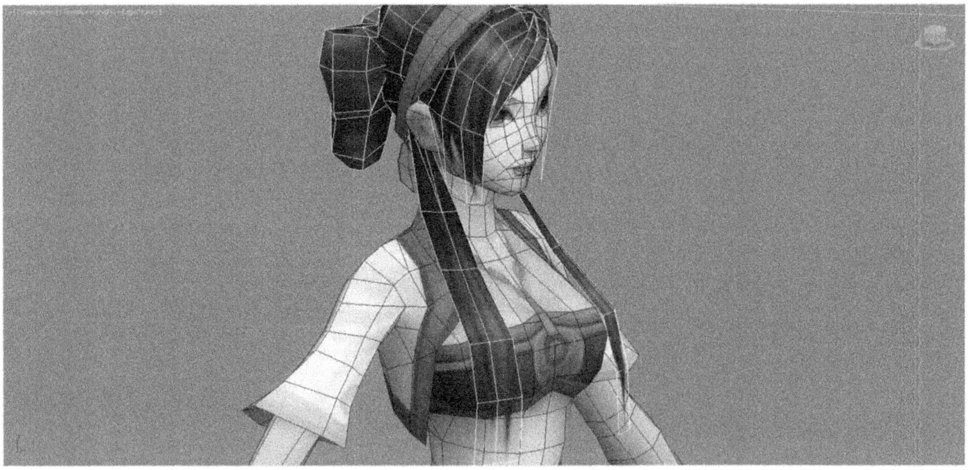

图 6-47　头发添加 Alpha 贴图的效果

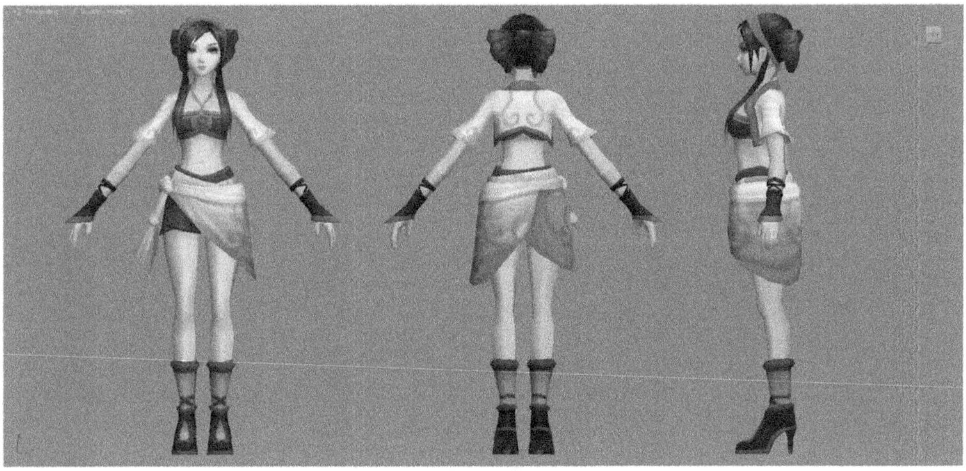

图 6-48　角色模型最终完成效果

扫描右侧二维码可以观看视频课程，学习游戏角色模型手绘贴图的绘制方法、流程和技巧。

CHAPTER

# 7

# 网游主角模型实例制作

本章我们将要学习网络游戏中主角模型的制作，相对 NPC 角色来说，网游主角作为游戏玩家所操控的角色，在制作上有着更高的要求。首先，主角模型在制作时所用的多边形面数一定比 NPC 角色模型多，对于模型细节结构的刻画也更为深入和细致，尤其随着游戏引擎技术及电脑硬件的发展，这一要求还在逐步提高。其次，主角模型与 NPC 模型最大的不同之处在于，主角模型采用纸娃娃换装系统，所以在制作的时候我们需要根据身体结构进行不同部位模型拆分，保证角色的装备可以独立自由替换。另外，不同模型部位的 UV 也要独立拆分，让不同身体模型部位各自对应一张贴图，这也相应地增加了模型贴图的数量。

## 7.1 模型制作前的准备

本章我们将要制作一个 3D 写实风格的角色模型，写实风格针对幻想风格而言，主要就是指人类角色，而非野兽和怪物等这类通过幻想延伸设计出来的角色。图 7-1 为本章实例制作的原画设定图。

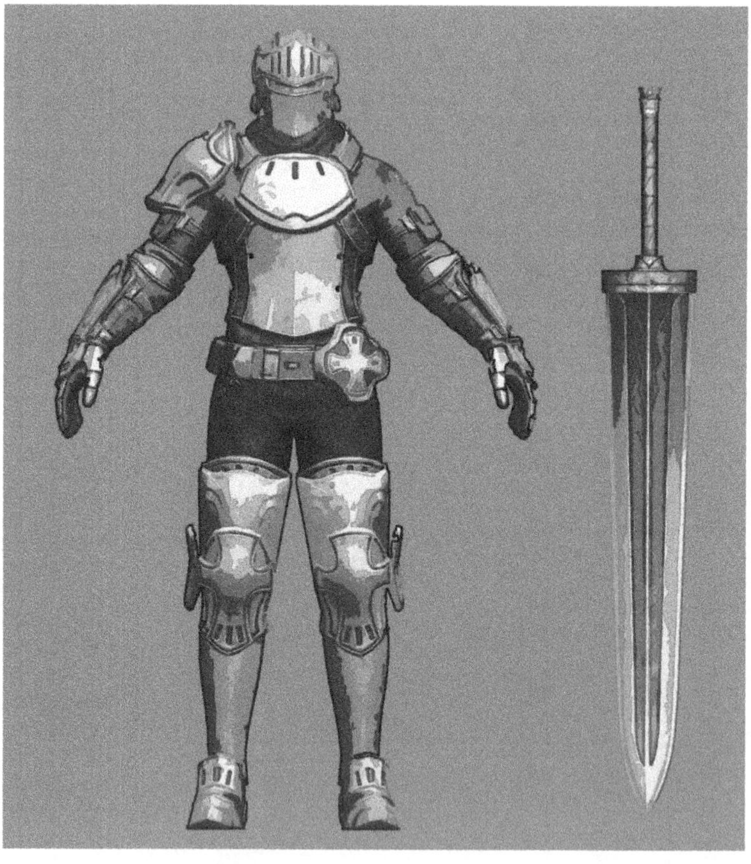

图 7-1　角色原画设定图

原画设定是一张角色正面的效果绘制图，从图中我们可以看到这是一个标准的男性角色，头部穿戴了全覆盖的头盔，上半身穿着了部分覆盖的金属轻铠甲，下半身首先是布料设计的裤装，然后从大腿开始穿着了全金属覆盖的重铠甲，角色道具为一柄双手持握的巨剑。下面我们分析一下本章角色模型实例制作的大致流程。

虽然角色是以标准男性人体进行设计的，但由于角色全身都覆盖衣服和铠甲，所以在实际制作的时候，除了头部外，并不需要先制作基本的人体模型，我们可以直接制作衣服和铠甲的形态结构。由于模型整体基本为对称结构，所以建模的时候只需制作一侧，另一侧通过Symmetry修改器镜像对称即可，然后对于肩甲、腰带等特殊装饰模型可以单独制作。

建模的顺序仍然是先从头部开始，首先制作头盔的模型结构，然后制作头盔下面的头部模型，其实头部基本是被头盔所覆盖，只有眼部和颈部能够被观察到，所以这里对于头部模型的细节可以尽量放在这两个部位，其他模型面只需粗略交代，甚至可以删除。接下来需要制作颈部与上衣铠甲领口衔接的模型，主要是布料模型结构。然后开始制作躯干和四肢的模型，如肩甲、腰带及膝盖处的铠甲结构可以单独进行制作，不需要进行一体化建模，最后再来制作大剑的角色道具模型。以上就是整体的制作思路和流程。

在进行实际制作前，除了对于原画进行分析外，我们还需要进行素材的收集，如可以通过网络找一些欧式风格的铠甲实物图片，如图 7-2 所示。这样可以更好地帮助我们进行建模和结构塑造，同时还能够作为后期模型贴图的制作素材和参考。

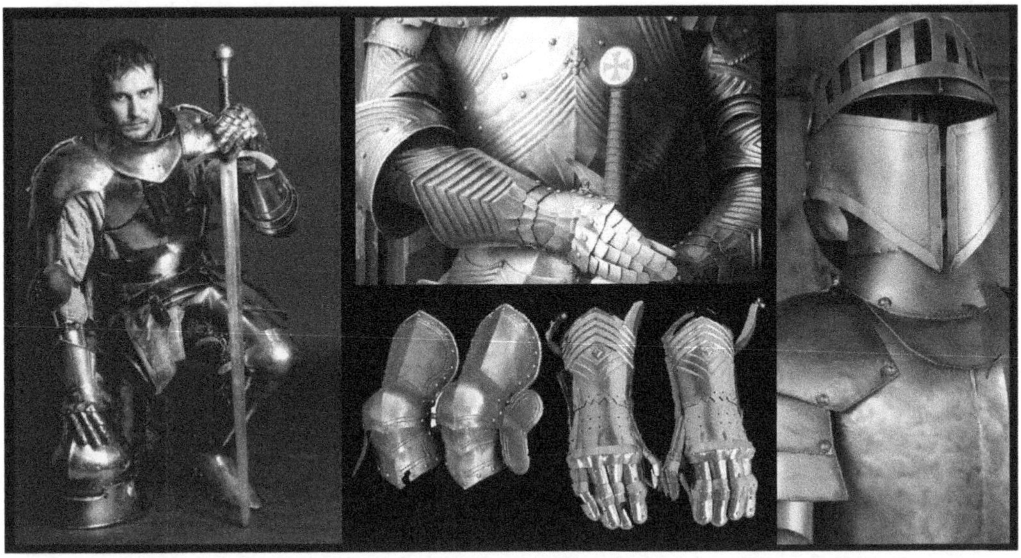

图 7-2　欧式铠甲实物照片

## 7.2 头部模型的制作

首先制作头盔模型，在 3ds Max 视图中利用 BOX 模型和编辑多边形命令制作头盔模型的基本轮廓结构（见图 7-3）。然后进一步编辑头盔下部边缘的模型细节，制作出带扣结构（见图 7-4）。对于头盔内部的模型面，理论上可以删除，但由于金属头盔是有厚度的，在边缘处仍然可以看到头盔内部，所以这里我们还是将内部的模型面保留，但要尽可能缩减模型面数，如图 7-4 所示。

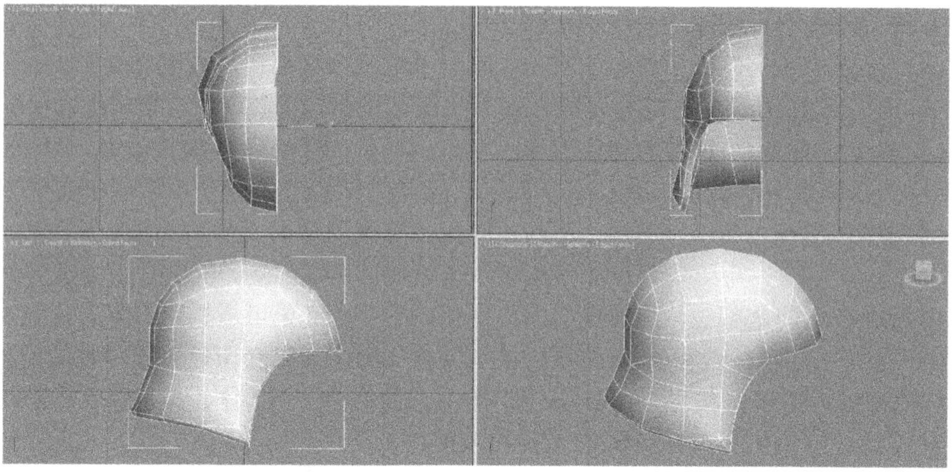

图 7-3　编辑制作头盔模型轮廓

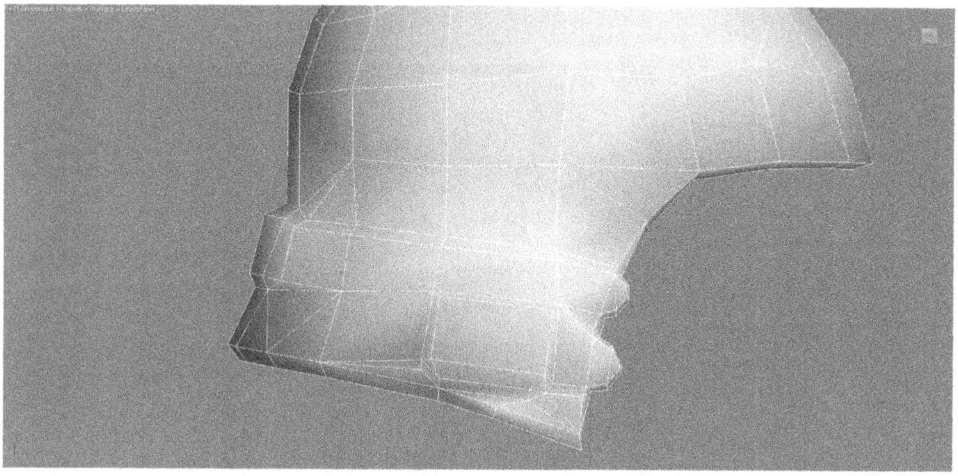

图 7-4　制作头盔模型细节

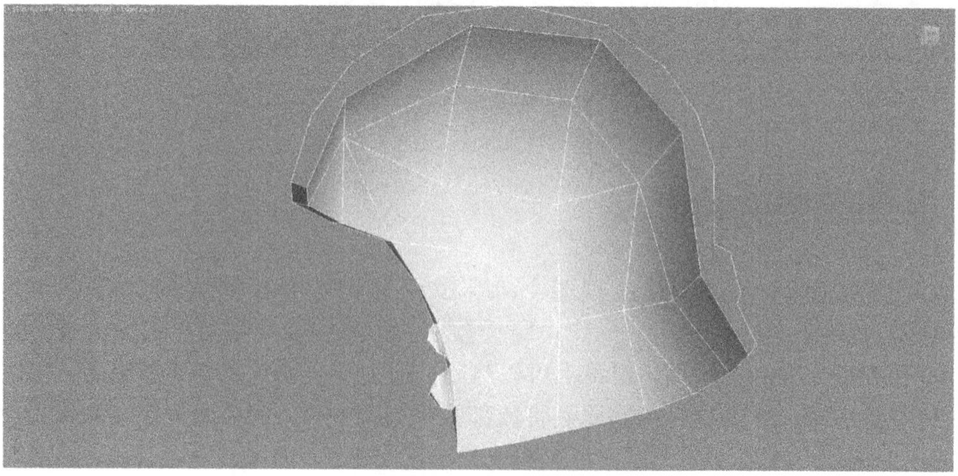

图 7-5　头盔模型内部

接下来制作头盔前面上方的活动挡板，这个挡板在真实的盔甲设计中，是为了在战斗中可以保护穿戴者的眼部，在非战斗的时候可以向上抬起固定，这里对于虚拟模型的制作我们仅仅把这种结构当作一种装饰（见图 7-6）。然后沿着挡板模型的位置，制作下方的面部护具，两者穿插衔接（见图 7-7）。图 7-8 为模型添加 Symmetry 修改器后的效果。

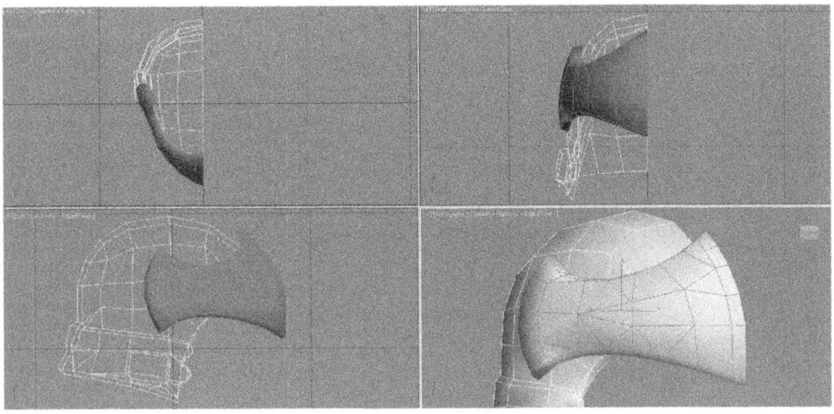

图 7-6　制作头盔挡板

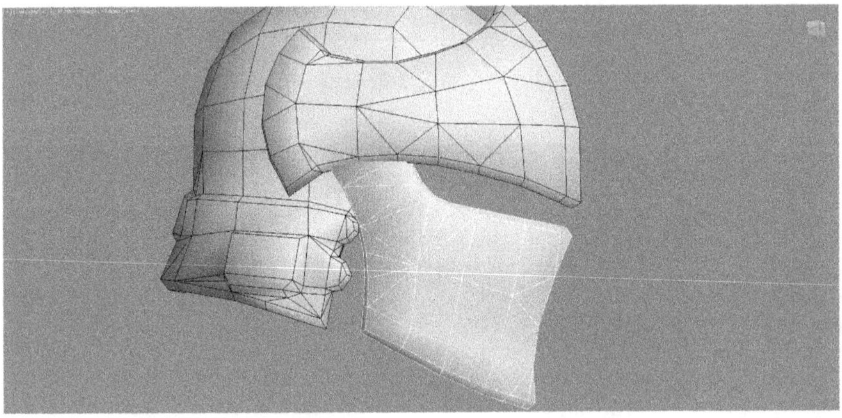

图 7-7　制作护面

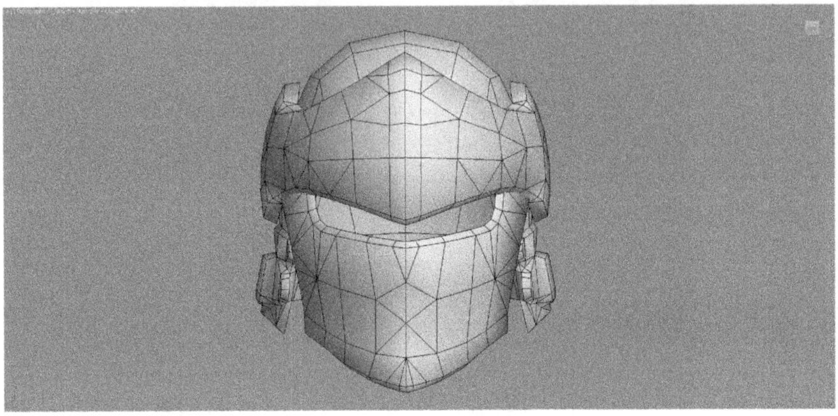

图 7-8　头盔完成后的效果

我们可以从已经制作完成的男性人体角色模型上拆离头部，由于本章实例中角色被盔甲所覆盖，所以头部模型只保留到颈部即可，然后导入到当前制作的文件中，如图 7-9 所示。将头部模型放置在头盔内，然后再进行模型的调整，让头盔跟头部模型相互匹配、协调，这样角色头部的模型部分就制作完成了（见图 7-10）。

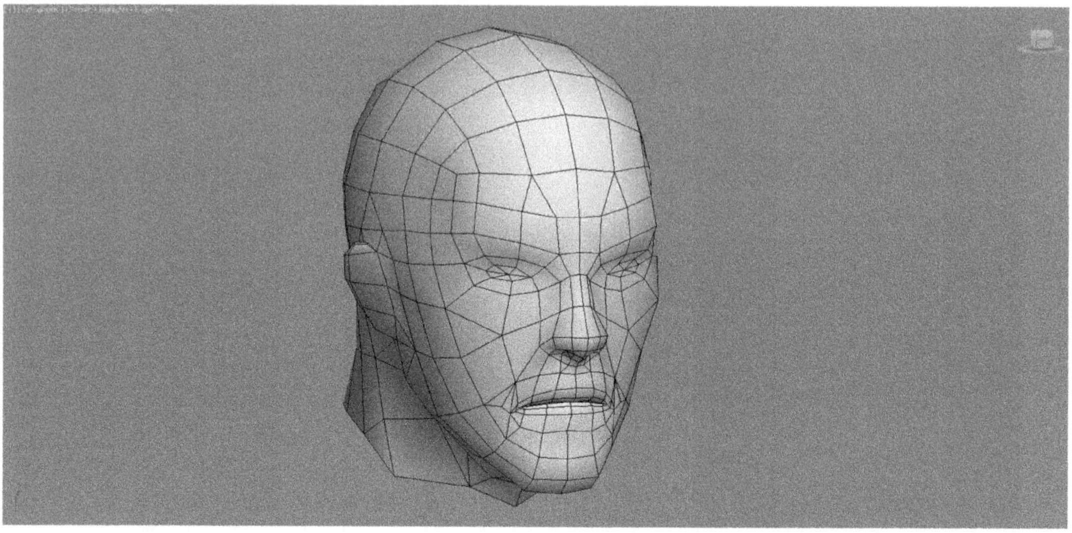

图 7-9　导入头部模型

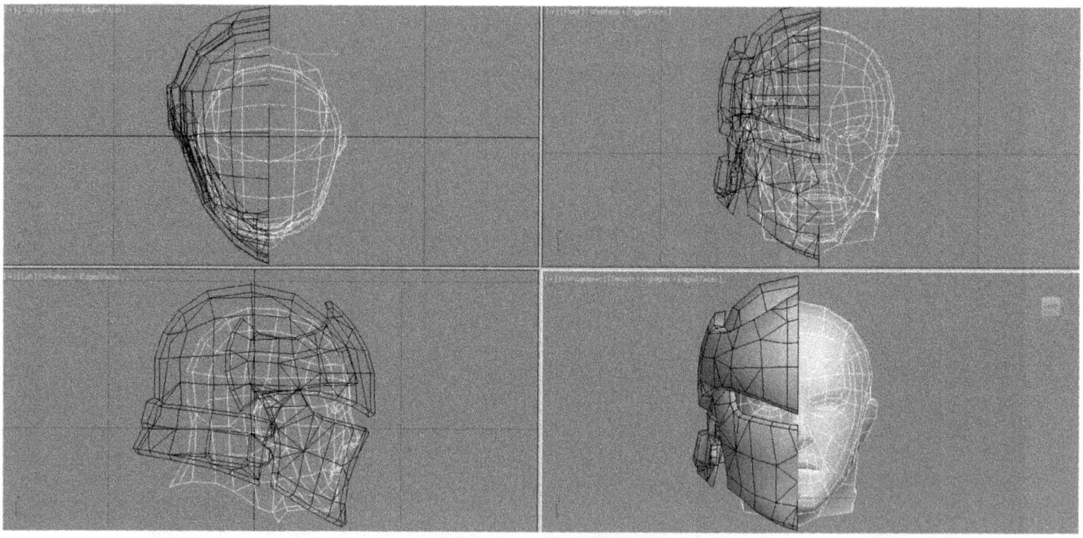

图 7-10　调整匹配模型

## 7.3 躯干模型的制作

接下来制作头颈部与上身铠甲连接的领口模型结构，在视图中利用圆柱体基本模型编辑制作出布料领口的模型形态（见图 7-11），尽量将模型制作自然，后期通过贴图绘制衣褶等纹理。沿着衣领模型向下制作出上身部分的铠甲模型，包括背带与中间的加厚板甲部分（见图 7-12）。然后开始编辑制作一侧手臂上半部分的基础模型，由于上臂没有覆盖铠甲，所以与下臂分开制作，将上臂归纳进躯干结构当中（见图 7-13）。继续完善上臂模型细节，制作出衣服口袋结构（见图 7-14）。

我们可以将上臂模型从躯干模型中 Detach 分离，然后利用镜像复制完成另一侧模型的制作，接下来继续制作胸甲下半部分的模型结构，如图 7-15 所示。躯干部分的模型除了金属铠甲外，腰部还有部分衣料结构，为了与下半身衔接，如图 7-16 所示。

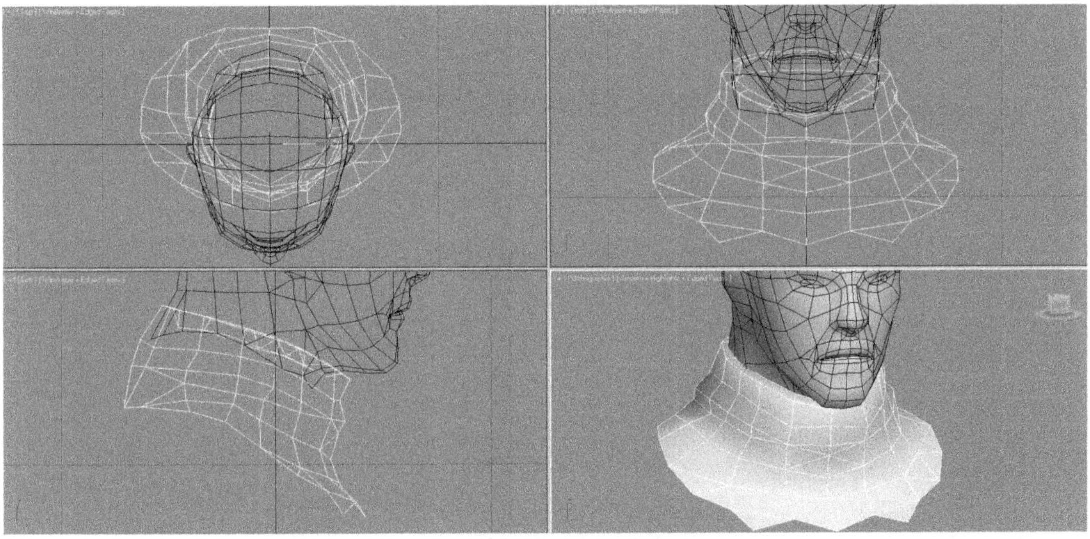

图 7-11 制作衣领连接结构

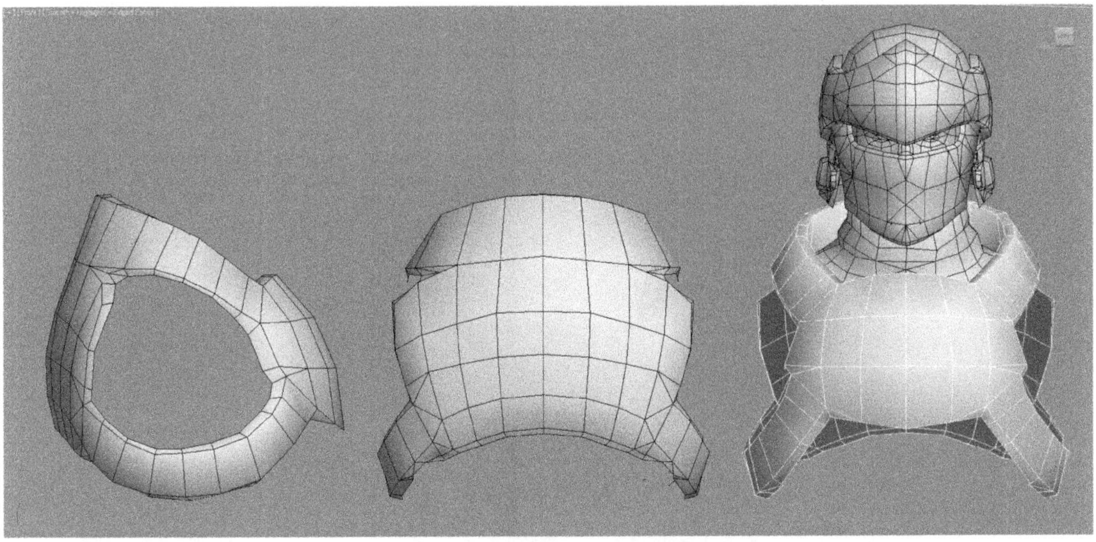

图 7-12 制作部分铠甲结构

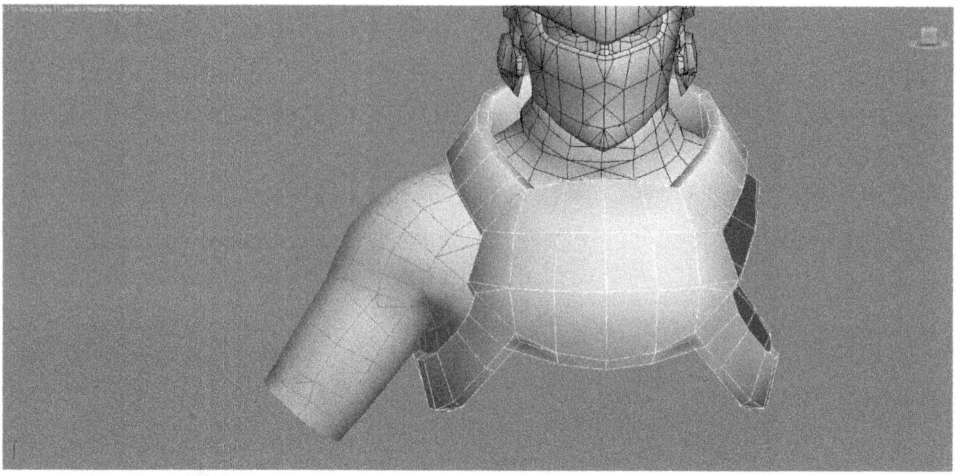

图 7-13　制作上臂基本模型

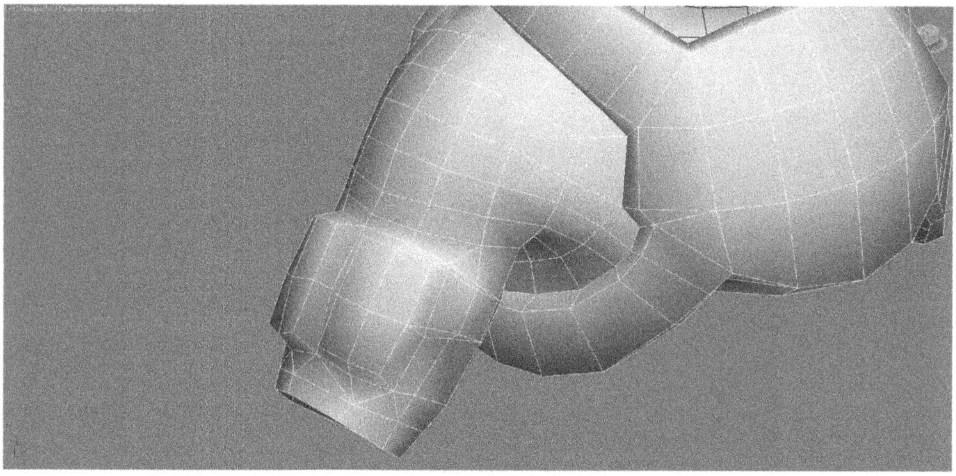

图 7-14　完善上臂模型细节

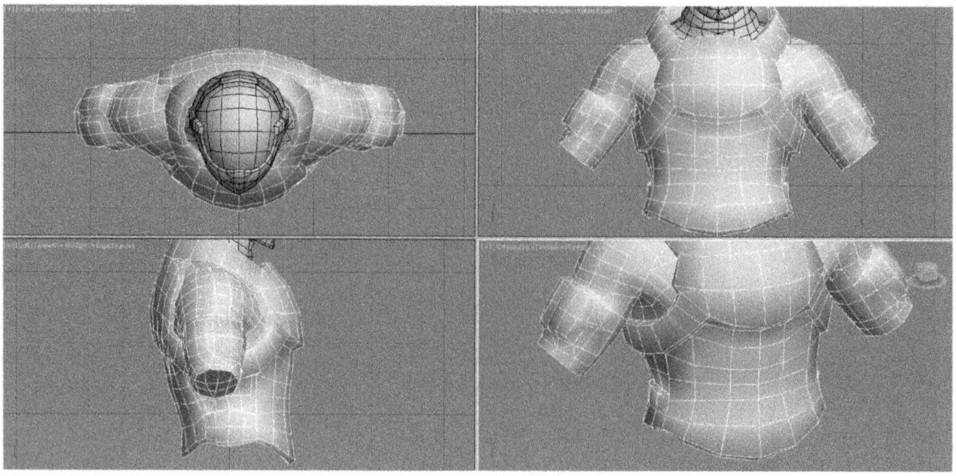

图 7-15　制作胸甲模型

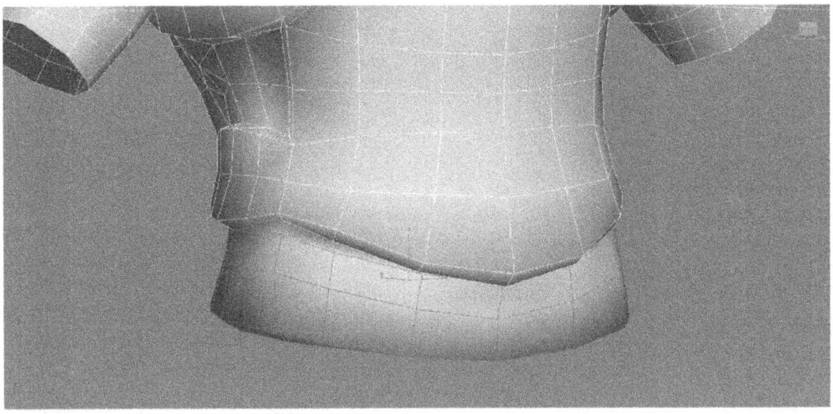

图 7-16 制作胸甲下方连接结构

接下来通过编辑多边形命令制作出肩甲的模型轮廓，这里的制作方法与之前章节中制作盾牌模型的原理基本相同（见图 7-17）。将肩甲放置在角色模型的肩膀位置，然后进行细节调整，利用切割布线制作出肩甲上隆起的细节结构（见图 7-18）。这里根据原画设定，肩甲模型不采用对称结构，只将其放置在角色右侧的肩膀上，最终效果如图 7-19 所示。

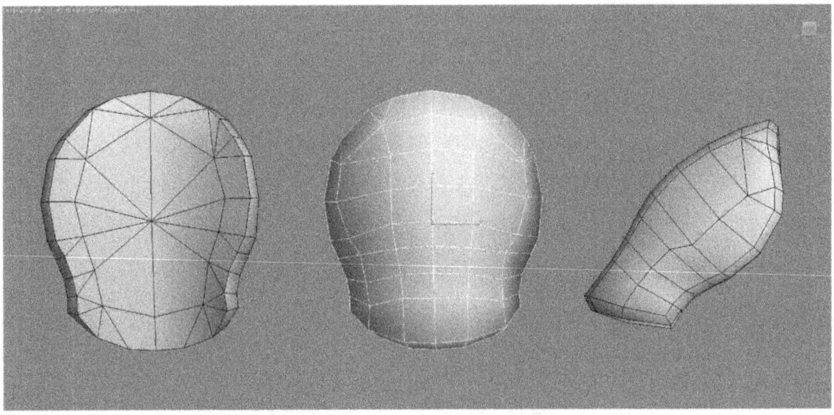

图 7-17 制作肩甲模型轮廓

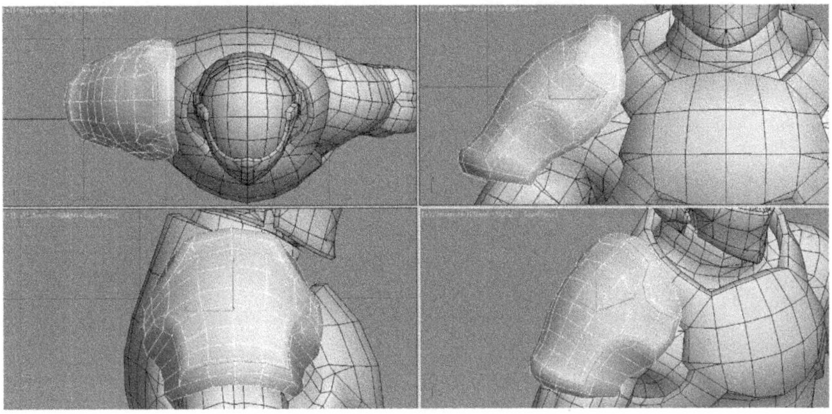

图 7-18 刻画模型细节结构

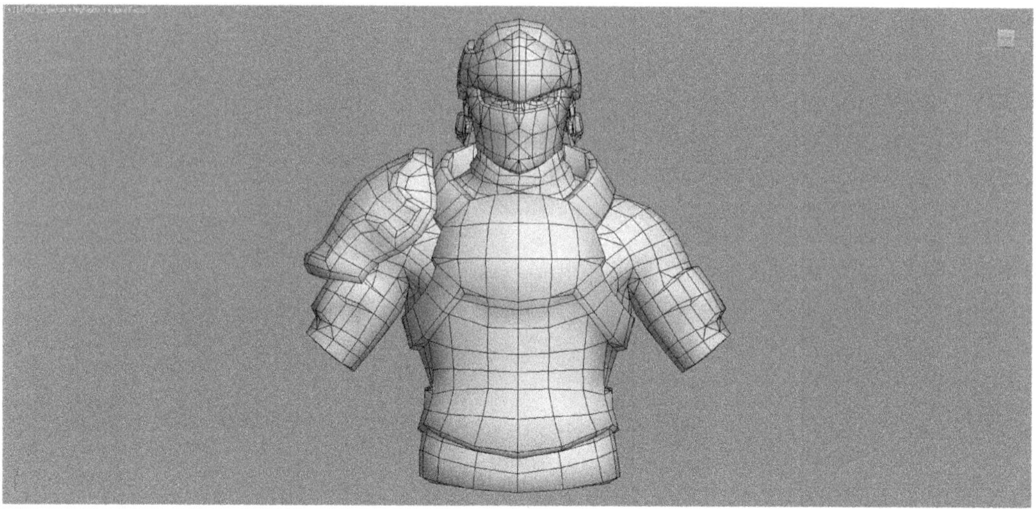

图 7-19　最后完成的角色躯干效果

## 7.4 四肢模型的制作

头部和躯干模型完成后，下面我们开始制作角色的四肢模型。首先制作上肢小臂的模型，在视图中利用编辑圆柱体多边形制作出基本的形态结构（见图 7-20），然后深入刻画模型细节，制作出侧面的金属板甲结构（见图 7-21）。沿着侧面板甲结构向下制作护手（见图 7-22），接下来制作肘部的护肘金属板甲模型（见图 7-23），最后制作出角色手部模型 （见图 7-24），要注意与护手及手腕处的衔接，这样角色上肢的模型就制作完成了（见图 7-25）。

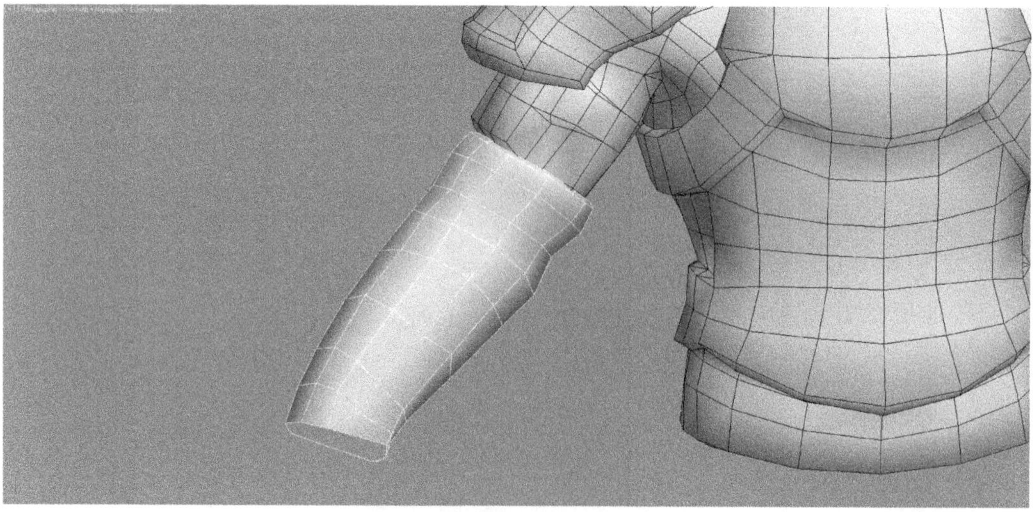

图 7-20　制作小臂基础模型

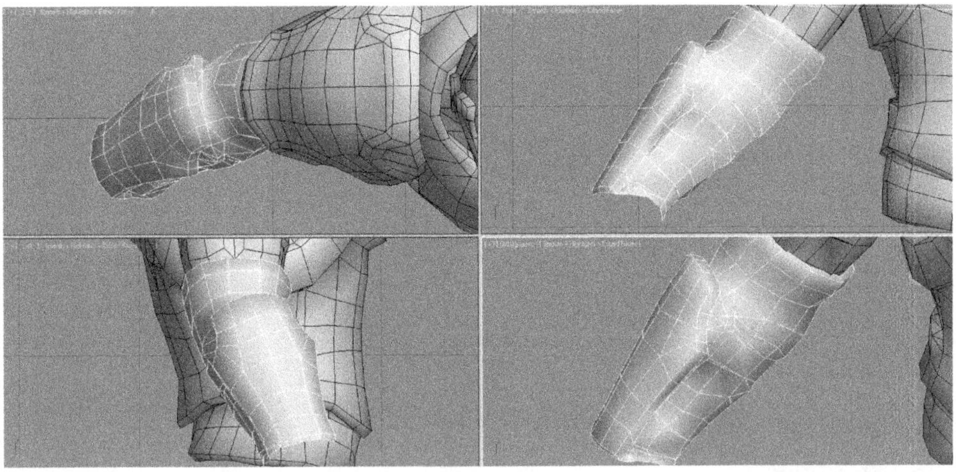

图 7-21 制作金属板甲结构

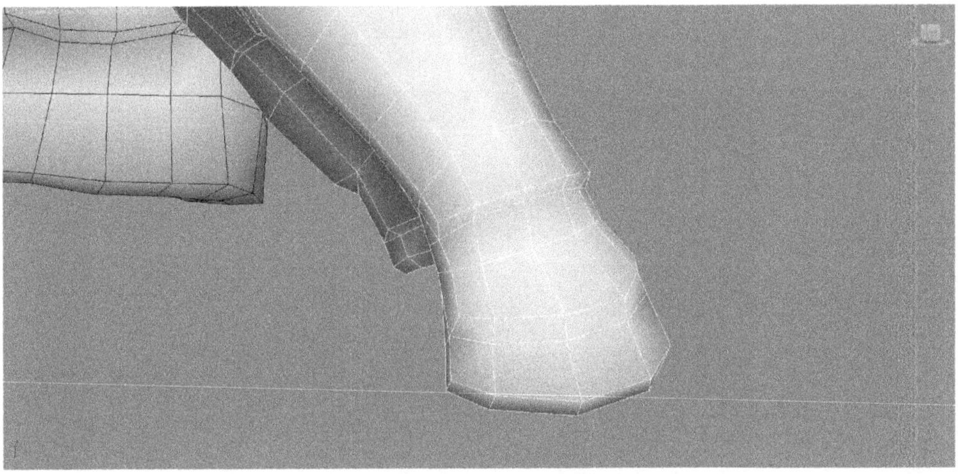

图 7-22 制作板甲护手

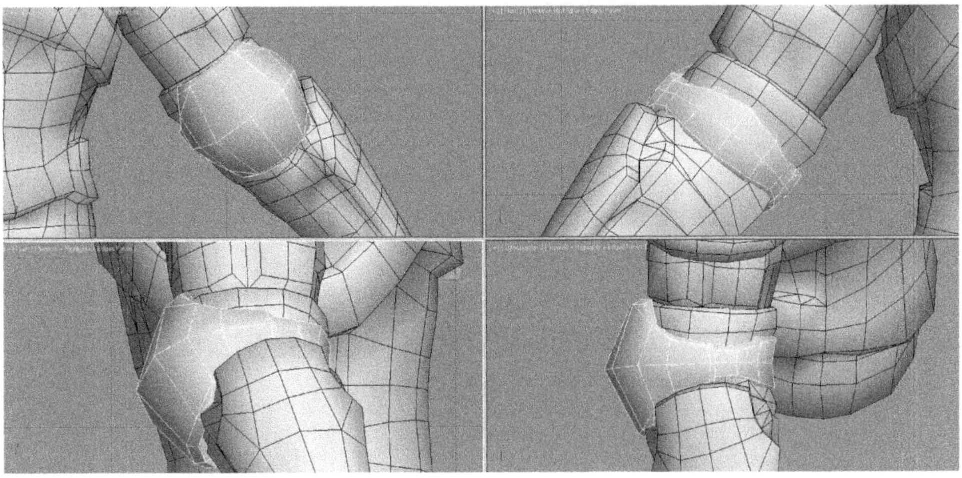

图 7-23 制作护肘

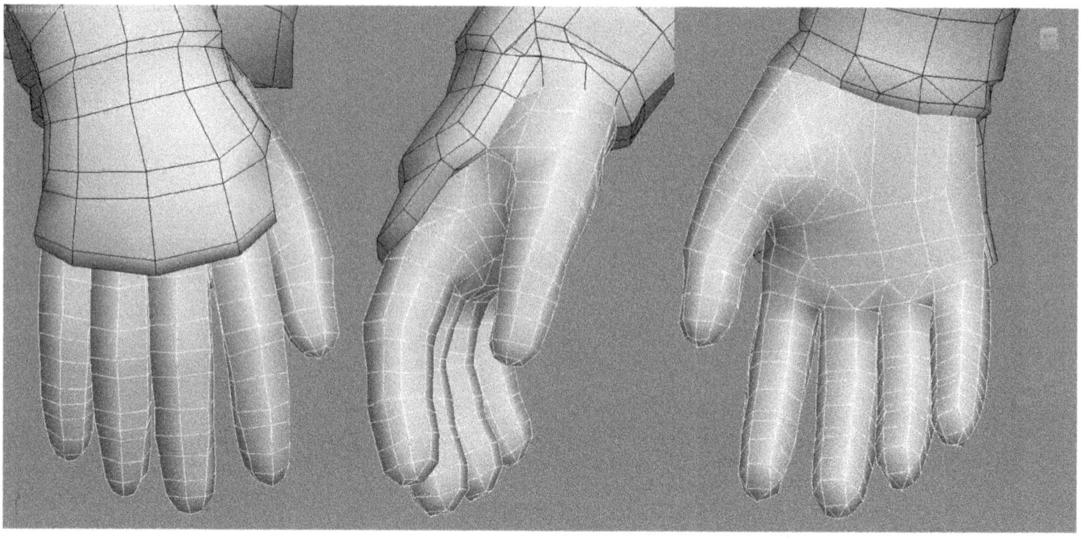

图 7-24　制作手部模型

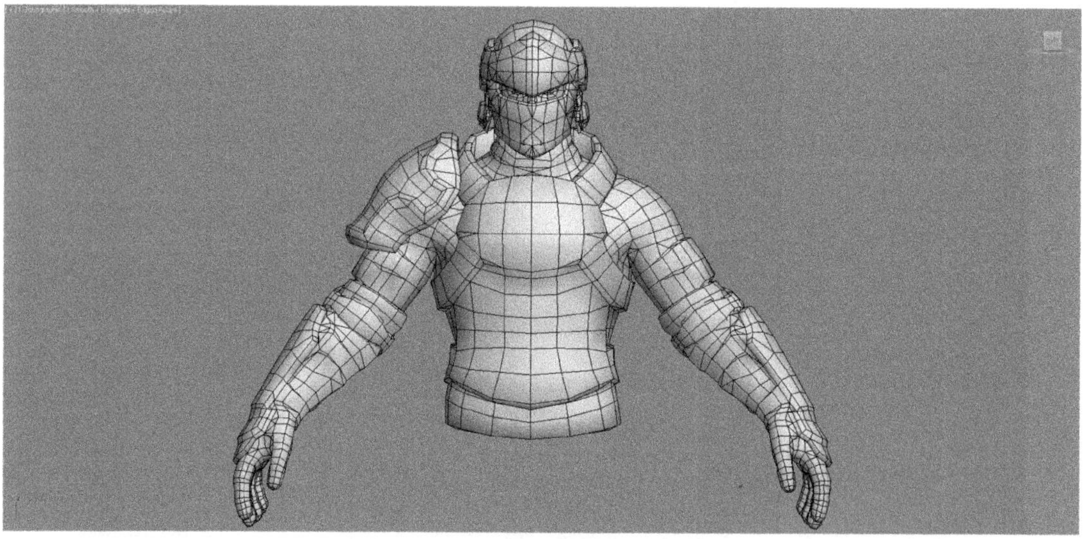

图 7-25　角色上肢完成的效果

接下来制作角色腰臀部及大腿上半部分的模型结构，之所以要单独制作，是因为这部分模型材质是布料，同时与上半身相衔接，这部分模型可以简单地看作一个短裤的外形，同样只需要制作一侧的模型结构，另一侧镜像复制即可（见图 7-26）。

然后制作出腰部的腰带模型及后面的背包模型（见图 7-27），图 7-28 是腰带放置在角色模型上的效果，接下来制作腰带前方侧面的十字装饰模型（见图 7-29），最后整体角色模型的效果如图 7-30 所示。

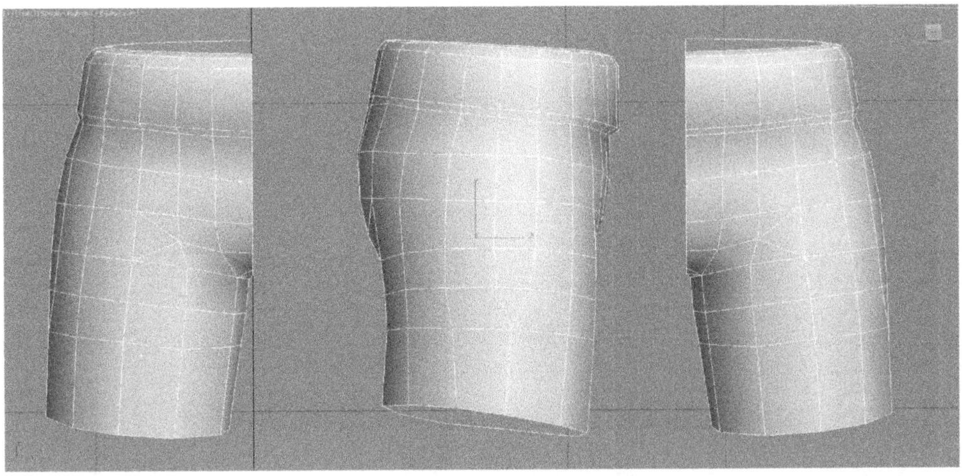

图 7-26　制作腰臀部模型

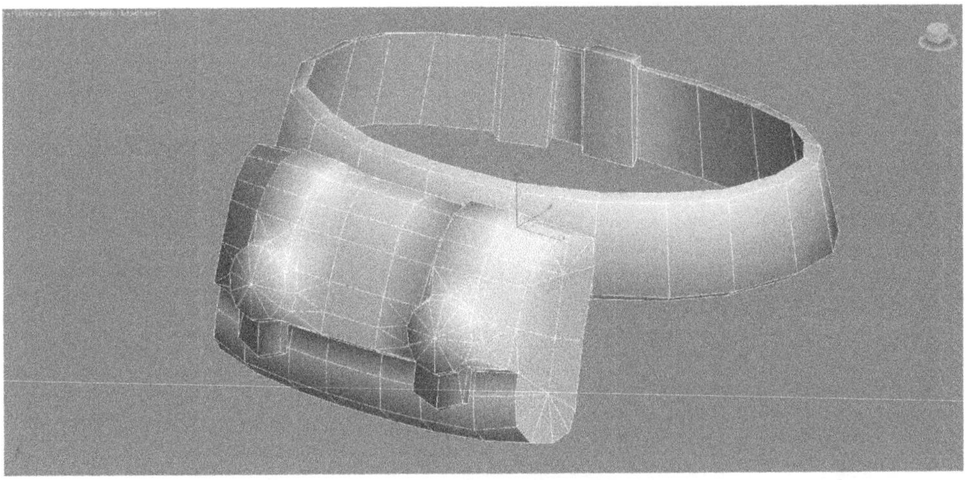

图 7-27　制作腰带和背包模型

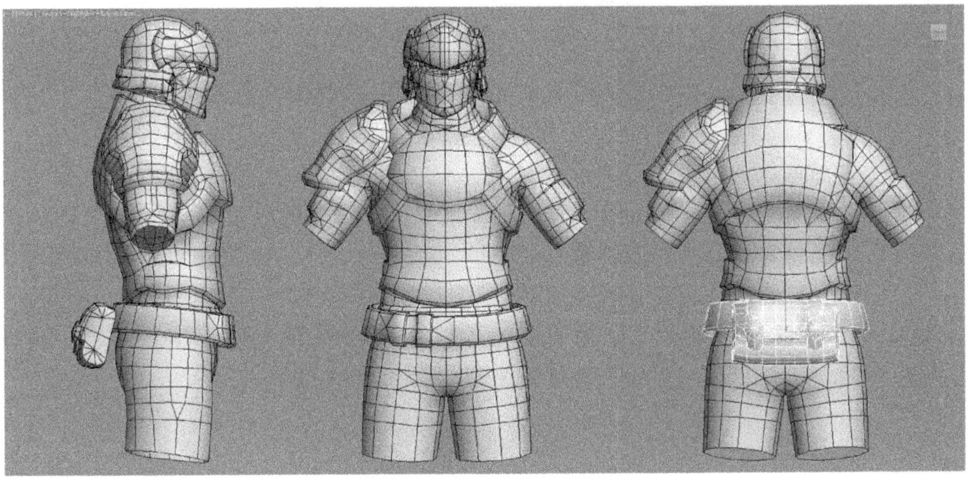

图 7-28　腰带模型在角色中的摆放位置

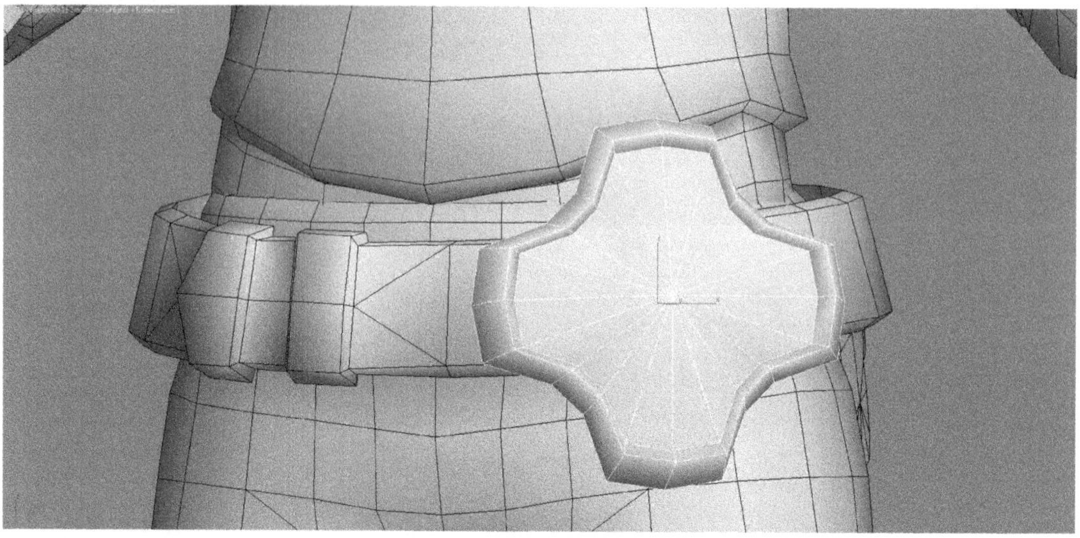

图 7-29 制作腰带装饰

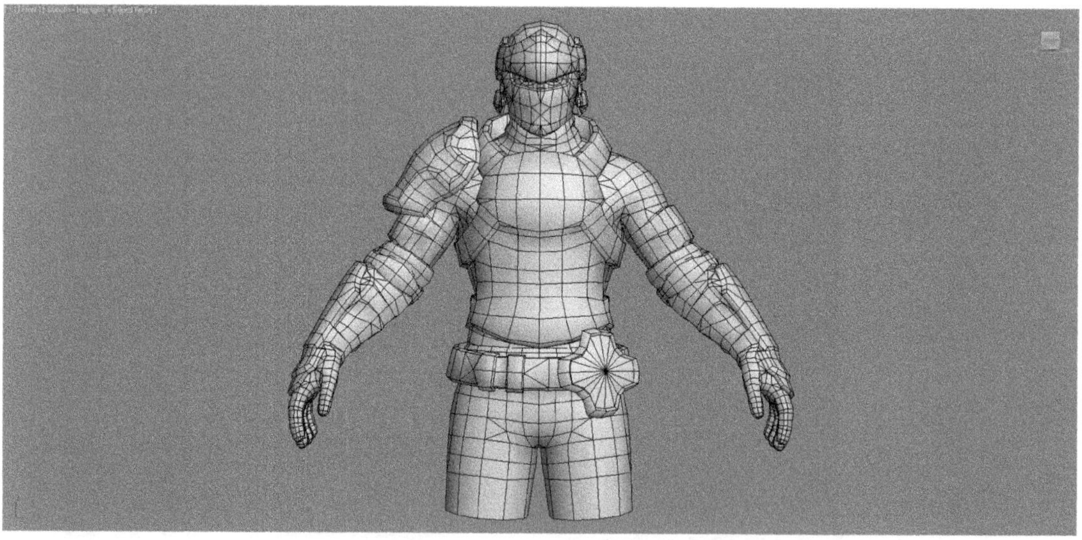

图 7-30 整体模型效果

然后开始制作下肢模型，从大腿开始一直到脚部，整体都是被金属铠甲所覆盖。首先利用圆柱体模型编辑大腿部分的模型结构（见图 7-31），继续向下制作出膝盖及小腿的模型结构（见图 7-32）。然后制作大腿及膝盖处的附属铠甲模型结构，制作方法与肩甲类似（见图 7-33 和图 7-34），最后制作角色脚部模型（见图 7-35）。将对称部分的模型进行镜像复制，通过 Attach 命令结合为整体模型，图 7-36 为本章角色模型最终完成的效果。

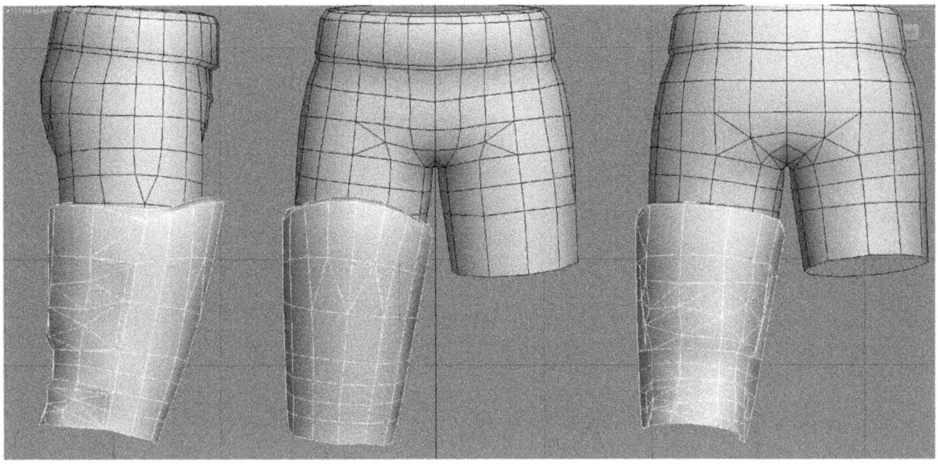

图 7-31 制作大腿模型

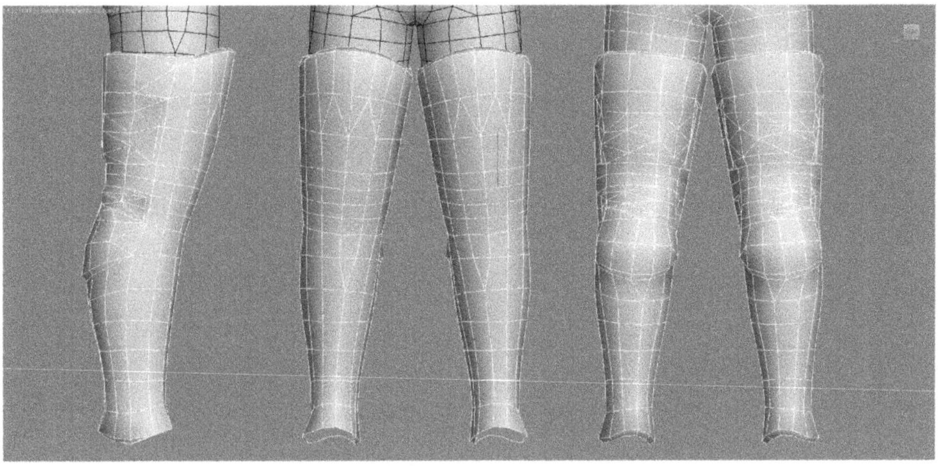

图 7-32 制作膝盖及小腿模型

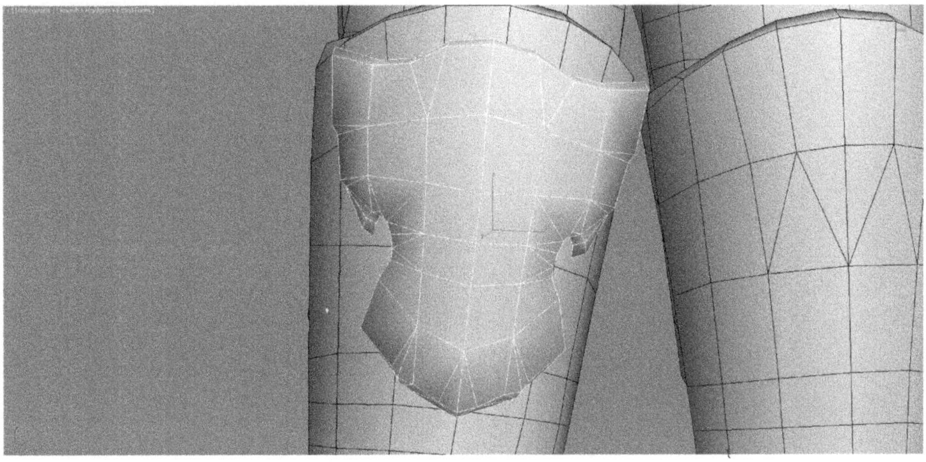

图 7-33 制作大腿及膝盖处金属铠甲装饰

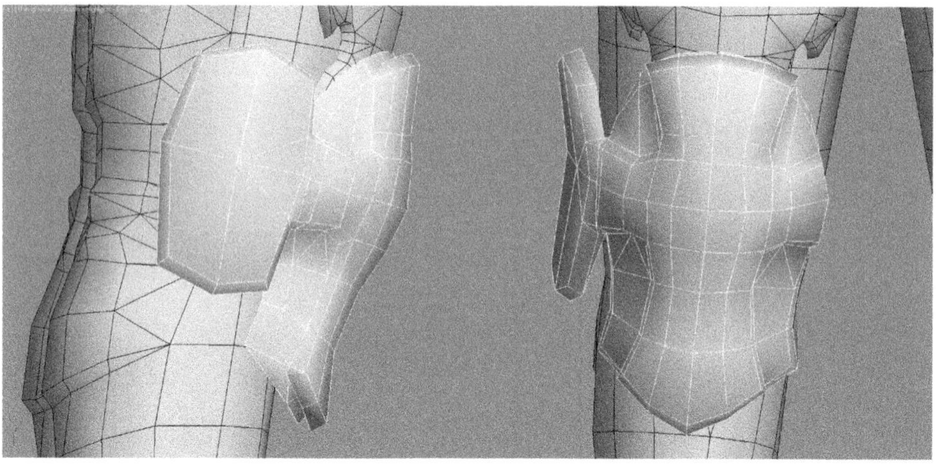

图 7-34　制作膝盖金属铠甲装饰

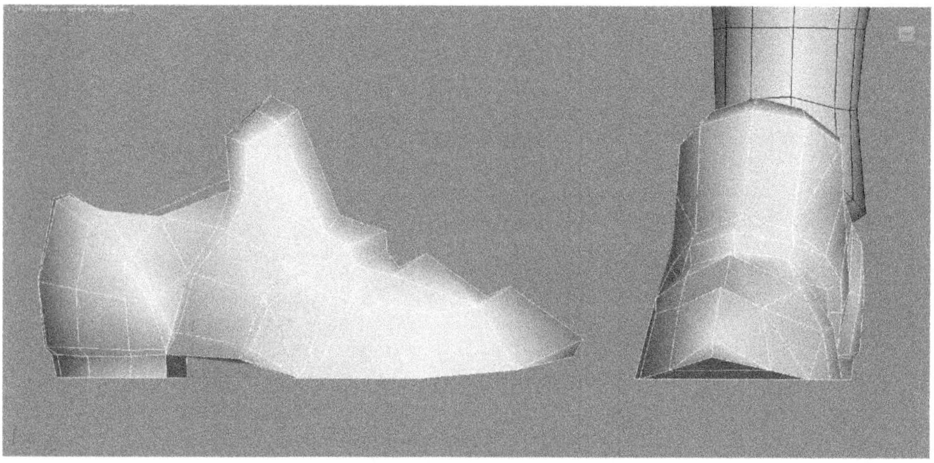

图 7-35　制作脚部模型

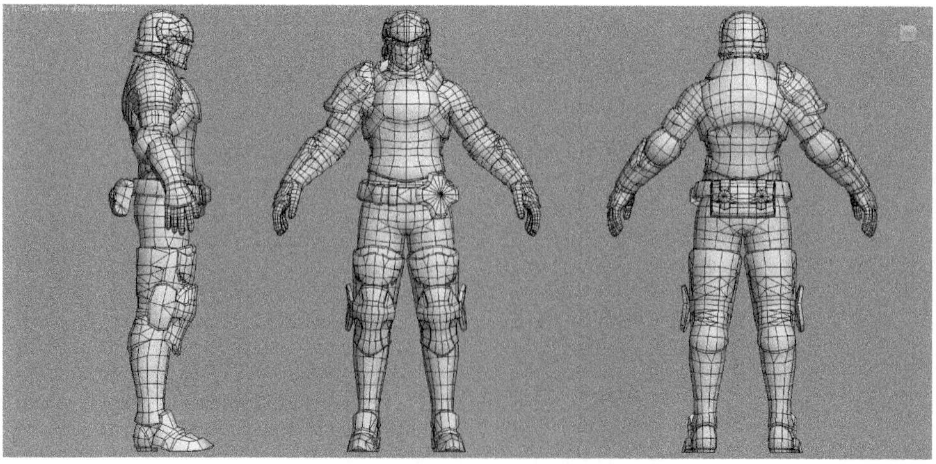

图 7-36　角色模型最终完成的效果

## 7.5 角色道具模型的制作

在原画设定图中，除了角色以外，还有与之相配的武器道具模型需要制作，其武器为一柄双手持握的长剑，整体结构比较简单，下面首先来制作剑柄模型。在3ds Max软件视图中利用圆柱体模型编辑制作剑柄的基本外形（见图7-37），然后制作剑柄上端的模型结构（见图7-38），接下来制作出剑阁结构部分，剑阁是剑柄与剑刃之间的衔接结构（见图7-39），同时制作出剑阁两侧的半球形装饰（见图7-40）。

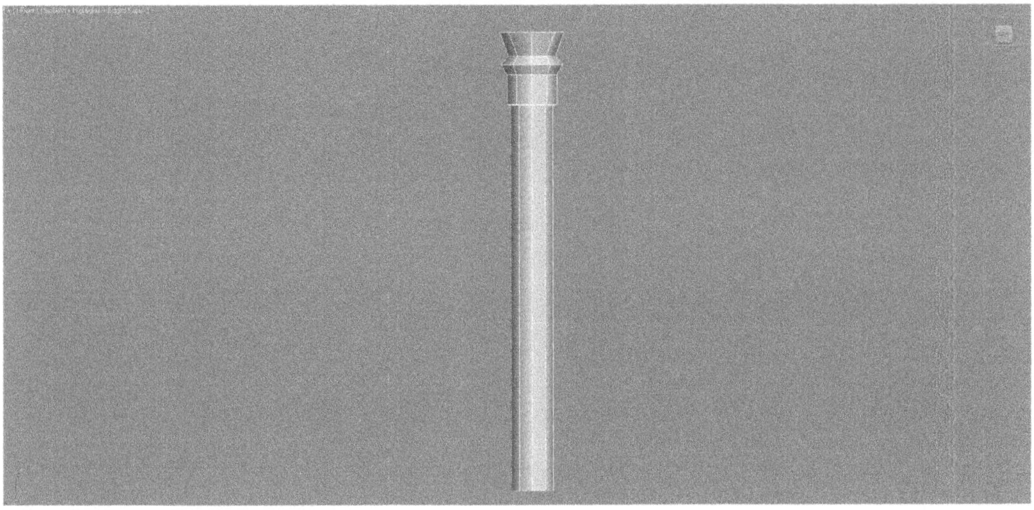

图7-37　制作剑柄模型

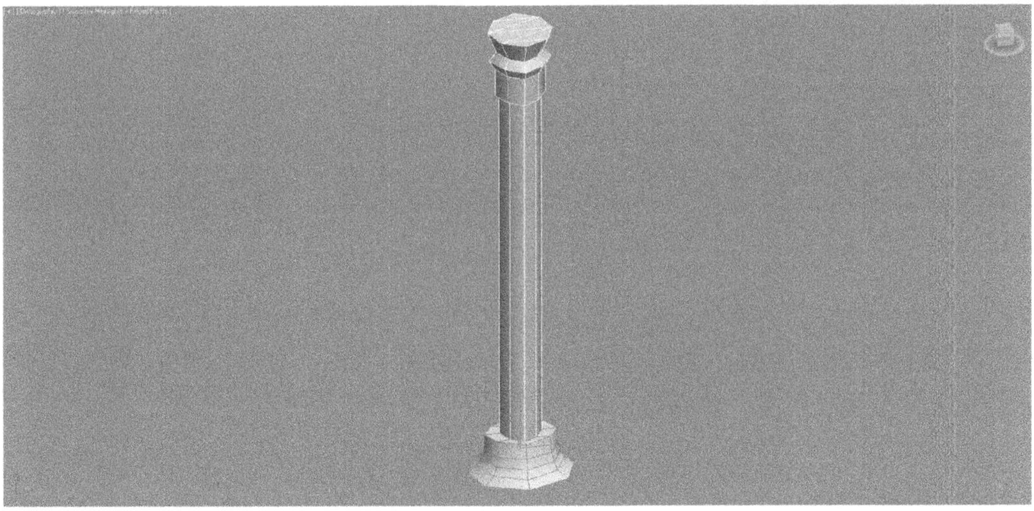

图7-38　制作剑柄上端模型结构

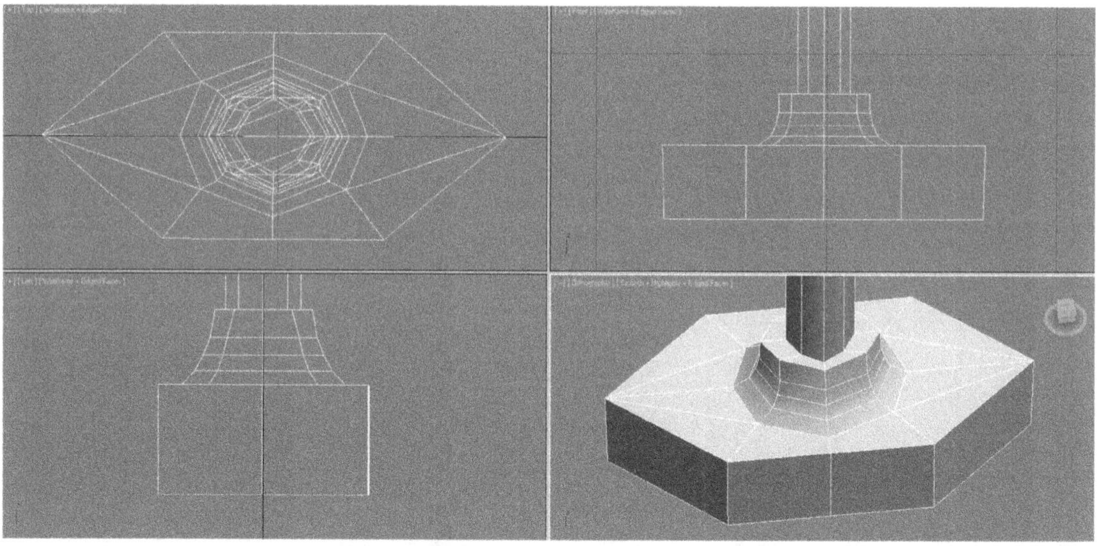

图 7-39　制作剑阁

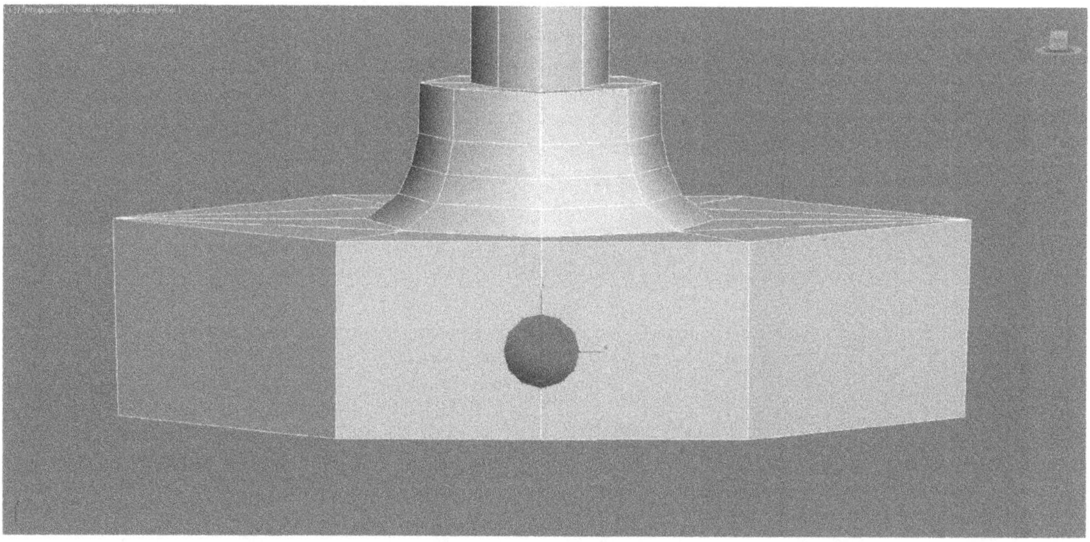

图 7-40　制作侧面装饰

最后制作出剑刃部分的模型，结构比较简单，要注意剑刃尖端弧度过渡的处理，要圆滑，尽量避免棱角。另外，整个刃部中间有一个隆起的剑脊结构，如图 7-41 所示。图 7-42 为最终全部模型完成的效果，通过多边形计数器可以查看整个模型一共用了 10655 个多边形面。

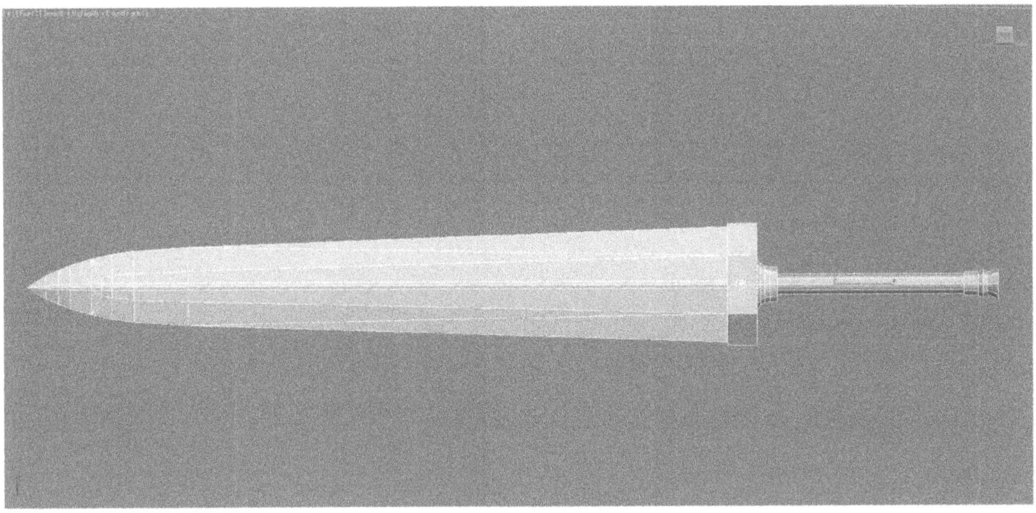

图 7-41　制作剑刃模型

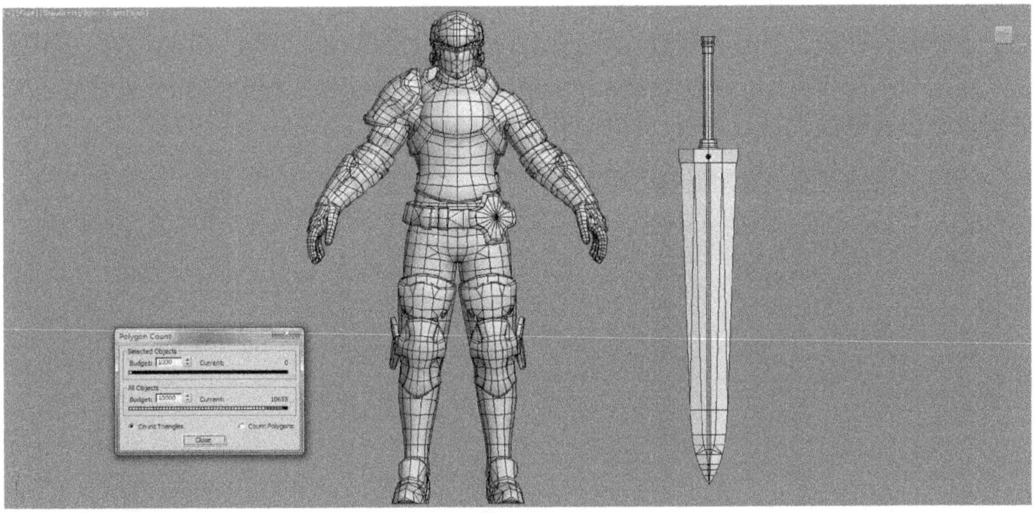

图 7-42　最终完成的全部模型

## 7.6 模型 UV 拆分及贴图绘制

模型全部制作完成后，在贴图绘制之前还是先要对模型 UV 进行拆分的，由于贴图的尺寸有限，加上角色模型细节丰富且部件较多，我们无法将模型 UV 全部拆分在一张贴图上，这样不利于模型细节和精度的表现。所以，这里我们根据角色模型不同的结构部分，将其 UV 进行单独拆分。

首先，我们将头盔模型进行 UV 拆分，要将头盔外部模型面 UV 尽可能放大，而内部看不到的模型面则尽量缩小其 UV 面积（见图 7-43）。

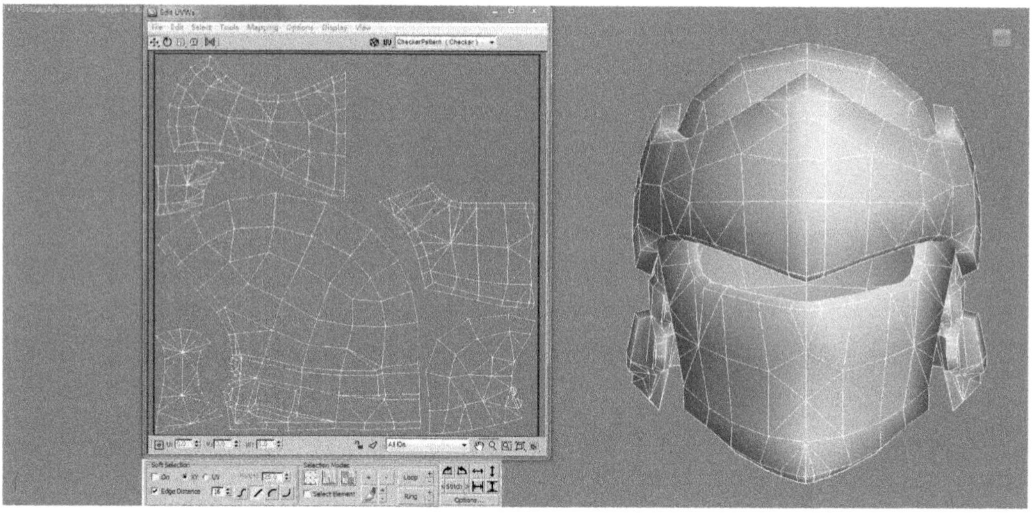

图 7-43　头盔 UV 拆分

然后，将领口、躯干及上臂模型的 UV 进行单独拆分，躯干模型后期要绘制金属板甲贴图，为了让金属的质感及上面的划痕纹理更加自然，我们可以不采用对称 UV 的拆分方法，而是将躯干模型 UV 整体拆分，按照正面和背面进行 UV 拆分。领口模型 UV 单独进行拆分，上臂模型可以利用对称原理，只拆分一侧即可（见图 7-44）。

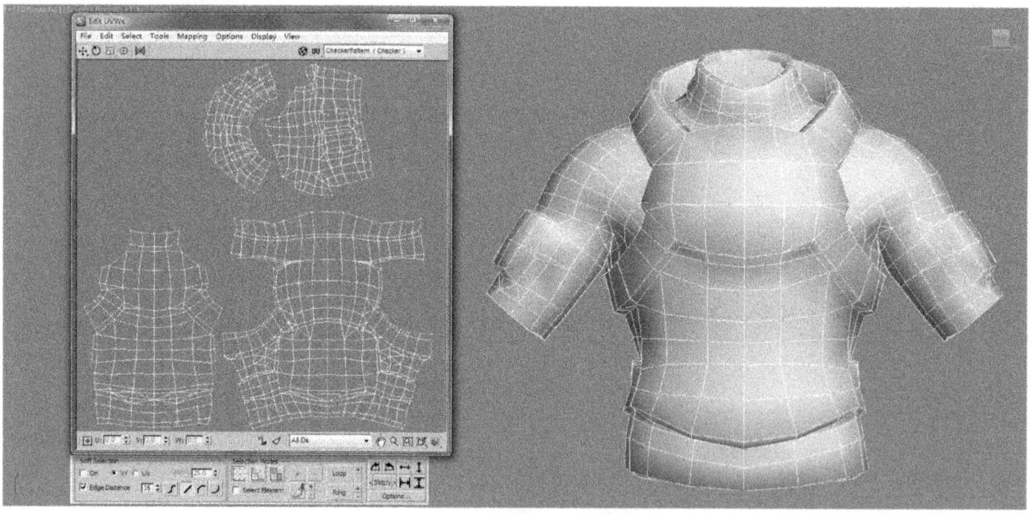

图 7-44　躯干模型 UV 拆分

接下来将小臂、手部和护肘的模型 UV 进行拆分（见图 7-45），腰臀部模型由于材质的特点要进行单独拆分（见图 7-46），然后拆分腿部、脚部和膝盖处的铠甲模型的 UV（见图 7-47），最后拆分腰带、背包及大腿装饰铠甲模型的 UV（见图 7-48）。图 7-49 为角色武器道具模型的 UV 拆分，基本利用正面和背面对拆结构进行拆分即可。

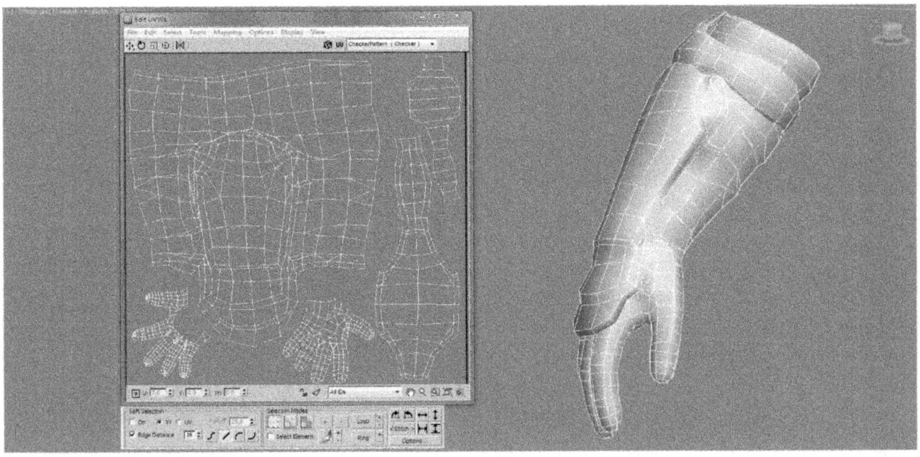

图 7-45 小臂、手部和护肘 UV 拆分

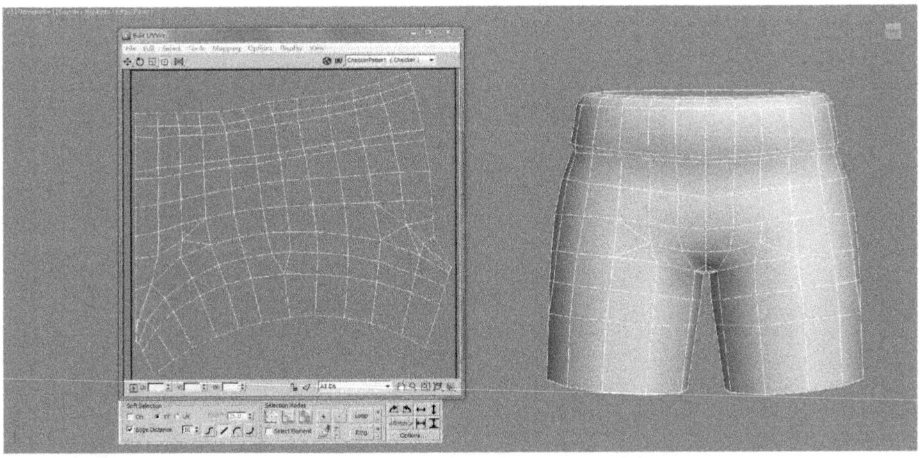

图 7-46 腰臀部模型 UV 拆分

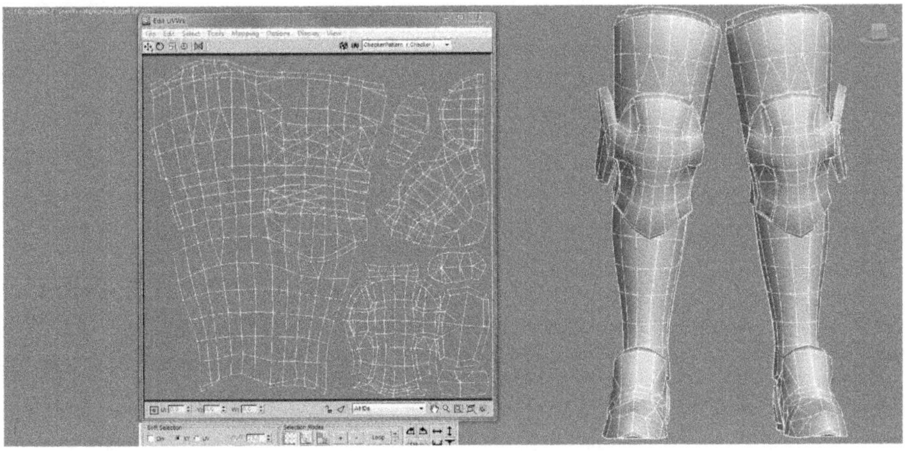

图 7-47 腿部模型 UV 拆分

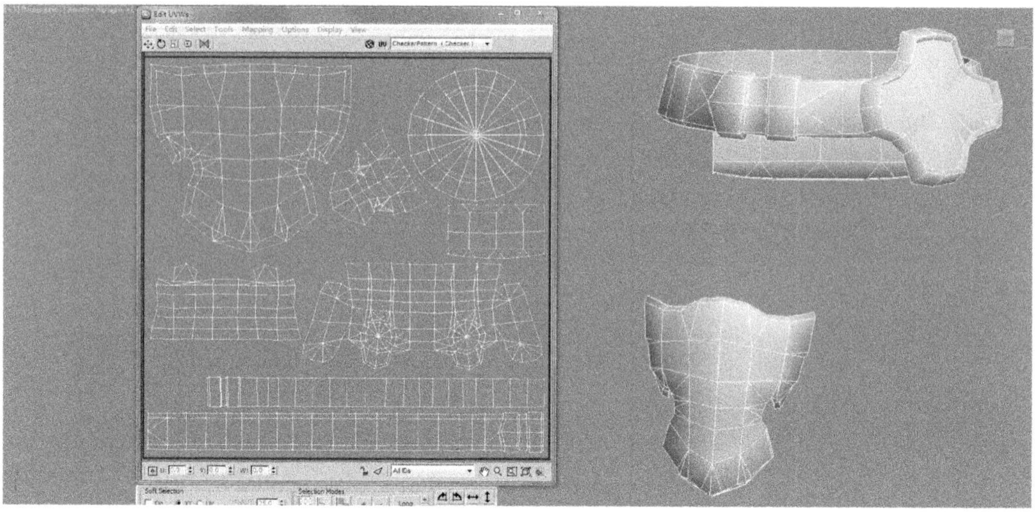

图 7-48　腰带及装饰部件模型 UV 拆分

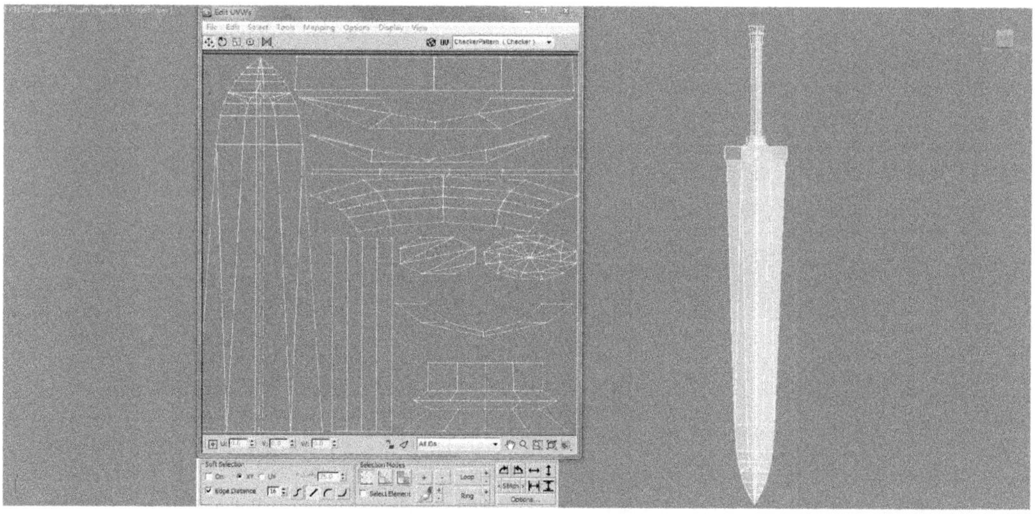

图 7-49　武器道具模型 UV 拆分

模型 UV 拆分完成后开始贴图的绘制，整个角色模型材质主要分为三大部分：金属铠甲、皮质和布料材质。我们按照原画的设定，将角色头盔、胸甲、肩甲、小臂、护肘，以及腿部和脚部铠甲的贴图绘制出金属质感，同时要进行做旧痕迹的处理。然后腰带、小臂和大腿铠甲覆盖下的部分为皮质贴图，衣领、上臂及腰臀部为布料材质。

对于贴图的绘制，分为以下几个步骤：首先将 UV 网格导入 Photoshop 软件中，新建图层按照 UV 网格的区域绘制底色；然后绘制贴图的明暗区域，让贴图形成立体感；接下来将 UV 边缘及转折结构勾勒暗色边线，绘制提亮贴图的高光区域，要注意光泽度的把握，皮质的反光度不能超过金属，而布料最弱，这里的金属部分由于旧化也不具有过亮的反光效果；最后叠加划痕等纹理图片进行做旧处理，增强贴图的细节和真实感。图 7-50 为角色模型躯干部分的贴图绘制完成效果，对于更加详细的贴图效果可以参考随书光盘中的实例制作文件。

最后贴图绘制完成后，将其添加到模型上，图 7-51 为最终完成的效果。如果想要制作更具细节的模型效果或者次世代游戏角色模型，我们可以制作添加法线和高光贴图，增强模型的质感和细节程度，渲染后如图 7-52 所示。

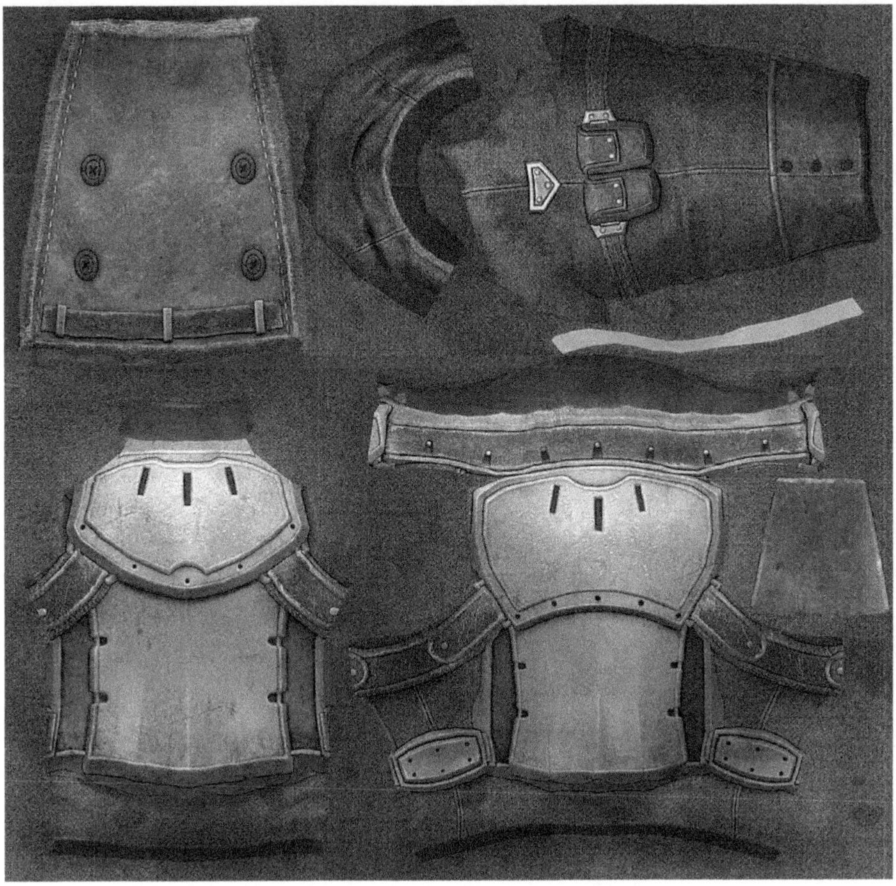

图 7-50　角色躯干模型贴图效果

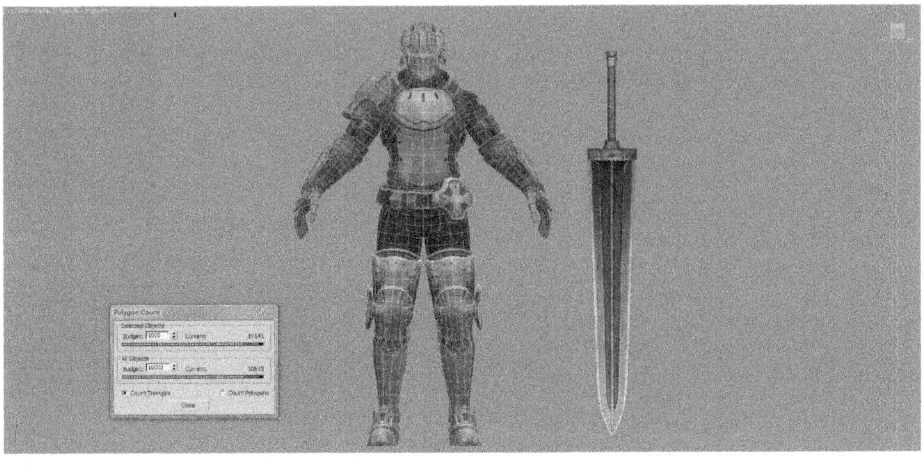

图 7-51　视图中为模型添加贴图

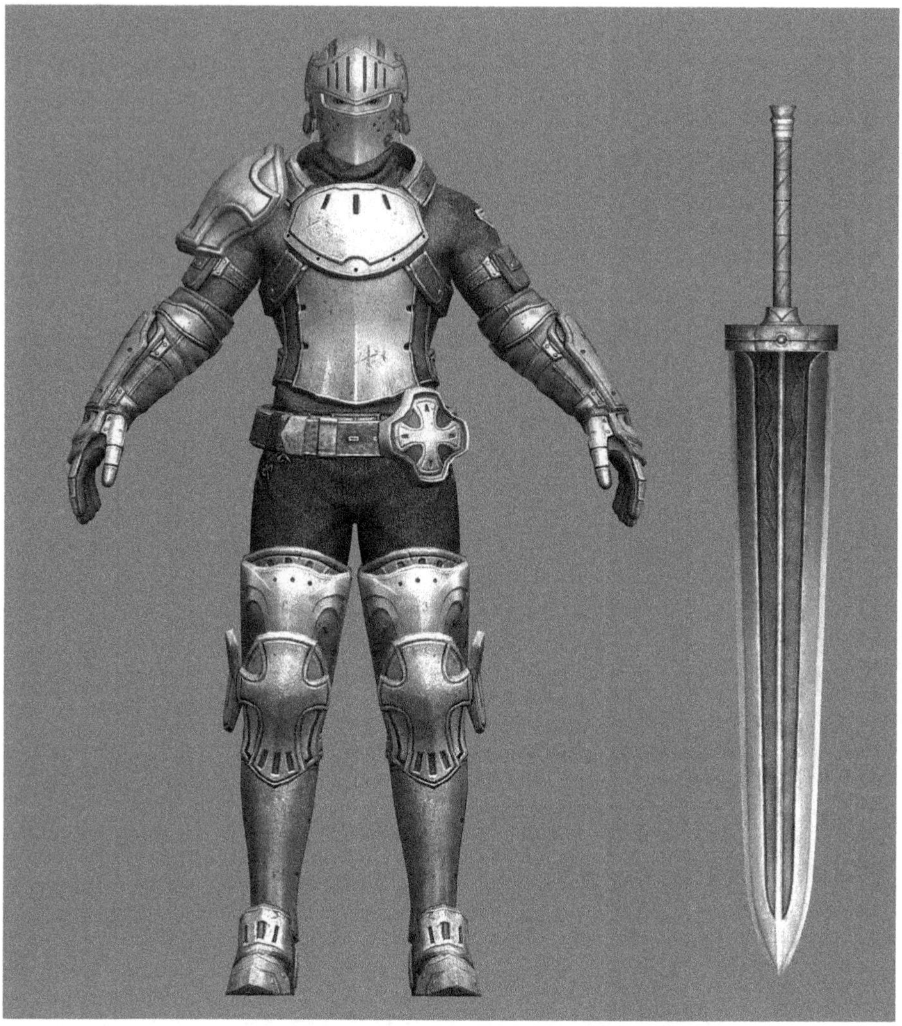

图 7-52　添加法线和高光贴图后的模型渲染效果

扫描右侧二维码可以观看视频课程，学习游戏角色模型的贴图绘制技巧和流程。

CHAPTER

# 8

# 网游怪物模型实例制作

## 8.1 模型制作前的准备

这一章我们将要学习网络游戏中怪物类角色模型的制作。游戏中的怪物通常是指在程序AI（人工智能）控制下的虚拟角色个体，游戏世界中的怪物对于玩家所操控的角色来说属于敌对势力，尤其在网络游戏中，玩家通过打败怪物和敌人来完成任务、获得经验和提升自己的角色等级。怪物与NPC一样都属于非玩家操控角色，但与NPC不同的是，游戏中的怪物具备更为复杂的AI行为和数据判定，能够在不同条件下做出多种行为，达到与玩家角色进行高级行为交互的意义（见图8-1）。

图8-1 游戏中与怪物的战斗

从广义的角度来说，游戏中与玩家对立发生战斗行为的AI角色都属于游戏怪物的范畴，并不仅仅指的是那些虚构幻想出来的角色类型，网络游戏中也会存在大量的人类怪物角色。而从设计角度来说，那些虚构出来的妖魔幻兽等怪物也是在现实基础上进行的角色塑造，在游戏中这类怪物通常分为三种类型。

一类是将现实中的动物或野兽进行夸张化设计处理，让其变得更加凶猛，如图8-2中的野猪怪物，在游戏设计中我们将其体型增大，让獠牙变得更加巨大，同时在脊背上添加了骨刺等。尽管整体造型没有脱离客观现实，但通过以上的设计重塑，让怪物变得更加具有威慑力，与现实原型产生了极大的反差。

另一类怪物则是完全脱离客观现实，将多种不同的动物类型进行混合，设计出更加凶猛和恐怖的怪物角色。如图8-3中的怪物，其身体整体形态属于脊椎类爬行动物，同时还设计添加了鱼类的尾巴和鳍，另外身体表面还覆盖有鳞片，头部则采用了鲸鲨的造型。将现实中多种动物的形态结构特征都赋予到一个个体上，这种虚构出来的怪物往往会让玩家感到恐惧和可怕。

图 8-2 游戏中的野猪怪物

图 8-3 混合设计的怪物类型

除此以外，还有一种怪物类型则是将动物与人进行混合设计，如将动物形态进行拟人化设计，或者直接将人体与其他生物结构相衔接。图 8-4 中为牛头人怪物角色，头部跟腿部采用了动物形态结构，其余部分则为人体形态。其实这种设计思路在中西方古代传说中早已有之，如中国《封神演义》中的雷震子、西方传说中的人头马和美人鱼等。

本章实例制作中的怪物模型属于类人形怪物角色，图 8-5 为制作完成的模型效果图，从图中可以看出，整个怪物采用了跟人类相同的站立姿态，头、躯干和四肢的整体结构分布也基本与人体相同，但其细节部分结构都采用了更偏向野兽化的设计：头部长有犄角，嘴部长满尖锐的牙齿，背部高隆且分布有脊突结构，手部为锋利的爪子，整个腿部也采用了动物体的结构特征设计。

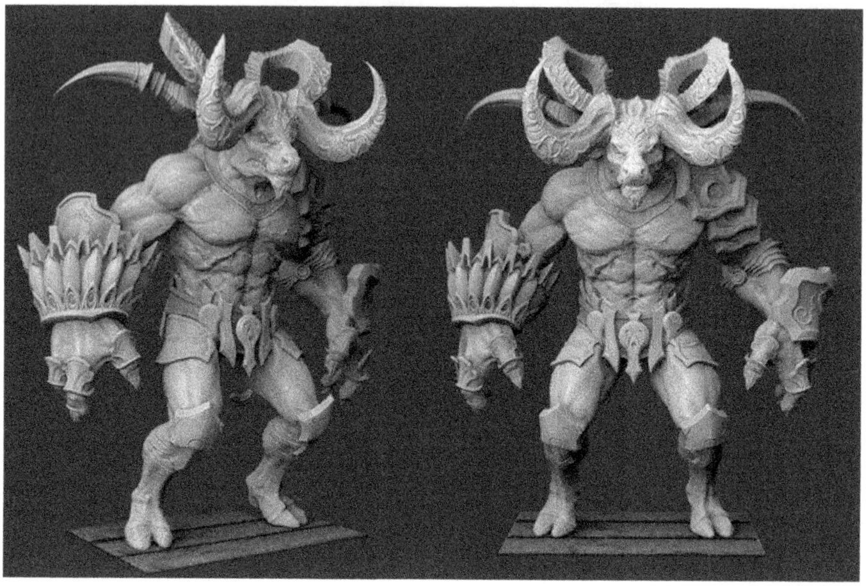

图 8-4　牛头人怪物

图 8-5　模型完成效果图

当抓住这些结构特征后，在实际制作模型前我们还需要收集一些参考素材，如怪物头顶的犄角我们可以参考羚羊角的结构和外形特征，而怪物的腿部我们可以参考大型猫科动物的后腿结构，在基本结构的基础上进行夸张和变形设计，如图 8-6 所示。参考素材图片可以让我在实际制作中更加精确地把握模型的结构特征，同时还可以为后面模型贴图的绘制提供素材和参照，下面正式开始本章模型实例制作。

图 8-6　参考素材图片

## 8.2 头部模型的制作

我们从怪物头部模型开始制作，首先在视图中通过 BOX 模型编辑出头部基本的外形结构，这里仍然可以利用镜像对称的方法进行模型制作。怪物头部相对较小，其中最突出的特征就是张开的大嘴和头顶细长的犄角，这里在基础模型编辑的时候要将嘴部的姿态首先制作出来，犄角结构后面再来制作（见图 8-7）。

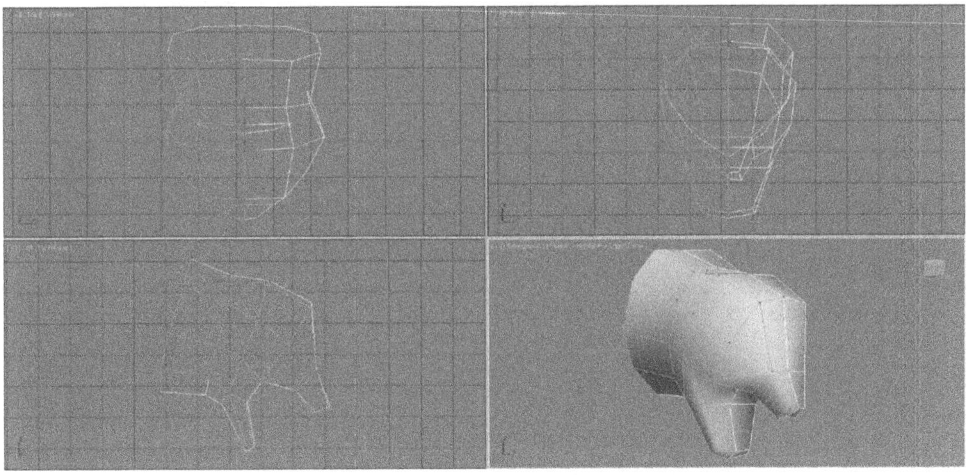

图 8-7　制作编辑模型基础结构

然后通过边层级下的 Cut 命令进行切割布线，勾画出眼睛位置的模型结构（见图 8-8）。接下来继续增加模型布线，细化模型结构，制作出头部和腮部的肌肉结构（见图 8-9）。在眼睛部位利用面层级下的 Inset 命令将模型面向内收缩，刻画出眼窝和眼睛的模型结构（见图 8-10）。

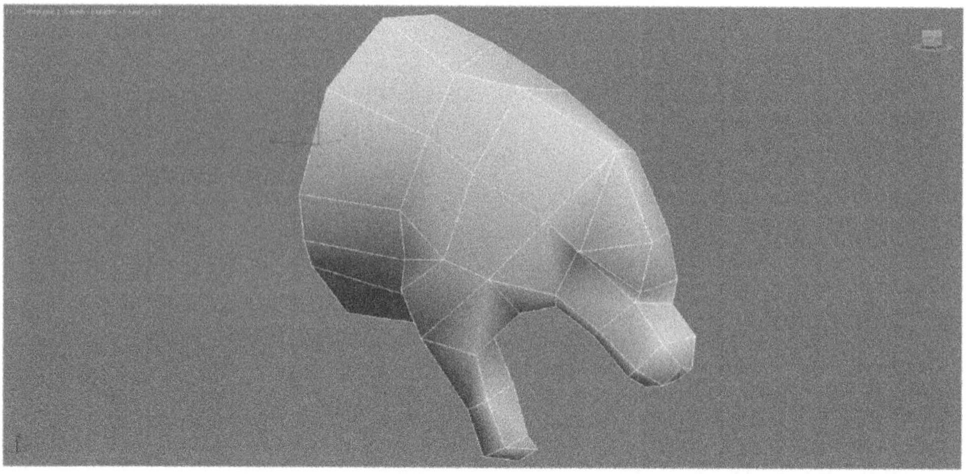

图 8-8 增加布线

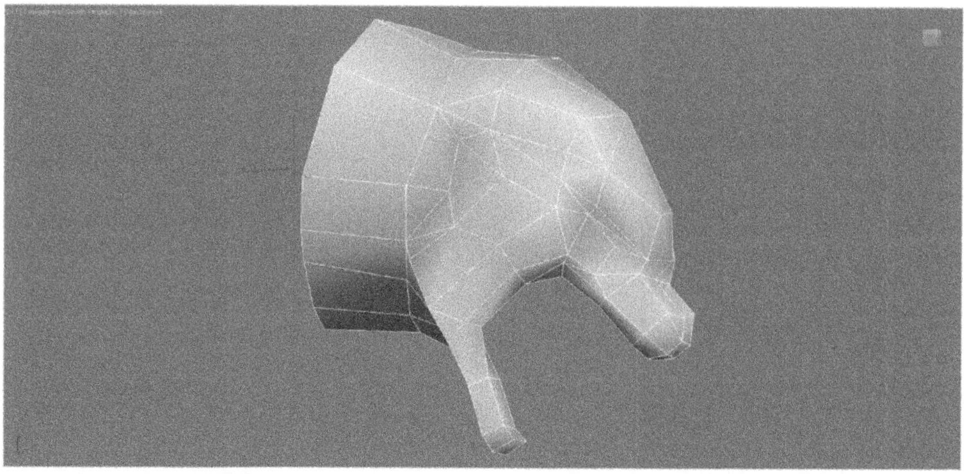

图 8-9 细化模型结构

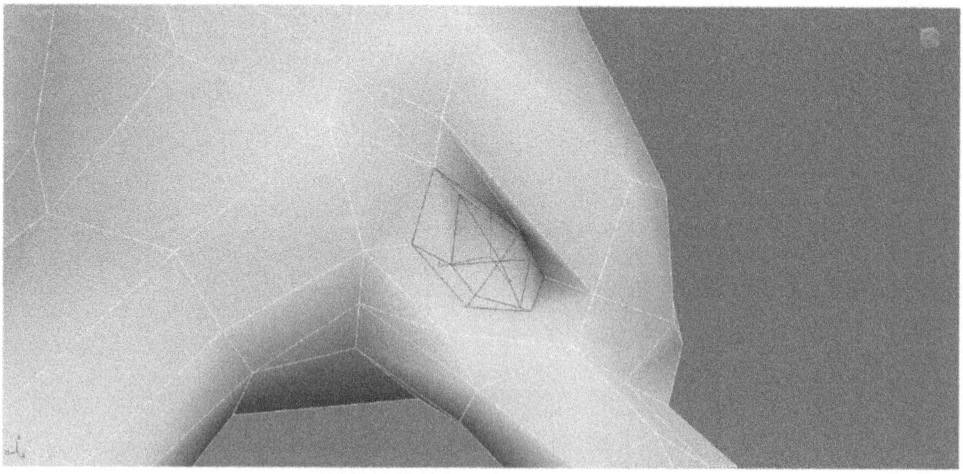

图 8-10 制作眼睛结构

进入多边形面层级选中嘴内部的模型面，利用 Inset 命令向内收缩，如图 8-11 所示。然后利用面层级下的挤出命令制作出嘴部上下两颗獠牙结构（见图 8-12），其余部分的牙齿我们利用四边形圆锥体模型制作添加，牙齿根部可以嵌入嘴部模型面内，上下各三颗（见图 8-13）。

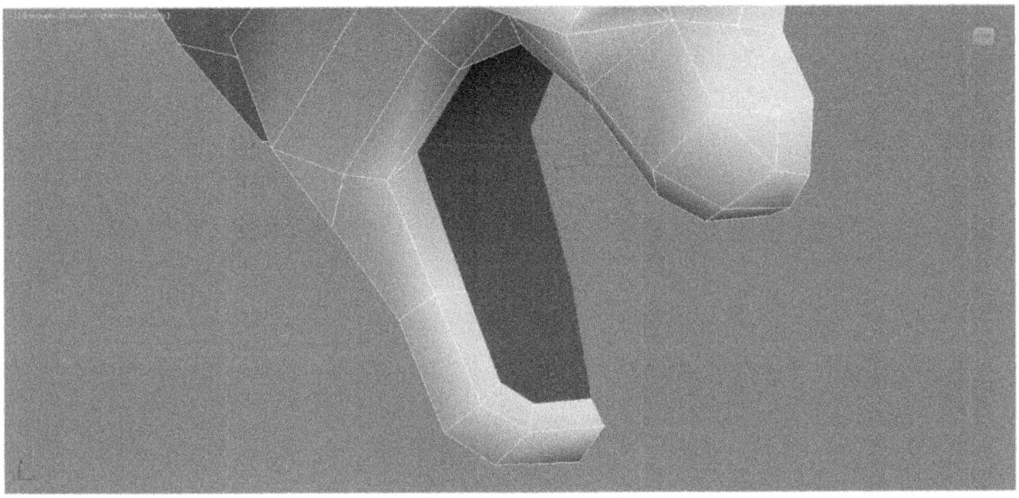

图 8-11　收缩模型面

图 8-12　制作獠牙

接下来进一步增加头部模型布线，深入刻画头部模型细节，同时在头部模型侧面切割出耳朵的轮廓线框，如图 8-14 所示。然后在下颚部分，利用面片模型编辑制作模型结构，利用顶点焊接将面片模型与下颚相衔接（见图 8-15）。

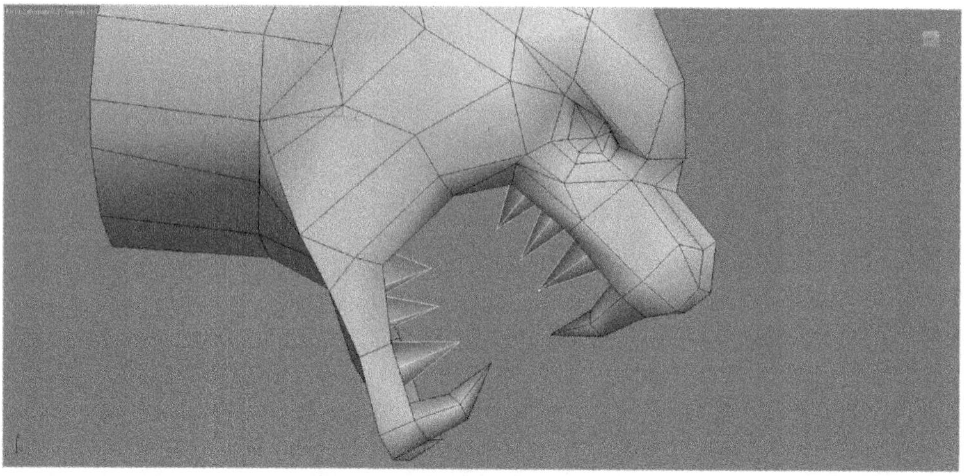

图 8-13　制作其余牙齿结构

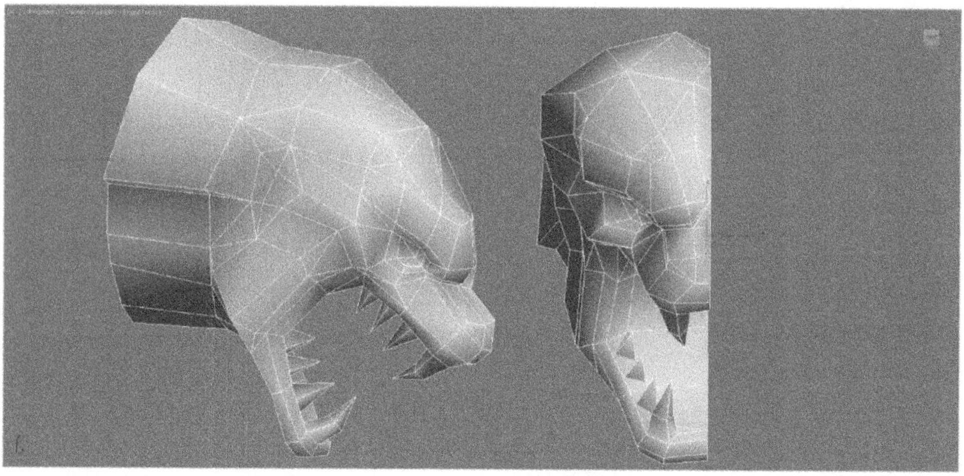

图 8-14　进一步刻画模型细节

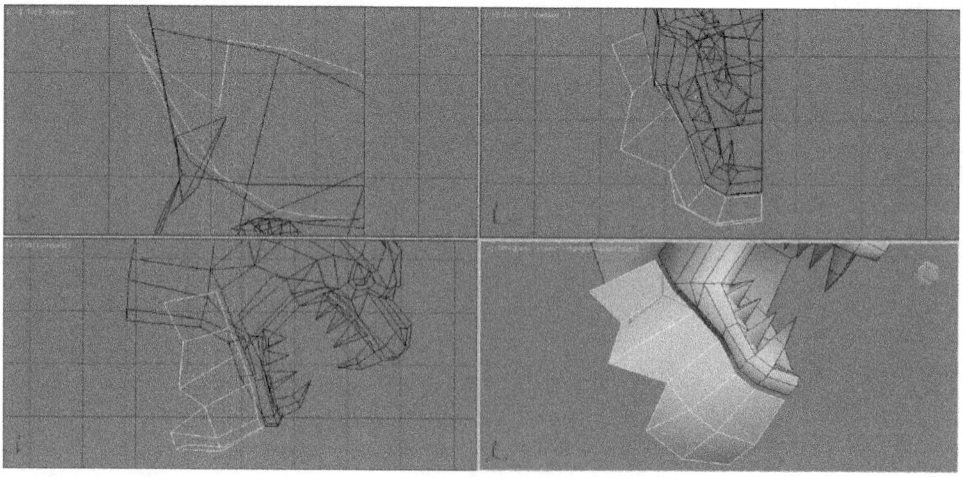

图 8-15　利用面片模型编辑下颚结构

选中头部侧面围构出的模型面，利用面层级下的挤出命令编辑制作出怪物耳朵的模型结构（见图 8-16 和图 8-17）。接下来选中头顶部的模型面，利用挤出命令开始制作犄角模型结构，犄角的横截面为六边形（见图 8-18）。继续利用挤出命令编辑制作出犄角的基本外形，注意观察四视图中犄角细长的走势结构，这里可以参考之前收集的羚羊角图片（见图 8-19）。进入多边形边层级，选中犄角所有纵向的边线，利用 Connect 命令添加分段（见图 8-20），然后通过进一步编辑，最终完成头部模型的制作，如图 8-21 所示。

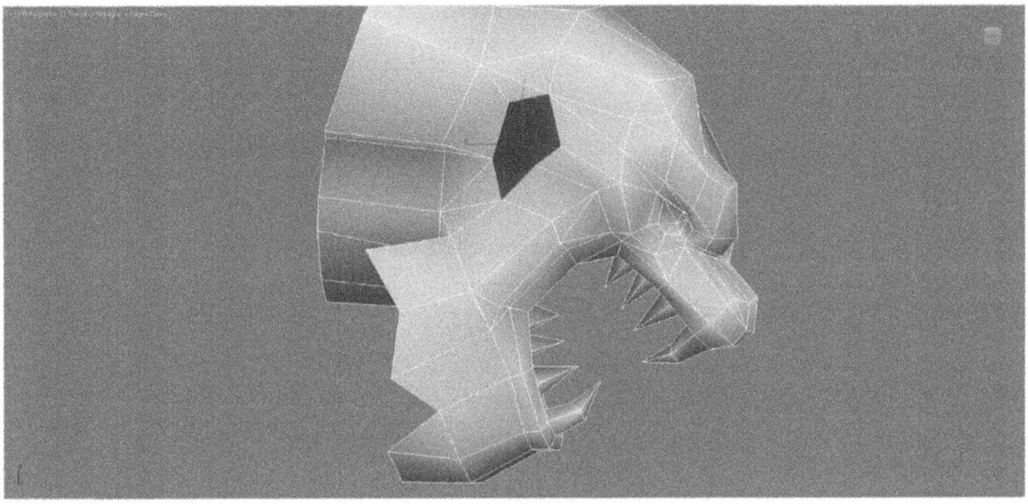

图 8-16 选中模型面

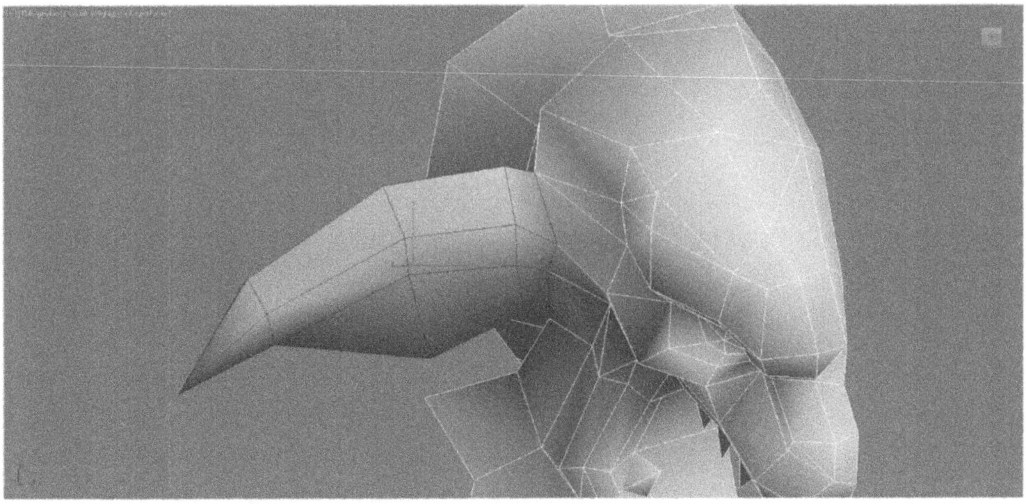

图 8-17 制作耳朵模型结构

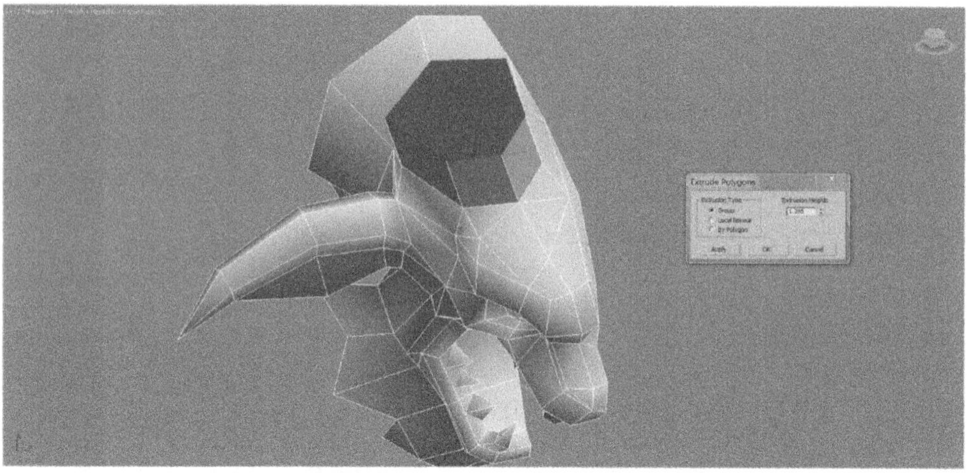

图 8-18　挤出犄角模型结构

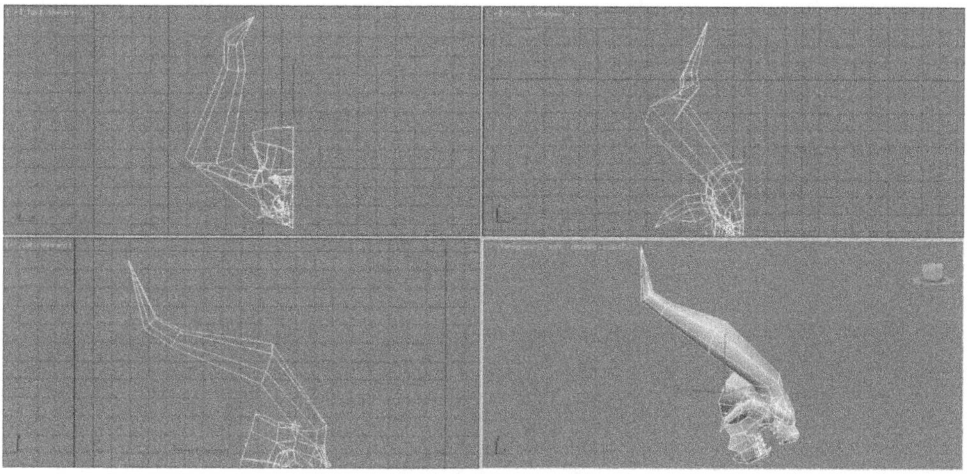

图 8-19　制作出犄角基本形态

图 8-20　增加分段

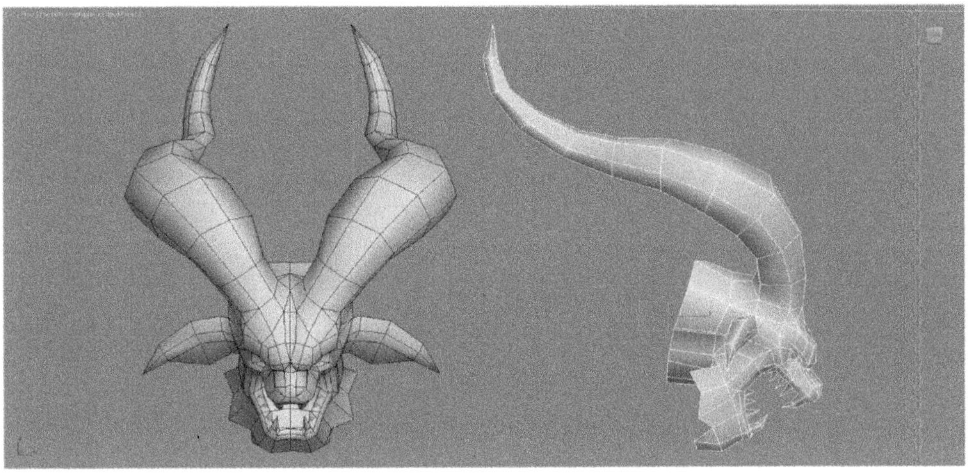

图 8-21　完成头部模型制作

## 8.3 身体模型的制作

下面我们开始制作怪物身体和四肢部分的模型，首先进入多边形边层级，沿着头部和颈部利用边拖曳复制的方式向后延伸制作出新的模型面结构（见图 8-22）。然后通过切割布线等命令进一步编辑模型，制作出基本的背部结构，这里的身体结构比较偏向于动物和野兽，整个背部是高高隆起的，头部是向前延伸的（见图 8-23 和图 8-24）。接下来在模型正面切割布线，制作出颈部周围锁骨和前胸的模型结构，如图 8-25 所示，虽然怪物的局部是动物的身体结构，但整个躯干的整体结构还是可以按照人体结构进行理解和参照。然后在身体模型侧面编辑制作出与肩膀衔接的位置结构，方便后面与制作出的手臂模型相连接（见图 8-26）。

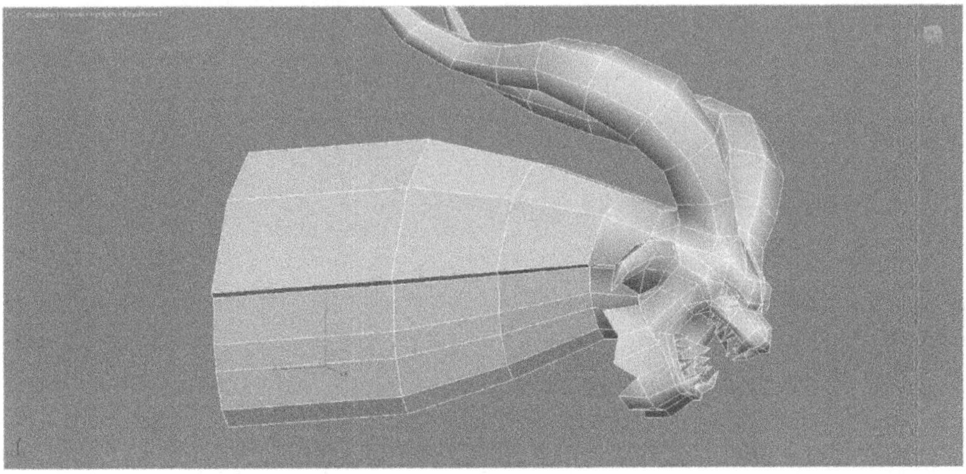

图 8-22　延伸制作出新的模型面

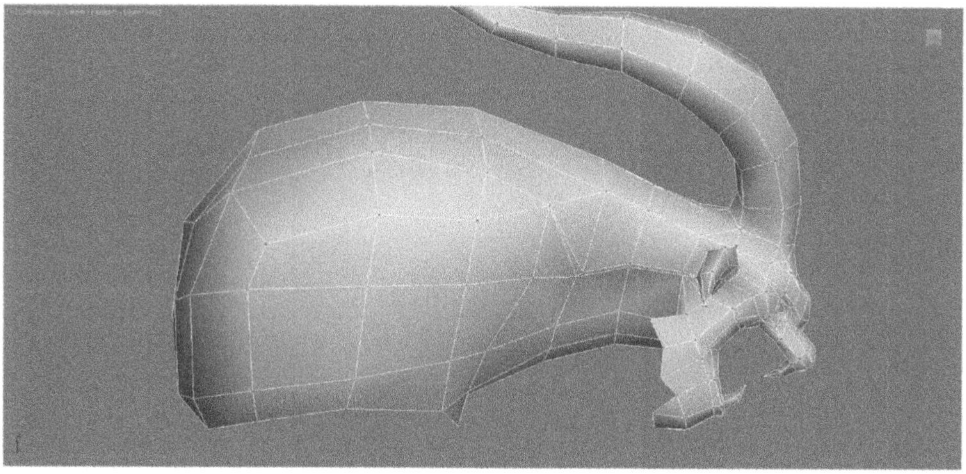

图 8-23　切割布线

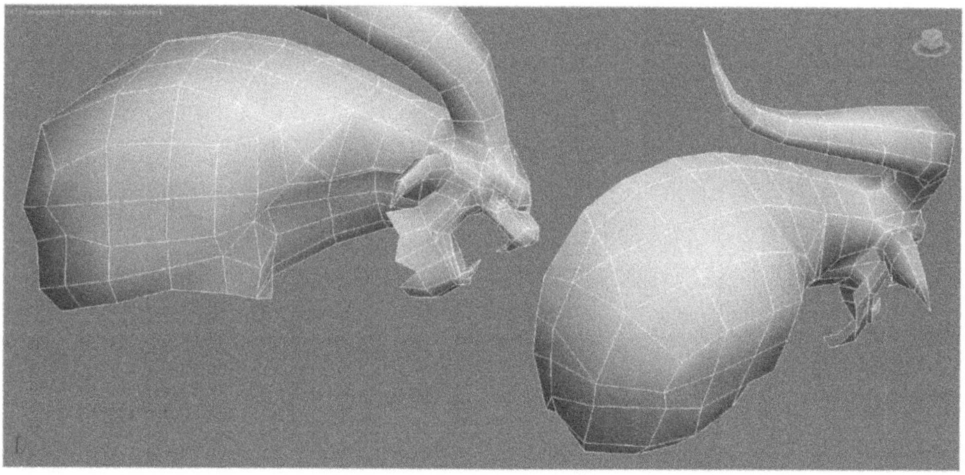

图 8-24　进一步编辑模型结构

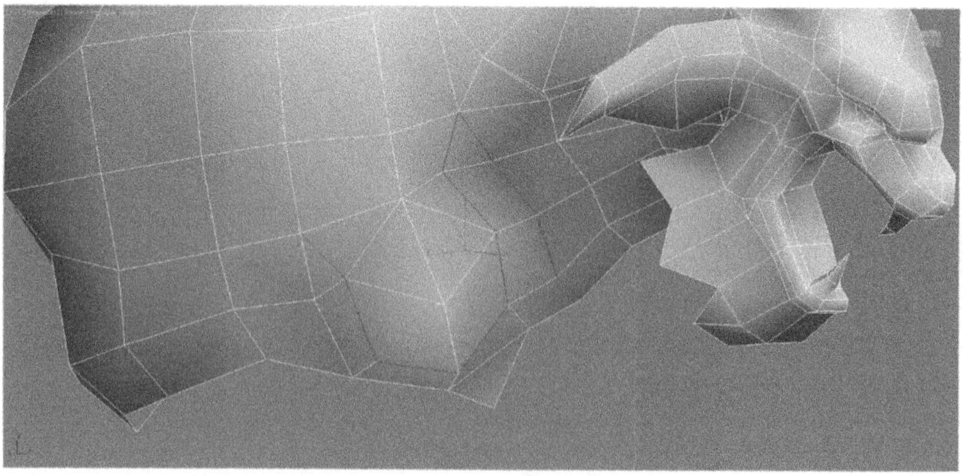

图 8-25　编辑制作前胸结构

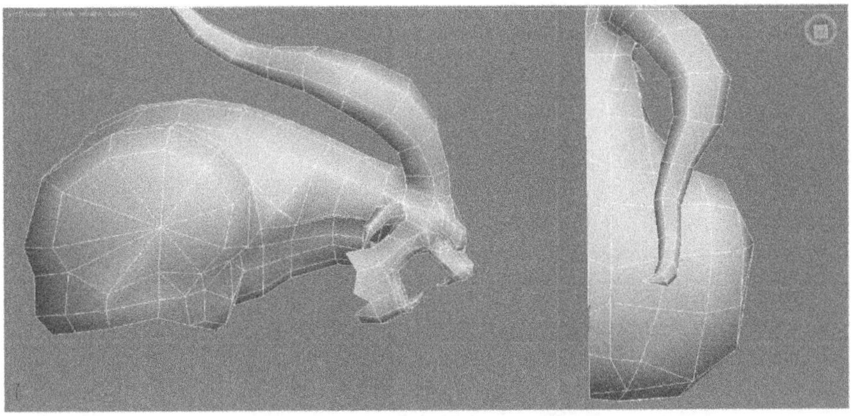

图 8-26 编辑制作肩膀衔接处结构

接下来我们在颈部后方的身体背部进行切割布线，如图 8-27 所示，然后选中模型面，利用面层级下的挤出命令制作出后背的脊突结构，如图 8-28 所示。沿着刚刚制作的身体模型从胸部向下继续制作出腹部跟腰胯部的模型结构（见图 8-29 和图 8-30）。

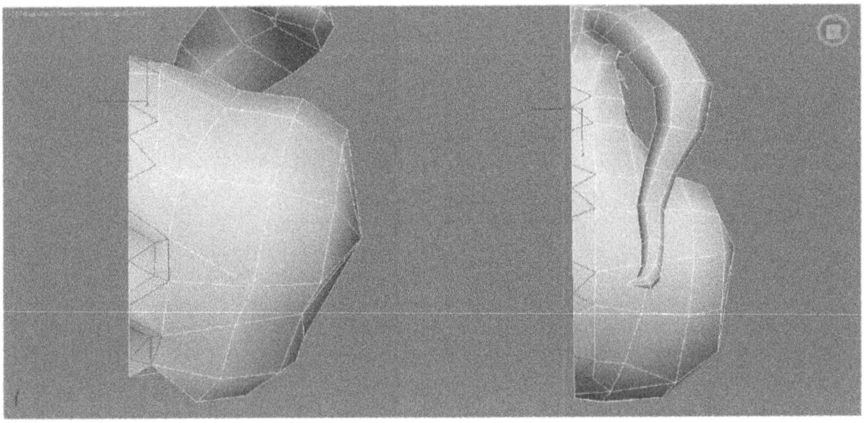

图 8-27 在背部切割布线

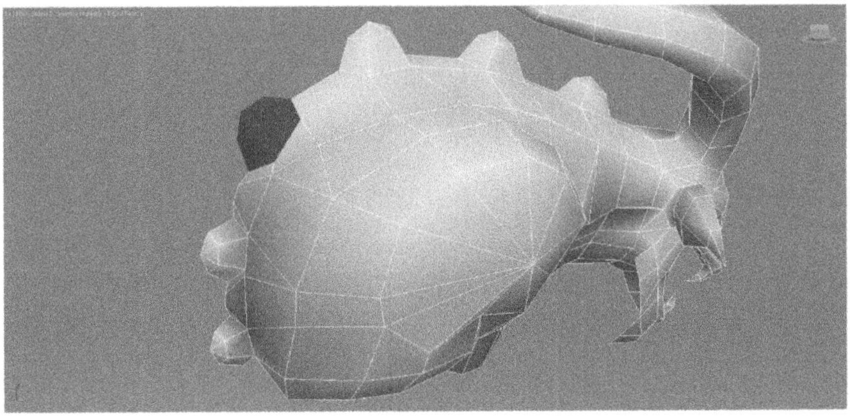

图 8-28 制作脊突结构

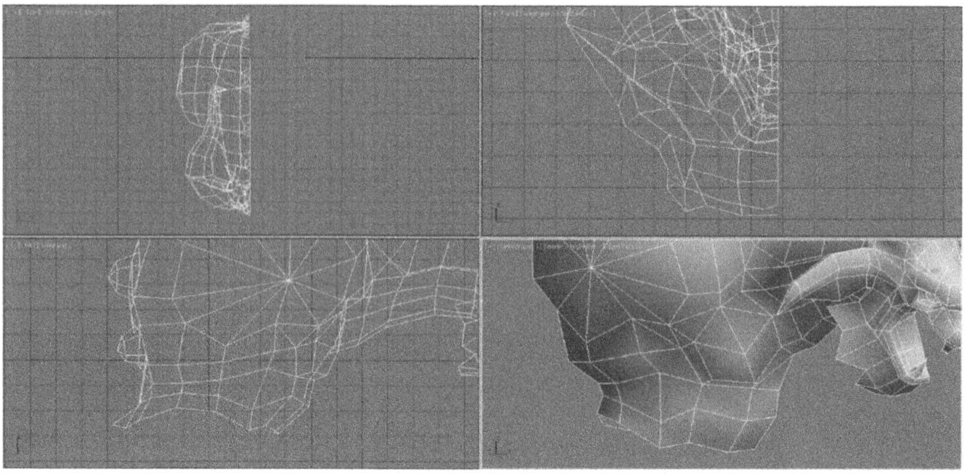

图 8-29 制作腹部结构

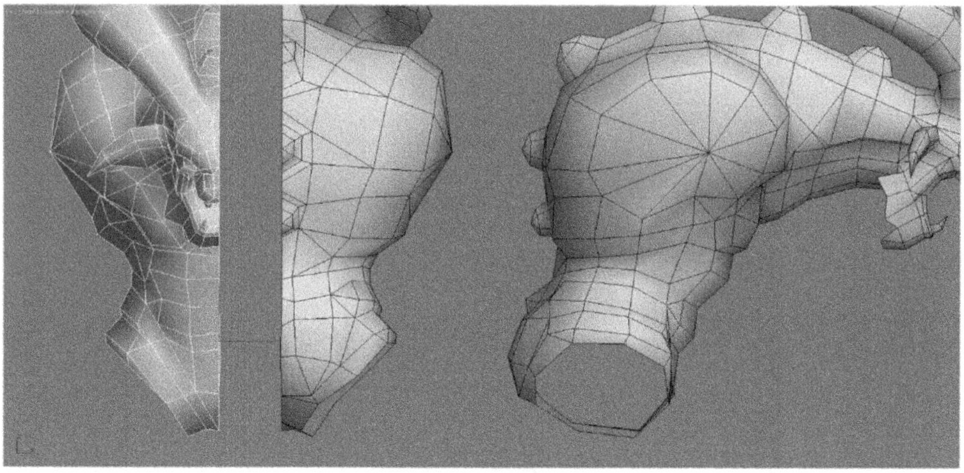

图 8-30 制作腰胯部结构

下面我们从身体侧面开始制作肩膀的模型结构，可以通过圆柱体模型作为基础模型进行编辑，按照之前预留的衔接位置进行制作，如图 8-31 所示。虽然对于角色模型制作来说，通常是将模型制作成一体化模型，但对于游戏角色的制作，在有些情况下我们也可以将模型结构之间进行插入式的处理，这样可以更加节省模型面数，也可以将模型结构的制作变得更加简单。

然后通过布线进一步编辑模型，制作出肩膀的基本轮廓结构（见图 8-32）。向下延伸继续制作出上臂和小臂的模型结构，这里手臂的基本形态都可以参照人体结构进行制作，尽量将手臂模型制作的粗壮，体现出肌肉的发达与力度（见图 8-33）。继续制作出手掌的模型结构，这里我们只需要留出三个手指的位置即可，后面再来制作与之相衔接的爪子结构（见图 8-34）。

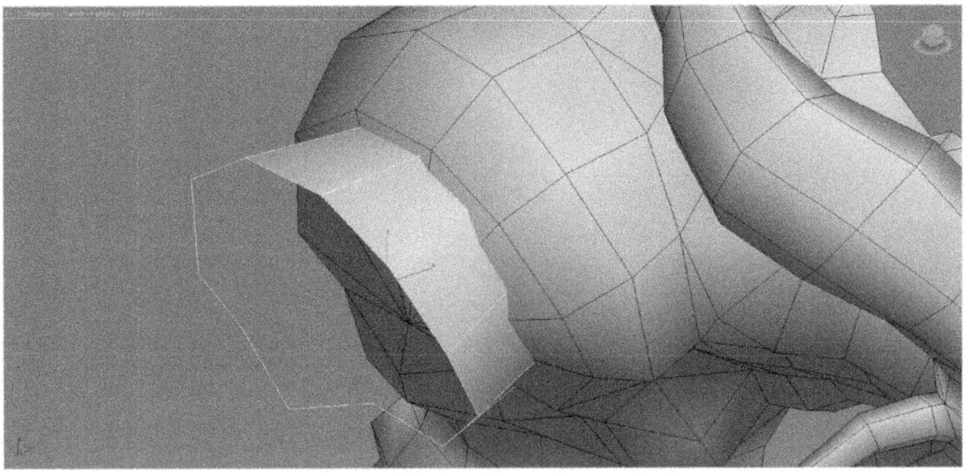

图 8-31 利用圆柱体开始制作肩膀模型

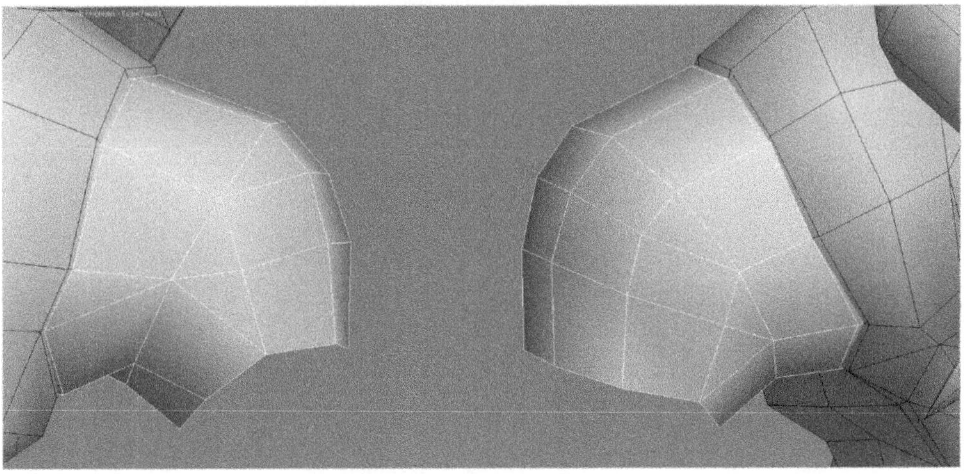

图 8-32 编辑制作肩膀模型

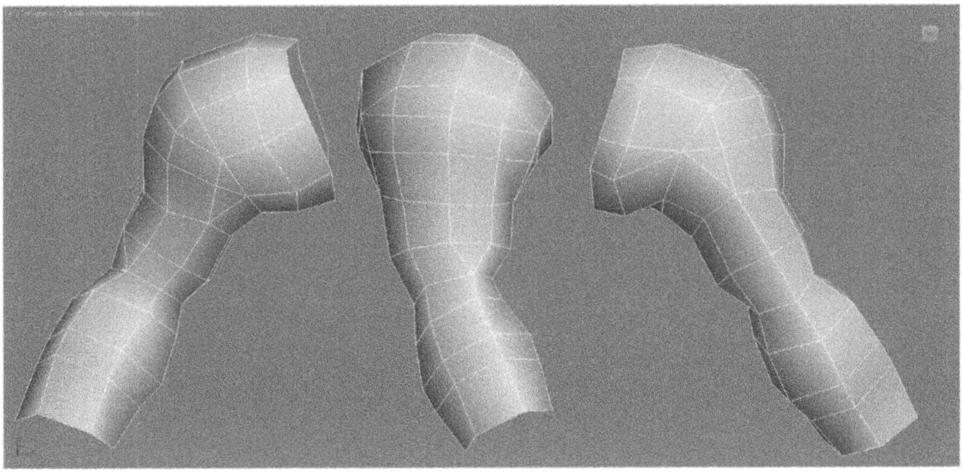

图 8-33 制作手臂模型结构

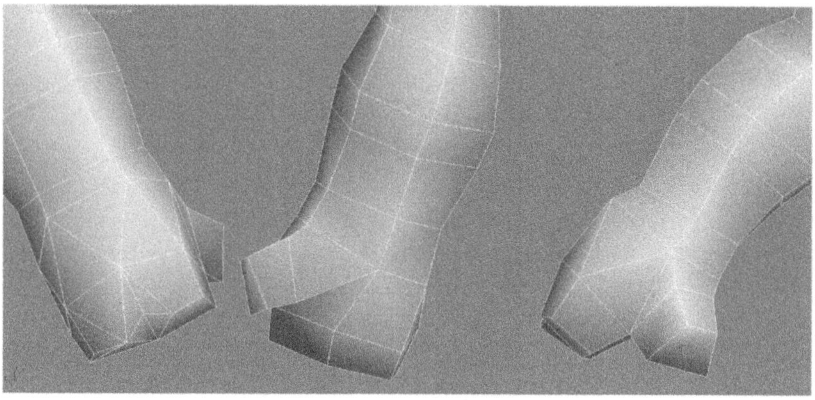

图 8-34　制作手指模型结构

接下来我们将手臂小臂的模型部分进行重新布线，切割出多个三角面（见图 8-35）。然后选中其中一个三角面，利用面层级下的 Extrude 命令进行挤出（见图 8-36）。利用多次挤出和焊接顶点等命令制作出手臂上的突刺结构，如图 8-37 所示。可以利用同样的方法在小臂上制作多个突刺模型结构（见图 8-38），然后制作手指和爪子模型结构，如图 8-39 所示，手指连接跟手掌和爪子结构都可以直接利用插入进行衔接处理。

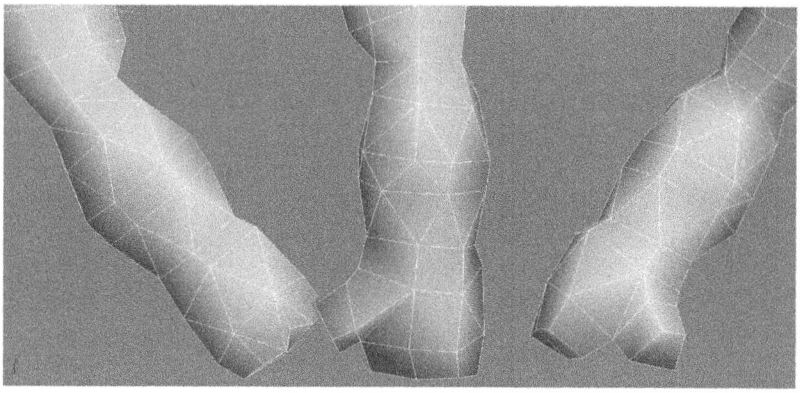

图 8-35　重新布线切割三角面

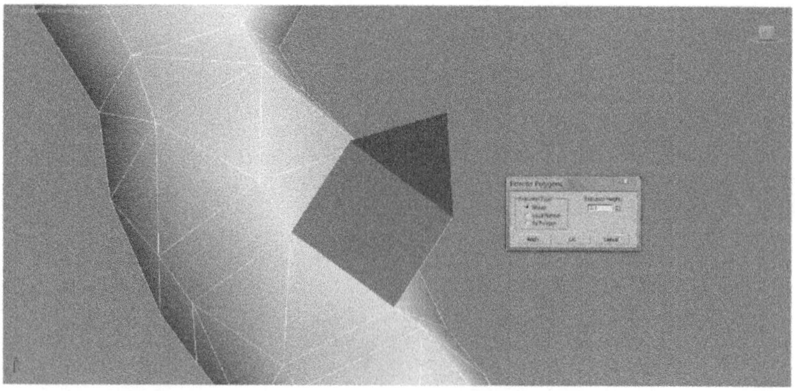

图 8-36　挤出三角面

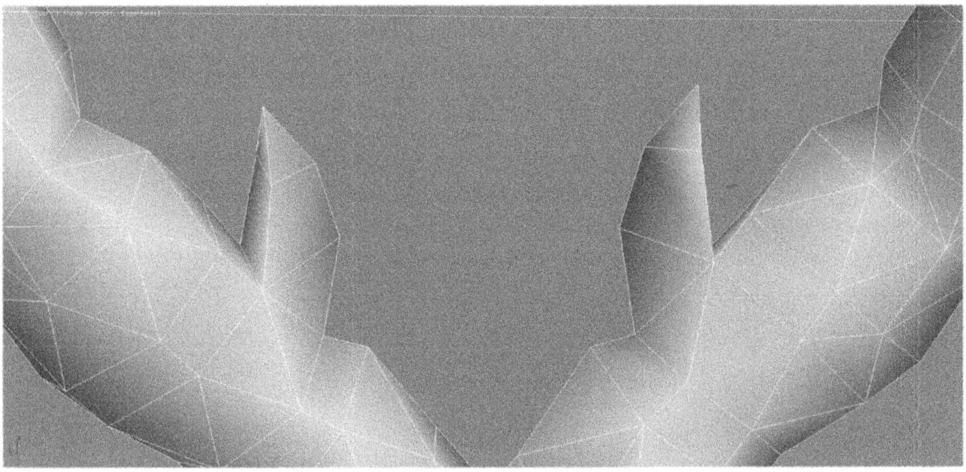

图 8-37　制作突刺模型结构

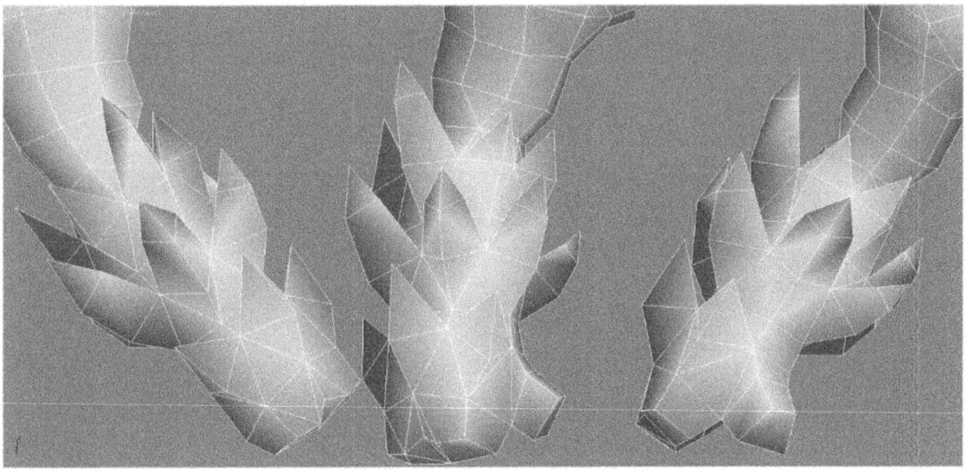

图 8-38　完成手臂大量突刺结构的制作

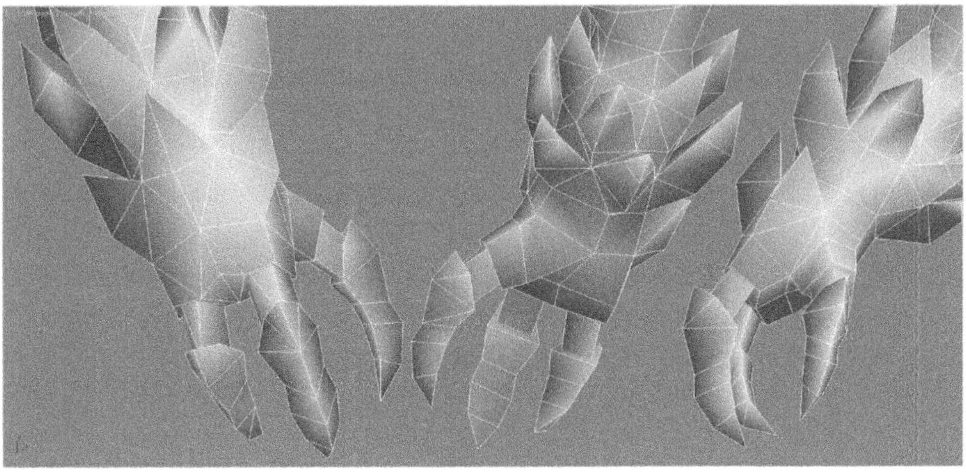

图 8-39　制作手指和爪子

接下来沿着腰胯部模型向下制作出大腿的结构，由于腿部模型主体结构不处于关节活动的部位，所以在布线和用面上都相对简单（见图 8-40）。然后在大腿侧面制作出突起结构，如图 8-41 所示。继续向下制作出小腿部分的模型结构（见图 8-42）。

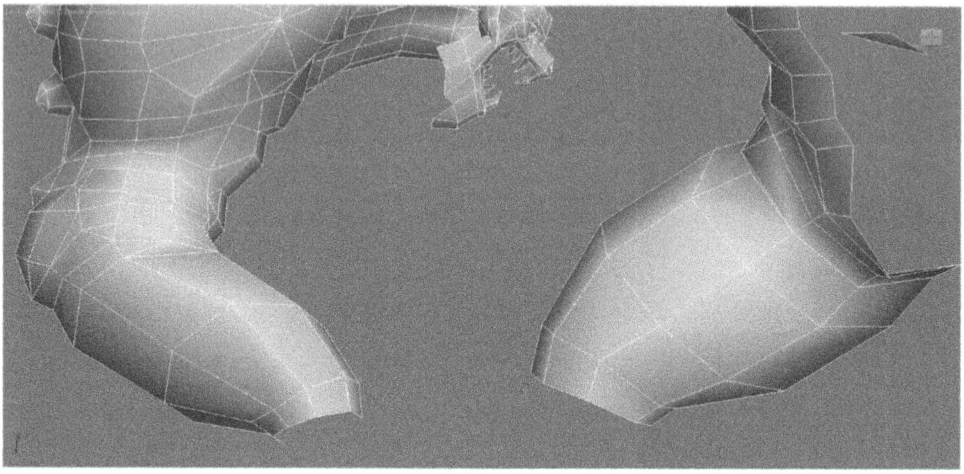

图 8-40　制作大腿模型

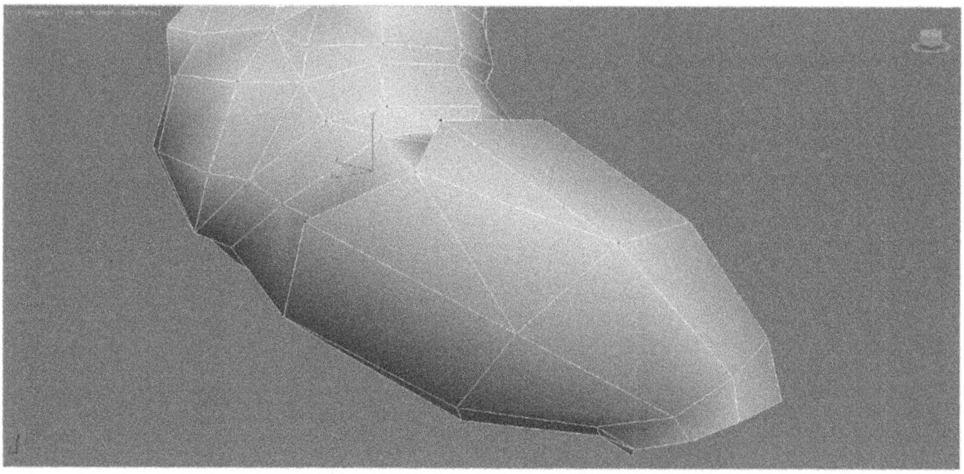

图 8-41　制作突起结构

在前面分析模型结构的时候我们就说过，这个怪物模型腿部参考和借鉴了大型猫科动物的形态结构特征，腿部与人类不同，属于三段式结构，所以这里我们还要继续向下制作与足部相接的腿部结构，通过图中观察结构的布线（见图 8-43）。然后在腿部两侧利用面层级下的挤出命令制作出突刺结构，如图 8-44 所示。继续向下制作出足部模型结构，足部基本是由两根巨大的脚趾所构成的（见图 8-45）。图 8-46 为模型最终完成的效果。

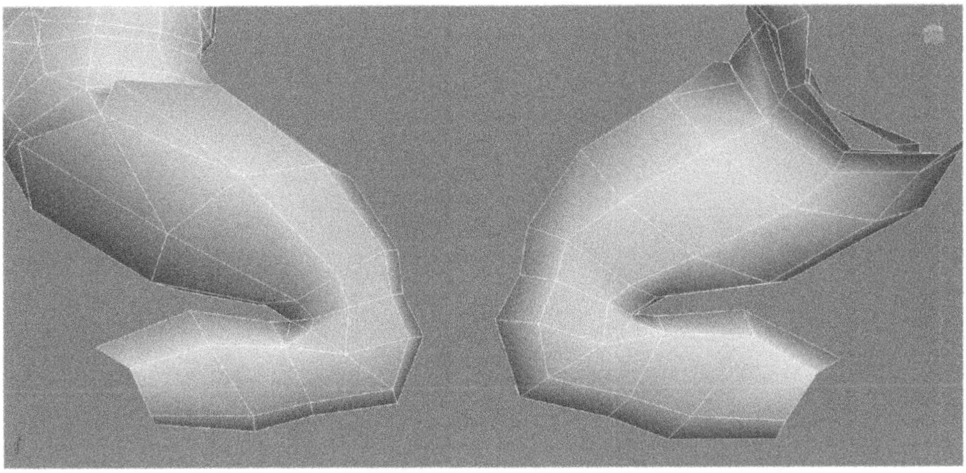

图 8-42 制作小腿结构

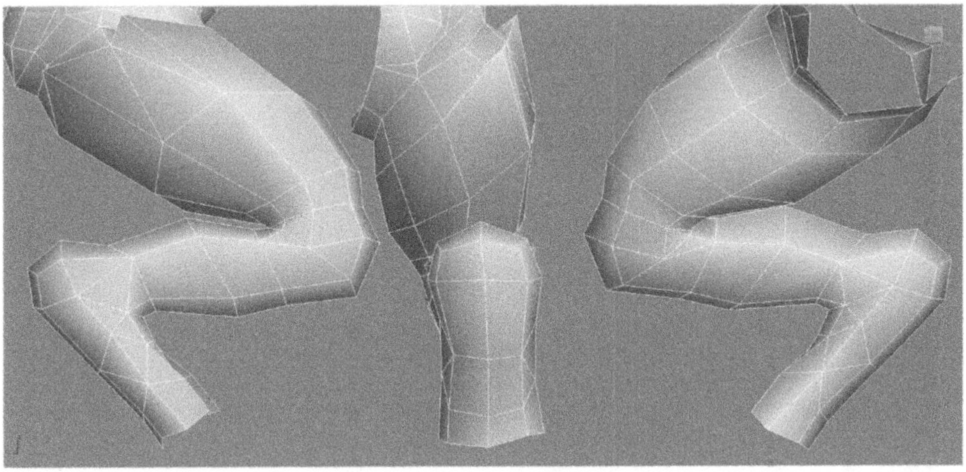

图 8-43 制作第三段腿部结构

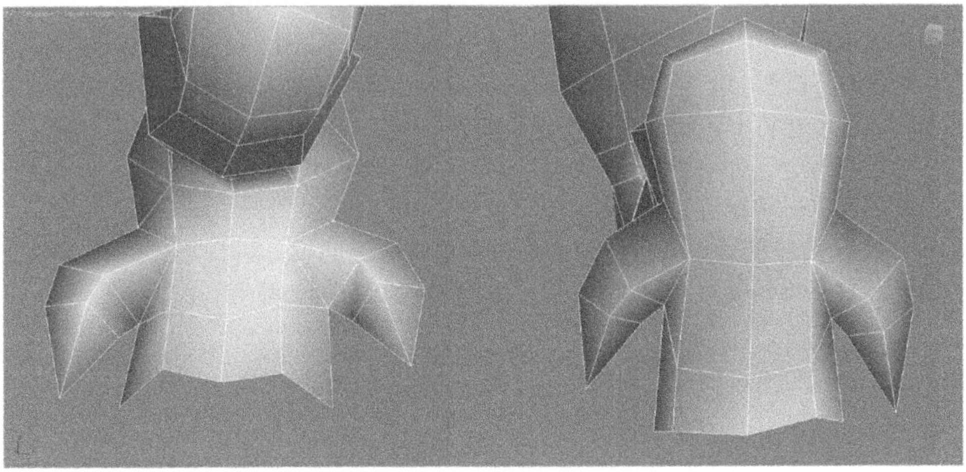

图 8-44 制作两侧突刺结构

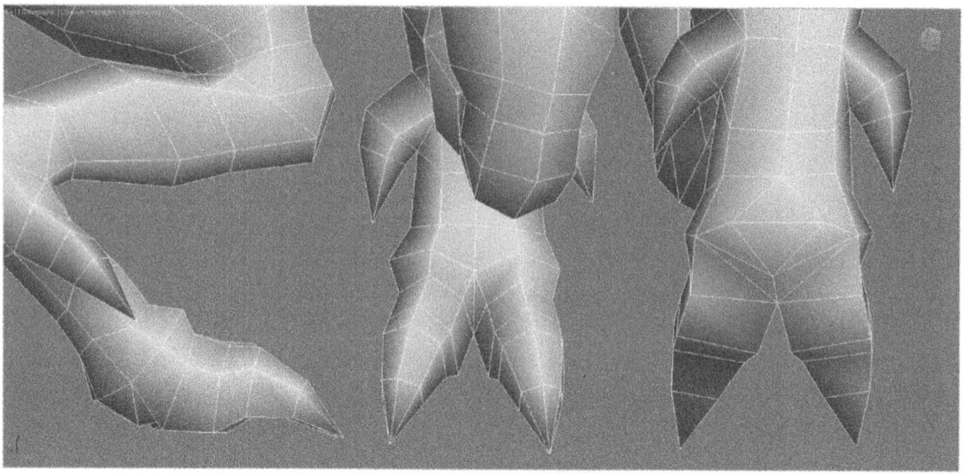

图 8-45　制作足部脚趾结构

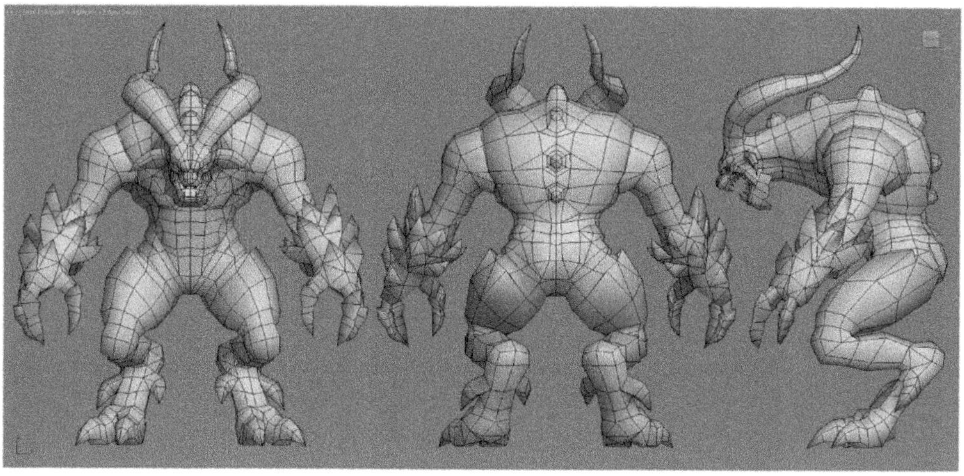

图 8-46　模型制作完成的效果

模型制作完成后，我们接下来需要拆分模型 UV 和制作贴图，对于游戏中的怪物角色模型来说，通常我们会将模型 UV 全部拆分到一张贴图上，所以在拆分的时候尽量充分利用 UV 框中的所有空间，尽可能将 UV 网格都紧密地排布在一起。对于 UV 的拆分方式，通常是先按照大的身体结构进行拆分，如头部、躯干和四肢等，然后将一些细部身体结构，如犄角、耳朵、手臂突刺、爪子和脚趾等单独进行拆分。

图 8-47 为 UV 拆分的效果，从图中也可以看出缝合线的拆分拼合方式。图 8-48 为模型贴图绘制的效果，最终将贴图添加到模型上，完成效果如图 8-49 所示。

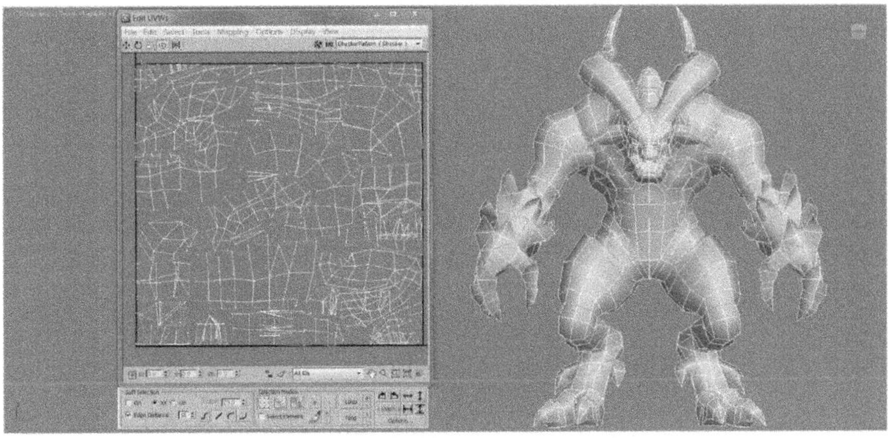

图 8-47 模型 UV 的拆分与拼合

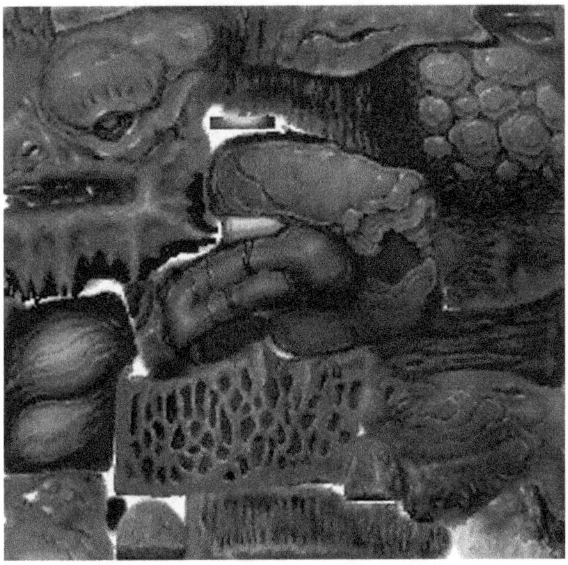

图 8-48 绘制完成的模型贴图

图 8-49 模型添加贴图后的效果

CHAPTER

# 9

# Q版角色模型实例制作

## 9.1 Q 版角色模型的特点

Q 版是从英文 Cute 一词演化而来的，意思为可爱、招人喜欢、萌，西方国家也经常用 Q 形容可爱的事物。我们现在常见的 Q 版就是在这种思想下被创造出来的一种设计理念，Q 版化的物体一定要符合可爱和萌的定义，这种设计思维在动漫游戏领域尤为常见。

在动漫领域，早在几十年前的美国迪斯尼动画时代，他们的设计和绘制技法其实就属于 Q 版设计，迪斯尼绘画技法中以圆形作为角色框架设计的方法本身就符合 Q 版角色的设计理念。由于这种风格的传承，直到今天，大多数欧美动漫作品中的角色形象都是以可爱为主的，而当今美国迪斯尼、梦工厂等公司出品的 3D 动画中的角色形象更是按照 Q 版角色进行设计的（见图 9-1）。

图 9-1 美国 3D 动画电影《小黄人》中的角色形象

在游戏领域，Q 版的设计理念更是大行其道。最早一批进入国内的日韩网络游戏大多都是 Q 版类型的，如早期的《石器时代》、《魔力宝贝》、《RO》等，它们的成功奠定了 Q 版游戏的先河，之后 Q 版网游更是发展为一种专门的游戏类型。由于 Q 版游戏中角色形象设计可爱、整体画面风格亮丽多彩，在市场中享有广泛的用户群体，尤其受女性用户喜爱，成为网游中不可或缺的重要类型（见图 9-2）。

具体到 Q 版游戏角色设计来说，角色形象首先要从整体的形体比例上来把握。一般正常人体的身体比例为 8 头身左右，而 Q 版角色则要打破这种常规，为了给人营造可爱和萌的感觉，Q 版游戏中角色的形体比例通常为 3 头身或 5 头身，如图 9-3 所示。

图 9-2 Q 版网游《魔力宝贝》中的角色设计

图 9-3 Q 版游戏中 3 头身和 5 头身的角色比例

3 头身的角色形象设计除了要将头部放大外，还要将四肢等身体结构进行缩短，类似于婴儿形体的比例，这样能够让角色更富有 Q 的感觉。而 5 头身角色通常只是将头部进行放大，躯干、四肢等身体结构保证正常的比例即可。除此以外，在某些游戏中为了更加突出角色萌的感觉，还可以对其进行更加 Q 版化的设计，如甚至会出现 2 头身形体比例的角色，如图 9-4 所示。

图 9-4　Q 版游戏中 2 头身比例的角色形象

除了形体比例的把控外，要想设计出可爱的 Q 版角色，还要从角色的五官特点来进行刻画，通常可爱的 Q 版角色眼睛都非常大，而鼻子跟嘴巴都会设计的相对较小，这样可以更好地突出角色 Q 萌的感觉。一般 Q 版角色的面部动画表情也都非常生动，能够更好地表现其角色的 Q 版特点。

下面我们就来学习 Q 版游戏角色模型的制作方法，在本章实例中我们选取日本著名动漫《火影忍者》中的角色作为制作的对象，如图 9-5 所示。。

图 9-5　角色原版与 Q 版设定图

图 9-5 左侧为角色原版正常比例下的设定图，基本为 6 头身到 7 头身比例之间，如果要对其进行 Q 版化设计，我们需要将其头部比例放大，基本与躯干比例达到 1∶1，然后腿部比例也需要缩短，差不多为 1.5 个头部比，手臂和手部也要随着身体比例的变化进行调整，Q 版化完成的效果如图 9-5 右侧所示。

对于 Q 版游戏来说，通常模型面数十分精简，但这里需要注意的是，Q 版面数的限制其实并不是由于要考虑硬件和引擎负载的缘故，而是由自身风格所决定的，低精度模型的棱角和简约感刚好符合 Q 版化的设计理念，所以通常对于 Q 版游戏角色模型来说一般将面数限制在 2000 面以内。由于本章所要制作的角色也是对称结构，所以我们还是可以只制作一侧的模型即可，下面我们开始实际模型的制作。

## 9.2 Q 版角色模型制作

首先，我们在视图中创建 BOX 模型，然后利用中心对称删除一半的模型结构，通过编辑多边形编辑制作出基本的模型形态，作为角色头顶头发的基础模型，这里仍然只需要制作一半，后面通过镜像对称来完成（见图 9-6）。

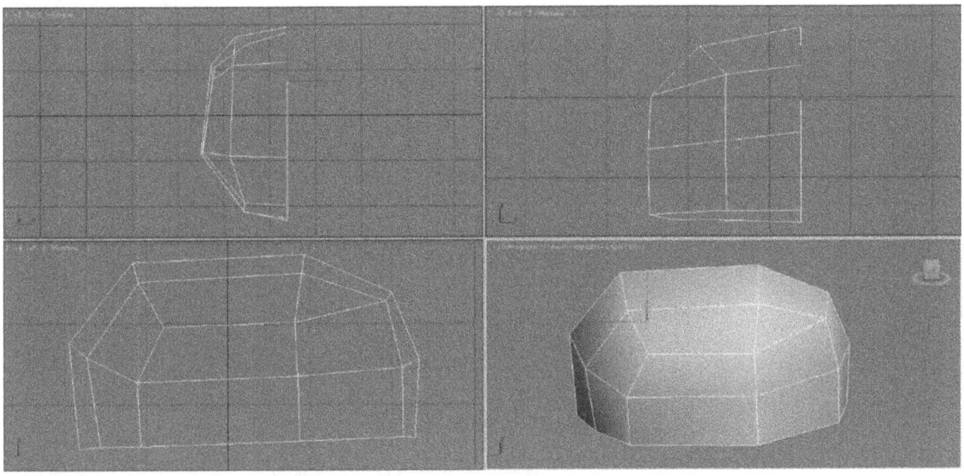

图 9-6　编辑制作角色头顶模型

接下来通过加线细化模型结构，如图 9-7 所示。然后我们在每一个多边形矩形面内，利用点层级下的 Cut 命令连接矩形对角线的顶点，制作添加相交的边线（见图 9-8）。选中矩形面内新添加边线相交的顶点，向外拖曳，制作出类似锥形的模型结构，我们将其作为角色头发的模型结构，具体形态可以参照原画设定图（见图 9-9）。

利用这种方法完成整个头顶头发结构的制作，最后效果如图 9-10 所示。接下来在头发下方紧贴下边缘的位置利用面片模型制作出发带模型结构，同样只制作一半即可（见图 9-11）。要注意头部后方头发与发带的衔接处理，如图 9-12 所示。然后利用 BOX 和面片模型编辑制作出发带背面的结扣结构（见图 9-13）。

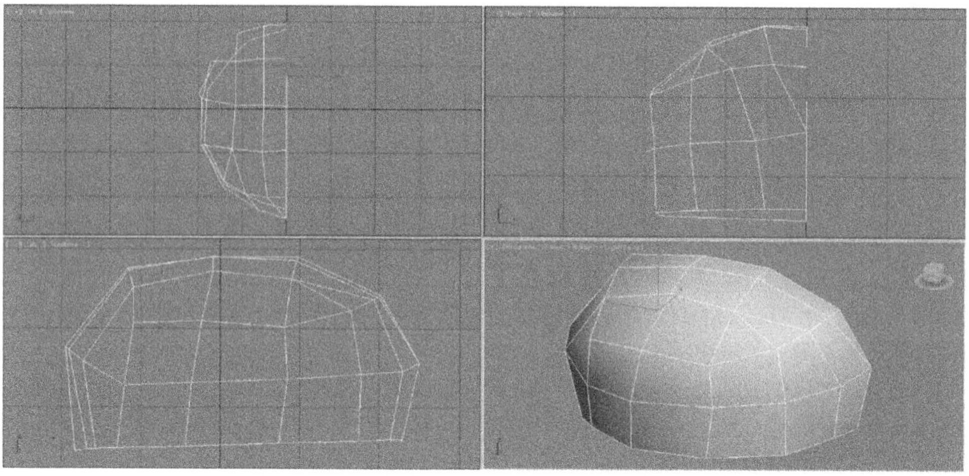

图 9-7　细化模型结构

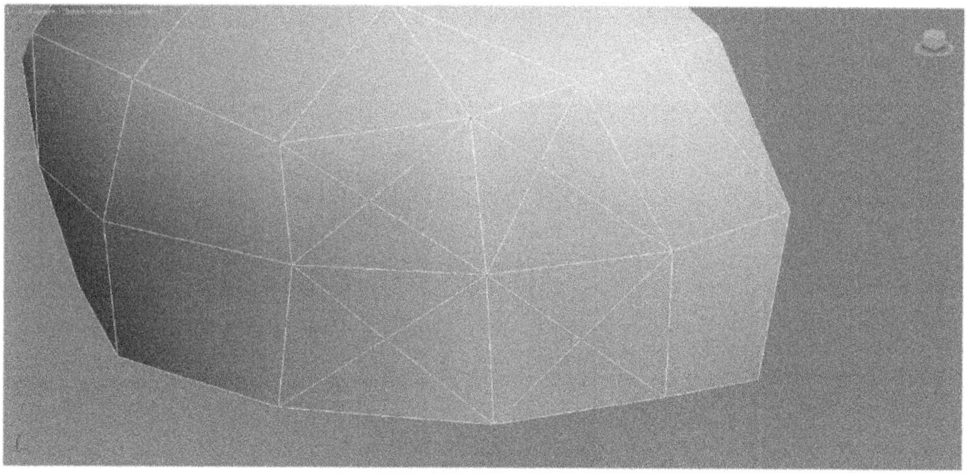

图 9-8　制作添加交叉边线

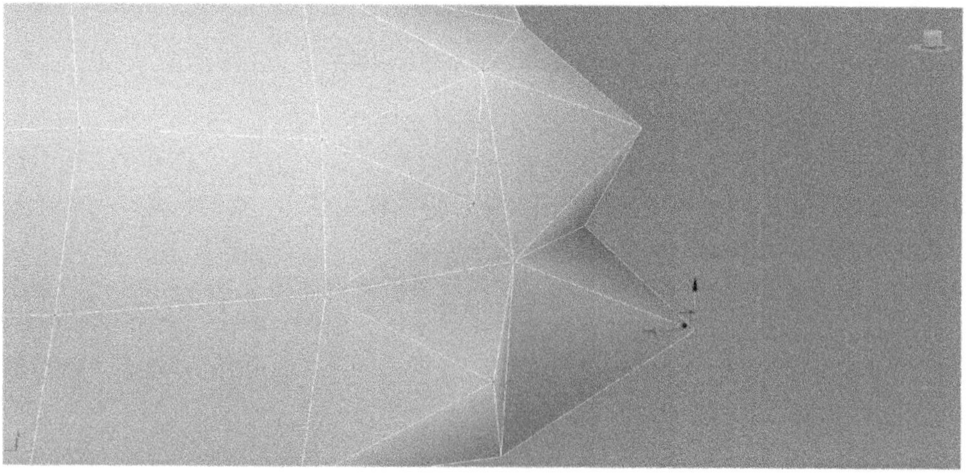

图 9-9　拖拽顶点制作出头发结构

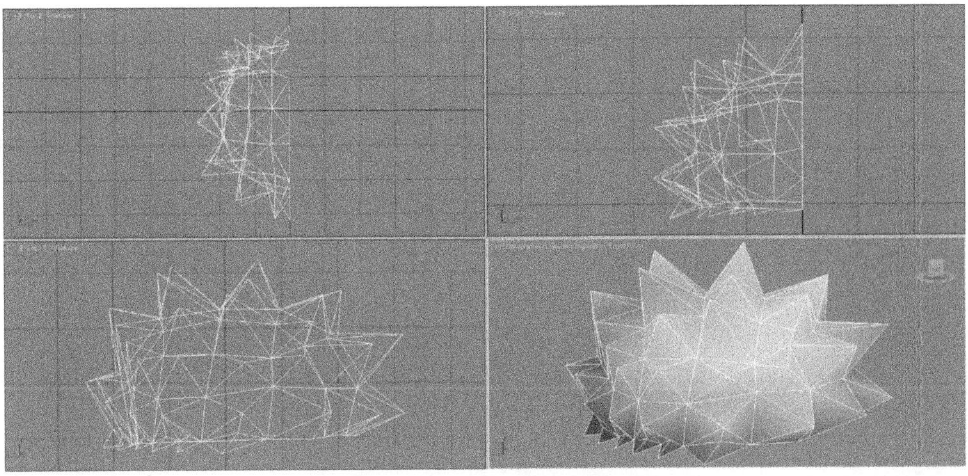

图 9-10　制作完成头发模型

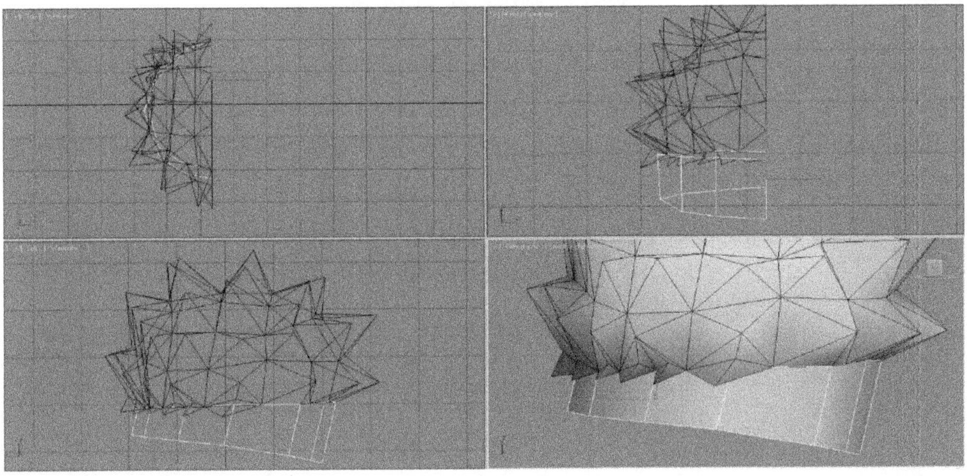

图 9-11　制作发带结构

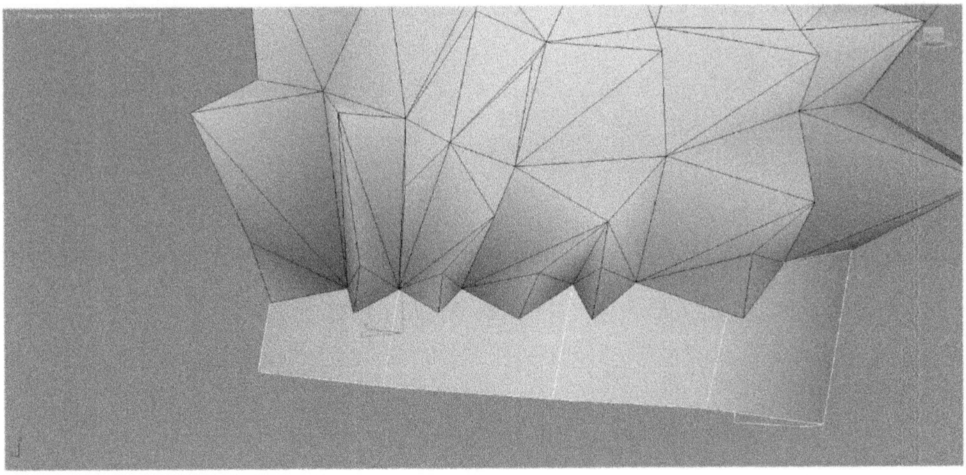

图 9-12　后方头发与发带的衔接处理

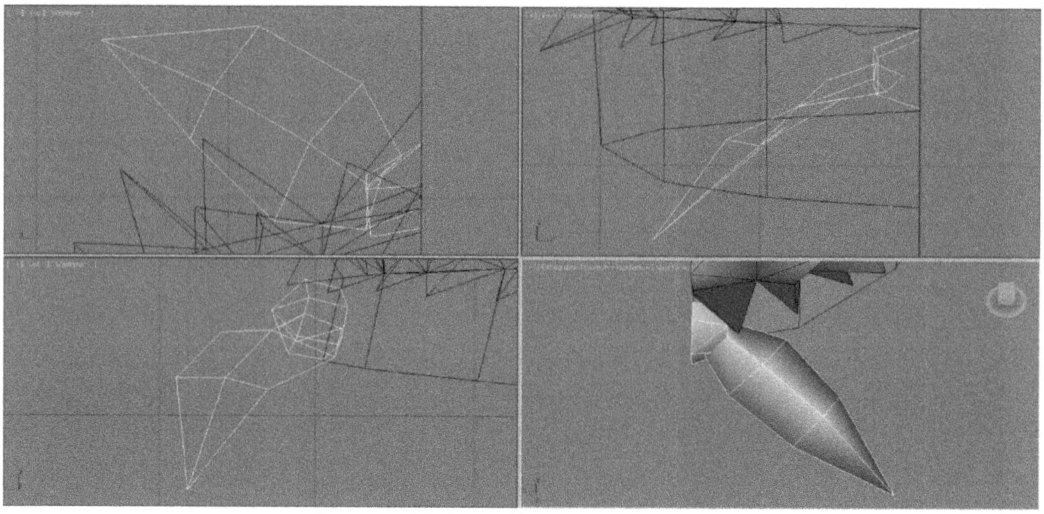

图 9-13　制作发带背面结扣

发带制作完成后，我们将模型添加 Symmetry 修改器命令，让其实现镜像对称。然后选中发带模型底部的边线，利用按住 Shift 键向下拖曳复制的方式，向下延伸编辑制作脸部模型的基本轮廓（见图 9-14）。接下来进一步编辑脸部模型，利用面层级的挤出命令制作出脖子的模型结构，然后通过添加边线制作出角色鼻子的大致形态，如图 9-15 所示。继续增加边线，细化鼻子和下巴的模型结构（见图 9-16）。接下来通过增加边线制作出角色嘴部的模型结构，由于是 Q 版模型，只需要利用尽量简单的布线来制作模型的局部结构（见图 9-17）。

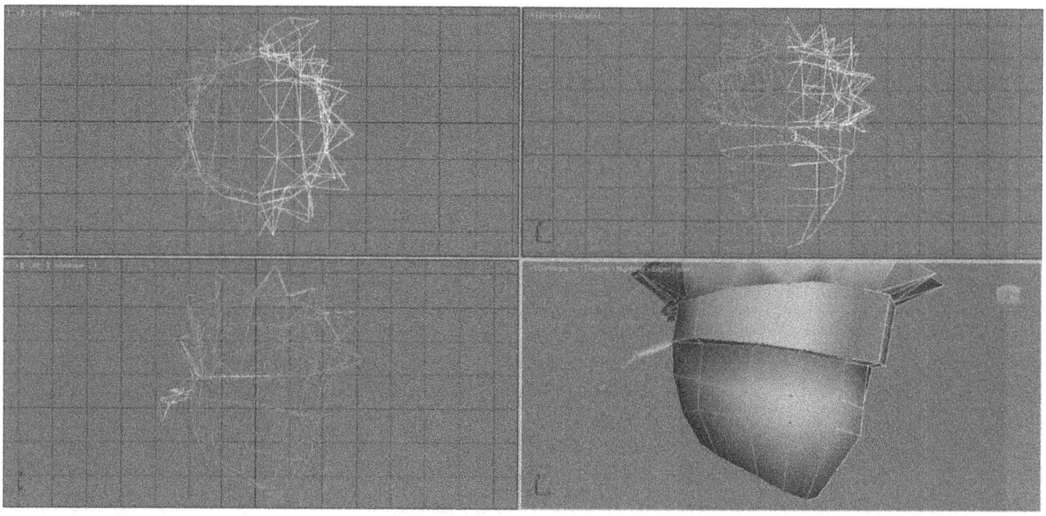

图 9-14　制作脸部模型基本轮廓

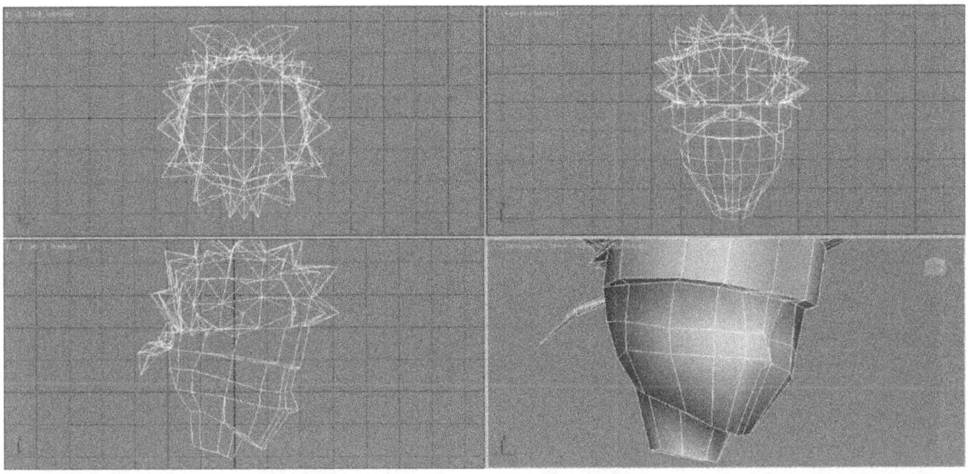

图 9-15　制作脖子和鼻子的模型结构

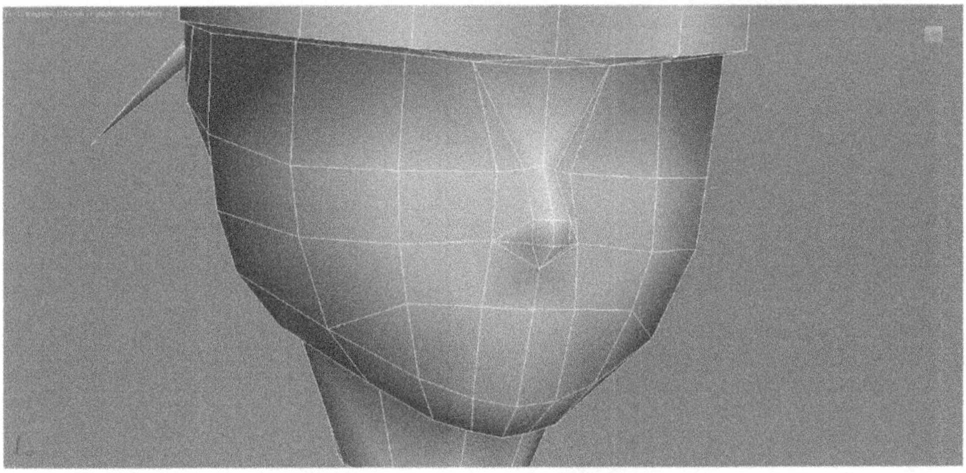

图 9-16　细化鼻子和下巴的模型结构

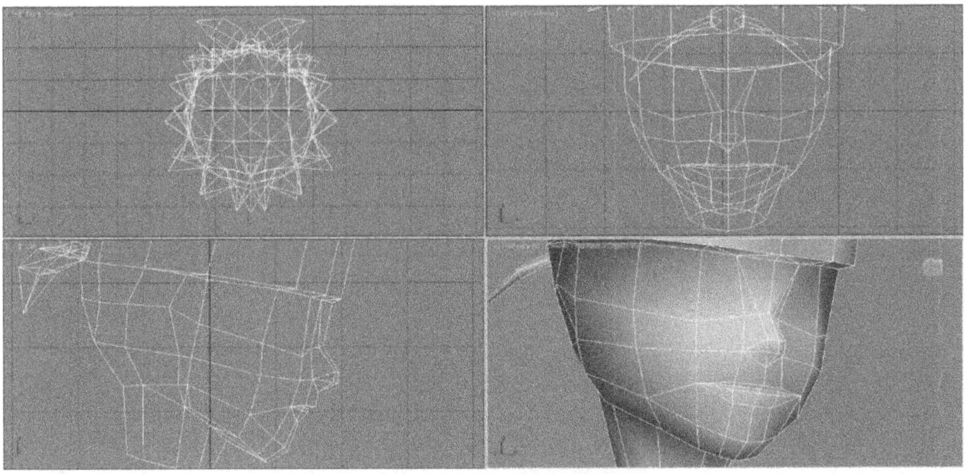

图 9-17　制作角色嘴部模型结构

接下来在眼部模型面中间利用 Cut 命令添加一道边线（见图 9-18）。然后选中新加的边线，利用边层级下的 Chamfer 命令将其一分为二，如图 9-19 所示。通过进一步的布线和编辑，完成眼部模型的制作，这里不需要制作出眼球的结构，其细节主要通过后面贴图来表现（见图 9-20）。

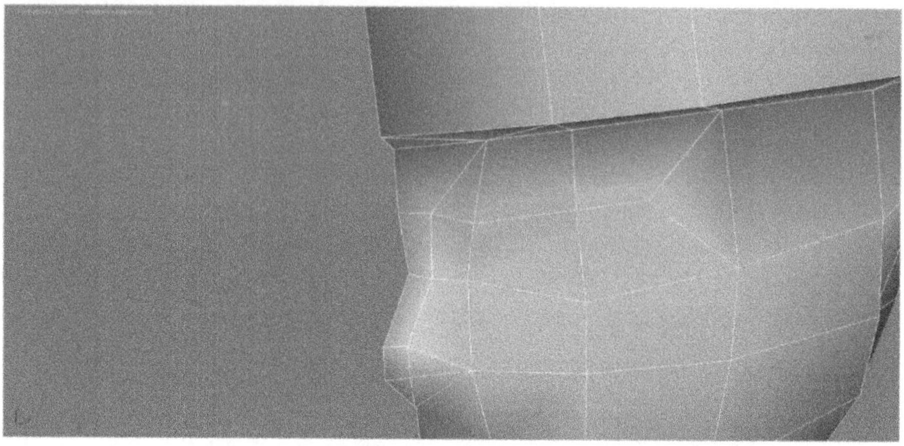

图 9-18　增加边线

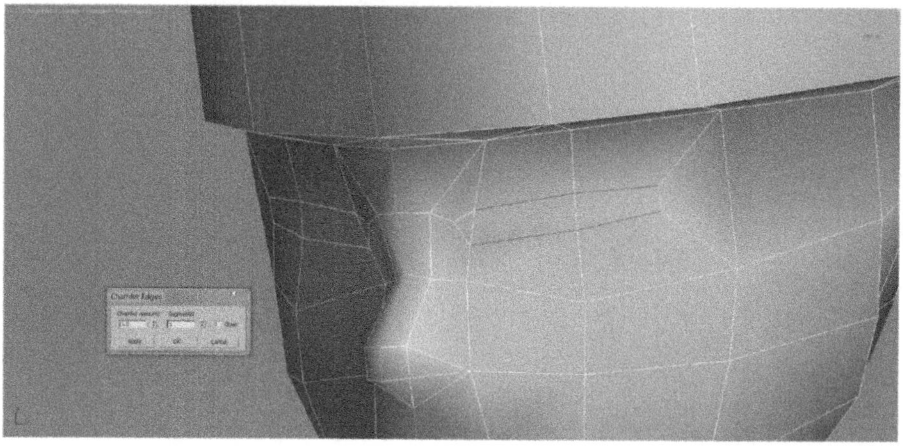

图 9-19　利用倒角命令分割边线

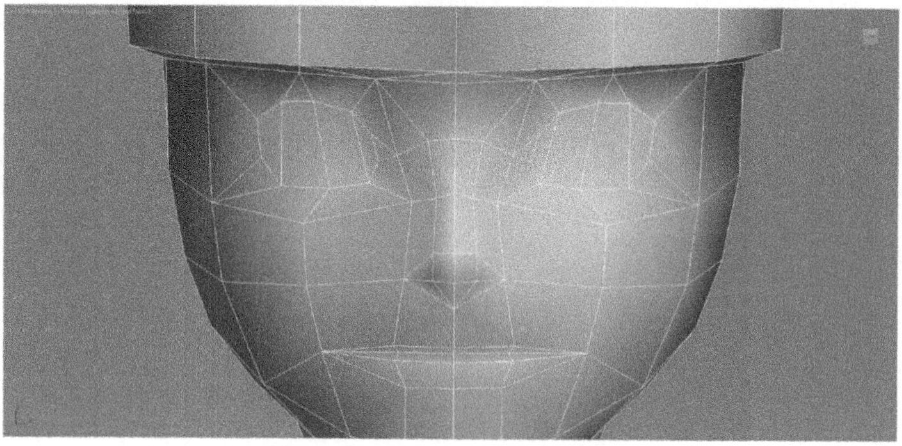

图 9-20　完成眼部模型结构的制作

在脸部模型侧面，利用布线和面层级下挤出命令制作出耳朵的模型结构（见图 9-21）。然后制作耳朵后方、发带以下的头发模型，制作方法与头顶头发相同（见图 9-22）。头部模型制作完成后我们开始制作躯干模型，首先在脖子周围利用编辑多边形制作出衣领的模型结构（见图 9-23）。

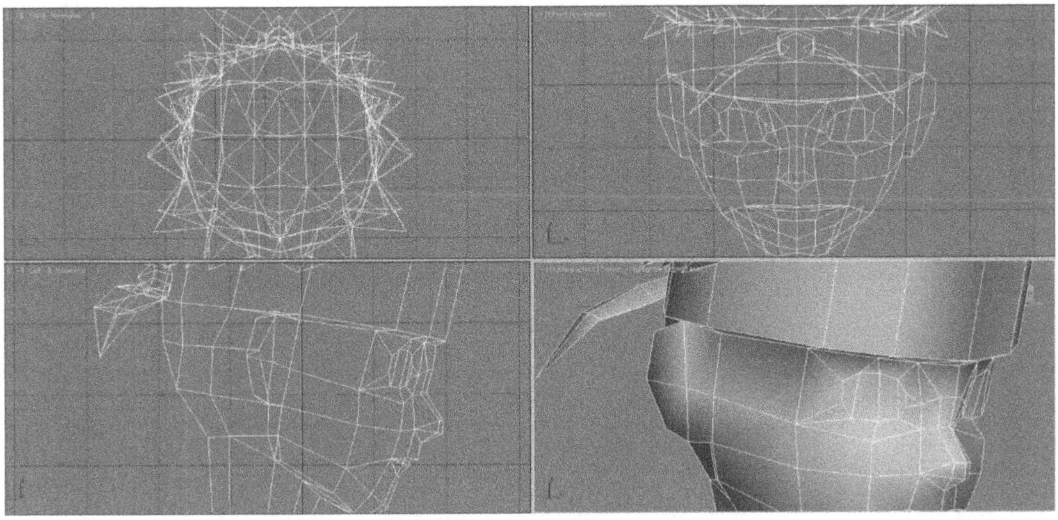

图 9-21 制作耳朵模型结构

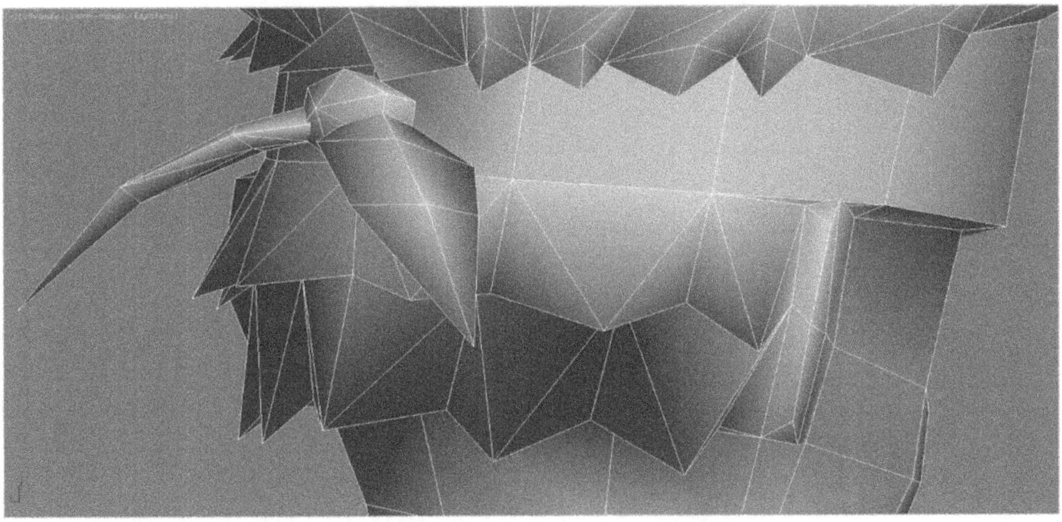

图 9-22 制作耳朵后方头发

接下来沿着衣领模型向下延伸制作出躯干的基本形态，如图 9-24 所示。然后在角色腰腹部增加分段布线，细化模型结构，对于 Q 版模型来说，要考虑后期的骨骼绑定和角色运动，所以只需要在关节和运动部位适当增加分段，其他模型部分主要以简化的大面为主（见图 9-25）。

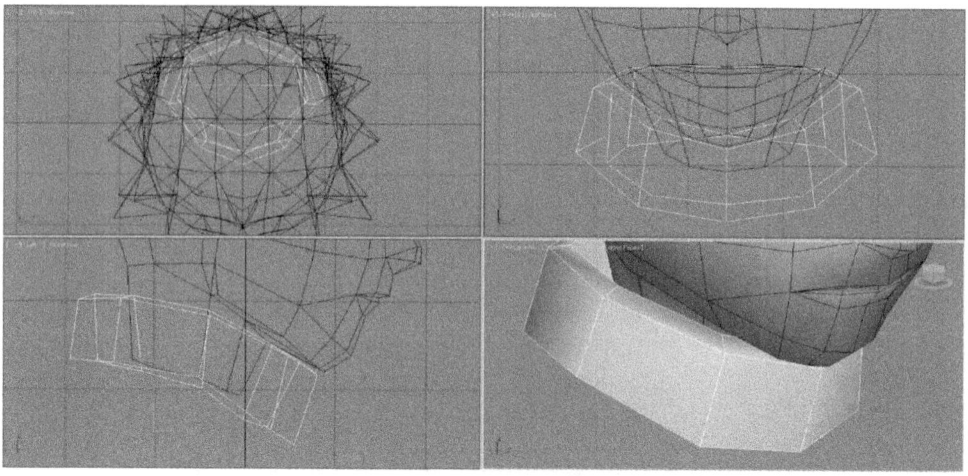

图 9-23　制作衣领模型

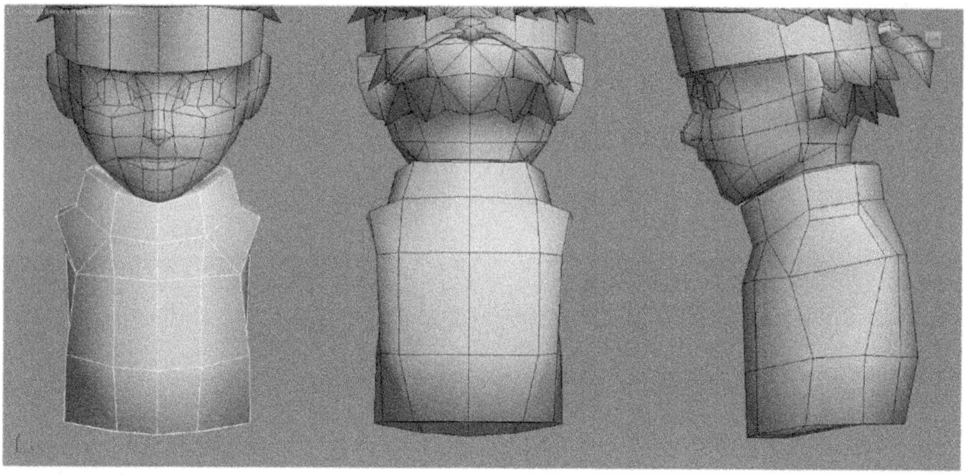

图 9-24　制作躯干的基本形态

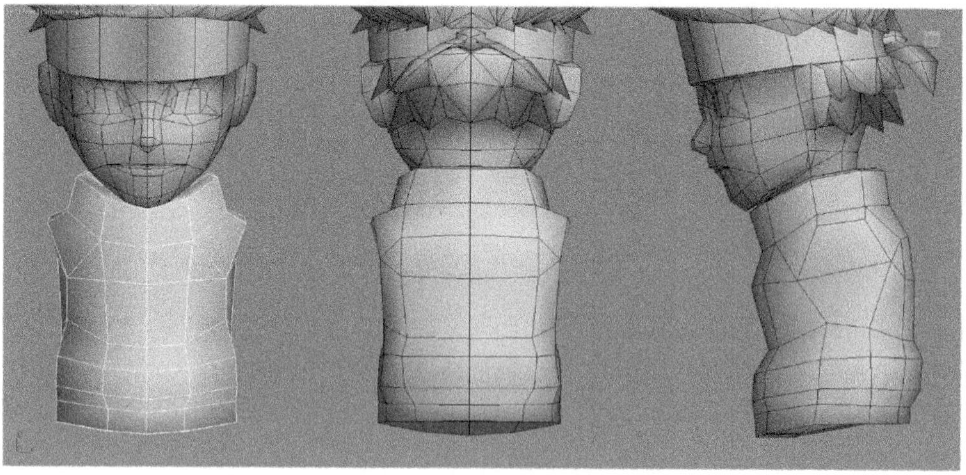

图 9-25　增加分段细化模型

然后编辑躯干侧面的模型结构，增加适当边线，编辑制作出臂膀的横截面轮廓，删除模型面，如图 9-26 所示。进入多边形 Border 层级，利用拖曳复制的方式制作出胳膊的模型结构，图中左右分别为正面与背面的模型结构（见图 9-27）。然后增加分段，尤其是运动关节处，同时编辑制作衣服袖口的模型结构（见图 9-28）。最后制作出手部模型，与袖口进行衔接插入（见图 9-29），这样角色模型的上半身就全部制作完成了，效果如图 9-30 所示。

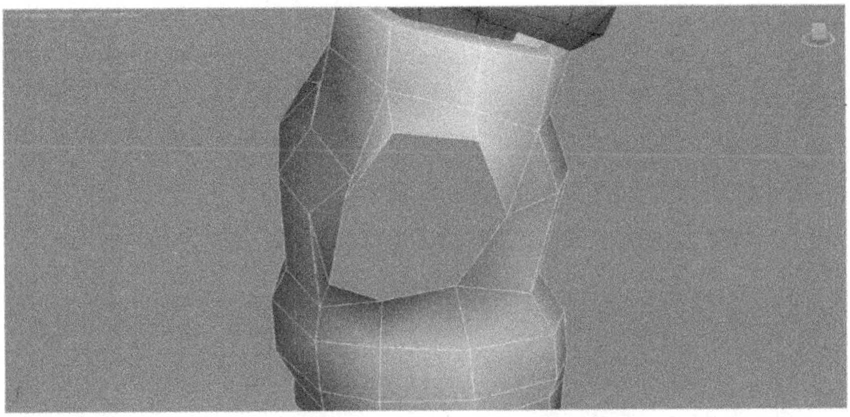

图 9-26　编辑躯干模型侧面

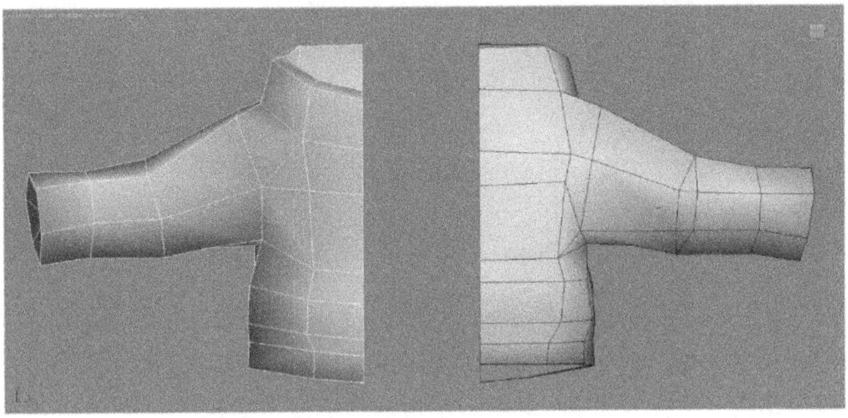

图 9-27　制作手臂模型

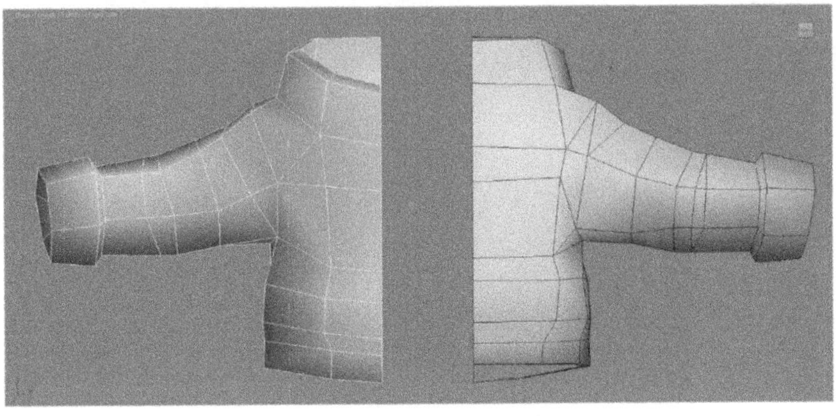

图 9-28　增加模型分段

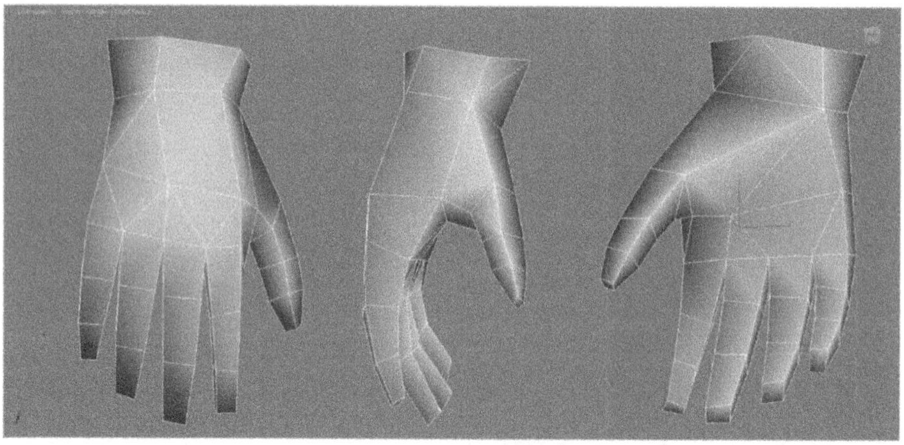

图 9-29 制作手部模型

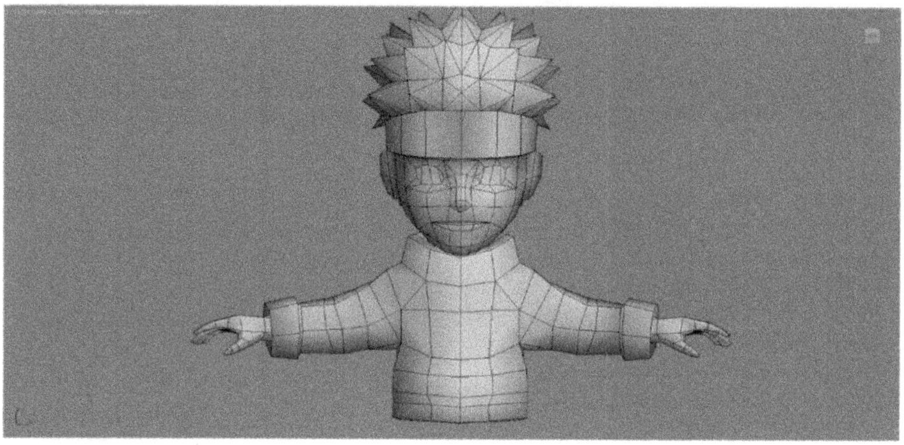

图 9-30 制作完成的上半身模型

接下来沿着上半身模型，向下延伸制作出臀跨部的模型结构（见图 9-31），向下继续制作出角色腿部的模型结构（见图 9-32），最后制作角色脚部模型结构，如图 9-33 所示。

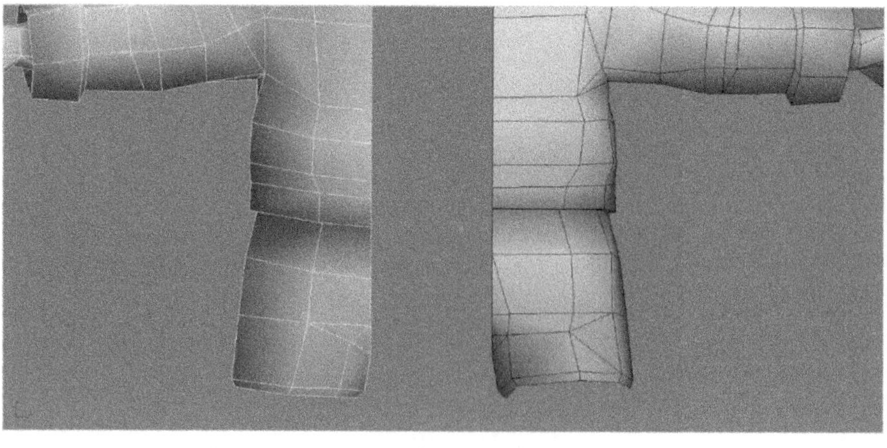

图 9-31 制作下半身模型结构

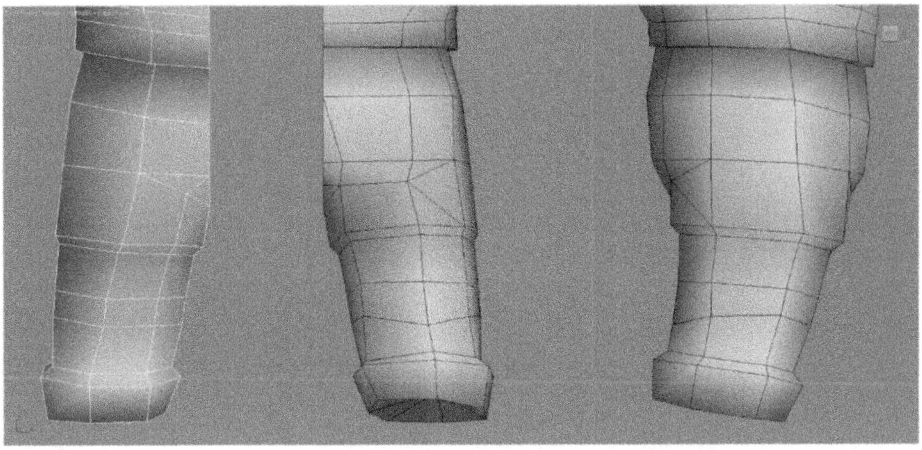

图 9-32 制作腿部模型

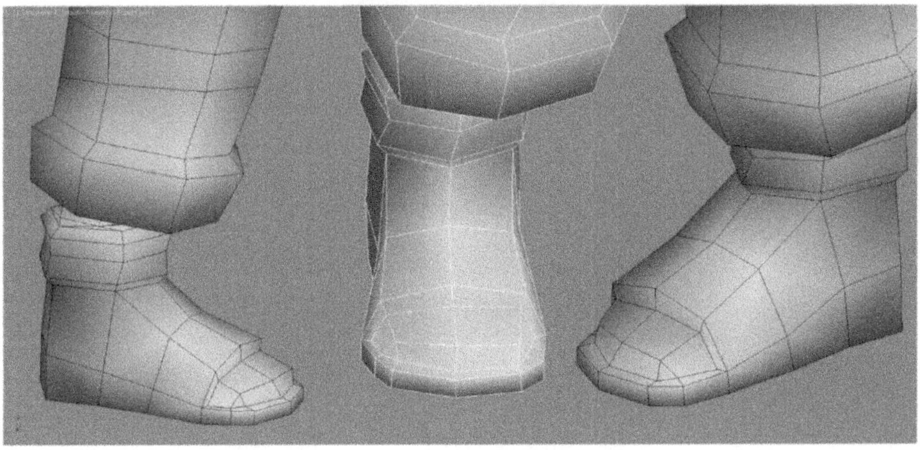

图 9-33 制作脚部模型

最后，我们再来为模型添加腿部和肩部的附属装饰模型（见图 9-34 和图 9-35）。这样，Q 版角色模型部分就全部制作完成了，最终效果如图 9-35 所示。

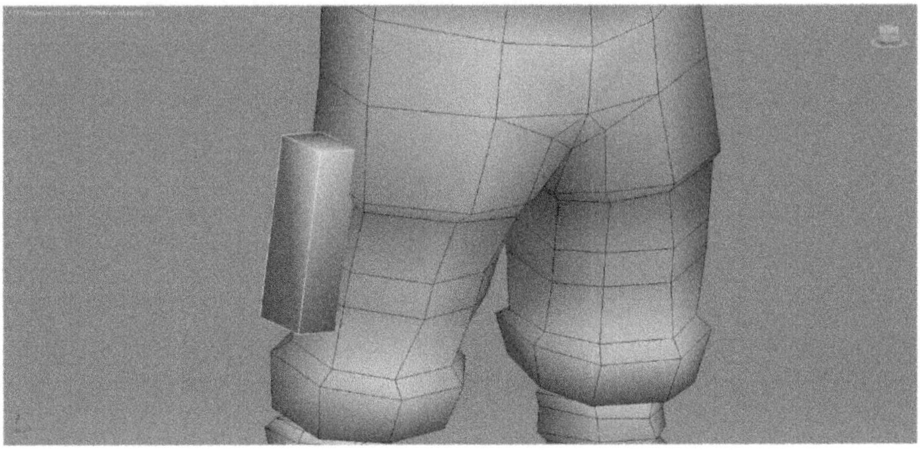

图 9-34 制作腿部装饰模型

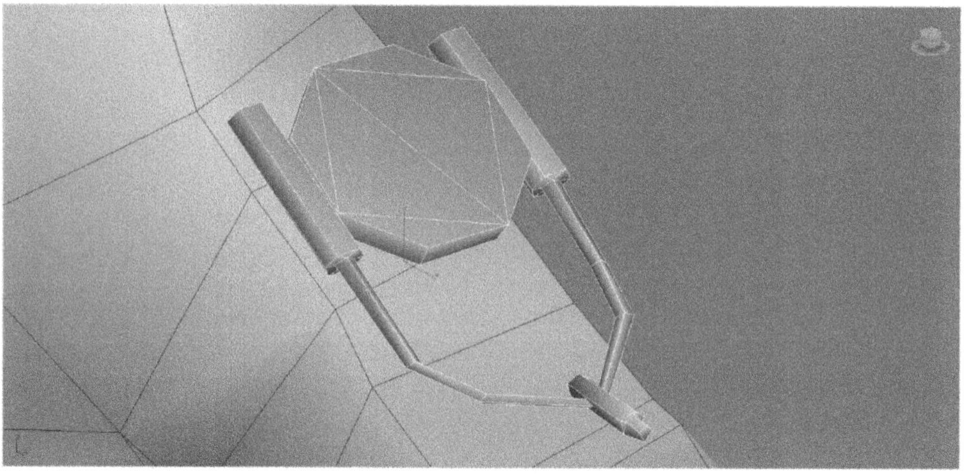

图 9-35　制作肩部装饰模型

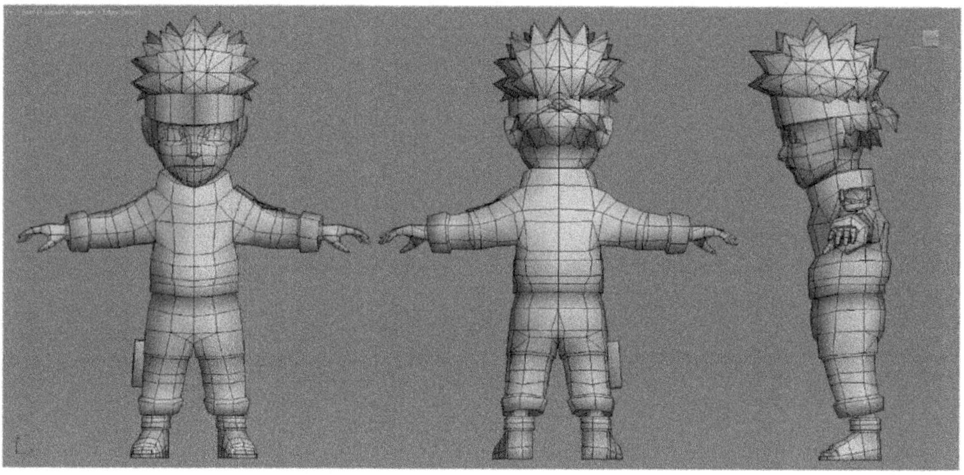

图 9-36　模型最终完成的效果

模型全部制作完成后，我们就要对模型 UV 进行拆分，对于 Q 版游戏角色模型来说，由于贴图追求卡通风格，不要求贴图上太注重细节的刻画，所以通常角色的全部 UV，包括武器和装备等，都拆分在一张贴图上即可，但这里为了表现脸部的细节，我们将其面部单独拆分为一张贴图。由于角色为对称结构，在拆分 UV 前可以将 Symmetry 修改器先进行删除，然后将所有模型 Attach 到一起，然后再进行 UV 的平展和拼合。

UV 拆分完成后就可以进行贴图的绘制了，Q 版游戏角色为了保持卡通风格，贴图所使用的颜色一般比较鲜艳亮丽、色彩纯度较高。Q 版风格贴图绘制一般利用大色块进行填充，然后简单地表现明暗关系即可。与写实类模型贴图最大的区别是，Q 版贴图整体非常柔和，最后不需要叠加纹理，因此模型出现 UV 拉伸时不会太明显，这也是 Q 版模型的一大特点。图 9-37 为 Q 版角色贴图绘制的效果，图 9-38 为视图场景中模型添加贴图的最终效果。

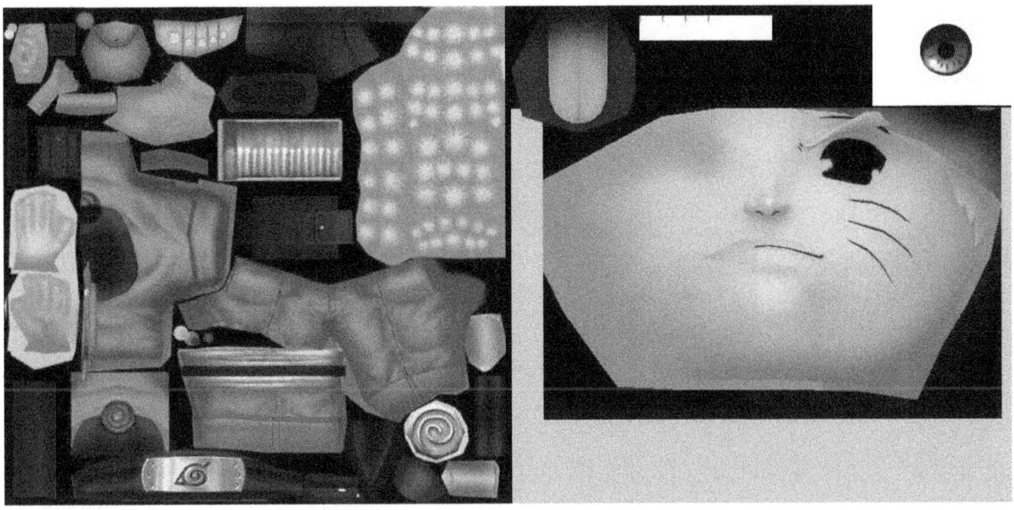

图 9-37 Q 版角色模型贴图

图 9-38 添加贴图后的模型效果

CHAPTER

# 10

# 网游坐骑模型实例制作

## 10.1 模型制作前的准备

在 3D 网络游戏中，除了怪物模型的制作会涉及动物外，还有一类也是以动物形象为主的，那就是游戏中玩家所控制角色的坐骑。游戏中的坐骑也就是玩家角色的“交通工具”，如马、牛、象、鹿、老虎、狮子等，这类动物角色也是现实中写实的形象出现，与野外场景中的怪物比，坐骑动物不会表现的过于凶猛，同时坐骑动物通常会为其制作添加鞍具，以符合其作为坐骑的功能和作用（见图 10-1）。本章我们将以写实风格的游戏坐骑马作为实例制作的对象，学习 3D 动物模型的制作方法。在开始实际制作前，我们首先来了解一下动物的基本形态及特征。

图 10-1　游戏中的坐骑

游戏中常见的动物种类主要有蹄类、犬科类及猫科类。蹄类动物常见的主要包括马、牛、鹿等，犬科类主要包括狗、狼、狐等，猫科类主要有狮子、老虎、豹子等。常见的动物类型基本都属于脊椎类哺乳动物，下面针对哺乳类动物的骨骼结构进行简单了解，以方便后期建模时对于整体模型结构的把握。

哺乳类动物首先从脊柱来看，分为明显的 5 个区域，每节椎体属于双平型，两椎体间有弹性的椎间盘相隔。颈椎的数目通常为 7 块，共同的特点是椎弓短而扁平，棘突低矮，全无肋骨相连。胸椎一般 9～25 块，共同的特点是棘突发达，强有力的举头肌肉就附着在棘突的垂直面上，各胸椎全与肋骨相连，横突短小，前、后关节突扁而小，彼此很靠近。腰椎一般为 4～7 块，共同的特点是：椎体粗，棘突宽大，横突长，伸向外侧前方，无肋骨附着。荐椎数目变化较大，荐椎的特点是：棘突较低矮，椎体及突起等部全愈合为一整块，称荐骨。荐骨是后肢腰带与躯干连接的部分，前面 1～2 块荐椎两侧突出成翼，荐骨翼与髂骨翼形成荐髂关节。通过荐部，后肢可推动躯干，并承担体重。最后，尾椎有 3～50 块，一般来说，尾椎数目和尾长度成正比。图 10-2 为马的骨骼结构图。

哺乳类动物与人类一样，脑颅大且全部骨化，仅鼻筛部留有少许软骨。骨块坚硬，接缝呈锯齿形，并且愈合，头骨成为一个完整的骨匣，异常坚固。哺乳类动物四肢强大，善于行走，具有四肢的扭转和行走时四肢着地的特点。四肢经过扭转后近端紧贴身体，肘关节向后，膝关节朝前，支撑体重及行走都极其稳健而灵活，高举身体离开地面，既稳固又有弹性，行走时前肢举起身体将之拉向前方，随之后肢则推动身体向前。这样效率既高，又很省力（见图 10-3）。

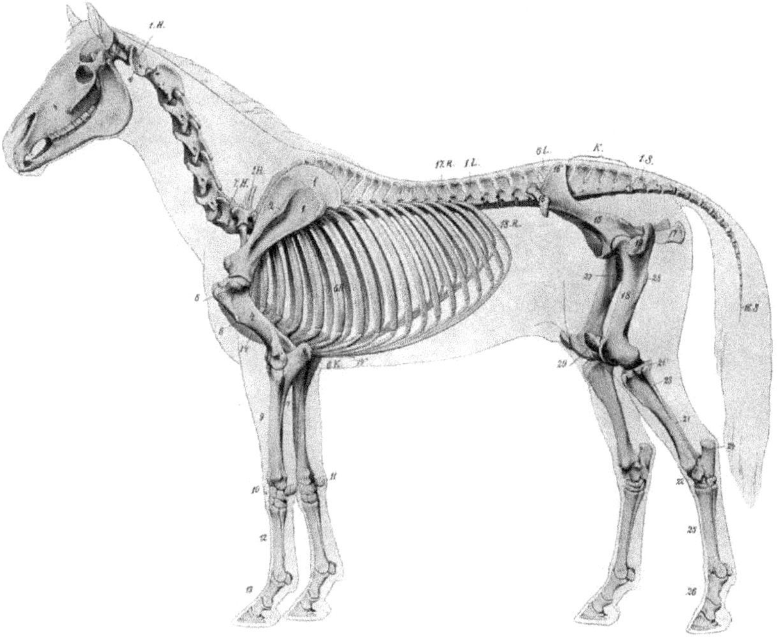

图 10-2　马的骨骼结构

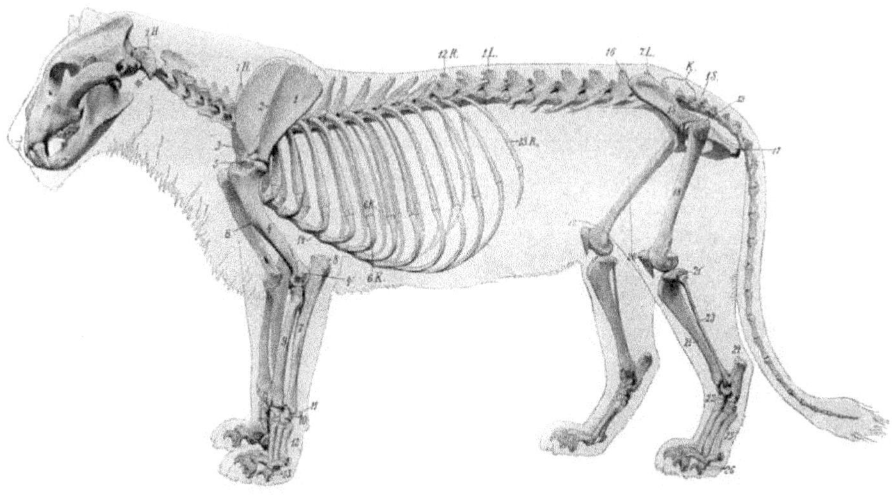

图 10-3　狮子的骨骼结构

不同的哺乳类动物脚着地的部位也有不同。灵长类动物（包括人）以全部脚腕着地行走，猫科和犬科类动物则以脚趾着地行走，趾以上的部分抬起离开地面。而蹄类动物（如牛、马等）以趾尖（即蹄）着地行走，称为蹄行性，蹄着地面积很小，行走轻快灵活，适于快速奔跑。总的来说，哺乳类动物是典型的五趾型四肢，但不同物种之间的差异仍然很大，主要与其生活方式和进化等因素密切相关（见图 10-4）。

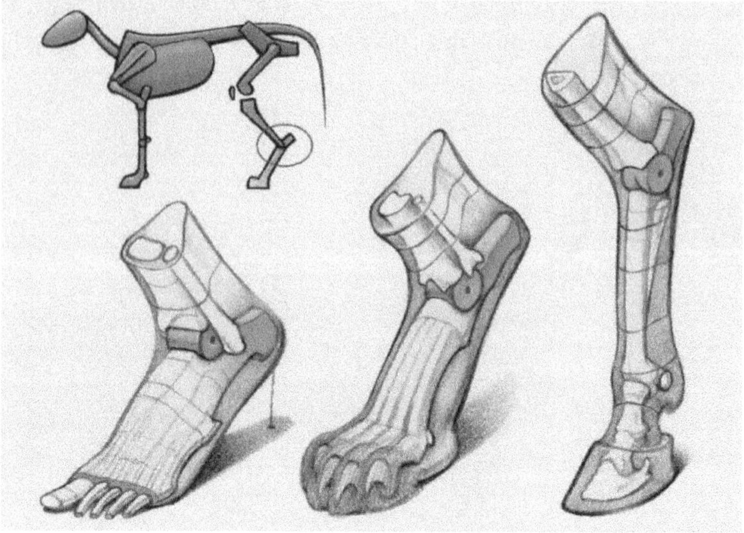

图 10-4　不同类型动物的足部结构

## 10.2 游戏坐骑模型马的制作

本章实例中，我们将要学习游戏中最为常见的坐骑——马的模型制作。模型制作的流程与人体基本相同，首先从马的头部开始制作，然后是颈部和躯干，再来制作四肢，最后还要制作作为坐骑所专用的鞍具等模型。下面正式开始实例制作。

首先，在视图中创建 BOX 基础几何体模型，然后通过多边形编辑，制作出马头部的基本轮廓，这里我们仍然只需要制作头部一半的模型，另一侧最后通过镜像对称来完成（见图 10-5）。然后通过添加布线进一步调整模型结构，如图 10-6 所示。在马头部后上方添加布线，通过面层级下的挤出命令制作出马的耳朵结构（见图 10-7）。

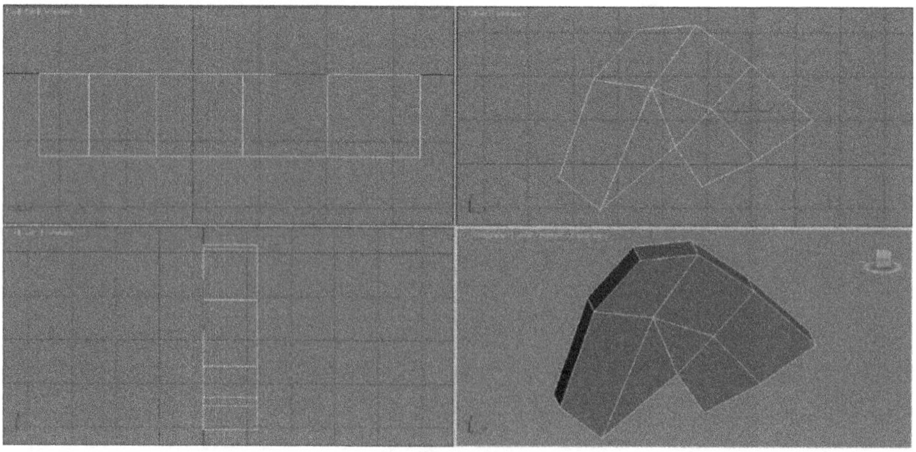

图 10-5　制作马头基本轮廓

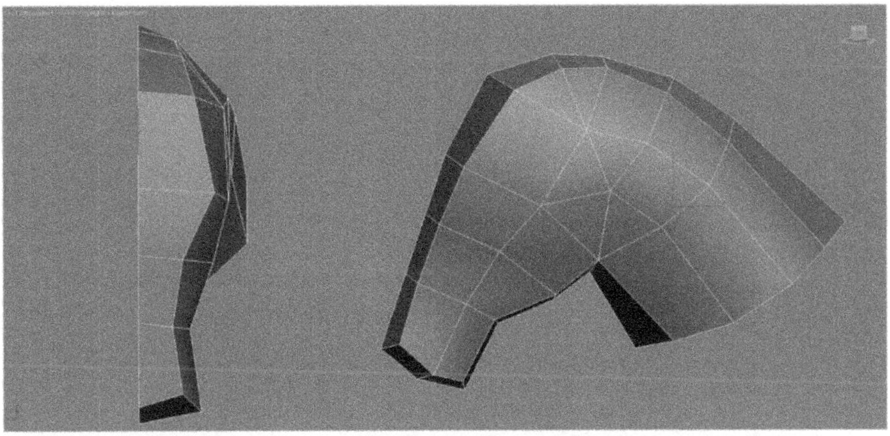

图 10-6　细化模型结构

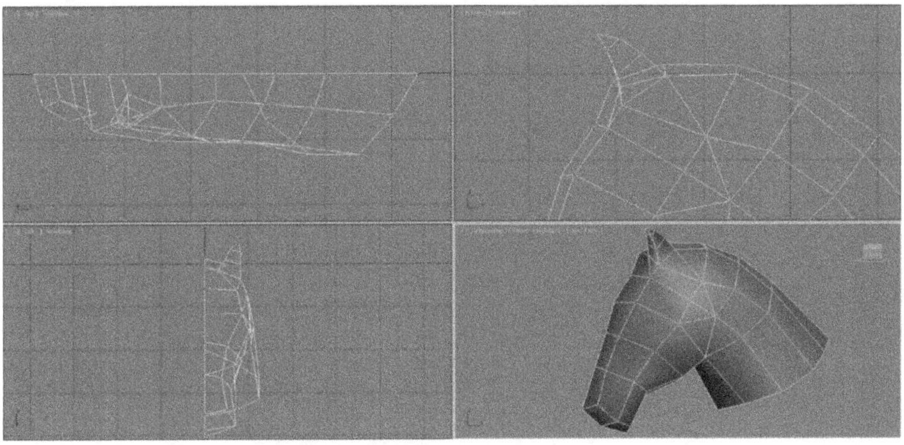

图 10-7　制作马耳朵结构

接下来进一步增加布线，刻画马眼部和嘴部的轮廓结构（见图 10-8 和图 10-9）。然后进一步刻画模型细节结构，制作出马的鼻、嘴和眼睛模型结构（见图 10-10 和图 10-11）。

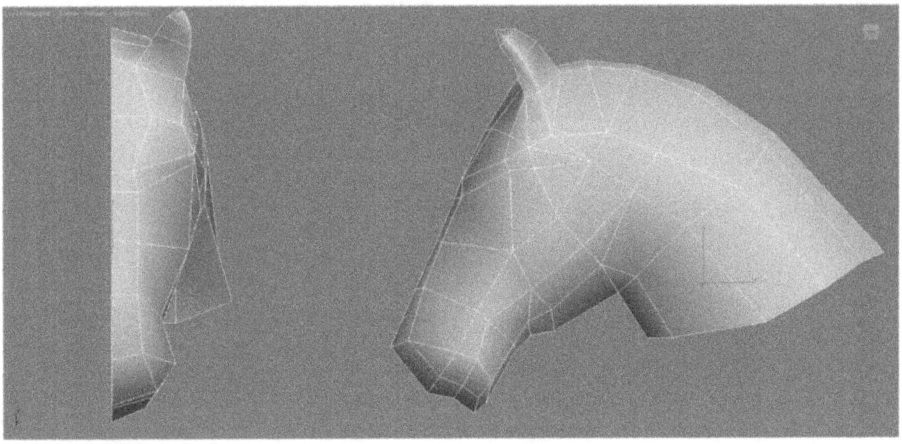

图 10-8　加线刻画模型细节

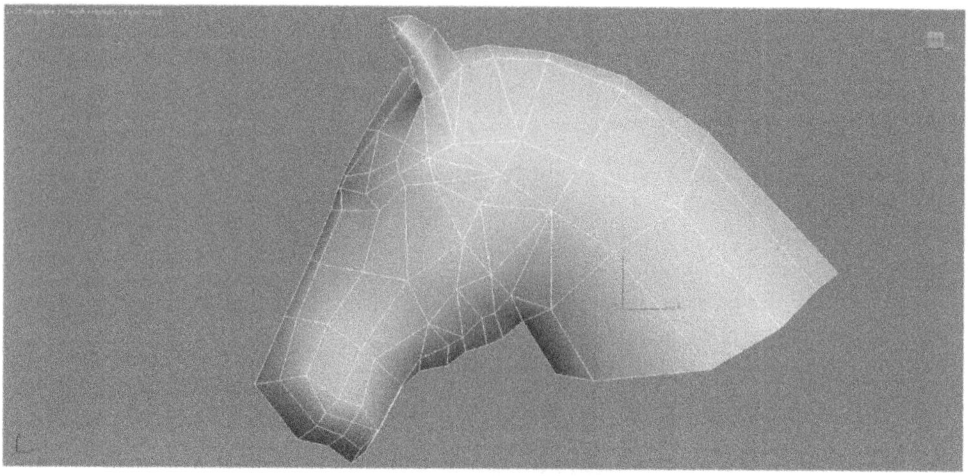

图 10-9　继续加线

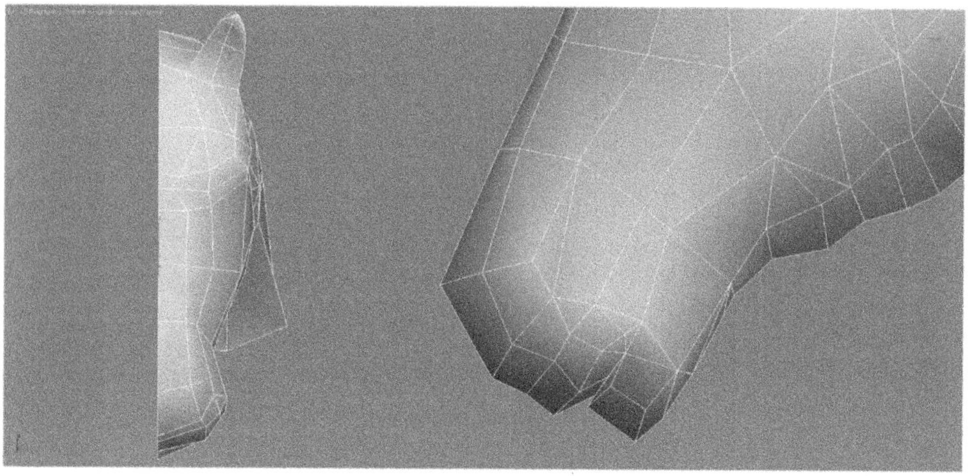

图 10-10　制作马嘴部结构

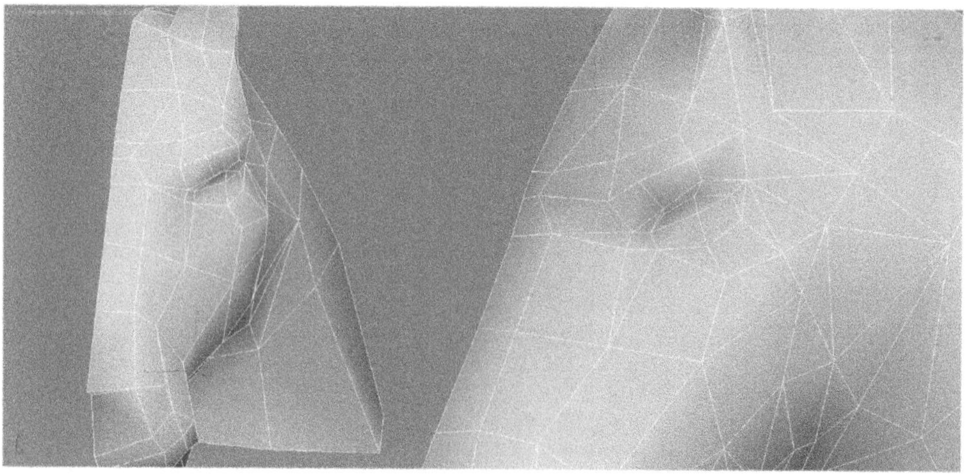

图 10-11　制作马眼睛结构

由马头向下延伸制作马的颈部模型，如图 10-12 所示。然后继续制作出马的躯干模型，这里首先利用简单的布线把握住马侧面的曲线轮廓结构（见图 10-13）。进一步增加布线，着重刻画制作前肢上方的躯干结构（见图 10-14）。

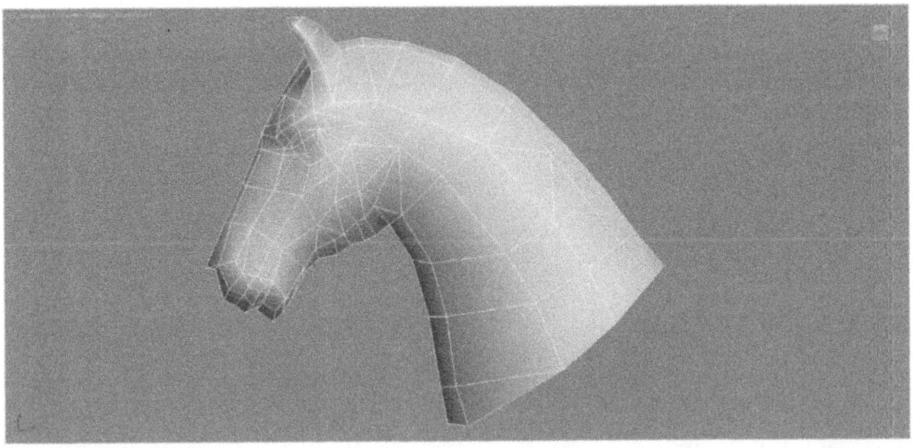

图 10-12　制作马颈部结构

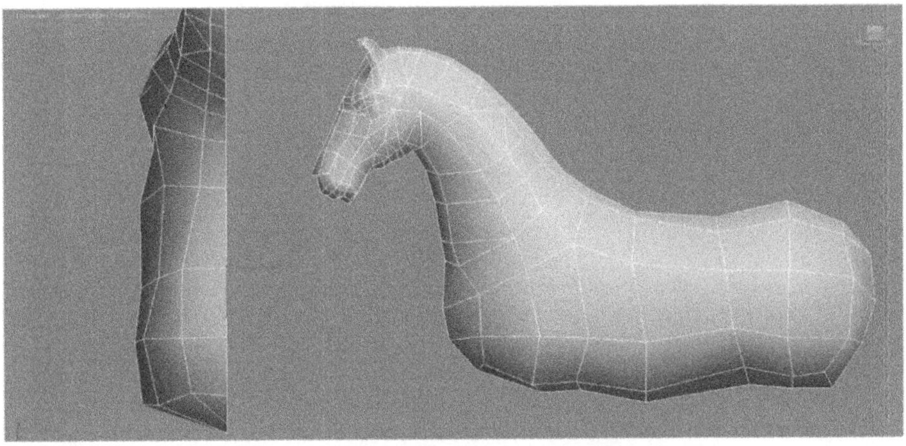

图 10-13　制作马躯干大型轮廓

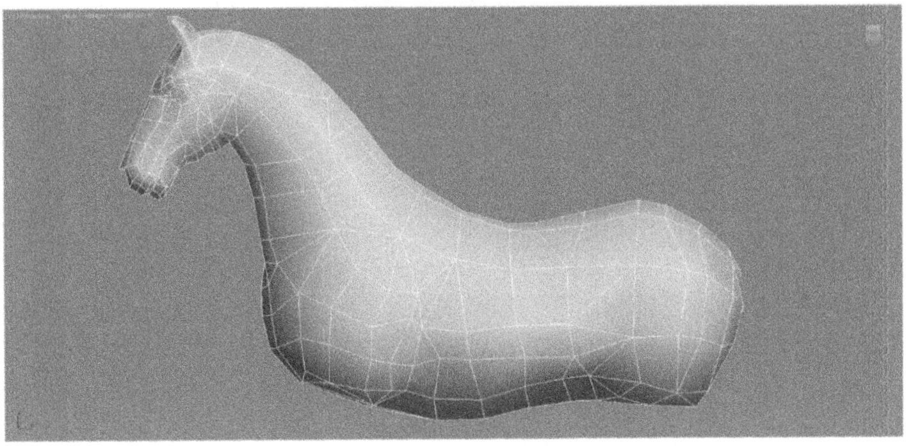

图 10-14　增加布线刻画躯干细节

接下来进入多边形面层级，选中马躯干前方底部的模型面，利用 Extrude 命令向下挤出，开始制作马前腿模型（见图 10-15）。首先制作前肢大腿结构（见图 10-16），然后制作小腿模型结构，由于游戏中的坐骑通常在腿部穿戴有一定甲具，这里我们将护甲结构与小腿模型直接制作为一体化模型，如图 10-17 所示。然后利用同样的方法制作出马的后腿模型结构，如图 10-18 所示。

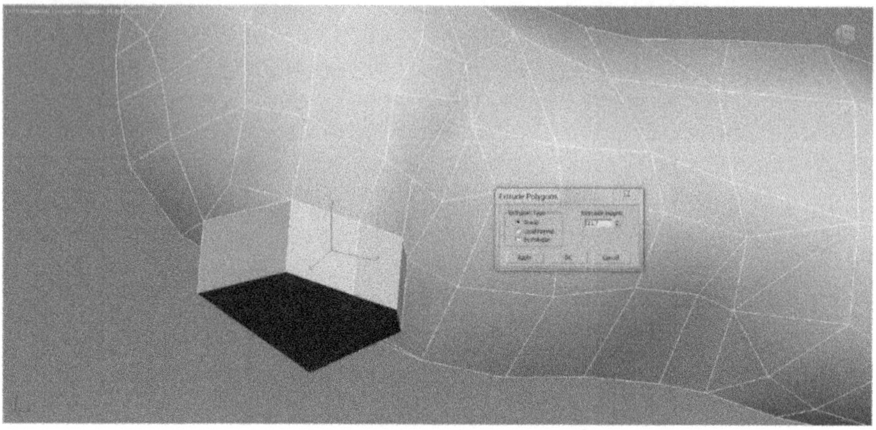

图 10-15　利用挤出命令制作马前腿模型

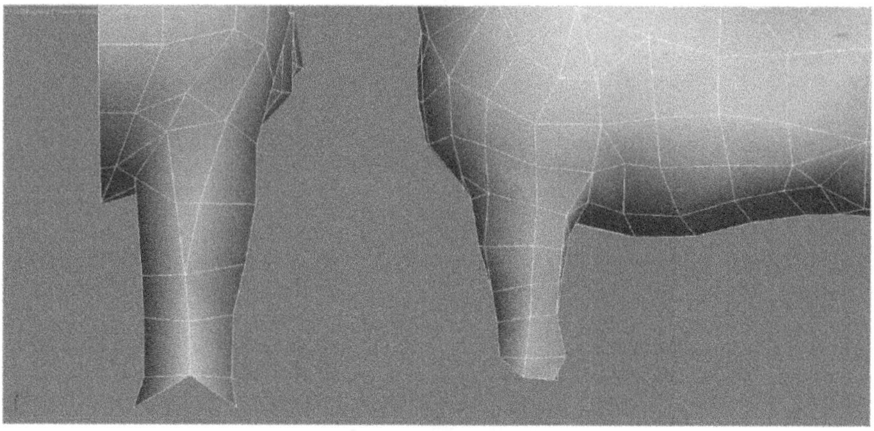

图 10-16　制作前肢大腿

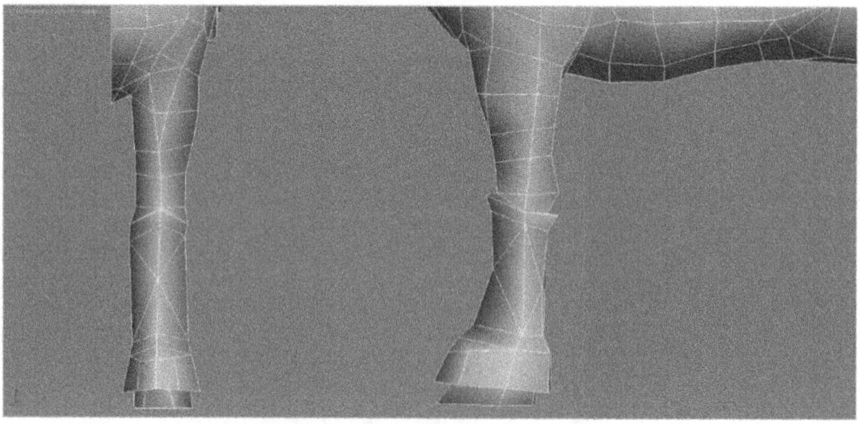

图 10-17　制作小腿和马蹄模型

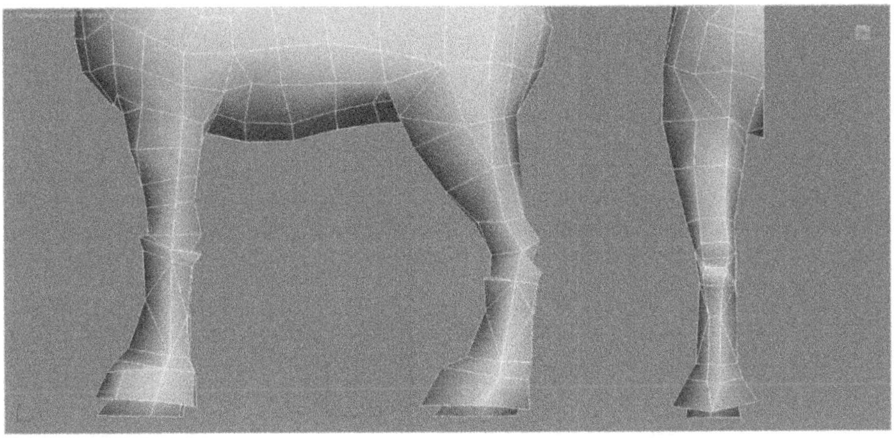

图 10-18 制作后肢模型

接下来在躯干后方制作出马的尾巴（见图 10-19），这样马的模型就基本制作完成了，然后添加 Symmetry 修改器命令，如图 10-20 所示。最后，还需要为马坐骑制作鞍具、缰绳和装饰模型，如图 10-21 和图 10-22 所示。

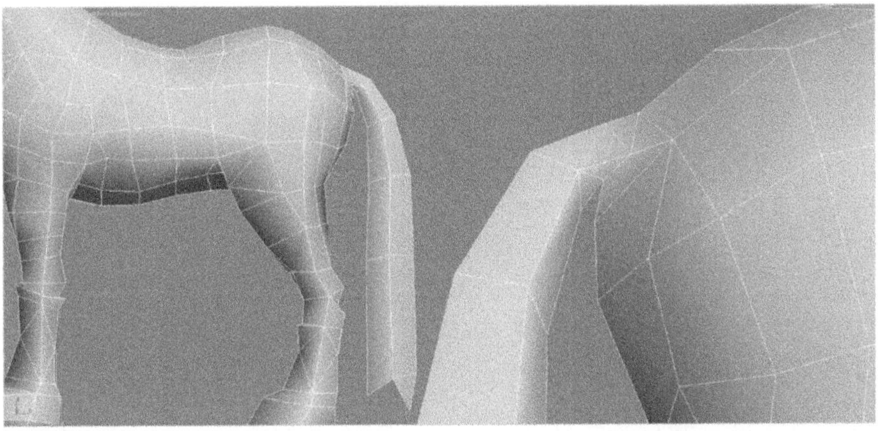

图 10-19 制作马尾巴

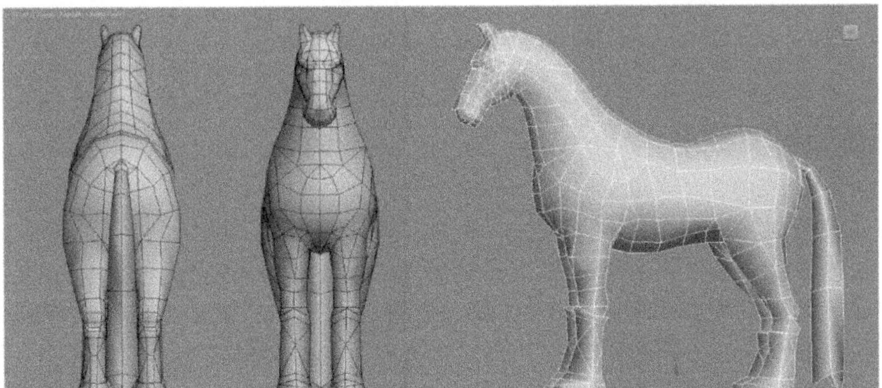

图 10-20 马模型制作完成的效果图

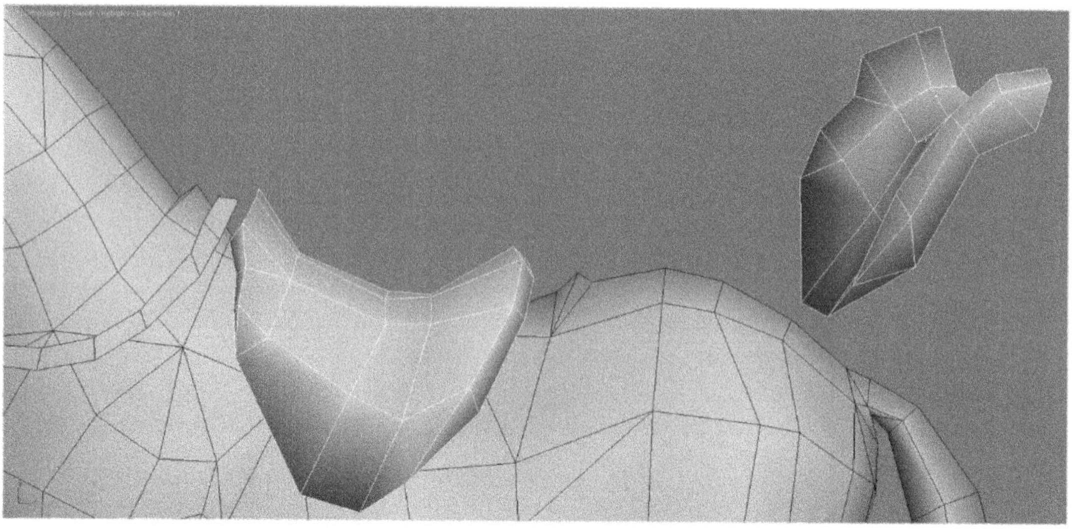

图 10-21　制作马鞍

图 10-22　制作缰绳和缨络装饰

## 10.3 模型贴图的绘制

由于马为中心对称的模型结构，所以在分展 UV 时只需要平展一侧的模型即可，这样整个模型在结构上基本趋于扁平，我们可以直接利用 Planar 投影方式来进行 UV 分展，或者在腿部设定缝合线，然后利用 Pelt 命令进行平展（见图 10-23）。马的整个模型都不需要单独拆分平展，鞍具等装饰模型的 UV 需要单独平展并将其与马的 UV 拼合在一张贴图上，其 UV 分展如图 10-24 所示。

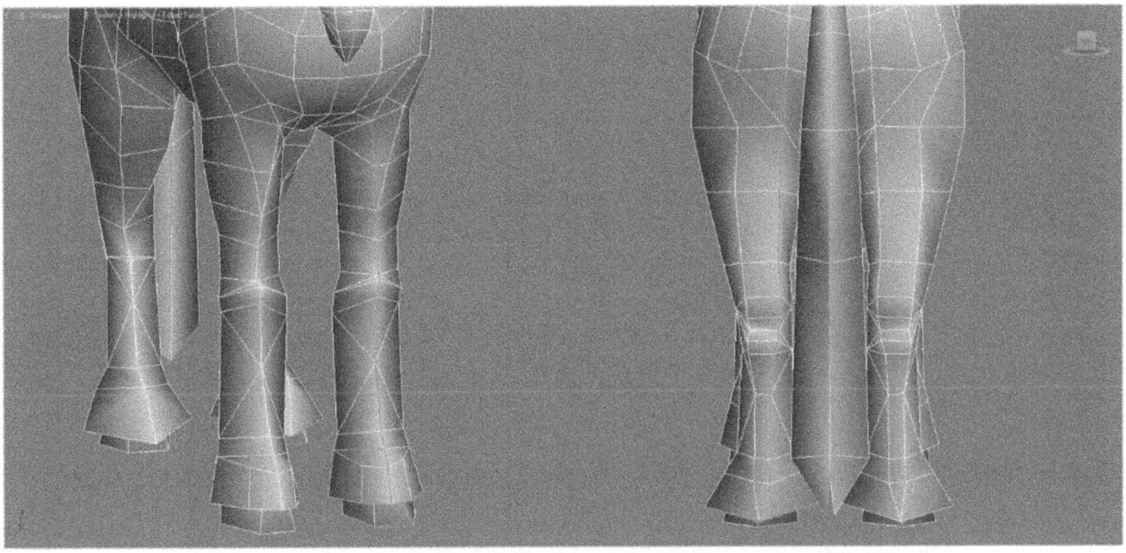

图 10-23 在腿部设定缝合线

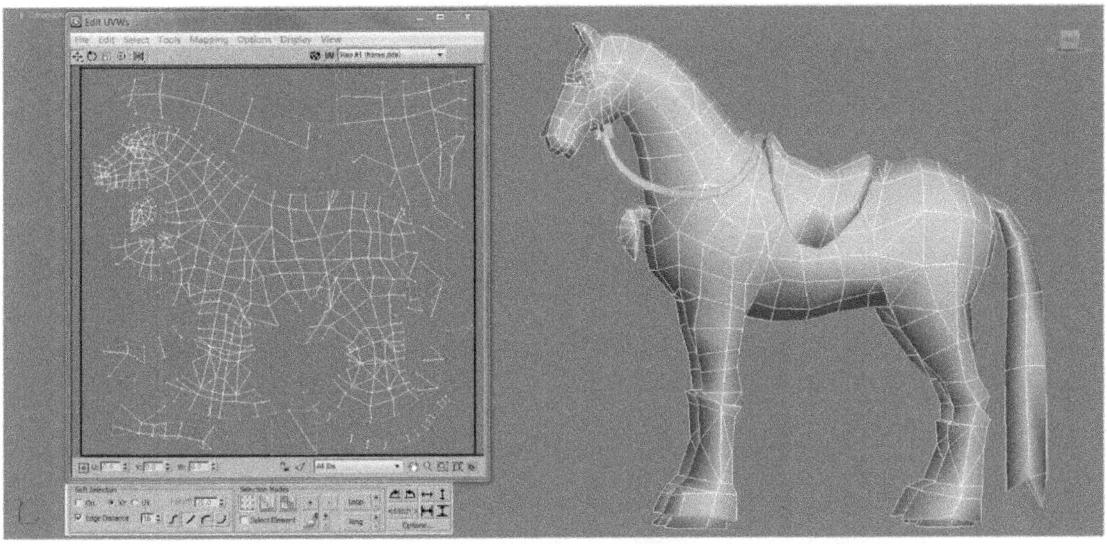

图 10-24 模型的 UV 分展

接下来我们需要进行贴图绘制，由于马的身体毛发较短，通常在游戏中除了马的鬃毛和尾巴等处的毛发需要单独绘制外，其他身体部位一般用颜色明暗绘制出基本的肌肉结构和关系即可。除此以外，通常马作为游戏中的坐骑，还需要在头部、胸前、躯干和腿部等处穿戴护甲，这些一般也都是通过贴图的绘制来表现，鞍具、缰绳和装饰等模型的贴图也要与之相衔接，图 10-25 为绘制完成的贴图效果，图 10-26 为最终添加贴图后的模型效果。

图 10-25　马坐骑模型贴图

图 10-26　添加贴图后的模型效果图

对于其他动物模型来说，可能在最后绘制贴图时需要着重刻画其毛发细节，下面简单介绍一下基本的动物毛发手绘技法。对于动物大部分身体上的毛发，一般会按照毛发不同的生长方向进行绘制，最为常用的是使用“8”字型画法来表现，如图 10-27 左侧所示。动物脸部和嘴边的毛发长的一般都很短，而贴图的像素一般都不会太高，所以这里可以用“迂回型”画法或点画法来表现，如图 10-27 中间所示。棕毛是雄性动物特有的毛发类型，一般不会在雌性动物身上，这种毛发一般分布在颈项顶部，绘画中胸部的毛发也可以归类到棕毛里，由于这种毛发非常具象，一般需要以“根”和“束”为单位进行绘制，如图 10-27 右侧所示。绘制完成的毛发效果如图 10-28 所示。

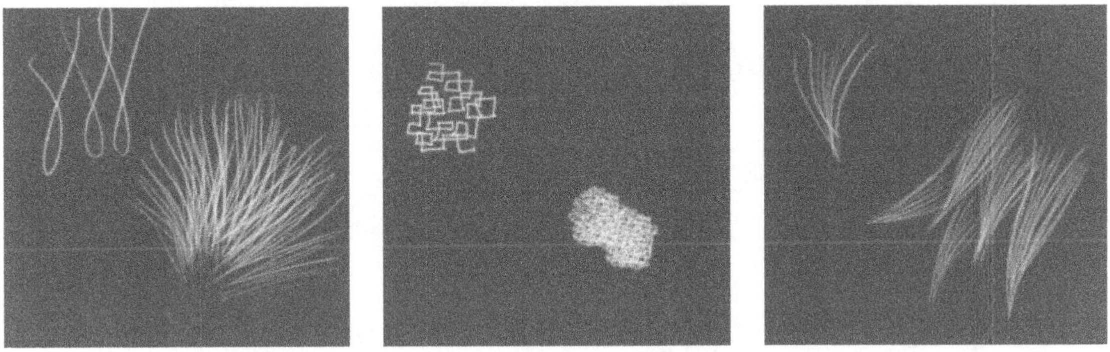

图 10-27　不同的动物毛发绘制技法

图 10-28　动物毛发贴图绘制的效果

在网络游戏中，随着玩家等级的提升，玩家的坐骑也会有等级上的变化和区别，低等级的坐骑其形象可能与动物自身保持一致（见图 10-29），而高等级的坐骑可能会全身覆满护甲或战甲，如图 10-30 所示。

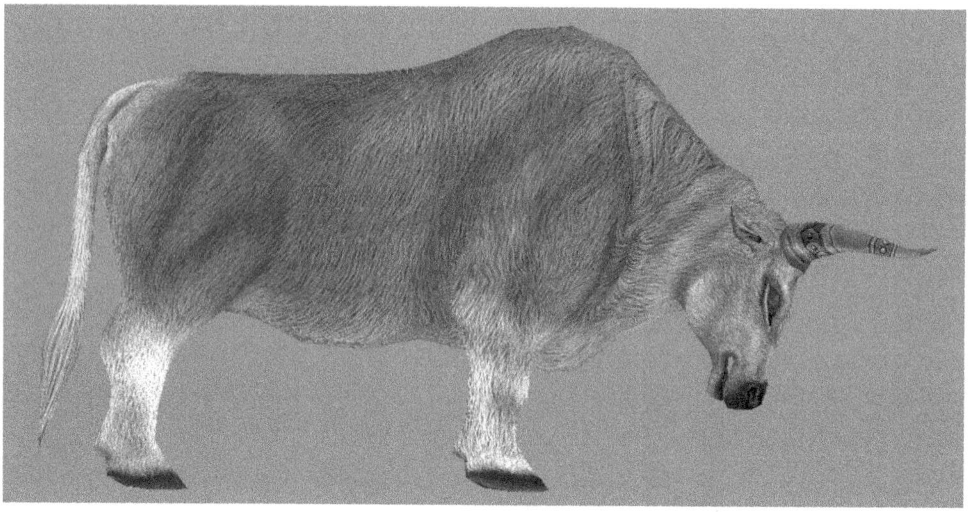

图 10-29　低等级坐骑形象

图 10-30　覆满战甲的高等级坐骑

CHAPTER

# 11

# 次世代游戏角色模型实例制作

## 11.1 次世代游戏角色模型的特点

电子游戏对于大多数人的印象可能还停留在新兴产物的概念上，但其实从最早的虚拟游戏诞生发展到今天，已经经历了半个多世纪的时间，随着科技的进步和制作技术的提升，电子游戏无论在硬件平台还是软件技术上都得到了飞跃式的发展。尤其在家用游戏机领域，游戏机厂商会在几年之内不断积蓄技术，供给新一代游戏机产品的研发制作，不同的厂商也会在一个大致的时间点前后各自推出新一代的游戏机产品，那么从这一个时间点到下一次游戏机更新换代的时间点之间，我们就将其称之为一个“世代”。所以，对于游戏领域内“次世代”的定义就是指超越当前“世代”的游戏硬件、软件产品及技术等。

在传统游戏制作中，游戏模型通常为低精度模型，也就是通常我们所说的“低精度模型”。但随着游戏制作技术和硬件技术的发展，如今游戏模型的精细程度早已获得质的飞跃和发展。在上一世代的家用游戏机平台，游戏角色的多边形面数可以达到 3 万面左右，而如今的次世代平台，游戏角色的模型面数可以高达 10 万面，再配合法线贴图的显示效果，游戏角色模型早已不逊于传统高精度模型，甚至在强大游戏引擎的烘托之下，其整体视觉效果或许已超越影视级别的高精度模型（见图 11-1）。

图 11-1　次世代游戏角色模型的细节

对于网络游戏来说，其模型在多边形面数上仍然受到诸多因素的限制，通常来说，一个普通网游 3D 角色模型的面数要控制在 5000 面左右，而即使利用次世代技术的网络游戏，其角色模型面数也不应超过 2 万面。只要通过合理的模型布线控制，再加上出色的贴图绘制，在强大游戏引擎技术下渲染出的角色模型仍然能呈现出很好的视觉表现效果（见图 11-2）。

与传统游戏模型相比，次世代游戏模型最大的特点就是模型面数的提升，对于三维游戏来说，模型面数是视觉效果表现的最基本条件，无论贴图和引擎技术如何强大，如果没有高面数的模型作为基础，其最终效果仍然不会有质的飞跃。图 11-3 为同一游戏场景次世代模型与传统低精度模型的对比效果。

图 11-2　次世代网络游戏角色模型

图 11-3　游戏场景模型的对比

除此以外，法线贴图技术的应用对于次世代游戏模型也起到了功不可没的作用。所谓的法线贴图是可以应用到 3D 表面的特殊纹理的，不同于以往的纹理只可以用于 2D 表面，作为凹凸纹理的扩展，它包括了每个像素的高度值，内含许多细节的表面信息，能够在平平无奇的物体上，创建出许多种特殊的立体外形（见图 11-4）。你可以把法线贴图想像成一种凹凸感更强的 Bump 贴图，对于视觉效果而言，它的效率和效果比原有的凹凸贴图更强，若在特定位置上应用光源，可以生成精确的光照方向和反射，法线贴图的应用极大地提高了游戏画面的真实性与自然感。

图 11-4 利用法线贴图技术制作的游戏角色模型

对于次世代网络游戏来说，其角色在模型的整体制作流程和方法与传统低精度模型并无太大不同，无非是根据具体的游戏项目来合理控制模型的多边形面数，而更多的不同之处可能在于模型 UV 的细分方式。现在市面上绝大多数的 MMO 网络游戏中玩家控制的游戏主角都采用了“纸娃娃”换装系统。所谓“纸娃娃”换装系统，是指角色的外表服饰和装备被划分为加大部分，如衣服、裤子、手套、鞋子、腰带及头盔等，每一部分的装备和服装可以单独进行替换。

换装系统最大的优势是将角色整体进行了模块化处理，在进行装备替换的时候仅仅通过替换相应模块的模型就可以实现和完成，而对于原本的角色，基础人体模型无须重新制作。所以一般在网络游戏的实际项目制作中，除了人体角色模型外，我们还需要制作大量与之相匹配的服装、道具及装备等，以满足游戏中换装的需求。

模型的模块化制作也就要求模型的 UV 必须与之对应，在制作网游角色模型时，通常不会将模型的 UV 全部平展到一张贴图上，而是进行一定的划分，制作多张贴图，如角色头部为一张独立贴图，身体衣服为独立贴图，腿部和裤子、胳膊和手套、腰部、足部等都分展为不同的贴图，这样方便换装模块进行相应的贴图制作（见图 11-5）。

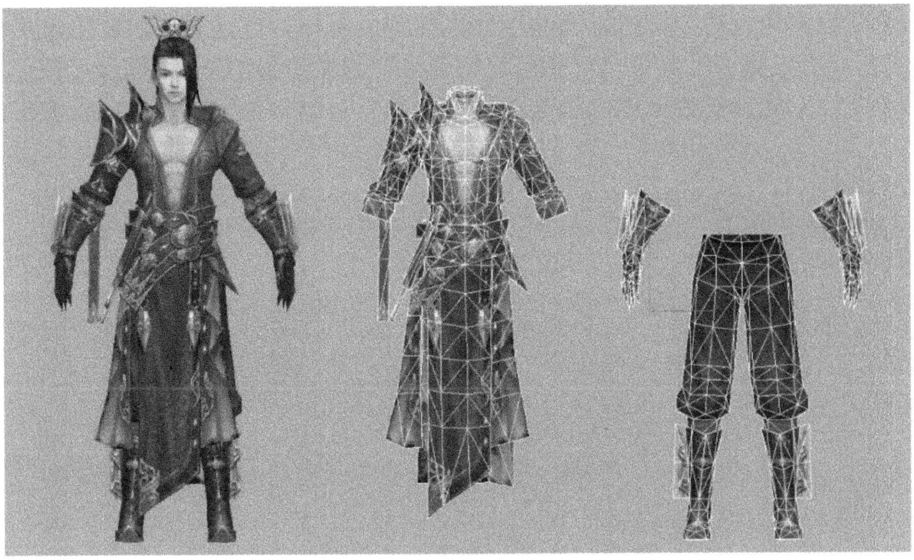

图 11-5　网游项目中模块化的角色模型制作方式

除了模块化以外，次世代游戏模型制作的重点更多的是放在贴图的制作和表现上。尤其对于次世代游戏角色模型来说，还需要利用大量时间为其制作法线贴图，整体的制作流程相对要复杂得多，下面我们来简单讲解下一个次世代游戏主角从概念设定到模型最后完成的制作过程。

## 11.2　次世代游戏角色模型的制作流程

首先，要根据企划部门的文案设计出游戏角色的概念设定图，找到角色的基本设计理念和制作方向。然后需要绘制出精细的角色设定图，将角色各种细节都表现出来，以方便之后模型的制作（见图 11-6）。

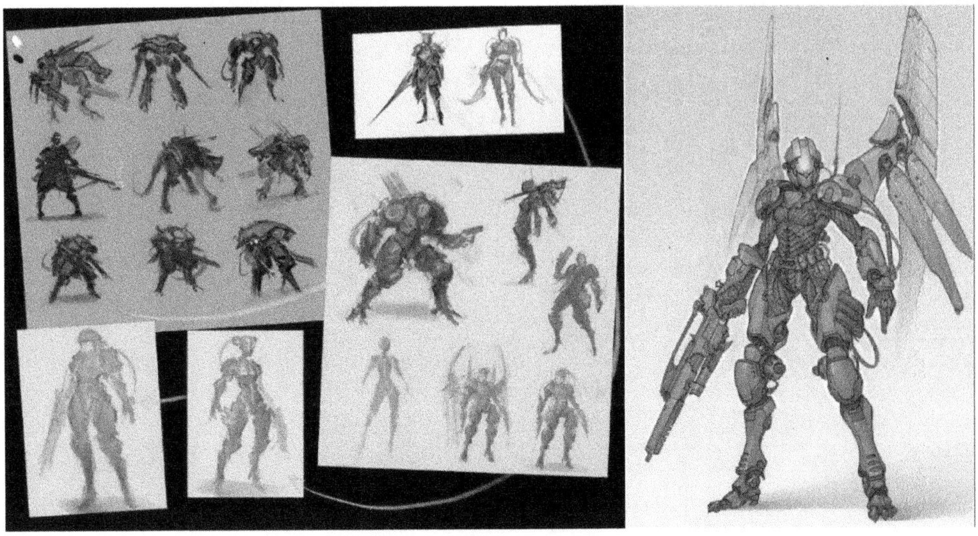

图 11-6　概念设定图和角色设定图

之后，需要根据角色设定图进行高精度角色模型的制作，这是为了后面用来烘焙法线贴图，我们需要将所有贴图表现细节全部都用高精度模型创建和制作出来，高精度模型制作的精细程度直接决定了贴图和法线贴图的细节效果，这也是与制作传统游戏角色模型最大的区别（见图 11-7）。

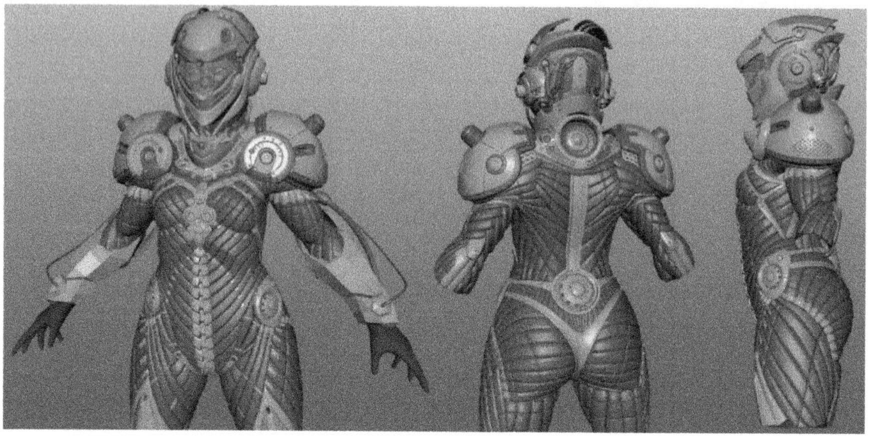

图 11-7　制作高精度模型

接下来我们需要在高精度模型的基础上进行拓扑。所谓的拓扑，就是指紧贴着高精度模型进行低精度模型的创建和制作，整个过程有点类似于书法练习中的临摹。这过程中必须要求高精度模型与低精度模型之间紧密重合，重合度越高，越有利于之后贴图的烘焙。在低精度模型的制作上要求有选择性地进行模型结构的简化，最终将模型面数控制在合理要求范围内，图 11-8 为制作完成的低精度模型图。

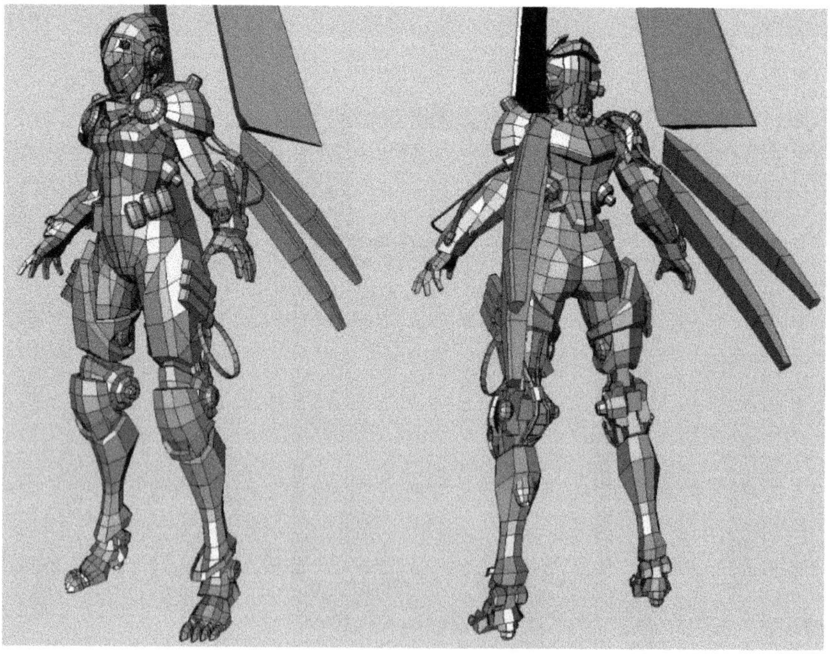

图 11-8　制作低精度角色模型

然后就需要开始制作法线贴图了，将高精度模型与低精度模型重合，利用三维软件中的烘焙命令，制作生成法线贴图。将法线贴图添加到低精度模型上，这样低精度模型就具备了高精度模型所有的模型细节，但仍然保持了面数上的优势，这就是次世代游戏模型制作的核心原理（见图 11-9）。

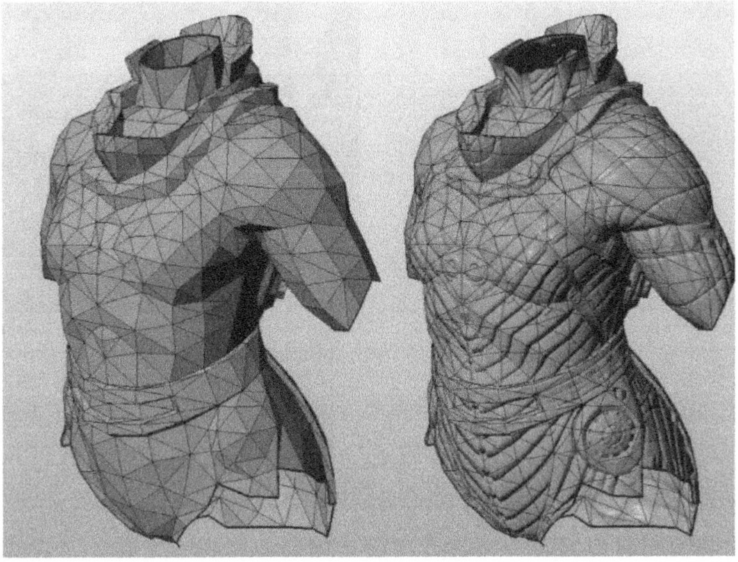

图 11-9　烘焙法线贴图

除了利用高精度模型烘焙以外，对于次世代游戏角色模型的制作，还有一种通用方法，就是利用 Zbrush 等三维雕刻软件深入刻画模型细节，使之成为具有高细节的三维模型，然后通过雕刻软件中的命令映射烘焙出法线贴图，这样生成的法线贴图同样具有高精度的细节效果（见图 11-10）。除了法线贴图外，通常还要制作高光贴图来配合法线贴图表现模型的质感和反光效果等，图 11-11 中为制作完成的法线贴图跟高光贴图。

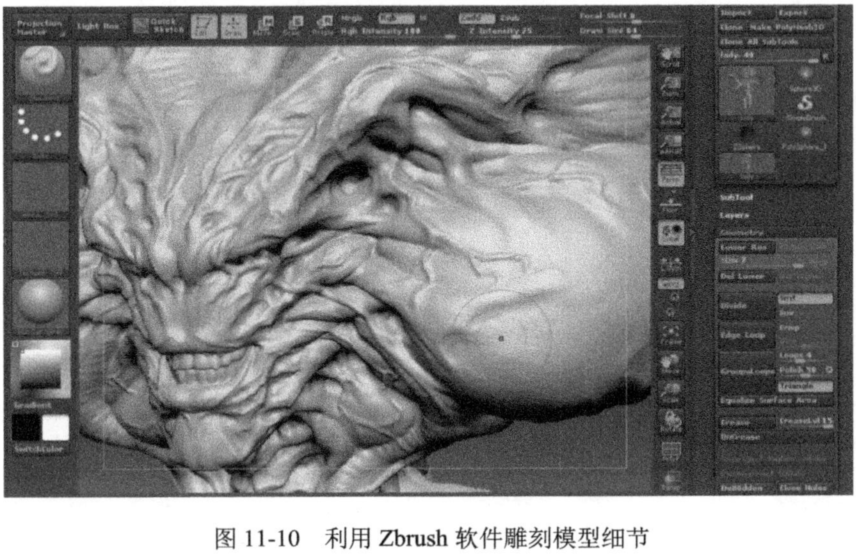

图 11-10　利用 Zbrush 软件雕刻模型细节

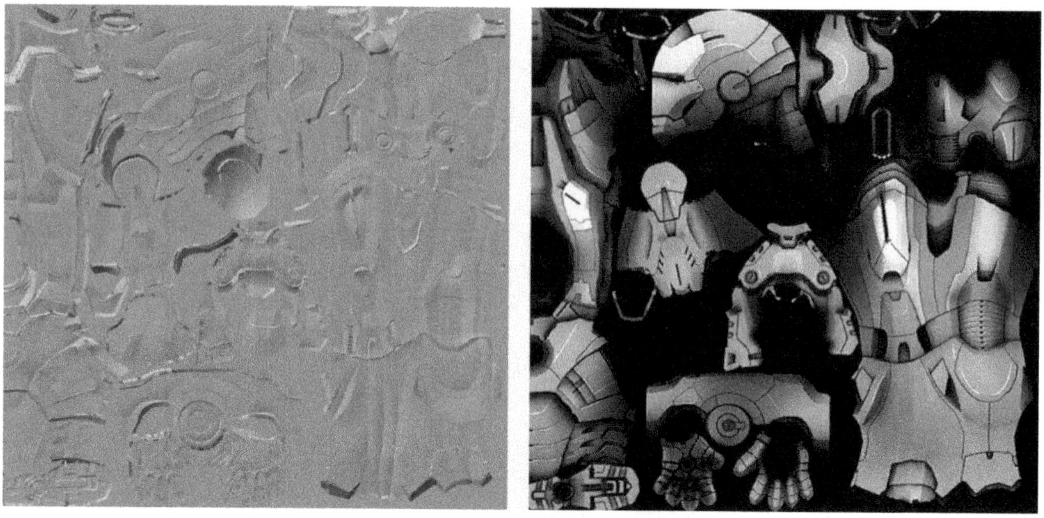

图 11-11　法线贴图和高光贴图

模型和法线贴图制作完成后，开始设定角色的贴图风格和配色，根据法线贴图来绘制模型的固有色贴图（见图 11-12）。最后将制作完成的各种贴图制定到三维软件材质球的各个通道中，并将材质球添加给角色模型，完成最终模型的制作（见图 11-13）。

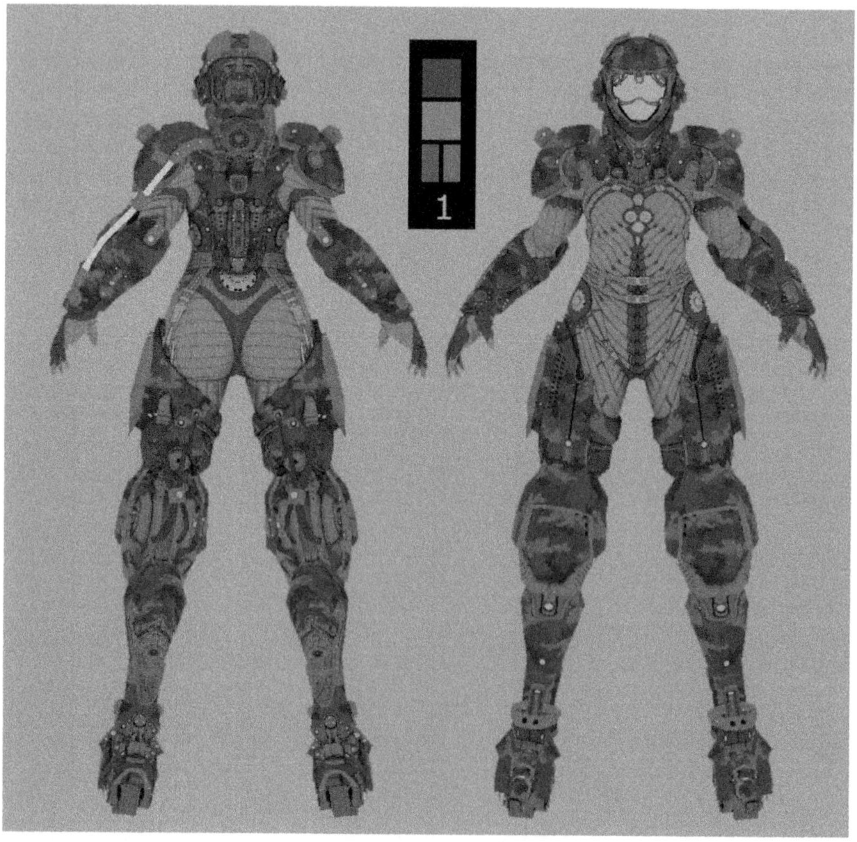


图 11-12　制作模型固有色贴图

图 11-13　模型最终完成的效果

以上就是次世代游戏角色模型制作的基本流程，具体到实际项目中，次世代游戏模型的制作十分复杂，其对于制作人员职业技能的要求和水平也十分高，因此想要制作出优秀的次世代游戏角色模型作品，需要不断练习，在练习中不断积累技术和经验。

## 11.3 次世代游戏角色高精度模型制作

在本章实例中，我们将以美国 Marvel 公司动漫和影视中的经典角色钢铁侠作为制作对象，同时利用高精度模型烘焙的方法制作法线贴图，整体的制作过程还是十分复杂的，所以整体基本以制作流程讲解作为侧重点。

首先，我们脱离电影和动漫的情节来看，钢铁侠角色本身就是一个典型的人形机械角色，它不同于变形金刚和高达这种巨型机器人。钢铁侠角色外形不仅模仿人体，而从结构和形体比例上来说，它就是一个标准的人体模型，只不过全身是钢铁材质。

高精度模型与低精度模型最大的不同，其实在于模型的制作流程和方法。虽然高精度模型和低精度模型都是利用三维软件中的多边形编辑命令制作出来的，低精度模型在编辑制作完成后就变成了“成品”的状态，后面可以直接导入到游戏引擎当中进行应用。而高精度模型在完成了多边形编辑后，还必须要对模型整体添加 Smooth 命令，将模型整体进行圆滑和更加精细的细分处理（见图 11-14）。

图 11-14　添加 Smooth 命令后的模型网格精度

在实际制作中，对于高进度模型的制作也要适当考虑模型面数的控制，尽量保证视图操作的流畅。对于模型中转折较大的结构，可以适当增加边线和面数，保证添加 Smooth 命令后模型结构的正常，而对于没有转折关系的平面，可以尽量减少多余的模型面数，这样才能让制作出的模型面物尽其用，达到最终理想的模型效果（见图 11-15）。

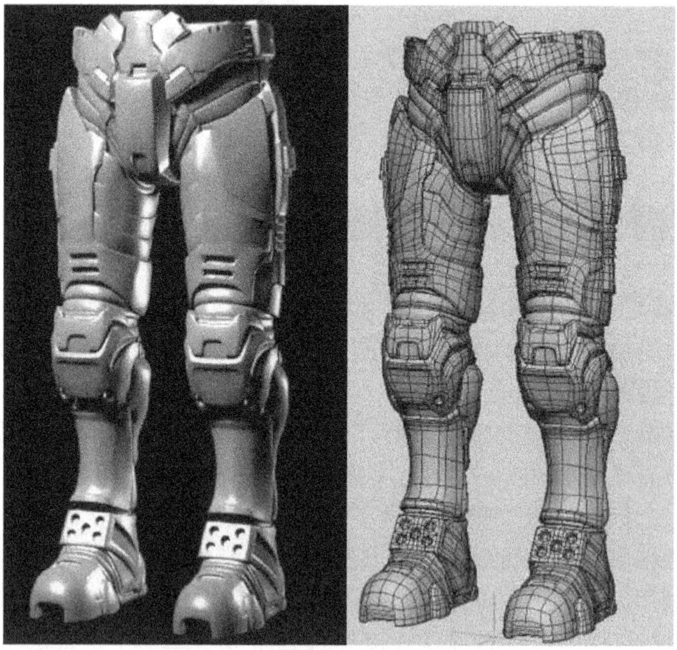

图 11-15　高精度模型的布线规律

图 11-16 为本节实例制作的模型参考图，角色整体比例结构与人体基本相同，在制作的时候可以按照头、躯干和四肢的顺序进行制作，制作中要特别注意模型棱角和转折结构的处理，

注意在这些结构处增加布线和面数，以方便后面为模型添加 Smooth 命令。由于是机械角色高精度模型，所以没有必要按照之前一体化模型的方式来制作，可以先制作每一部分的模型结构，最后再进行整合和拼装。下面开始实际模型的制作。

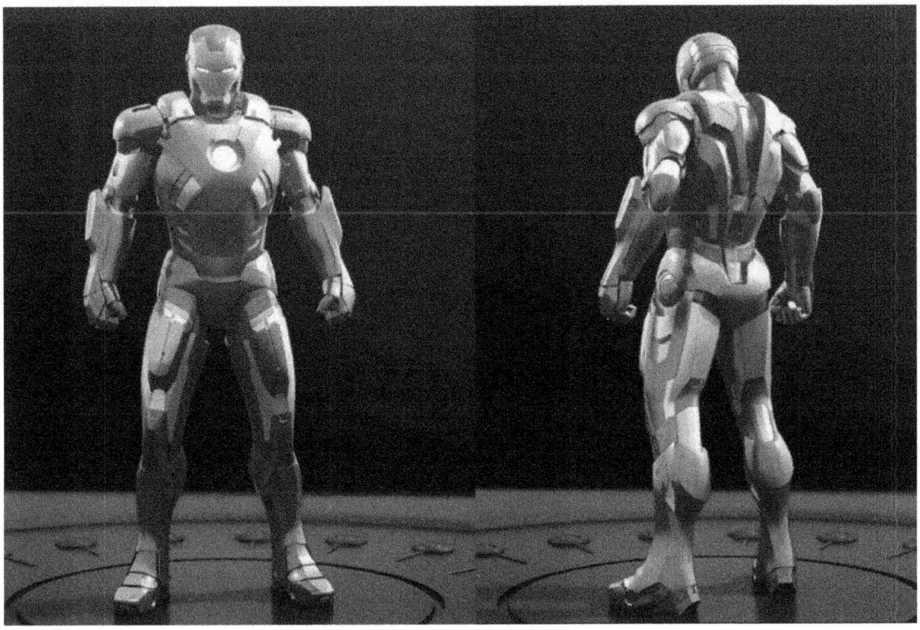

图 11-16　钢铁侠高精度角色模型设定图

首先，我们来制作钢铁侠的头部模型结构。其实高精度模型也是从低精度模型细化而来的，高精度模型结构首先也是需要制作基本的模型轮廓的，然后通过深化布线增加模型细节。在 3ds Max 视图中创建 Plane 模型，通过编辑多边形制作出基本的脸部模型轮廓，由于是对称结构，所以只需要先制作一侧的模型即可（见图 11-17），然后可以利用镜像对称命令制作出另一半（见图 11-18）。

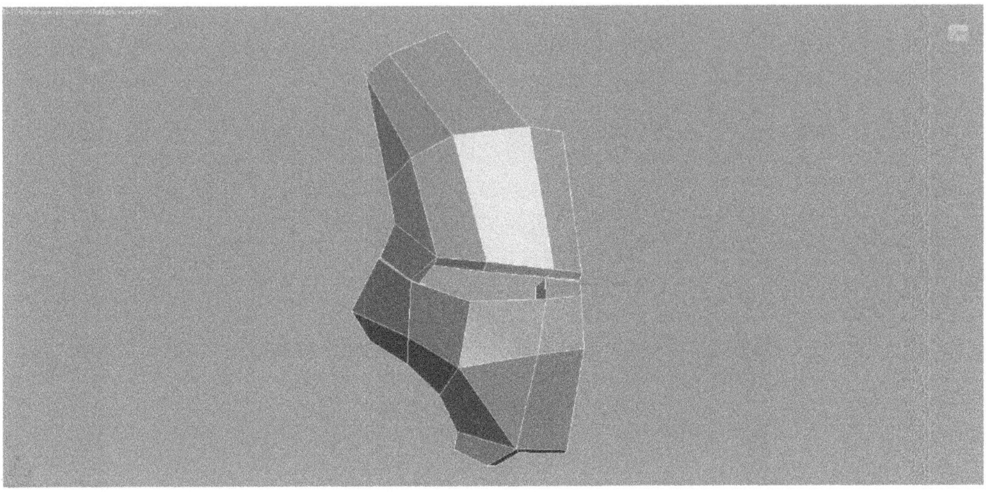

图 11-17　制作脸部基本模型轮廓

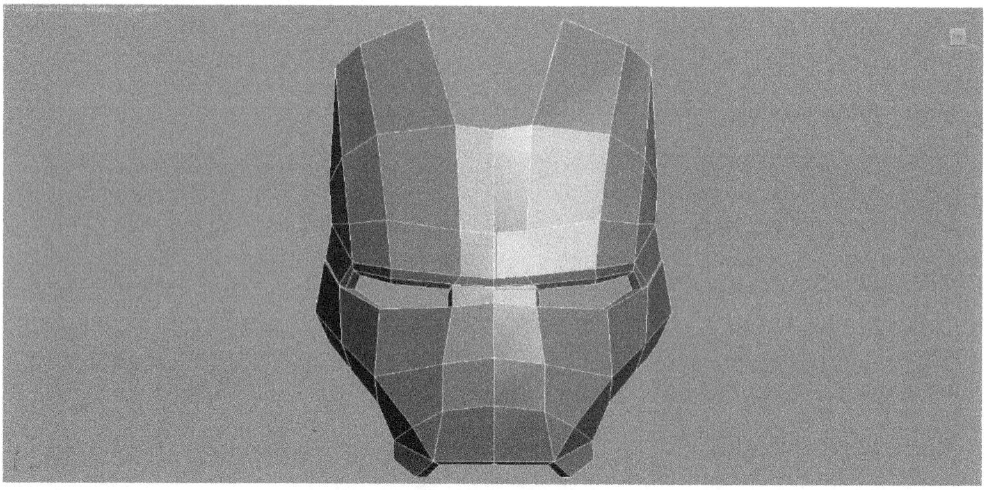

图 11-18　镜像对称

接下来我们利用 Cut 和 Connect 等命令进行加线，细化模型结构，同时让模型边、面过渡更加圆滑（见图 11-19）。然后需要对模型转折部分的边线进行倒角，这样最后添加 Smooth 命令后模型才会有边楞的转折，否则只是圆滑过渡，对于比较光滑区域的模型面则不需要倒角处理。倒角的操作通常是进入多边形边层级，对选中的模型边线执行 Chamfer 命令，这样会将一条边线倒角为两条边线，然后在两条边线之间再添加一条边线，最后就会形成硬边倒角的效果（见图 11-20）。如果倒角后两条边线之间增加的边线越多，倒角就越锐利，另外这几条边线之间的距离也决定倒角的锐利程度。图 11-21 为脸部模型添加 TurboSmooth 修改器命令后的光滑效果及硬边倒角的效果。然后制作出除脸部外其他头部模型结构，仍然要注意边楞结构的倒角处理（见图 11-22）。

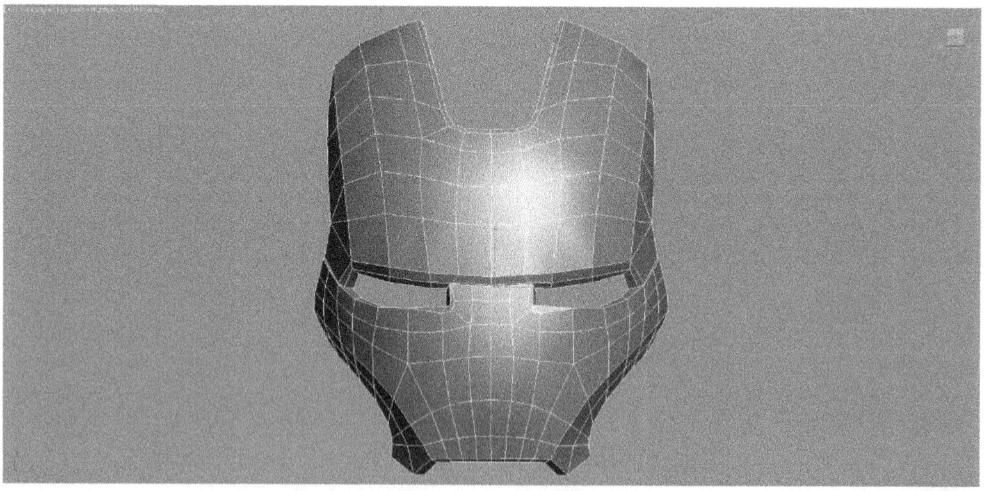

图 11-19　加线细化模型

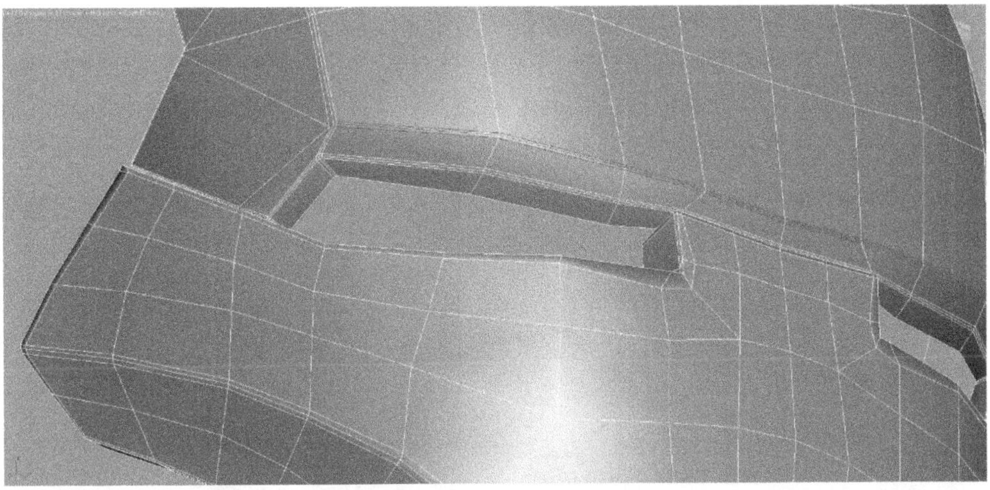

图 11-20　制作硬边倒角

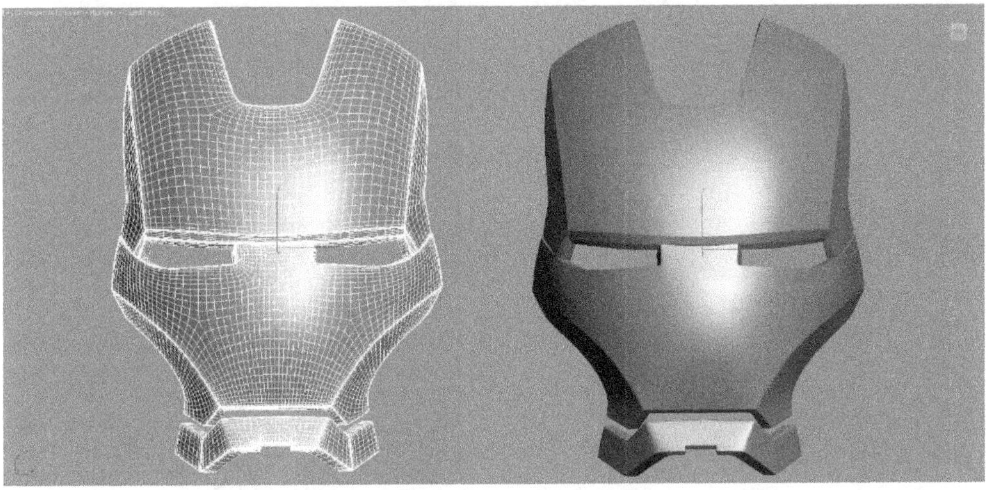

图 11-21　添加 Smooth 修改器后的效果

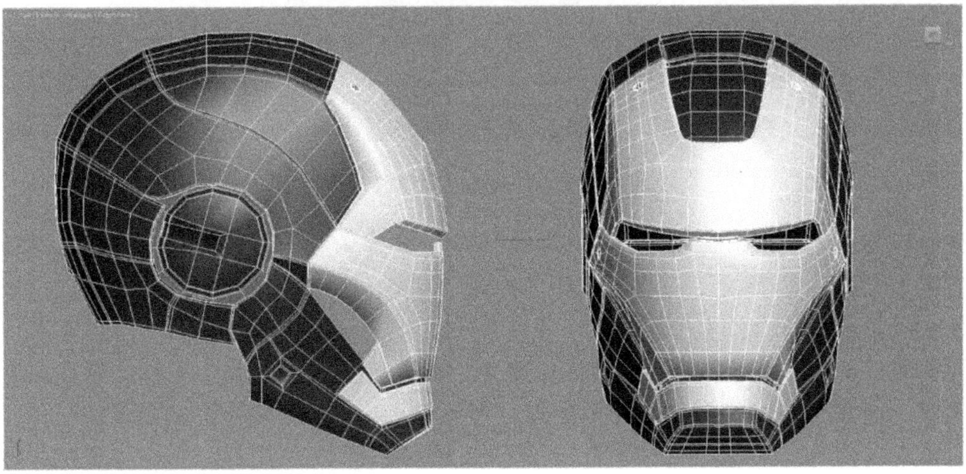

图 11-22　制作完成的头部模型

然后开始制作躯干部分的模型，这里的躯干是由多个模型结构组成的，首先制作连接头部与躯干的颈部结构，另外还要制作颈部两侧的装甲结构，如图 11-23 所示。然后制作胸部和背部的模型结构，其实这几部分的模型结构并不复杂，只是需要在转折的边楞倒角上下功夫，另外尽量要布线均匀，让模型更加圆滑细致（见图 11-24 和图 11-25）。

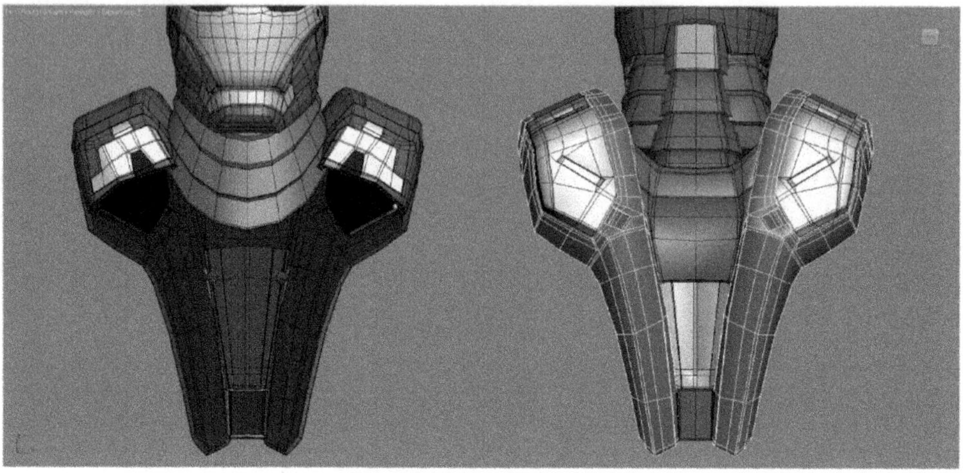

图 11-23　制作颈部模型结构

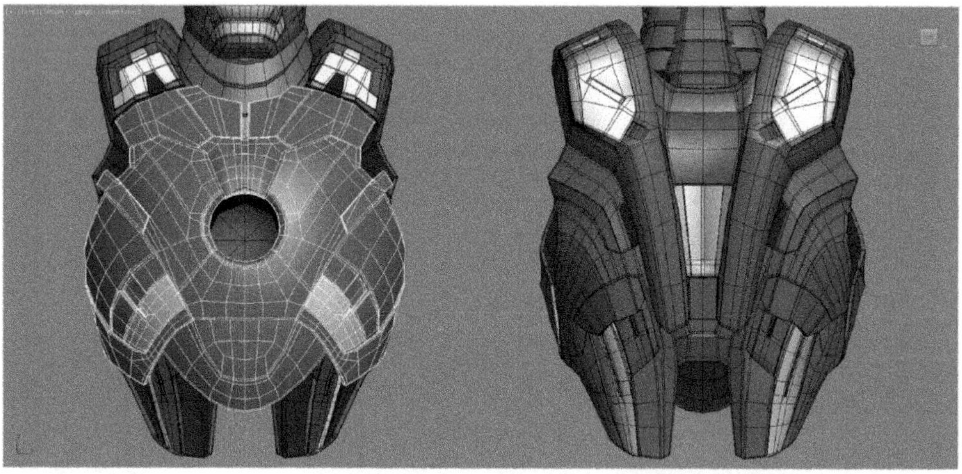

图 11-24　制作胸部和背部模型

躯干制作完成后，开始制作手臂模型。首先从肩膀开始制作，钢铁侠的肩膀是一个双层结构，内层类似于弯曲的管状，仍然要制作出厚度（见图 11-26），内层肩甲可以通过复制来完成。然后制作上臂模型，这里上臂与肩膀并不是一体化的模型，将上臂模型单独制作然后插入肩膀结构中即可（见图 11-27）。其实钢铁侠整个手臂的模型与人体基本一致，只是多加了一些缝线与沟槽，需要注意这些部分的倒角处理，保证 Smooth 后结构的正确显示。

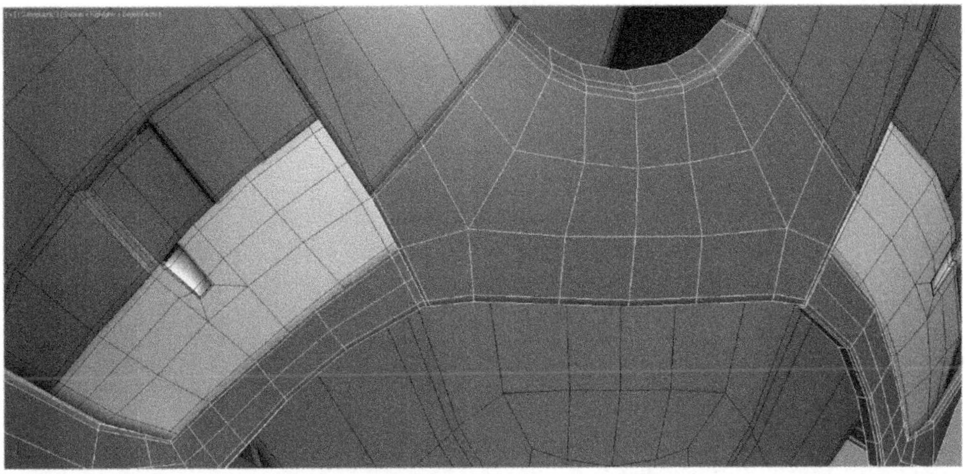

图 11-25　模型结构倒角的处理

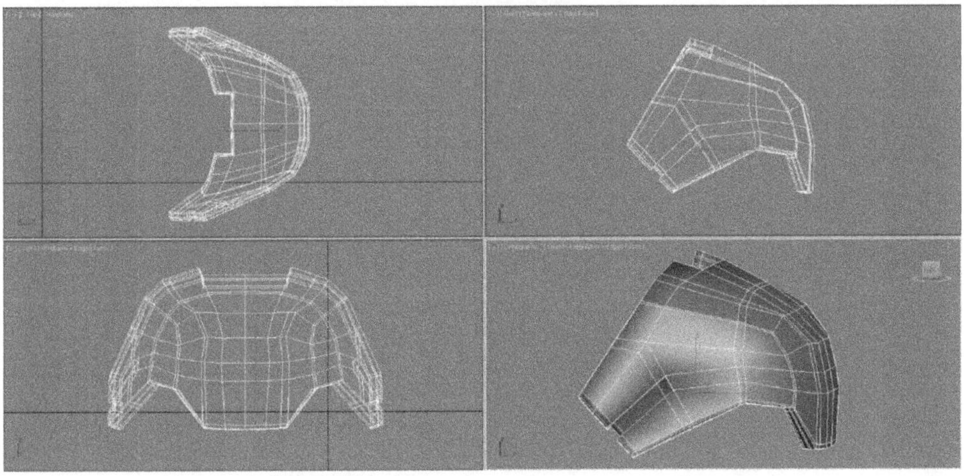

图 11-26　制作内侧肩甲结构

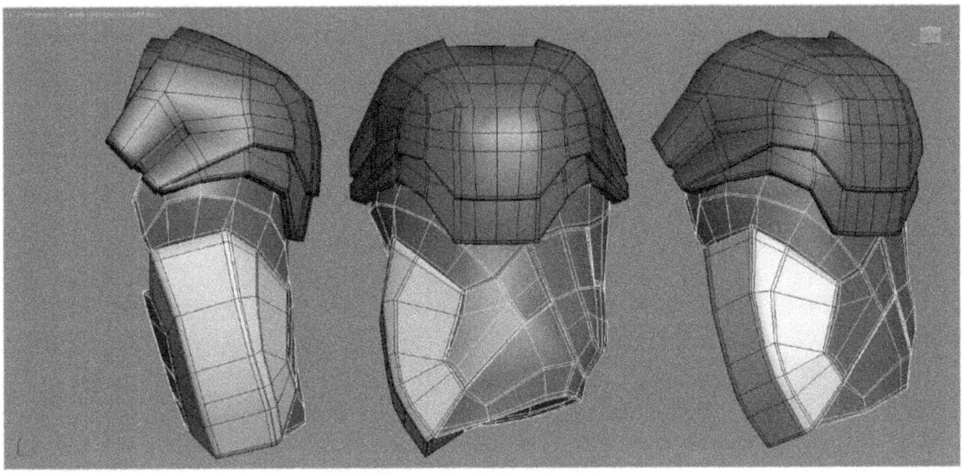

图 11-27　制作上臂模型

接下来制作肘部关节，如图 11-28 所示。然后制作小臂模型，小臂也是单独制作的模型结构与关节插入衔接（见图 11-29）。最后制作出手部和腕部的模型结构（见图 11-30）。

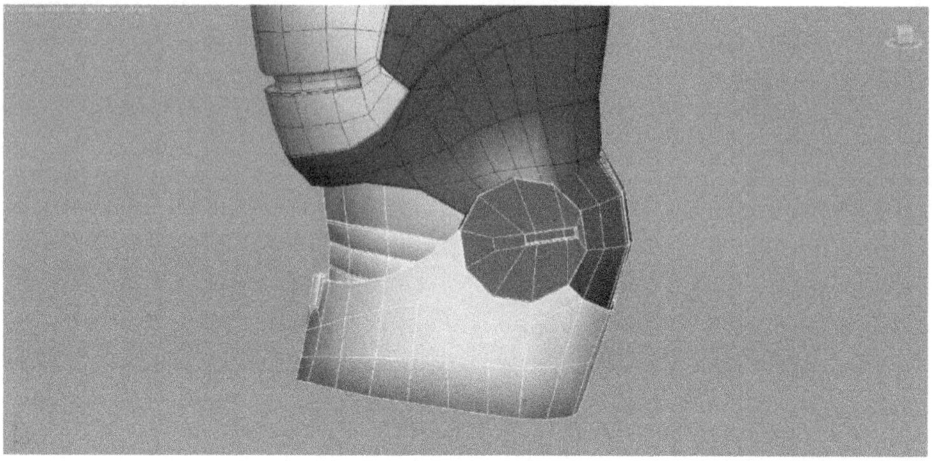

图 11-28 制作肘部关节

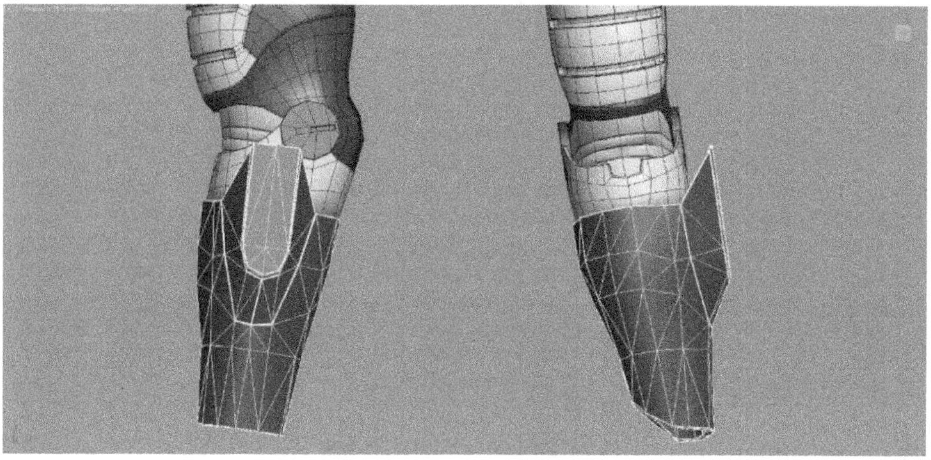

图 11-29 制作小臂模型

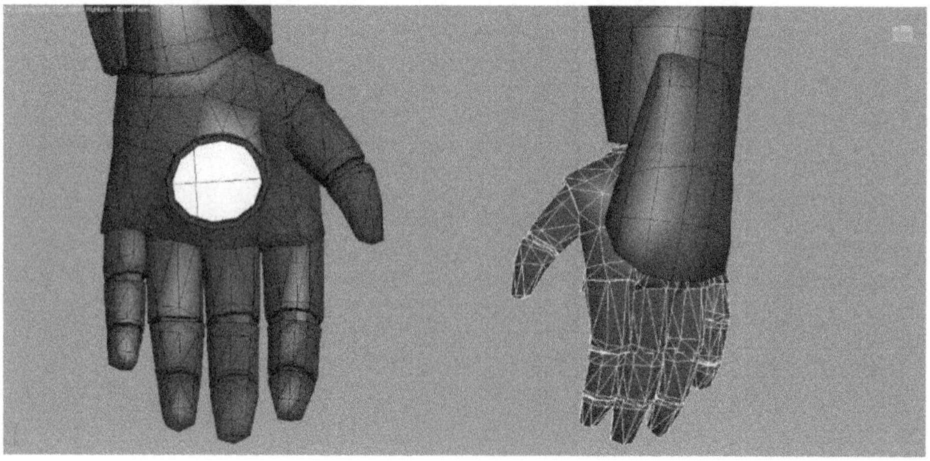

图 11-30 制作手部模型

下面开始制作腿部模型，首先制作大腿模型，利用圆柱体模型进行编辑制作，在大腿外侧上方制作圆轴装饰结构（见图 11-31）。然后制作出大腿下方的模型结构，制作的关键仍然是对于结构倒角和布线的处理（见图 11-32）。

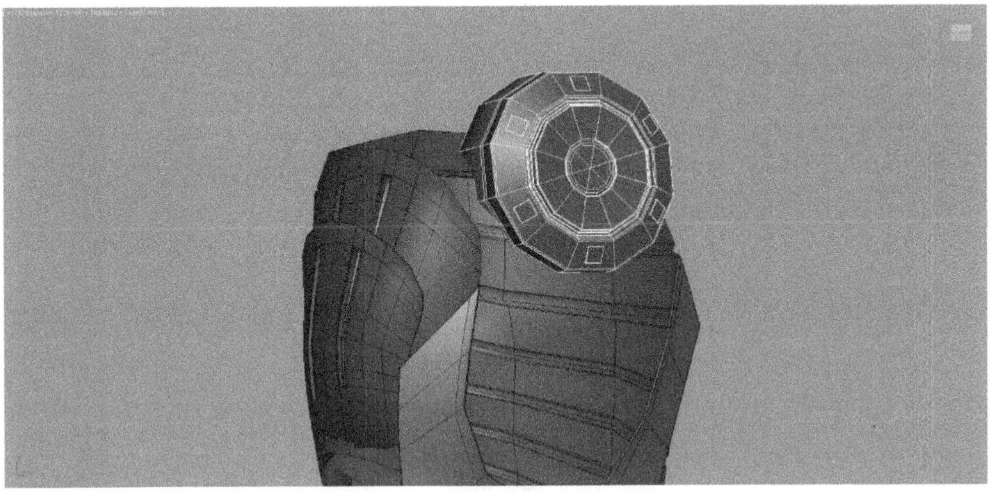

图 11-31　制作外侧上方圆轴结构

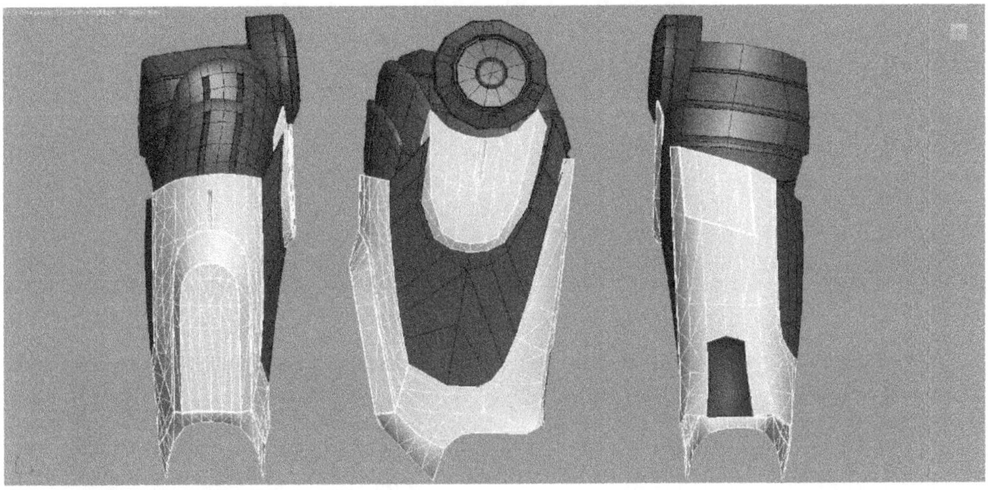

图 11-32　制作大腿下方模型

接下来是膝关节和小腿模型结构的制作，如图 11-33 和图 11-34 所示。最后制作出足部的模型，足部与小腿也不是一体化模型，分开制作然后进行插入衔接（见图 11-35）。

制作完成的模型在没有添加 Smooth 命令前就已经达到了十几万面，所以高精度模型的制作对于电脑硬件的要求相对较高。高精度模型的制作实际上是一个十分复杂的过程，尤其是对于影视级别的高精度模型，其制作过程往往要花费数月，在本节中对于钢铁侠高精度模型的制作主要侧重整体的制作流程和关键技法的讲解，让大家了解机械类模型及高精度角色模型的基本概念和制作方法。图 11-36 为钢铁侠高精度模型添加 MeshSmooth 修改器后渲染完成的效果。

图 11-33　制作膝关节模型

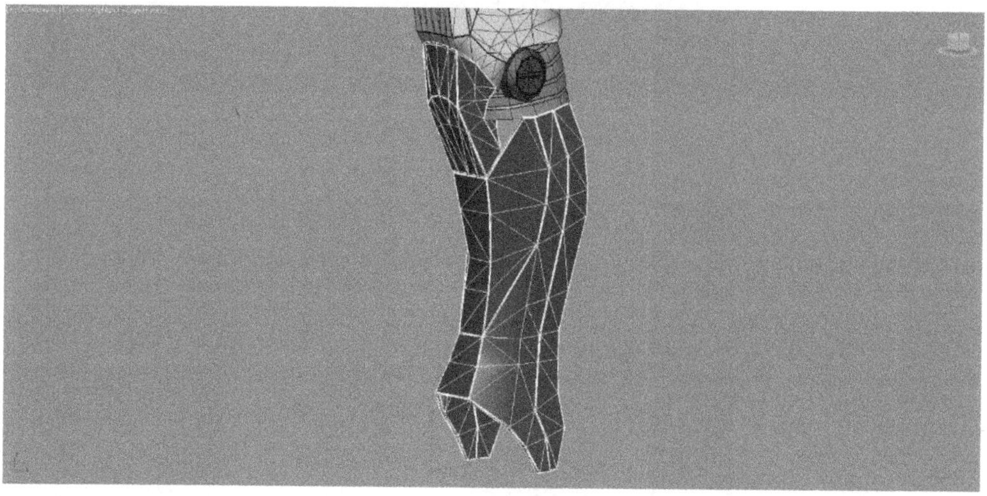

图 11-34　制作小腿模型

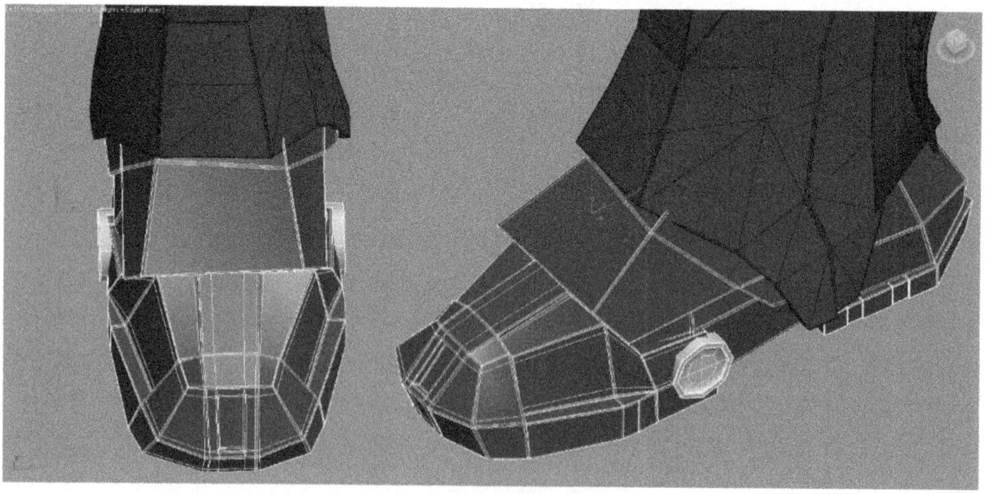

图 11-35　制作足部模型

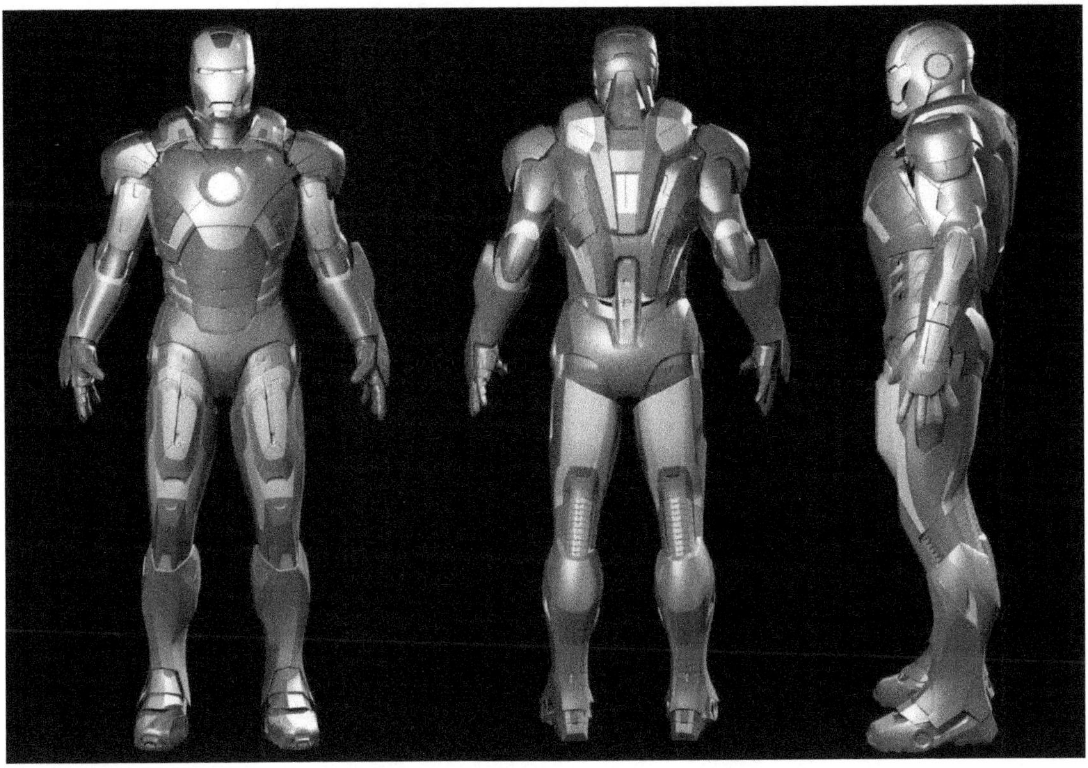

图 11-36　制作完成的钢铁侠高精度模型

## 11.4 游戏低精度模型的制作

高精度模型的制作只是为了生产法线贴图，下一步我们就要对高精度模型进行拓扑，完成低精度模型的制作，这也就是游戏中实际所应用的角色模型。首先，我们从头部开始拓扑，利用最基本的 Plane 模型紧贴着高精度模型的头部模型进行多边形面的拓展制作，如图 11-37 所示。

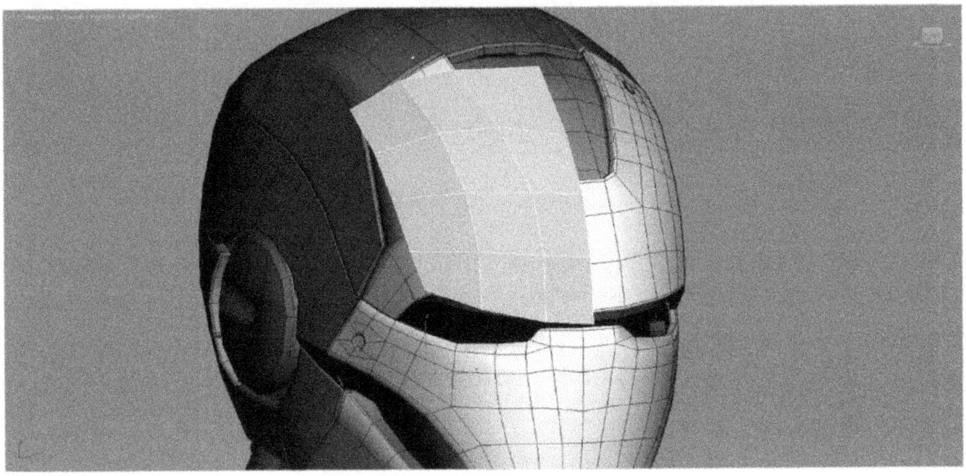

图 11-37　对头部高精度模型进行拓扑

接下来我们继续编辑制作模型面完成整个脸部模型的制作（见图 11-38）。然后将继续完成正头部模型的拓扑制作，如图 11-39 所示，由于低精度模型也可以利用镜像对称来制作，所以这里只需要制作一半即可，然后添加 Symmetry 修改器命令得到另一侧的模型（见图 11-40）。这里需要注意的是，对于拓扑模型，低精度模型与高精度模型要尽可能重合，这样后面烘焙法线贴图时会得到更加理想的效果。

图 11-38　完成脸部拓扑

图 11-39　完成头部拓扑

经过以上步骤，大家应该已经掌握拓扑模型的原理和方法，由于拓扑模型会使两个模型重合，在教程的图片展示中不便于表现模型结构，所以在后面制作流程的图片展示中都会把高精度模型进行隐藏，尽量表现低精度模型的模型结构制作。完成头部模型的制作后，沿着头部向下制作出颈部的模型结构（见图 11-41）。然后制作位于颈部两侧、环绕整个颈部的装甲模型结构，如图 11-42 所示。

图 11-40　利用镜像对称完成另一侧模型

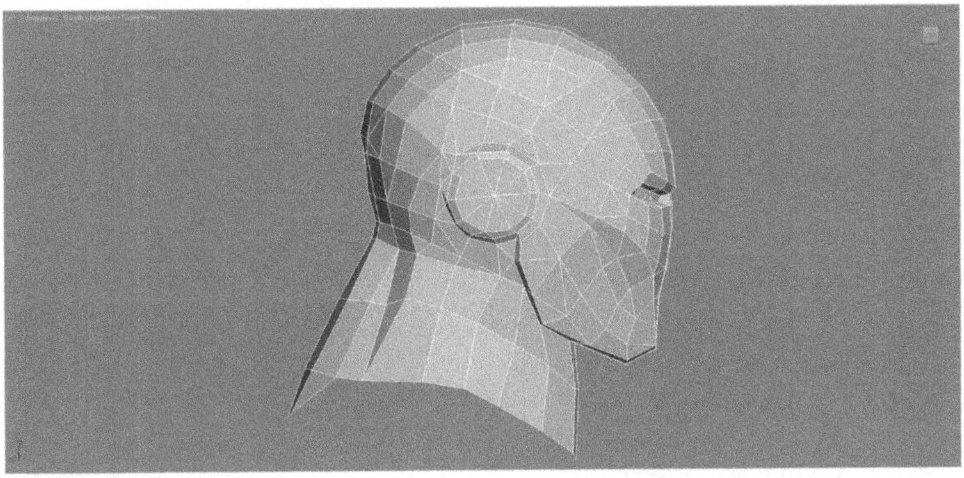

图 11-41　制作颈部结构

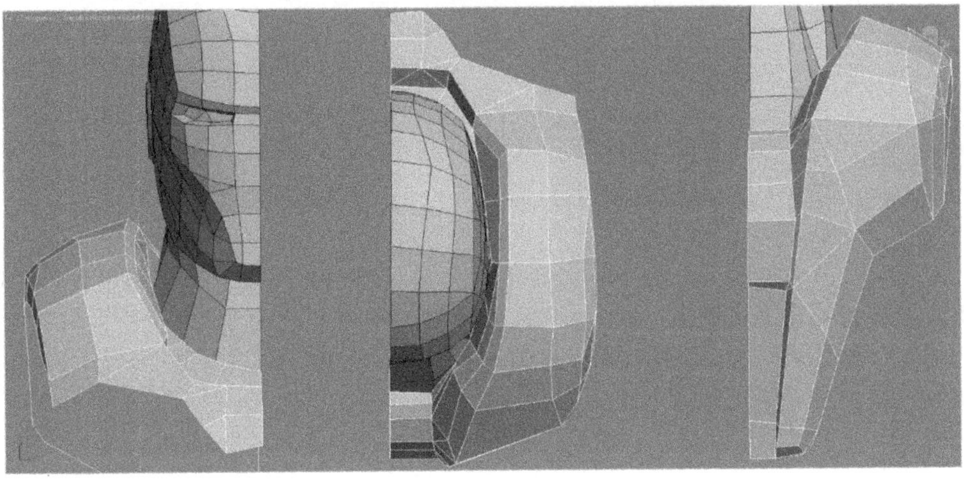

图 11-42　装甲模型结构

接下来继续制作胸甲和背甲的模型结构，如图 11-43 所示，这里尤其要注意躯干侧面的模型结构处理，之后要与上肢相连接（见图 11-44）。虽然是低精度模型，但由于是次世代游戏角色模型，所以在低精度模型布线和面数上相对于传统游戏角色模型来说需要有明显的提升，而对于高精度模型中凹凸较明显的模型结构，我们也需要在低精度模型上通过模型结构进行表现，这样配合法线贴图才能表现出更好的效果（见图 11-45）。随后向下继续制作出腹部和腰部的模型结构，如图 11-46 所示。

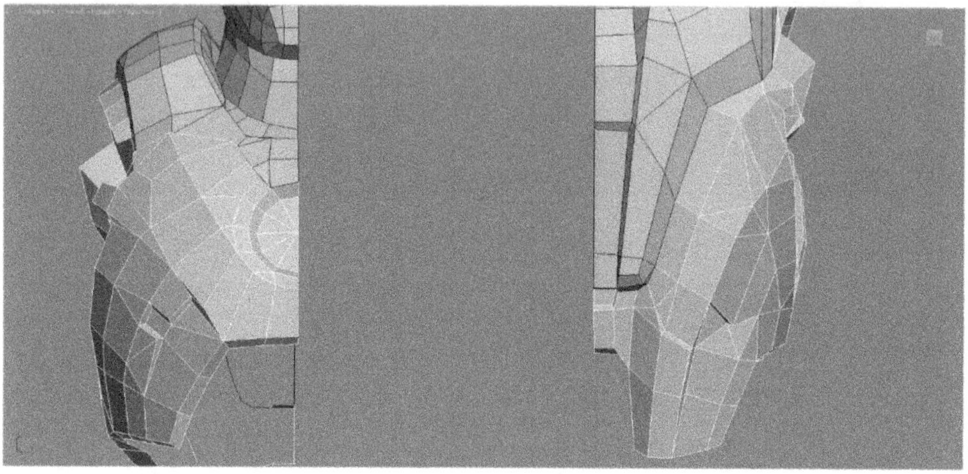

图 11-43　制作胸部和背部模型结构

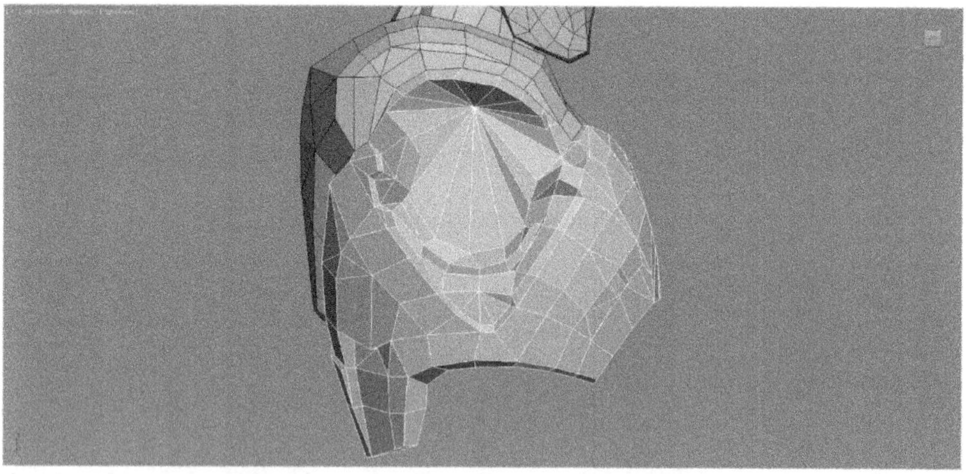

图 11-44　躯干侧面的模型结构

下面我们开始制作上肢模型，首先制作肩膀上的肩甲模型结构，同样也是根据高精度模型进行拓扑制作，首先利用 Plane 模型制作肩甲表面结构，如图 11-47 所示，然后需要制作肩甲的厚度和内部结构（见图 11-48）。

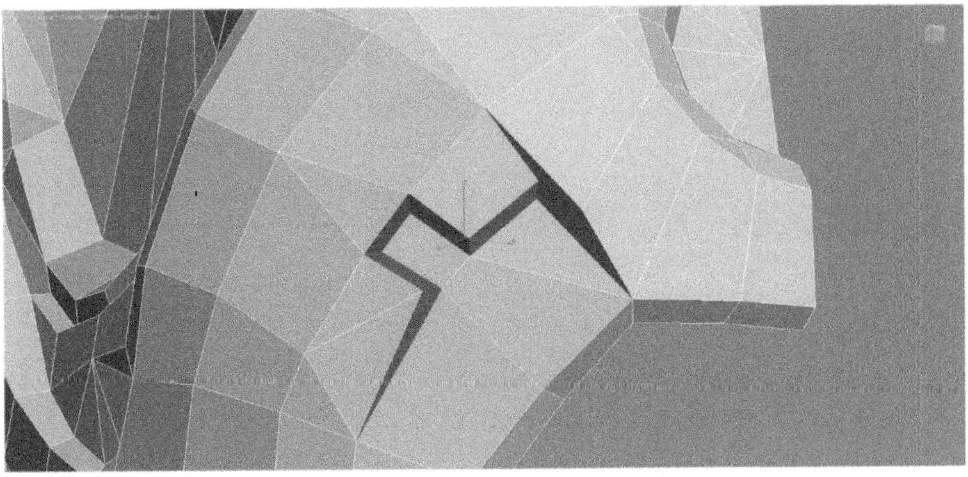

图 11-45　低精度模型细节结构的制作

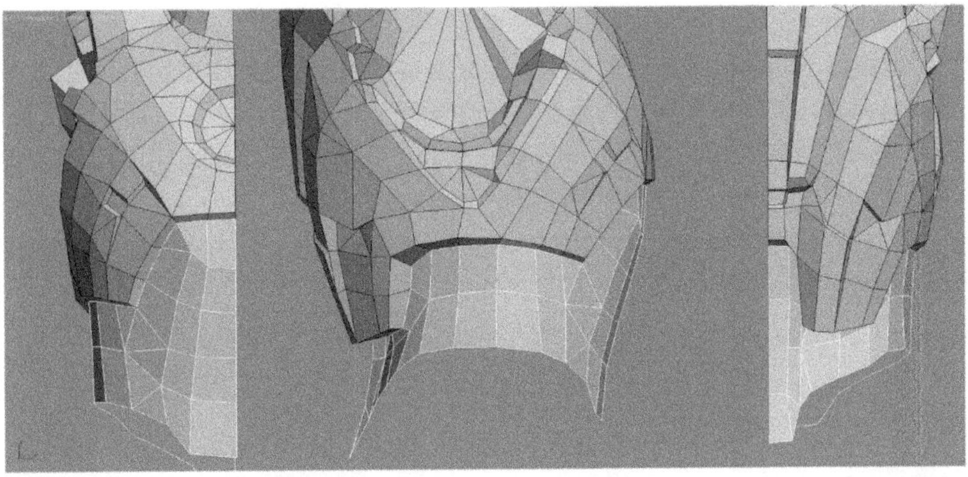

图 11-46　制作腹部和腰部模型结构

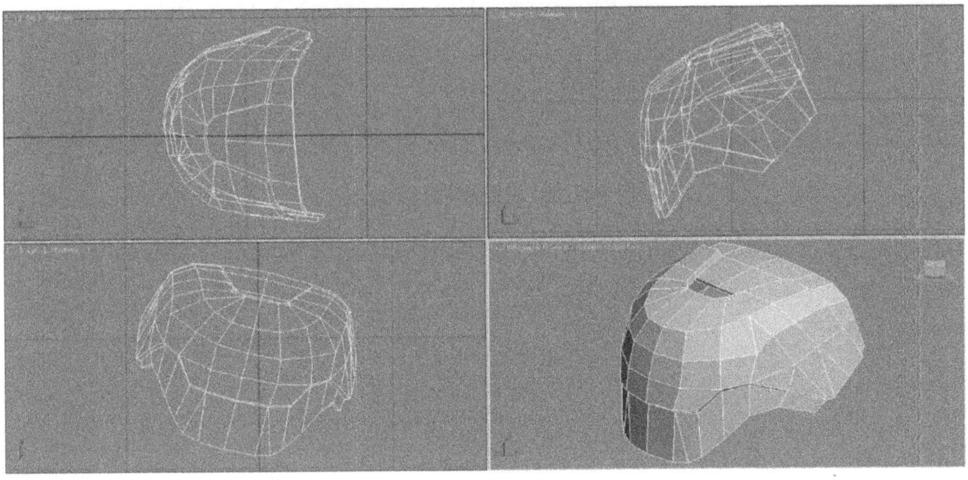

图 11-47　制作肩甲结构

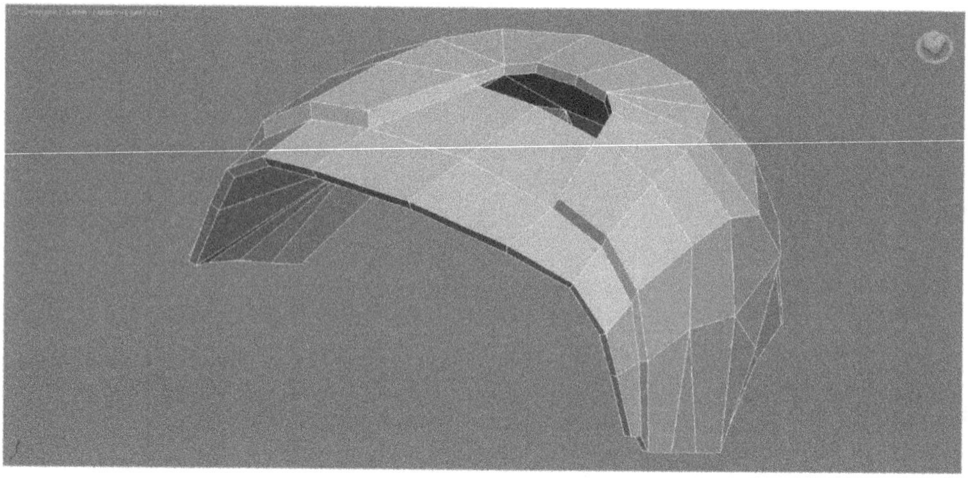

图 11-48 制作肩甲厚度和内部结构

制作上臂模型结构，由于高精度模型并不是采用一体化的建模方式，所以对于低精度模型来说，我们可以根据不同的模型部件和结构进行分别拓扑，而后期的模型烘焙也可以分别来进行。我们需要将肩膀内侧的模型面适当延长，方便与躯干模型插入衔接，同时上臂上侧的凹凸结构也需要根据高精度模型拓扑出模型结构细节（见图 11-49）。接下来制作出肘关节的模型结构，这里要注意布线和结构的处理，如图 11-50 所示。

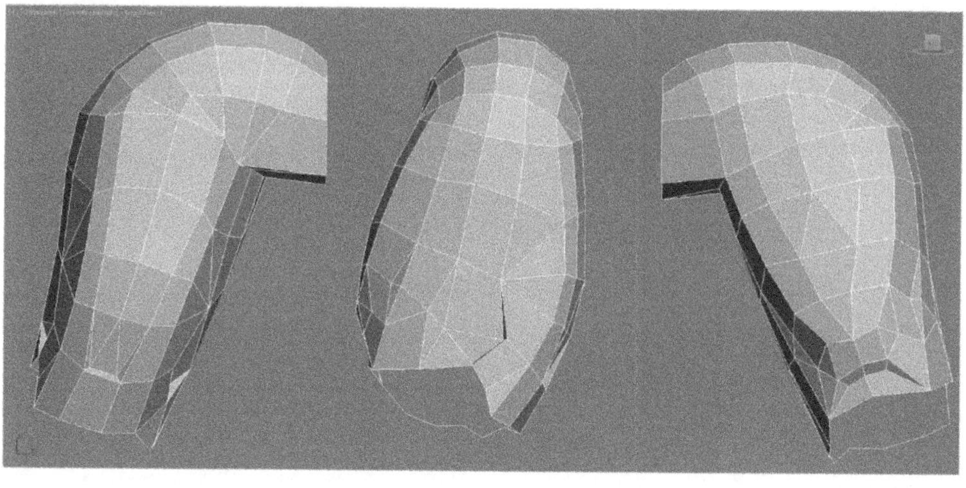

图 11-49 制作上臂模型

向下继续制作出小臂和手部的模型结构，小臂模型外侧下方要制作护手结构，如图 11-51 所示。手部模型的用面和布线不需要特别复杂，重点在于活动关节处的布线处理，要充分考虑后期的骨骼绑定和角色运动（见图 11-52），图 11-53 为手部与小臂模型的衔接。

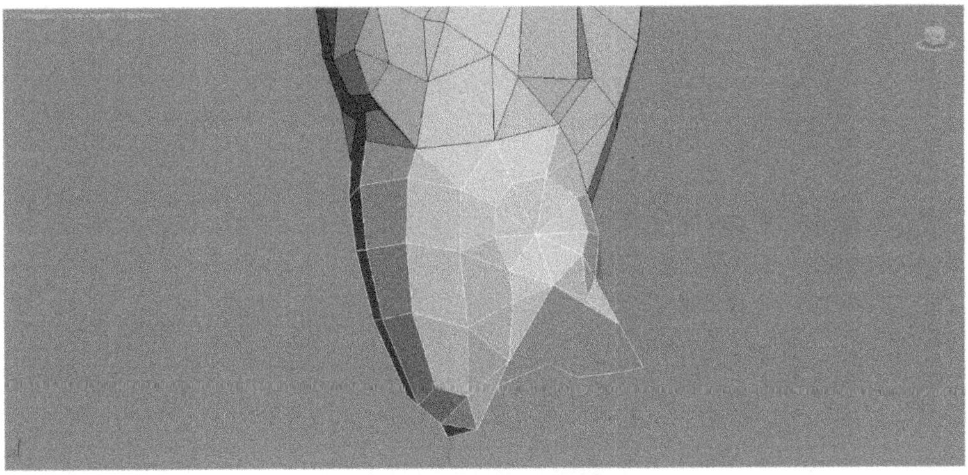

图 11-50 制作肘关节结构

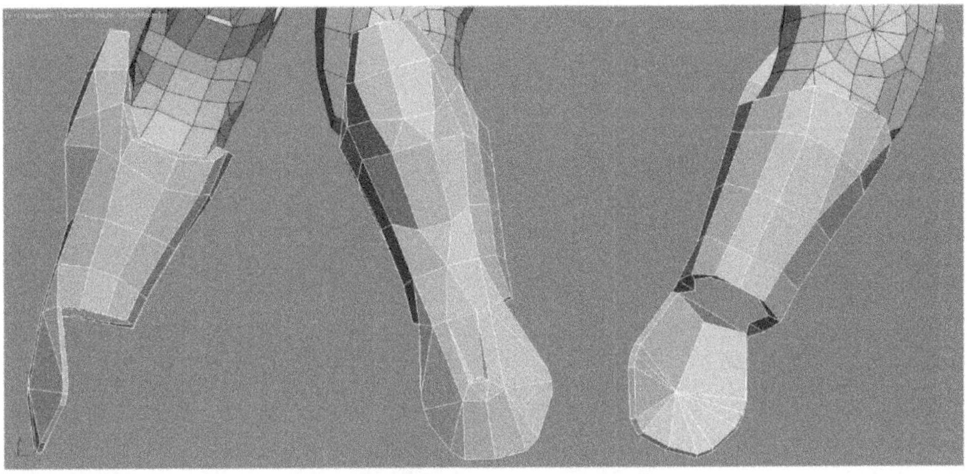

图 11-51 制作小臂模型

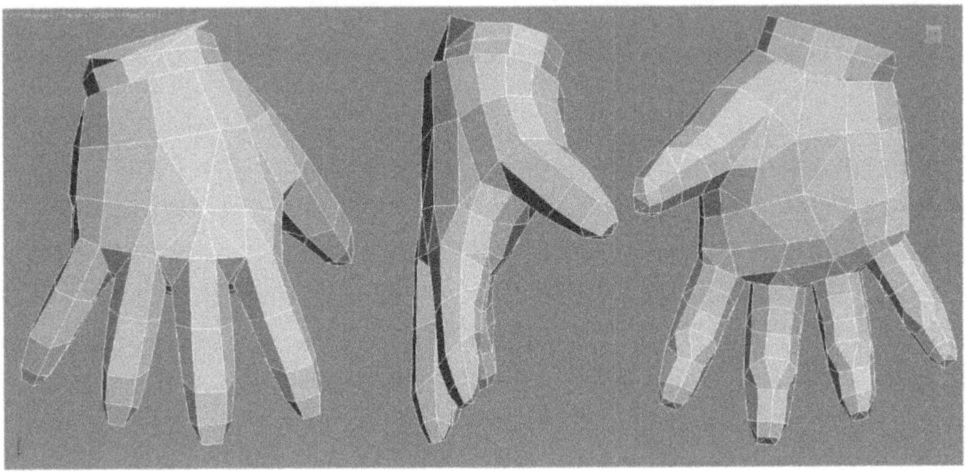

图 11-52 制作手部模型

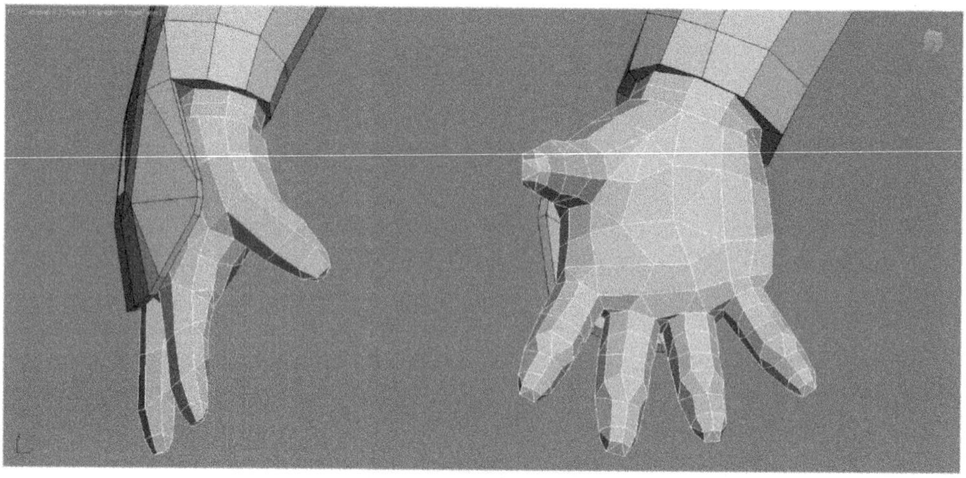

图 11-53　手部与小臂的衔接

将制作完成的手臂模型插入躯干侧面，如图 11-54 所示，要注意正视图中手臂与躯干的位置结构关系，然后将肩甲模型放置在肩膀上方，同时还要注意高精度模型与低精度模型的紧密重合（见图 11-55）。

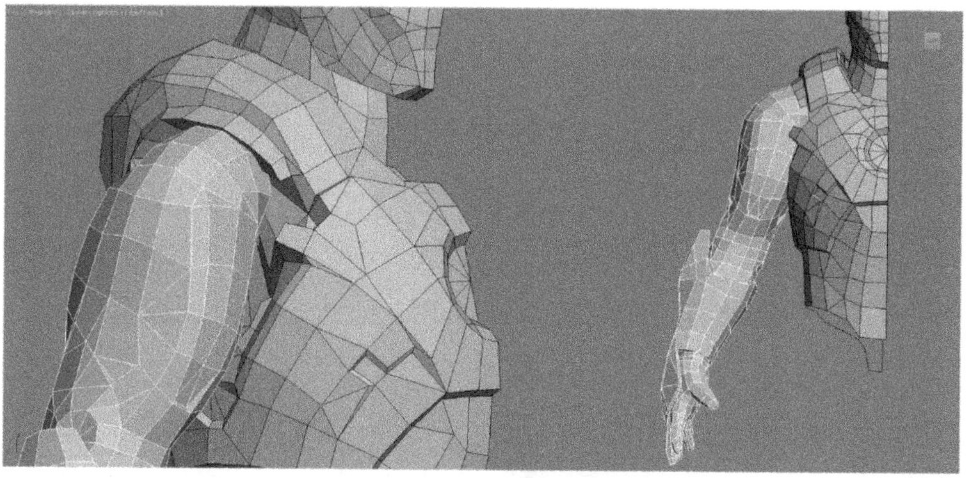

图 11-54　手臂与躯干的衔接

接下来继续沿着躯干模型向下进行拓扑，制作出臀跨部的模型结构，这里需要注意的就是模型各种内凹边缘结构的处理（见图 11-56）。然后向下拓扑制作大腿的模型结构，大腿的正面和两侧都要根据高精度模型制作出内陷的凹槽模型结构（见图 11-57）。向下制作出膝关节和小腿模型（见图 11-58），小腿结构基本为两侧对称，但模型正面要制作出扭曲的结构关系，如图 11-59 所示。最后制作足部模型结构，足部模型相对比较复杂，注意两侧和足底内凹结构的处理（见图 11-60）。图 11-61 为最终拓扑完成的低精度模型效果图。

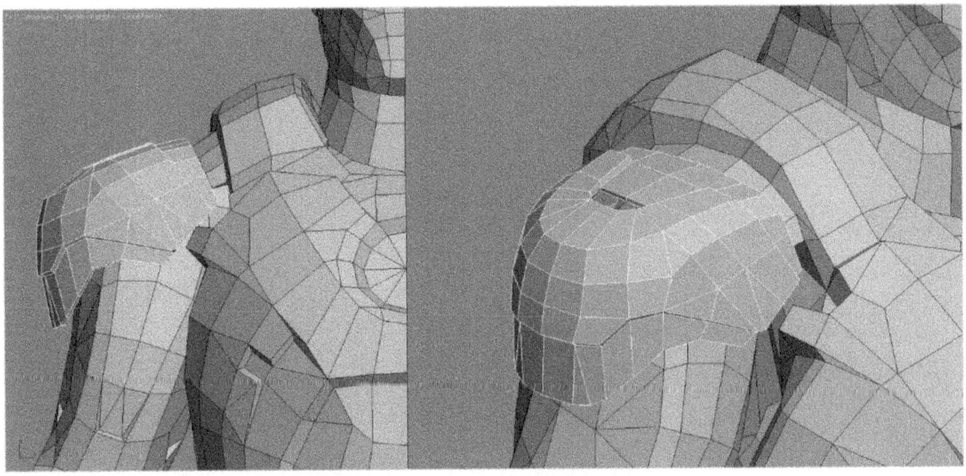

图 11-55　肩甲与手臂的衔接

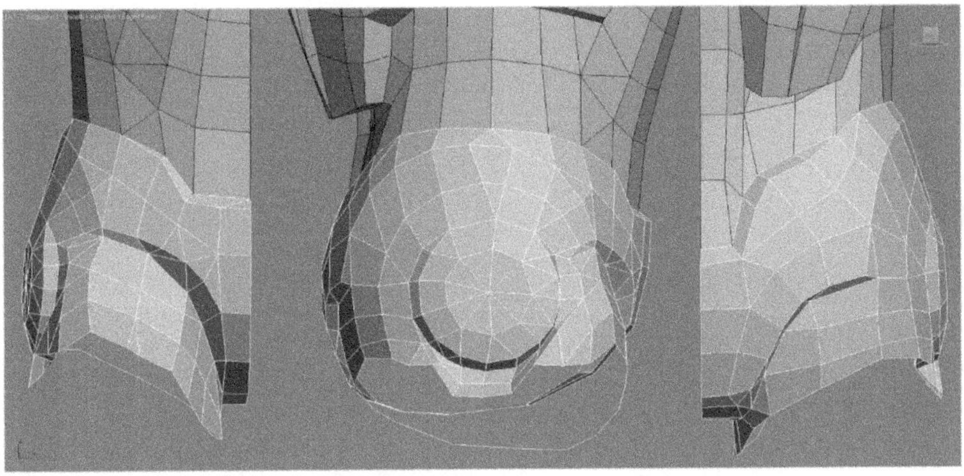

图 11-56　制作臀跨部模型结构

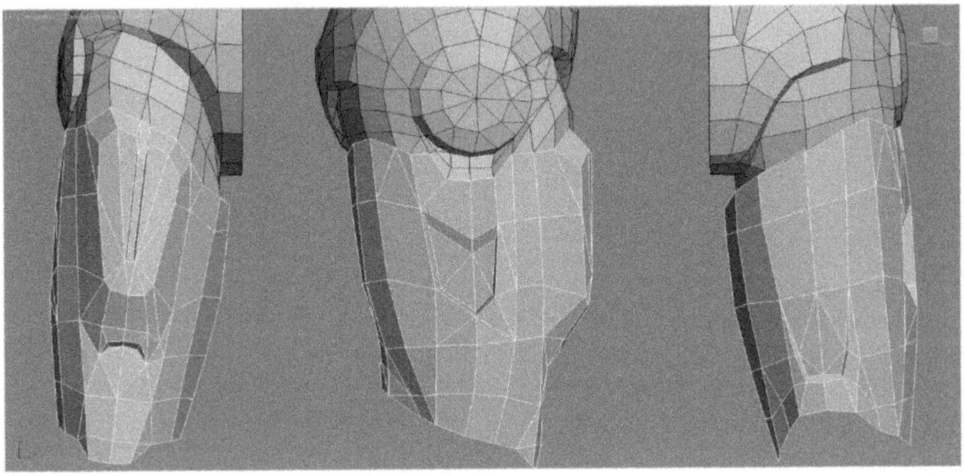

图 11-57　制作大腿模型

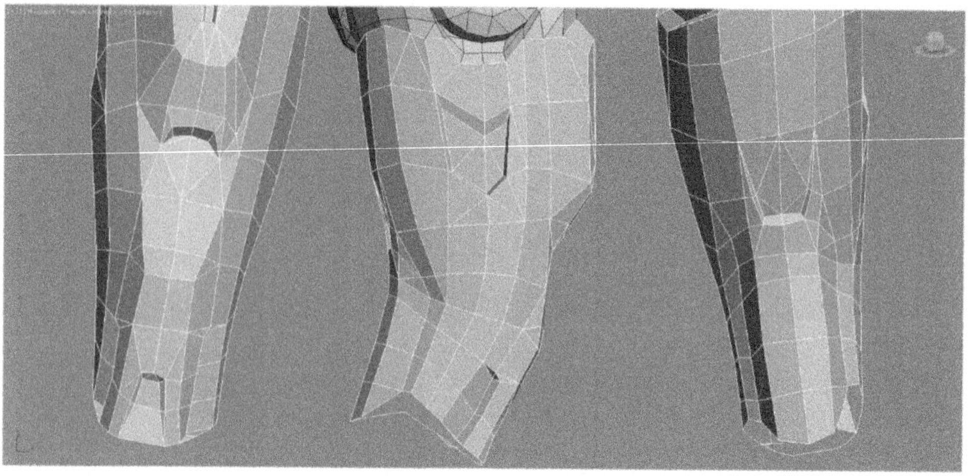

图 11-58　制作膝关节模型

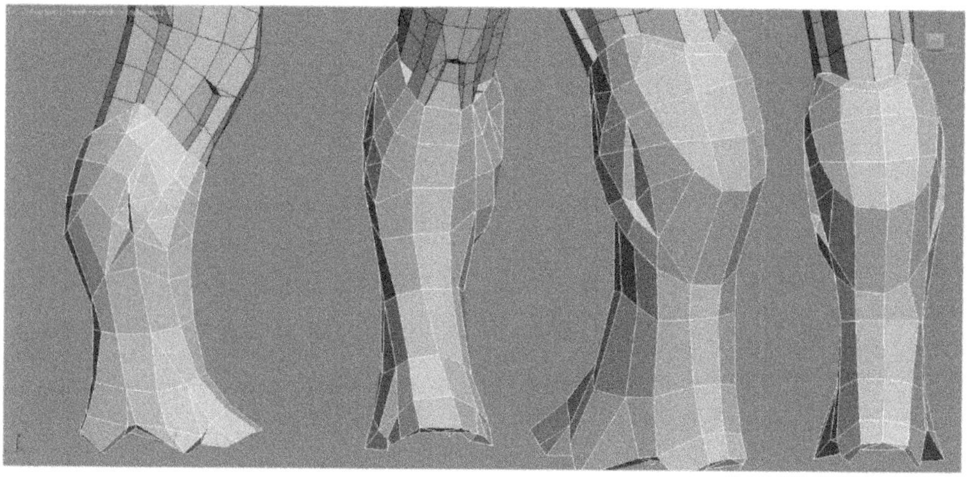

图 11-59　制作小腿模型

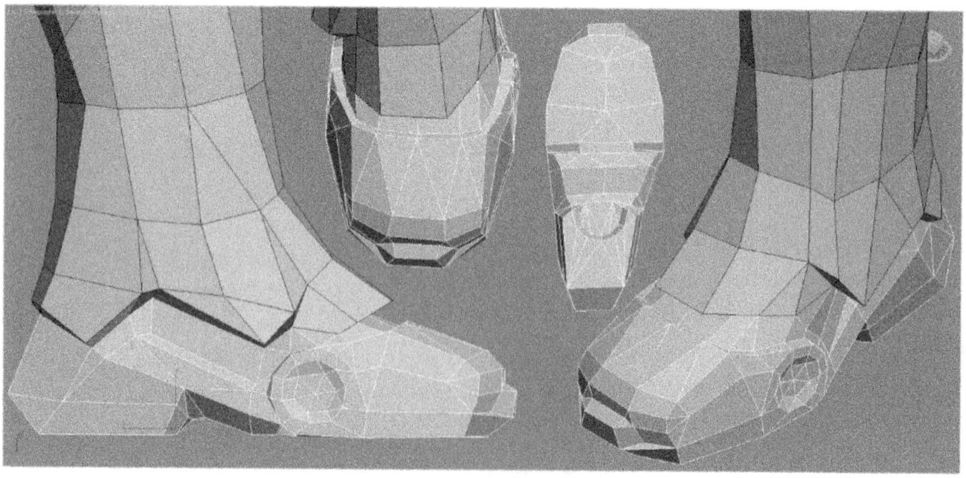

图 11-60　制作足部模型

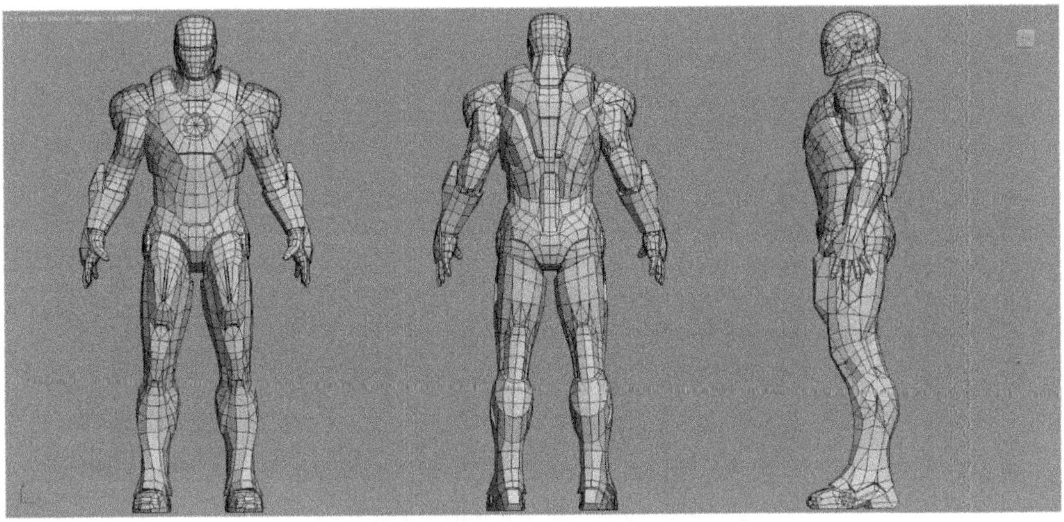

图 11-61 制作完成的低精度模型

由于本章实例制作的角色对象并不是完全的生物体角色，整体来说应该算作机械或机甲类角色，所以在模型制作完成后还需要对其进行光滑组的设定，这样能够让最终的模型更具机械感和结构感。我们在进行低精度模型拓扑的时候，曾根据高精度模型的结构特征制作了许多边楞结构，我们需要将其模型面选中并指定与主体模型不同的光滑组，或者说我们需要将模型根据不同的结构部位进行不同的光滑组设定，如图 11-62 所示。图 11-63 分别为未指定光滑组、设定为统一光滑组，以及正确设定光滑组的不同模型效果。

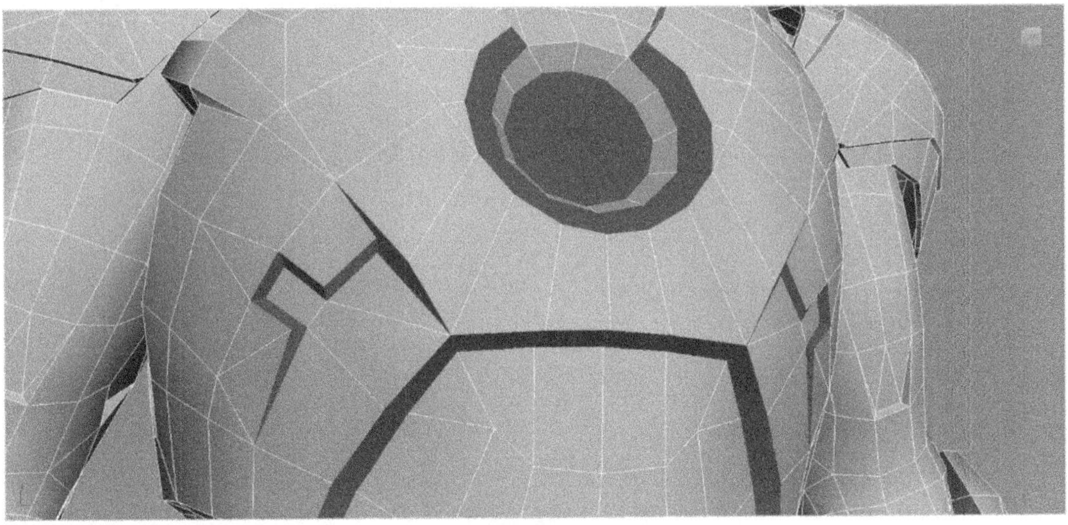

图 11-62 对边楞结构设定不同光滑组

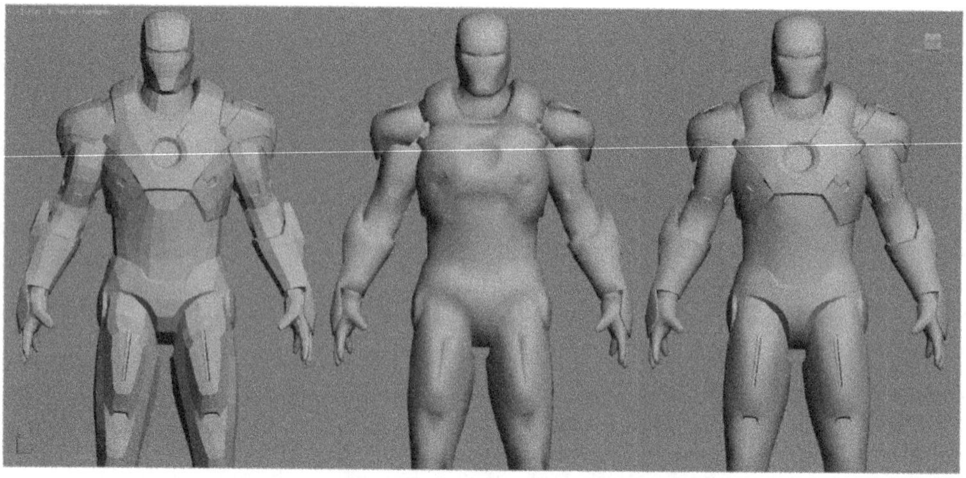

图 11-63　不同光滑组设定的模型效果

## 11.5 模型贴图的制作

模型制作完成后，下面就需要制作模型贴图，对于次世代游戏角色模型来说，我们首先需要利用烘焙制作法线贴图，然后在生成的法线贴图基础上再来绘制固有色贴图、高光贴图及自发光贴图等，这也是次世代游戏模型贴图制作的基本流程。

当然，在制作贴图前模型 UV 的分展是必不可少的，我们可以将制作完成的模型删掉对称的一侧，然后只分展一半的 UV 即可，在本章实例中我们将角色模型的所有 UV 全部分展到一张贴图上，如图 11-64 所示。

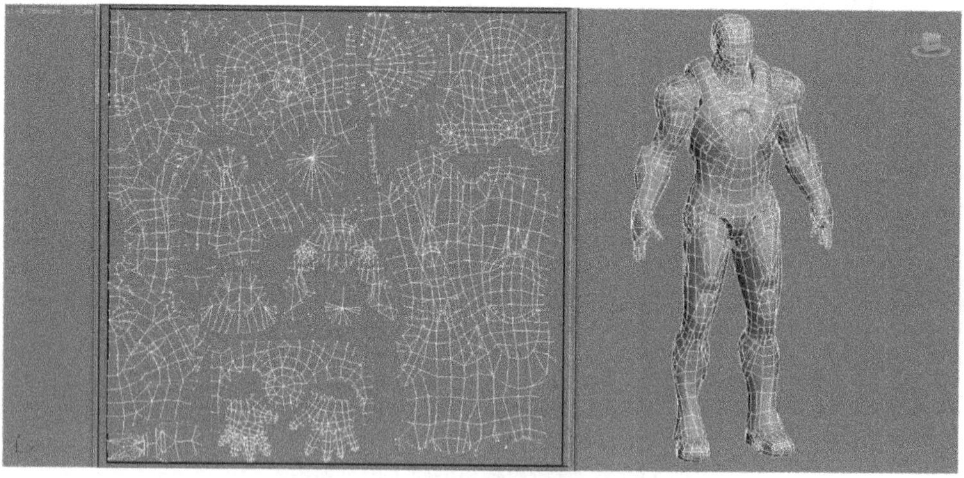

图 11-64　分展模型 UV

UV 分展完成后，在进行贴图烘焙前，我们需要注意，必须要将模型进行镜像对称并塌陷为一个完整的多边形模型，不能只烘焙一半的模型，否则烘焙后的法线贴图会出现严重的错误。下面我们开始烘焙法线贴图，第一步需要将高精度模型与游戏低精度模型完全重合在一起，所有的模型结构和部位需要尽可能的贴合，如图 11-65 所示。

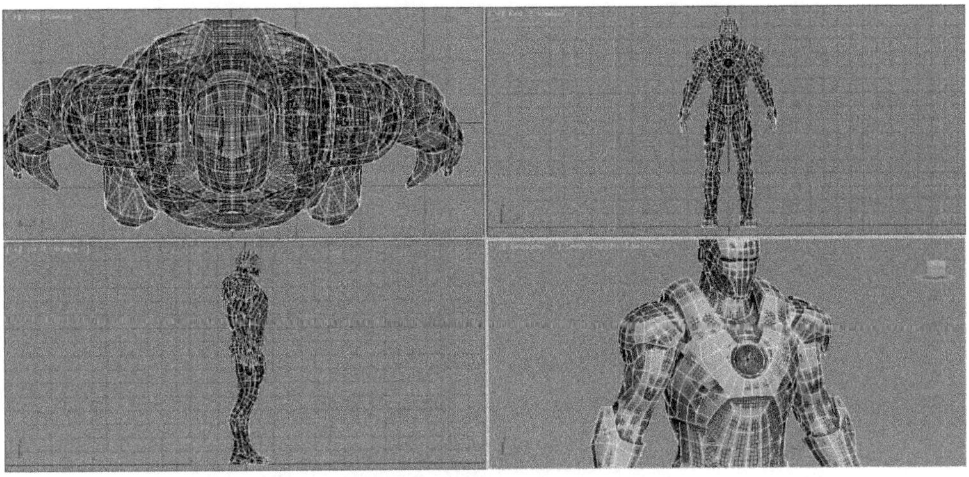

图 11-65　高精度模型与低精度模型相重合

然后在选中低精度游戏模型的状态下，单击 3ds Max 软件 Rendering 菜单下的 Render to Texture 选项，或者直接通过键盘上的数字快捷键【0】激活面板（见图 11-66）。

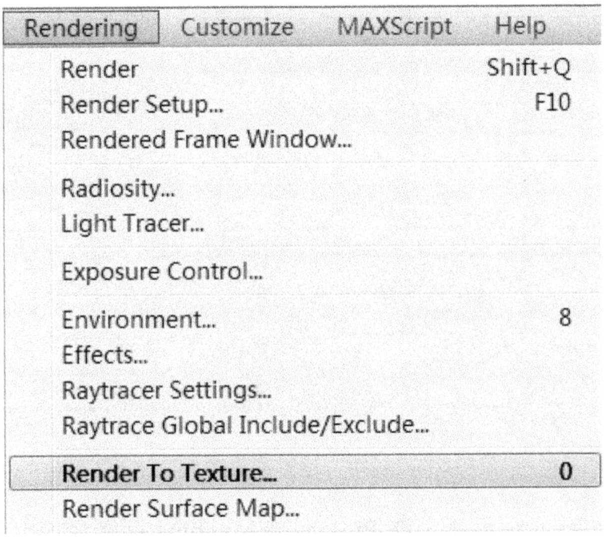


图 11-66　激活菜单命令面板

接下来在弹出的 Render to Texture 面板中，首先设置 General Settings 选项，最上方 Out put path 用来设置贴图渲染后文件输出的路径位置，下方的 Render Settings 可以选择渲染器的类型，通常我们选择 mental.ray.no.gi，Mentalray 渲染器在渲染速度和精度上都占有一定的优势（见图 11-67）。

单击渲染器设置后面的 Setup 按钮进一步设置渲染器的参数，在弹出的面板上方选择 Renderer 标签栏，这里主要通过 Sampling Quality 面板参数设置渲染时的采样率，通常最小值 Minimum 我们设置为 64，而最大值 Maximum 设置为 256，这样在保证了渲染质量的前提下还获得了较高的渲染速度，后面的 Filter Type 选择默认的 BOX 模式即可（见图 11-68）。

图 11-67 设置输出路径和渲染器类型

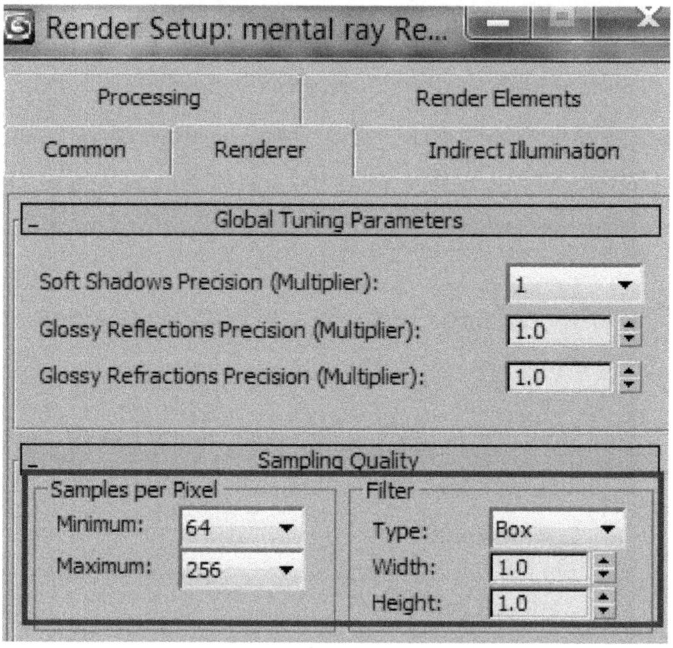


图 11-68 设置渲染参数

然后返回 Render to Texture 面板，在 Projection Mapping 面板中激活 Enabled 选项，并通过后面的 Pick 按钮单击拾取之前制作完成的高精度模型（见图 11-69）。之后会发现视图中高精度模型和低精度模型外面会笼罩上一个不规则的线框，如图 11-70 所示。

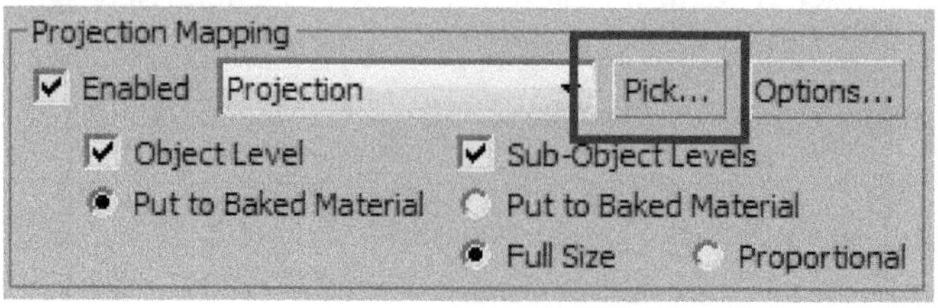


图 11-69 选择拾取高精度模型

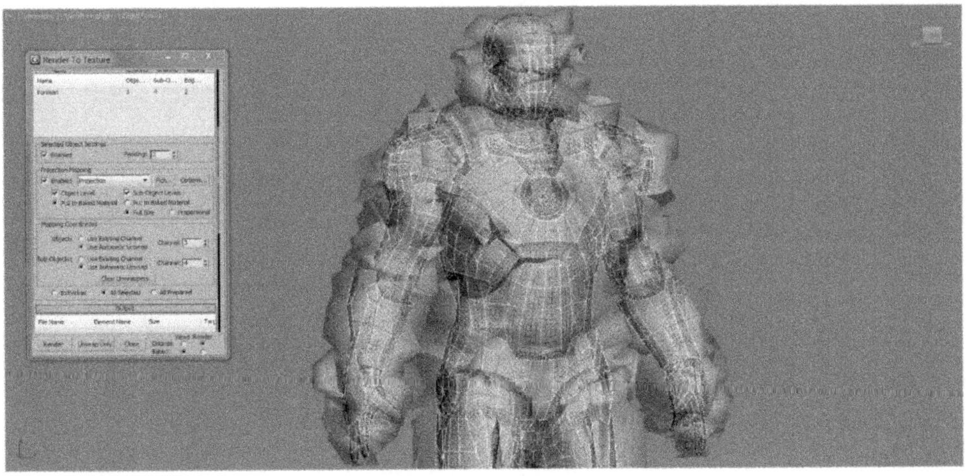

图 11-70 初始的不规则包裹线框

接下来在软件右侧多边形模型堆栈命令列表中会自动添加一个修改器命令，我们找到下方设置面板中的 Cage 选项，这里用来设置模型外面的包裹线框（见图 11-71）。首先单击最下方的 Reset 按钮，此时包裹线框会立刻与模型表面完全贴合，如图 11-72 所示。然后通过面板 Push 选项下的 Amount 参数调节包裹线框的缩放范围，这里我们单击右侧的向上箭头按钮慢慢增大 Amount 参数数值，然后观察视图中模型外面的包裹线框，要保证线框将高精度模型和低精度模型全都包裹住，而且线框自身尽量不出现交叉，这样就完成了线框的调节设置，如图 11-73 所示。

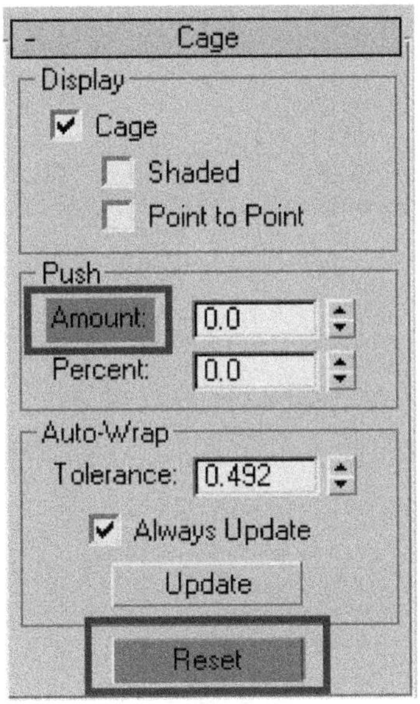


图 11-71 设置 Cage 面板

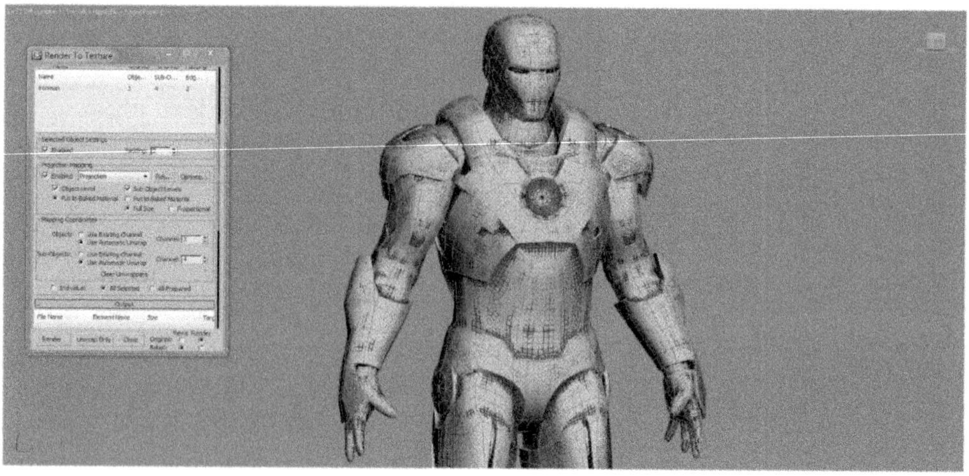

图 11-72　通过 Reset 设置包裹线框

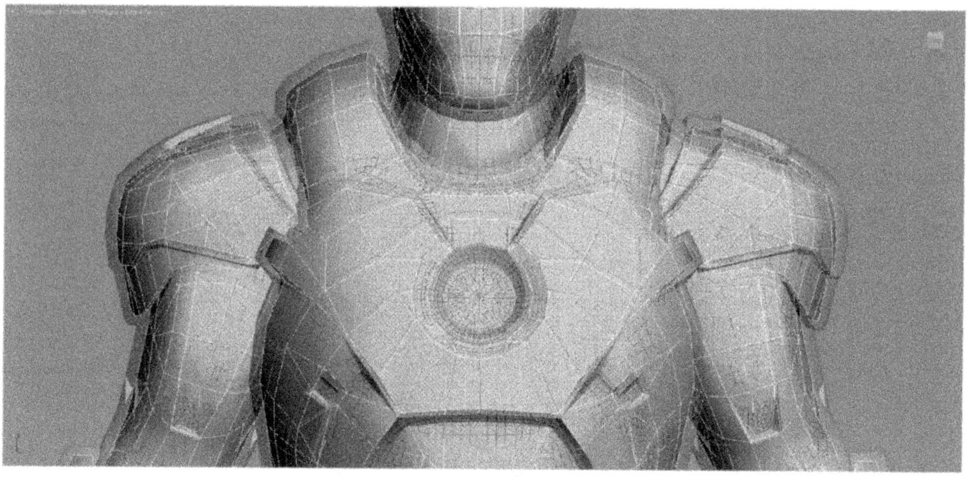

图 11-73　完成包裹线框的调节

由于模型在进行烘焙设置前已经完成 UV 的分展，所以在 Render to Texture 面板下 Mapping Coordinates 选项中需要将 Object 跟 Sub-Objects 都设置为 Use Existing Channel，如图 11-74 所示，这样才能保证之后烘焙的法线贴图是按照之前 UV 分展的方式进行渲染的。

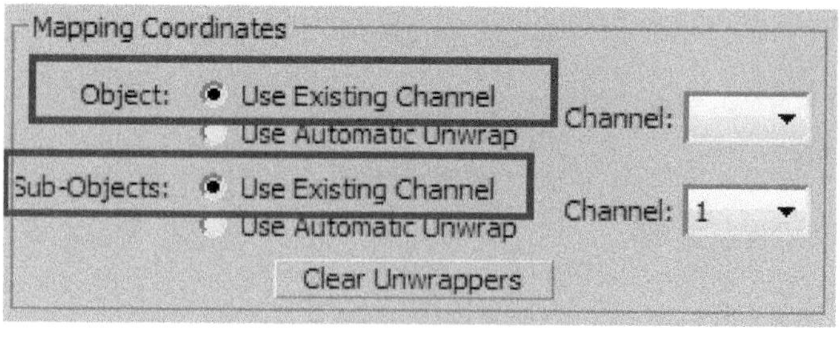


图 11-74　设置烘焙 UV 方式

接下来在下面的 Output 面板中通过 Add 按钮添加烘焙渲染的贴图模式，从弹出的窗口中选择 NormalsMap 选项（见图 11-75）。然后在下方的 Selected Element Common Settings 面板中可以设置输出贴图的文件名和贴图文件格式，将 Target Map Slot 设置为 Bump 模式，同时选择贴图的尺寸，这里我们选择贴图尺寸为 1024×1024，都设置完成后单击面板左下角的 Render 按钮进行贴图的烘焙渲染与输出（见图 11-76）。

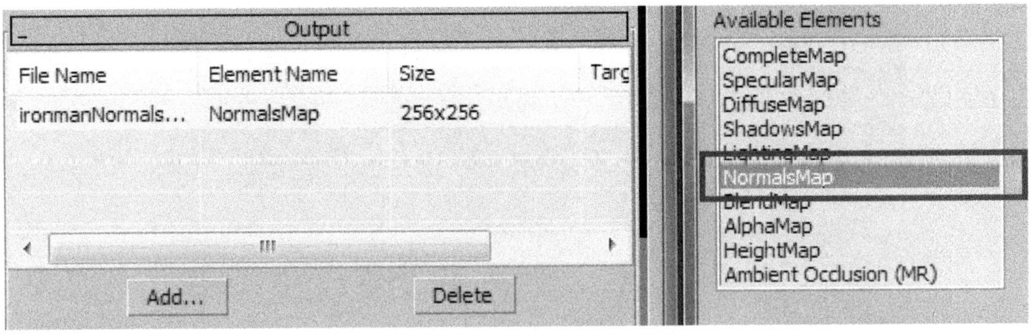


图 11-75　设置烘焙渲染类型

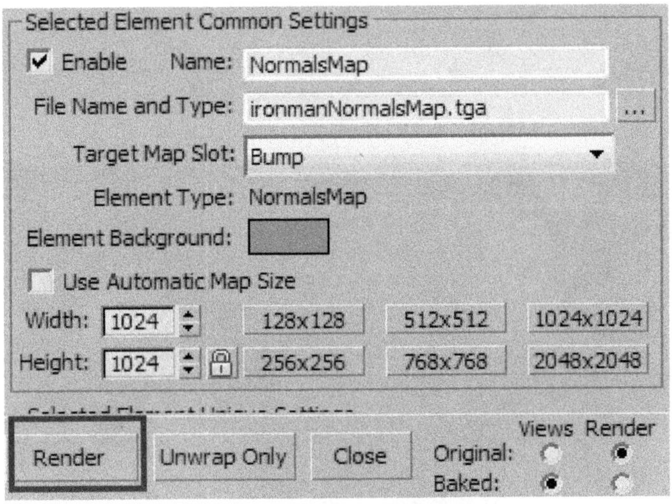


图 11-76　设置渲染贴图参数

通过以上步骤我们就可以实现利用高精度模型烘焙渲染法线贴图，输出的法线贴图效果如图 11-77 所示。之后我们可以将法线贴图导入到 Photoshop 软件中对贴图细节进行修改绘制和调整，尽量不让贴图中存在红色区域。然后我们可以在法线贴图的基础上，根据烘焙模型的结构和细节进行固有色贴图的绘制，如图 11-78 所示。最后通常我们还需要制作一张黑白模式的高光贴图，来表现模型最后在引擎中的反光质感和细节（见图 11-79）。

图 11-77　输出的法线贴图

图 11-78　绘制固有色贴图

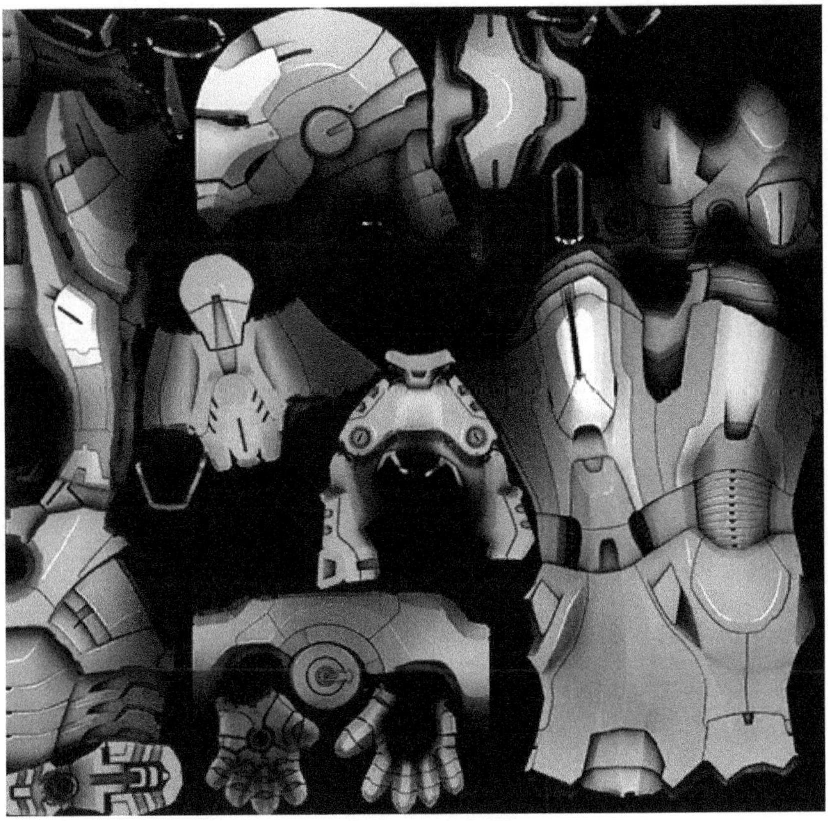

图 11-79　制作高光贴图

最后，我们将所有贴图添加到指定材质编辑器的材质球中，在 Maps 通道选项中添加固有色贴图、高光贴图和法线贴图，法线贴图添加到 Bump 通道中，将材质类型设定为 Normal Bump，然后指定法线贴图（见图 11-80）。这里可以激活法线通道中的 DX Display 选项，这样就可以在视图中即时查看模型的法线效果了。图 11-81 为最终完成的钢铁侠次世代游戏角色模型效果图。

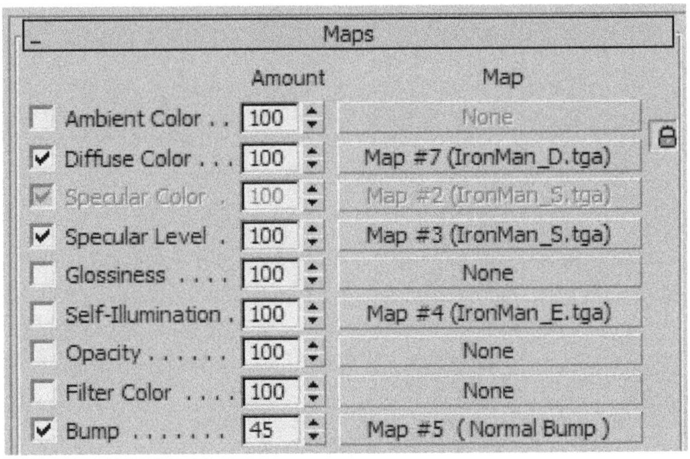


图 11-80　设置材质球通道

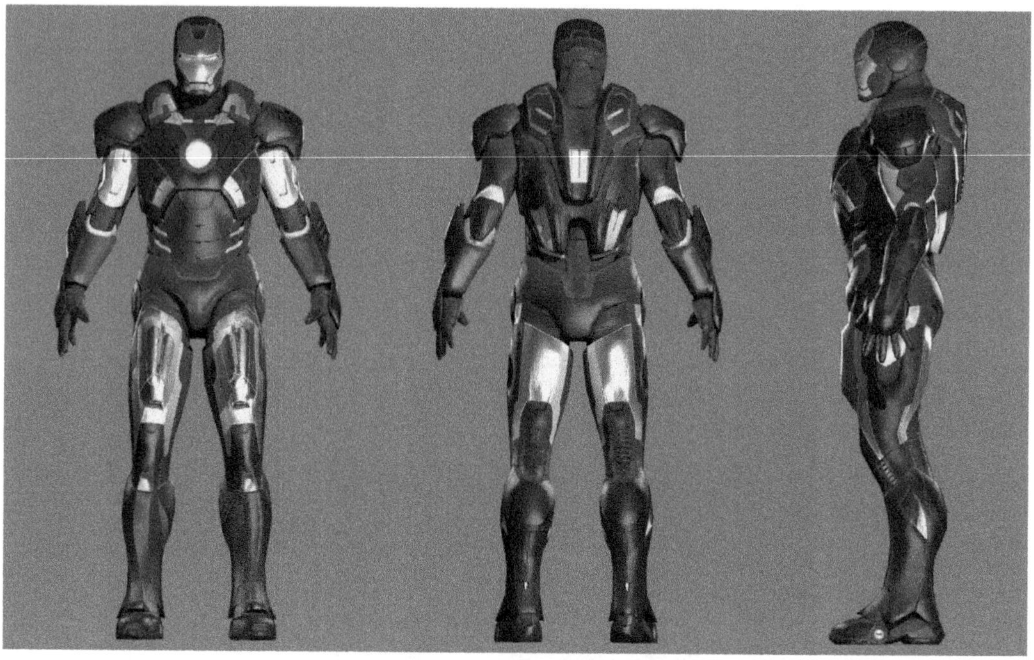

图 11-81　最终完成的模型效果

扫描右侧二维码可以观看更多游戏美术在线视频课程。

# 3ds Max 中英文命令对照

| File〈文件〉 | Edit〈菜单〉 |
| --- | --- |
| New〈新建〉 | Undo or Redo〈取消/重做〉 |
| Reset〈重置〉 | Hold and fetch〈保留/引用〉 |
| Open〈打开〉 | Delete〈删除〉 |
| Save〈保存〉 | Clone〈克隆〉 |
| Save As〈保存为〉 | Select All〈全部选择〉 |
| Save selected〈保存选择〉 | Select None〈空出选择〉 |
| XRef Objects〈外部引用物体〉 | Select Invert〈反向选择〉 |
| XRef Scenes〈外部引用场景〉 | Select By〈参考选择〉 |
| Merge〈合并〉 | Color〈颜色选择〉 |
| Merge Animation〈合并动画动作〉 | Name〈名字选择〉 |
| Replace〈替换〉 | Rectangular Region〈矩形选择〉 |
| Import〈输入〉 | Circular Region〈圆形选择〉 |
| Export〈输出〉 | Fabce Region〈连点选择〉 |
| Export Selected〈选择输出〉 | Lasso Region〈套索选择〉 |
| Archive〈存档〉 | Region:〈区域选择〉 |
| Summary Info〈摘要信息〉 | Window〈包含〉 |
| File Properties〈文件属性〉 | Crossing〈相交〉 |
| View Image File〈显示图像文件〉 | Named Selection Sets〈命名选择集〉 |
| History〈历史〉 | Object Properties〈物体属性〉 |
| Exit〈退出〉 | |

| Tools〈工具〉 | Group〈群组〉 |
| --- | --- |
| Transform Type-In〈键盘输入变换〉 | Group〈群组〉 |
| Display Floater〈视窗显示浮动对话框〉 | Ungroup〈撤消群组〉 |
| Selection Floater〈选择器浮动对话框〉 | Open〈开放组〉 |
| Light Lister〈灯光列表〉 | Close〈关闭组〉 |
| Mirror〈镜像物体〉 | Attach〈配属〉 |
| Array〈阵列〉 | Detach〈分离〉 |
| Align〈对齐〉 | Explode〈分散组〉 |
| Snapshot〈快照〉 | |
| Spacing Tool〈间距分布工具〉 | |
| Normal Align〈法线对齐〉 | |
| Align Camera〈相机对齐〉 | |
| Align to View〈视窗对齐〉 | |
| Place Highlight〈放置高光〉 | |
| Isolate Selection〈隔离选择〉 | |
| Rename Objects〈物体更名〉 | |

续表

| Views（查看） | |
|---|---|
| Undo View Change/Redo View change（取消/重做视窗变化） | Show Ghosting（显示重橡） |
| Save Active View/Restore Active View（保存/还原当前视窗） | Show Key Times（显示时间键） |
| Viewport Configuration（视窗配置） | Shade Selected（选择亮显） |
| Grids（栅格） | Show Dependencies（显示关联物体） |
| Show Home Grid（显示栅格命令） | Match Camera to View（相机与视窗匹配） |
| Activate Home Grid（活跃原始栅格命令） | Add Default Lights To Scene（增加场景缺省灯光） |
| Activate Grid Object（活跃栅格物体命令） | Redraw All Views（重画所有视窗） |
| Activate Grid to View（栅格及视窗对齐命令） | Activate All Maps（显示所有贴图） |
| Viewport Background（视窗背景） | Deactivate All Maps（关闭显示所有贴图） |
| Update Background Image（更新背景） | Update During Spinner Drag（微调时实时显示） |
| Reset Background Transform（重置背景变换） | Adaptive Degradation Toggle（绑定适应消隐） |
| Show Transform Gizmo（显示变换坐标系） | Expert Mode（专家模式） |
| Create（创建） | |
| Standard Primitives（标准图元） | NGon（多边形） |
| Box（立方体） | Rectangle（矩形） |
| Cone（圆锥体） | Section（截面） |
| Sphere（球体） | Star（星型） |
| GeoSphere（三角面片球体） | Lights（灯光） |
| Cylinder（圆柱体） | Target Spotlight（目标聚光灯） |
| Tube（管状体） | Free Spotlight（自由聚光灯） |
| Torus（圆环体） | Target Directional Light（目标平行光） |
| Pyramid（角锥体） | Directional Light（平行光） |
| Plane（平面） | Omni Light（泛光灯） |
| Teapot（茶壶） | Skylight（天光） |
| Extended Primitives（扩展图元） | Target Point Light（目标指向点光源） |
| Hedra（多面体） | Free Point Light（自由点光源） |
| Torus Knot（环面纽结体） | Target Area Light（指向面光源） |
| Chamfer Box（斜切立方体） | IES Sky（IES 天光） |
| Chamfer Cylinder（斜切圆柱体） | IES Sun（IES 阳光） |
| Oil Tank（桶状体） | SuNLIGHT System and Daylight（太阳光及日光系统） |
| Capsule（角囊体） | Camera（相机） |
| Spindle（纺锤体） | Free Camera（自由相机） |
| L-Extrusion（L 形体按钮） | RingWave（环状波） |
| Gengon（导角棱柱） | Hose（软管体） |
| C-Extrusion（C 形体按钮） | Prism（三棱柱） |
| Ellipse（椭圆） | Shapes（形状） |
| Helix（螺旋线） | |

续表

| Create（创建） | |
|---|---|
| Line（线条） | Blizzard（暴风雪系统） |
| Text（文字） | PArray（粒子阵列系统） |
| Arc（弧） | PCloud（粒子云系统） |
| Circle（圆） | Snow（雪花系统） |
| Donut（圆环） | Spray（喷溅系统） |
| Target Camera（目标相机） | Super Spray（超级喷射系统） |
| Particles（粒子系统） | |
| **Modifiers（修改器）** | |
| Selection Modifiers（选择修改器） | |
| Mesh Select（网格选择修改器） | Unwrap UVW（展开贴图编辑器） |
| Poly Select（多边形选择修改器） | Camera Map（相机贴图编辑器） |
| Patch Select（面片选择修改器） | * Camera Map（环境相机贴图编辑器） |
| Spline Select（样条选择修改器） | Cache Tools（捕捉工具） |
| Volume Select（体积选择修改器） | Point Cache（点捕捉编辑器） |
| FFD Select（自由变形选择修改器） | Subdivision Surfaces（表面细分） |
| NURBS Surface Select | MeshSmooth（表面平滑编辑器） |
| （NURBS 表面选择修改器） | HSDS Modifier（分级细分编辑器） |
| Patch/Spline Editing（面片/样条线修改器） | Free Form Deformers（自由变形工具） |
| Edit Patch（面片修改器） | FFD 2×2×2/FFD 3×3×3/FFD 4×4×4 |
| Edit Spline（样条线修改器） | （自由变形工具 2×2×2/3×3×3/4×4×4） |
| Cross Section（截面相交修改器） | FFD Box/FFD Cylinder |
| Surface（表面生成修改器） | （盒体和圆柱体自由变形工具） |
| Delete Patch（删除面片修改器） | Parametric Deformers（参数变形工具） |
| Delete Spline（删除样条线修改器） | Bend（弯曲） |
| Lathe（车床修改器） | Taper（锥形化） |
| Normalize Spline（规格化样条线修改器） | Twist（扭曲） |
| Fillet/Chamfer（圆切及斜切修改器） | Noise（噪声） |
| Trim/Extend（修剪及延伸修改器） | Stretch（缩放） |
| Mesh Editing（表面编辑） | Squeeze（压榨） |
| Cap Holes（顶端洞口编辑器） | Push（推挤） |
| Delete Mesh（编辑网格物体编辑器） | Relax（松弛） |
| Edit Normals（编辑法线编辑器） | Ripple（波纹） |
| Extrude（挤压编辑器） | Wave（波浪） |
| Face Extrude（面拉伸编辑器） | Skew（倾斜） |
| Normal（法线编辑器） | Optimize（优化编辑器） |
| UVW Map（UVW 贴图编辑器） | Smooth（平滑编辑器） |
| UVW Xform（UVW 贴图参考变换编辑器） | STL Check（STL 检查编辑器） |

续表

| Modifiers（修改器） | |
|---|---|
| Symmetry（对称编辑器） | Affect Region（面域影响） |
| Tessellate（镶嵌编辑器） | Lattice（栅格） |
| Vertex Paint（顶点着色编辑器） | Mirror（镜像） |
| Vertex Weld（顶点焊接编辑器） | Displace（置换） |
| Animation Modifiers（动画编辑器） | XForm（参考变换） |
| Skin（皮肤编辑器） | Preserve（保持） |
| Morpher（变体编辑器） | Surface（表面编辑） |
| Flex（伸缩编辑器） | Material（材质变换） |
| Melt（熔化编辑器） | Material By Element（元素材质变换） |
| Linked XForm（连结参考变换编辑器） | Disp Approx（近似表面替换） |
| Patch Deform（面片变形编辑器） | NURBS Editing（NURBS 面编辑） |
| Path Deform（路径变形编辑器） | NURBS Surface Select（NURBS 表面选择） |
| Surf Deform（表面变形编辑器） | Surf Deform（表面变形编辑器） |
| * Surf Deform（空间变形编辑器） | Disp Approx（近似表面替换） |
| UV Coordinates（贴图轴坐标系） | Radiosity Modifiers（光能传递修改器） |
| Slice（切片） | Subdivide（细分） |
| Spherify（球形扭曲） | * Subdivide（超级细分） |
| **Character（角色人物）** | |
| Create Character（创建角色） | Bone Tools（骨骼工具） |
| Destroy Character（删除角色） | Set Skin Pose（调整皮肤姿势） |
| Lock/Unlock（锁住与解锁） | Assume Skin Pose（还原姿势） |
| Insert Character（插入角色） | Skin Pose Mode（表面姿势模式） |
| Save Character（保存角色） | |
| **Animation（动画）** | |
| IK Solvers（反向动力学） | Noise（燥波控制器） |
| HI Solver（非历史性控制器） | Quatermion（TCB）（TCB 控制器） |
| HD Solver（历史性控制器） | Reactor（反应器） |
| IK Limb Solver（反向动力学肢体控制器） | Spring（弹力控制器） |
| SplineIK Solver（样条反向动力控制器） | Script（脚本控制器） |
| Constraints（约束） | XYZ（XYZ 位置控制器） |
| Attachment Constraint（附件约束） | Attachment Constraint（附件约束） |
| Surface Constraint（表面约束） | Path Constraint（路径约束） |
| Path Constraint（路径约束） | Position Constraint（位置约束） |
| Position Constraint（位置约束） | LookAt Constraint（视觉跟随约束） |
| Link Constraint（连结约束） | Orientation Constraint（方位约束） |
| Linear（线性控制器） | Transform Constraint（变换控制） |
| Motion Capture（动作捕捉） | Link Constraint（连接约束） |

续表

| Animation〈动画〉 | |
|---|---|
| Position/Rotation/Scale〈PRS 控制器〉 | Scale Controllers〈比例缩放控制器〉 |
| Transform Script〈变换控制脚本〉 | Add Custom Attribute〈加入用户属性〉 |
| Position Controllers〈位置控制器〉 | Wire Parameters〈参数绑定〉 |
| Audio〈音频控制器〉 | Wire Parameters〈参数绑定〉 |
| Bezier〈贝塞尔曲线控制器〉 | Parameter Wiring Dialog〈参数绑定对话框〉 |
| Expression〈表达式控制器〉 | Make Preview〈创建预视〉 |
| Surface Constraint〈表面约束〉 | View Preview〈观看预视〉 |
| Rotation Controllers〈旋转控制器〉 | Rename Preview〈重命名预视〉 |
| **Graph Editors〈图表编辑器〉** | **MAXScript〈MAX 脚本〉** |
| Track View-Curve Editor〈轨迹曲线编辑器〉 | Saved Schematic View〈显示示意观察窗〉 |
| Track View-Dope Sheet〈轨迹图表编辑器〉 | New Script〈新建脚本〉 |
| NEW Track View〈新建轨迹窗〉 | Open Script〈打开脚本〉 |
| Delete Track View〈删除轨迹窗〉 | Run Script〈运行脚本〉 |
| Saved Track View〈已存轨迹窗〉 | MAXScript Listener〈MAX 脚本注释器〉 |
| New Schematic View〈新建示意观察窗〉 | Macro Recorder〈宏记录器〉 |
| Delete Schematic View〈删除示意观察窗〉 | Visual MAXScript Editer〈可视化 MAX 脚本编辑器〉 |
| **Customize〈用户自定义〉** | **Rendering〈渲染〉** |
| Customize〈定制用户界面〉 | Preferences〈参数选择〉 |
| Load Custom UI Scheme〈加载自定义界面〉 | Render〈渲染〉 |
| Save Custom UI Scheme〈保存自定义界面〉 | Environment〈环境〉 |
| Revert to Startup Layout〈恢复初始界面〉 | Effects〈效果〉 |
| Show UI〈显示用户界面〉 | Advanced Lighting〈高级光照〉 |
| Command Panel〈命令面板〉 | Render To Texture〈贴图渲染〉 |
| Toolbars Panel〈浮动工具条〉 | Raytracer Settings〈光线追踪设置〉 |
| Main Toolbar〈主工具条〉 | Raytrace Global Include/Exclude〈光线追踪选择〉 |
| Tab Panel〈标签面板〉 | Activeshade Floater〈活动渲染窗口〉 |
| Track Bar〈轨迹条〉 | Activeshade Viewport〈活动渲染视窗〉 |
| Lock UI Layout〈锁定用户界面〉 | Material Editor〈材质编辑器〉 |
| Configure Paths〈设置路径〉 | Material/Map Browser〈材质/贴图浏览器〉 |
| Units Setup〈单位设置〉 | Video Post〈视频后期制作〉 |
| Grid and Snap Settings〈栅格和捕捉设置〉 | Show Last Rendering〈显示最后渲染图片〉 |
| Viewport Configuration〈视窗配置〉 | RAM Player〈RAM 播放器〉 |
| Plug-in Manager〈插件管理〉 | |

# 3ds Max 软件常用快捷键列表

| | |
|---|---|
| 【F1】 | 帮助 |
| 【F2】 | 加亮所选物体的面（开关） |
| 【F3】 | 线框显示（开关）/光滑加亮 |
| 【F4】 | 在透视图中 线框显示（开关） |
| 【F5】 | 约束到 X 轴 |
| 【F6】 | 约束到 Y 轴 |
| 【F7】 | 约束到 Z 轴 |
| 【F8】 | 约束到 XY/YZ/ZX 平面（切换） |
| 【F9】 | 用前一次的配置进行渲染（渲染先前渲染过的那个视图） |
| 【F10】 | 打开渲染菜单 |
| 【F11】 | 打开脚本编辑器 |
| 【F12】 | 打开移动/旋转/缩放等精确数据输入对话框 |
| 【`】 | 刷新所有视图 |
| 【1】 | 进入物体层级 1 层 |
| 【2】 | 进入物体层级 2 层 |
| 【3】 | 进入物体层级 3 层 |
| 【4】 | 进入物体层级 4 层 |
| 【Shift+4】 | 进入有指向性灯光视图 |
| 【5】 | 进入物体层级 5 层 |
| 【Alt+6】 | 显示/隐藏主工具栏 |
| 【7】 | 计算选择的多边形的面数（开关） |
| 【8】 | 打开环境效果编辑框 |
| 【9】 | 打开高级灯光效果编辑框 |
| 【0】 | 打开渲染纹理对话框 |
| 【Alt+0】 | 锁住用户定义的工具栏界面 |
| 【-】（主键盘） | 减小坐标显示 |
| 【+】（主键盘） | 增大坐标显示 |
| 【[】 | 以鼠标点为中心放大视图 |
| 【]】 | 以鼠标点为中心缩小视图 |
| 【‘】 | 打开自定义（动画）关键帧模式 |
| 【\】 | 声音 |
| 【，】 | 跳到前一帧 |

续表

| | |
|---|---|
| 【。】 | 跳后前一帧 |
| 【/】 | 播放/停止动画 |
| 【SPACE】 | 锁定/解锁选择的 |
| 【INSERT】 | 切换次物体集的层级（同 1、2、3、4、5 键） |
| 【HOME】 | 跳到时间线的第一帧 |
| 【END】 | 跳到时间线的最后一帧 |
| 【PAGE UP】 | 选择当前子物体的父物体 |
| 【PAGE DOWN】 | 选择当前父物体的子物体 |
| 【Ctrl+PAGE DOWN】 | 选择当前父物体以下所有的子物体 |
| 【A】 | 旋转角度捕捉开关（默认为 5 度） |
| 【Ctrl+A】 | 选择所有物体 |
| 【Alt+A】 | 使用对齐（Align）工具 |
| 【B】 | 切换到底视图 |
| 【Ctrl+B】 | 子物体选择（开关） |
| 【Alt+B】 | 视图背景选项 |
| 【Alt+Ctrl+B】 | 背景图片锁定（开关） |
| 【Shift+Alt+Ctrl+B】 | 更新背景图片 |
| 【C】 | 切换到摄像机视图 |
| 【Shift+C】 | 显示/隐藏摄像机物体（Cameras） |
| 【Ctrl+C】 | 使摄像机视图对齐到透视图 |
| 【Alt+C】 | 在 Poly 物体的 Polygon 层级中进行面剪切 |
| 【D】 | 冻结当前视图（不刷新视图） |
| 【Ctrl+D】 | 取消所有的选择 |
| 【E】 | 旋转模式 |
| 【Ctrl+E】 | 切换缩放模式 （切换等比、不等比、等体积）同 R 键 |
| 【Alt+E】 | 挤压 Poly 物体的面 |
| 【F】 | 切换到前视图 |
| 【Ctrl+F】 | 显示渲染安全方框 |
| 【Alt+F】 | 切换选择的模式（矩形、圆形、多边形、自定义） |
| 【Ctrl+Alt+F】 | 调入缓存中所存场景（Fetch） |
| 【G】 | 隐藏当前视图的辅助网格 |
| 【Shift+G】 | 显示/隐藏所有几何体（Geometry） |
| 【H】 | 显示选择物体列表菜单 |
| 【Shift+H】 | 显示/隐藏辅助物体（Helpers） |
| 【Ctrl+H】 | 使用灯光对齐（Place Highlight）工具 |
| 【Ctrl+Alt+H】 | 把当前场景存入缓存中（Hold） |

续表

| | |
|---|---|
| 【I】 | 平移视图到鼠标中心点 |
| 【Shift+I】 | 间隔放置物体 |
| 【Ctrl+I】 | 反向选择 |
| 【J】 | 显示/隐藏所选物体的虚拟框（在透视图、摄像机视图中） |
| 【K】 | 打关键帧 |
| 【L】 | 切换到左视图 |
| 【Shift+L】 | 显示/隐藏所有灯光（Lights） |
| 【Ctrl+L】 | 在当前视图使用默认灯光（开关） |
| 【M】 | 打开材质编辑器 |
| 【Ctrl+M】 | 光滑 Poly 物体 |
| 【N】 | 打开自动（动画）关键帧模式 |
| 【Ctrl+N】 | 新建文件 |
| 【Alt+N】 | 使用法线对齐（Place Highlight）工具 |
| 【O】 | 降级显示（移动时使用线框方式） |
| 【Ctrl+O】 | 打开文件 |
| 【P】 | 切换到等大的透视图（Perspective）视图 |
| 【Shift+P】 | 隐藏/显示离子（Particle Systems）物体 |
| 【Ctrl+P】 | 平移当前视图 |
| 【Alt+P】 | 在 Border 层级下使选择的 Poly 物体封顶 |
| 【Shift+Ctrl+P】 | 百分比（Percent Snap）捕捉（开关） |
| 【Q】 | 选择模式 （切换矩形、圆形、多边形、自定义） |
| 【Shift+Q】 | 快速渲染 |
| 【Alt+Q】 | 隔离选择的物体 |
| 【R】 | 缩放模式 （切换等比、不等比、等体积） |
| 【Ctrl+R】 | 旋转当前视图 |
| 【S】 | 捕捉网络格（方式需自定义） |
| 【Shift+S】 | 隐藏线段 |
| 【Ctrl+S】 | 保存文件 |
| 【Alt+S】 | 捕捉周期 |
| 【T】 | 切换到顶视图 |
| 【U】 | 改变到等大的用户（User）视图 |
| 【Ctrl+V】 | 原地克隆所选择的物体 |
| 【W】 | 移动模式 |
| 【Shift+W】 | 隐藏/显示空间扭曲（Space Warps）物体 |
| 【Ctrl+W】 | 根据框选进行放大 |
| 【Alt+W】 | 最大化当前视图（开关） |

续表

| | |
|---|---|
| 【X】 | 显示/隐藏物体的坐标（gizmo） |
| 【Ctrl+X】 | 专业模式（最大化视图） |
| 【Alt+X】 | 半透明显示所选择的物体 |
| 【Y】 | 显示/隐藏工具条 |
| 【Shift+Y】 | 重做对当前视图的操作（平移、缩放、旋转） |
| 【Ctrl+Y】 | 重做场景（物体）的操作 |
| 【Z】 | 放大各个视图中选择的物体 |
| 【Shift+Z】 | 还原对当前视图的操作（平移、缩放、旋转） |
| 【Ctrl+Z】 | 还原对场景（物体）的操作 |
| 【Alt+Z】 | 对视图的拖放模式（放大镜） |
| 【Shift+Ctrl+Z】 | 放大各个视图中所有的物体 |
| 【Alt+Ctrl+Z】 | 放大当前视图中所有的物体（最大化显示所有物体） |

# 人体骨骼肌肉结构图

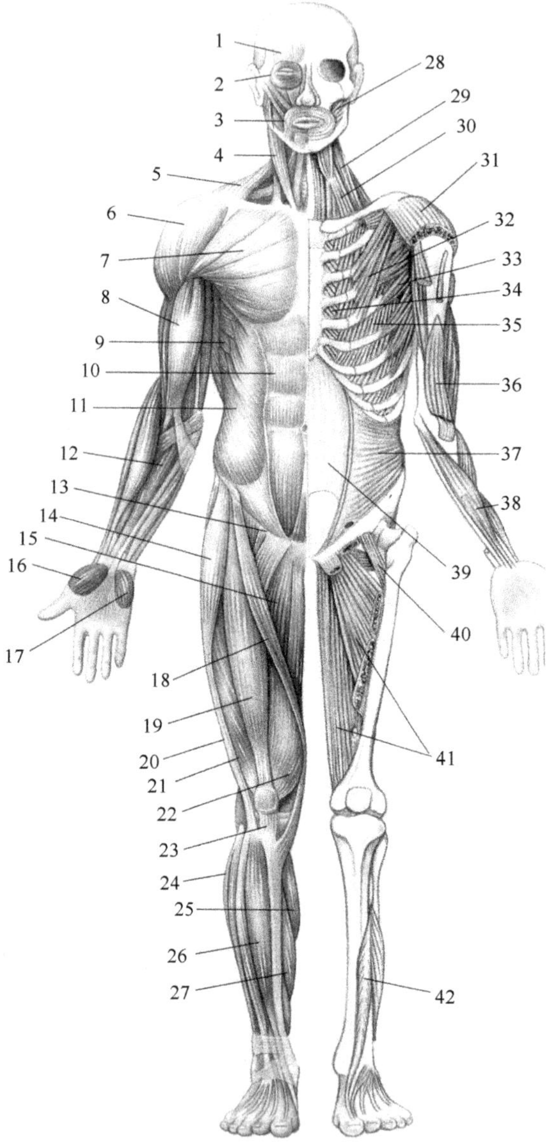

1 枕额肌额部
2 眼轮匝肌
3 口轮匝肌
4 胸锁乳突肌
5 斜方肌
6 三角肌
7 胸大肌
8 肱二头肌
9 前锯肌
10 腹直肌
11 腹外斜肌
12 前臂浅层屈肌
13 腹股沟韧带
14 阔筋膜张肌
15 大腿收肌群
16 鱼际肌
17 小鱼际肌
18 缝匠肌
19 股直肌
20 髂胫束
21 股外侧肌
22 股内侧肌
23 髌韧带
24 腓骨肌
25 腓肠肌
26 小腿伸肌
27 比目鱼肌
28 颊肌
29 肩胛提肌
30 前斜角肌
31 三角肌
32 胸小肌
33 前锯肌
34 肋间内肌
35 肋间外肌
36 肱肌
37 腹内斜肌
38 前臂深层屈肌
39 腹直肌鞘（后壁）
40 腰大肌和髂肌
41 大收肌
42 踇长伸肌